शकुंतिका
सृजन और दृष्टि

शकुंतिका

सृजन और दृष्टि

सम्पादक

डॉ. अनिल सिंह

लोकभारती प्रकाशन

लोकभारती प्रकाशन
पहली मंजिल, दरबारी बिल्डिंग, महात्मा गांधी मार्ग
प्रयागराज-211 001

वेबसाइट : www.lokbhartiprakashan.com
ईमेल : info@lokbhartiprakashan.com

शाखाएँ : 1-बी, नेताजी सुभाष मार्ग, दरियागंज
नई दिल्ली-110 002
अशोक राजपथ, साइंस कॉलेज के सामने
पटना-800 006
36 ए, शेक्सपियर सरणी, कोलकाता-700 017

पहला संस्करण : 2021

बी.के. ऑफसेट
नवीन शाहदरा, दिल्ली-110 032
द्वारा मुद्रित

SHAKUNTIKA : SRIJAN AUR DRISHTI
Edited by Dr. Anil Singh

ISBN : 978-81-948335-7-4

मूल्य : ₹695

ममतामयी
माँ
फूलपत्ती सिंह
एवं
संगिनी
रेखा सिंह
को
श्रद्धापूर्वक

क्रम

खंड-3

संस्कृति, परम्परा और नारी-चेतना

खंड-4

पितृसत्ता, स्त्री और मुक्ति के प्रश्न

भूमिका

भारतीय समाज की पितृसत्तात्मक मानसिकता और उसके मानस को समझना है, तो उसके लिए सबसे अच्छा दृश्य वह होता है, जब किसी परिवार में बेटी पैदा होती है। माँ को छोड़कर शायद ही किसी को बेटी पैदा होने पर ख़ुशी होती होगी। पुरुष तो पुरुष उस घर की स्त्रियाँ भी जिस तरह अचानक नैराश्य और विषाद से भर उठती हैं, यह उसी मन:स्थिति को उजागर करता है। जिसे हम कहने में झिझकते हैं, उसे हमारी देह-भाषा और चेहरे पर उभरे भाव स्पष्ट कर देते हैं। कई परिवारों में बेटी के पैदा होने पर जैसे मातम छा जाता है। सवाल अब यह है कि आख़िर ऐसा क्यों होता है? बेटियों के प्रति यह उदासीनता और उपेक्षा भाव हमारे भीतर क्यों कूट-कूट कर भरा हुआ है? दरअसल, इसके पीछे सदियों से हमारे समाज में पैदा कर दी गई यह धारणा है कि वंश-वृद्धि बेटियों से नहीं बेटों से होती है। आज भी इन्हें पराया धन माना जाता है। ऐसा पराया धन, जिसे विवाह के समय वधू के रूप में उसे वर रूपी, लगभग एक अपरिचित व्यक्ति को दानस्वरूप सौंप दिया जाता है। मगर हम ऐसा करते समय यह भूल जाते हैं कि दान मनुष्य, वह भी बेटी का नहीं, धन या पशु का किया जाता है। बेटी को सिर्फ़ माता-पिता के घर से उसके द्वारा शुरू किए जानेवाले नए जीवन के लिए विदा किया जाता है। इसी मानसिकता पर चोट करते हुए मेवात के जनकवि सादल्ला ने बहुत सही कहा है कि—

बाबल तेरा देस में, एक बेटी एक बैल,
हाथ पकड़के दीनी जामें परदेसी के गैल।

यानी बेटी हमारे बहुत बड़े समाज में किसी बैल या कहिए निरीह पशु की तरह है। जैसे एक पशु को उसके खूँटे से खोल कर उसे किसी भी अनजान व्यक्ति के साथ हाँक दिया जाता है, उसी तरह बेटी को भी उसके विवाह के बहाने किसी परदेसी के साथ भेज दिया जाता है। अमीर ख़ुसरो ने तो बेटी की इस व्यथा को बड़ी ही मार्मिकता के साथ व्यक्त किया है कि—

भैया को दियो बाबुल महले दो-महले
हमको दियो परदेस

अरे, लखिय बाबुल मोरे
काहे को ब्याहे बिदेस

हम तो हैं बाबुल तोरे पिंजरे की चिड़ियाँ
भोर भये उड़ जैहें
अरे, लखिय बाबुल मोरे
काहे को ब्याहे बिदेस

आख़िर ऐसी अवधारणा हमारे समाज में बनी क्यों? मेरी दृष्टि में इसका बड़ा कारण हमारे ज़्यादातर धर्म-ग्रंथों में स्त्री को हेय दृष्टि से देखना रहा है। उसकी क्षमता पर पुरुष समाज को कभी भरोसा नहीं रहा। कहने को हम लाख कहें कि 'यत्र नार्यस्तु पूजयन्ते, रमन्ते तत्र देवता' लेकिन वास्तविक जीवन में इसका अनुपालन कितना होता है, हम अच्छी तरह जानते हैं। अपने परिवारों में होनेवाले फ़ैसलों में हम इन्हें कितना शामिल करते हैं, इस तथ्य से भली-भाँति परिचित हैं। एक धर्म-ग्रंथ में तो यहाँ तक कहा गया है कि बाल्यकाल में स्त्री पिता के अधीन रहे। यौवनावस्था में पति के अधीन रहे और पति के परलोक सिधारने पर वह अपने पुत्रों के अधीन होकर रहे। स्त्री कभी स्वतंत्र होकर न रहे। एक तरह से देखा जाए तो ऐसा कहना स्त्री के अस्तित्व को अस्वीकार करना है। सच तो यह है कि नारी आज भी पुरुष की दृष्टि में केवल भोग्या है। कवि जयशंकर प्रसाद के शब्दों में कहूँ तो स्त्री की छवि आज भी भारतीय समाज में *नारी! तुम केवल श्रद्धा हो विश्वास-रजत-नग पगतल में* के रूप में ही बनी हुई है।

उपन्यास *शकुंतिका* भारतीय समाज के इसी रूढ़िवादी सोच के साथ-साथ समयानुकूल धीरे-धीरे बेटियों के प्रति बदली मानसिकता का आख्यान है। कहते हैं कि बेटियाँ घर की रौनक होती हैं। अगर माता-पिता के दिल के सबसे करीब कोई होता है, तो वे बेटियाँ ही होती हैं। बेटियाँ ही सबसे अधिक उनके सुख-दुःख में काम आती हैं। हमारे घर-परिवारों की ये शकुंतिकाएँ अर्थात गौरेया जब-तब आँगन में फुदकती हुई चहकती हैं, तब यह दृश्य कितना मनोहारी होता है, इसकी वही कल्पना कर सकता है, जब विवाह के बाद ये विदा हो कर चली जाती हैं। इसीलिए मशहूर शायर मुनव्वर राणा ने कहा है कि—

उड़के एक रोज़ बड़ी दूर चली जाती हैं
घर की शाख़ों पे ये चिड़ियों की तरह होती हैं।

ऐसा लगता है जैसे ख़त्म मेला हो गया
उड़ गईं आँगन से चिड़ियाँ घर अकेला हो गया।

यह उपन्यास हमारे घर-आँगनों और उनके मुँडेरों से धीरे-धीरे विलुप्त होती शकुंतिकाओं अर्थात गौरेयों को बचाने का आह्वान भी है। एक लेखक के रूप में समाज के प्रति मेरी जो जिम्मेदारियाँ तय हुई हैं, यह उपन्यास उसका एक ऐसा छोटा-सा दर्पण है जिसमें हम बेटी रूपी सृष्टि को देख सकते हैं। मुझे विश्वास है इस पुस्तक में संग्रहीत लेख इस उपन्यास के मर्म को और गहरे तक समझने और इसके अनुशीलन के विविध आयामों के मूल्यांकन में सहायक होंगे।

—भगवनदास मोरवाल

नई दिल्ली

पुरोवाक्

हिन्दी साहित्य में उपन्यास का आविर्भाव उन्नीसवीं शती के अन्तिम दौर में हुआ। बड़े कलेवर की इस कथा-साहित्य विधा को हिन्दी के न जाने कितने साहित्यकारों ने समृद्ध किया था, और आज भी करते चले आ रहे हैं। इसके प्रारम्भिक विकास को जहाँ श्रद्धाराम फिल्लौरी, लाला श्रीनिवासदास, पंडित बालकृष्ण भट्ट, देवकीनन्दन खत्री, किशोरीलाल गोस्वामी एवं गोपालराम गहमरी जैसे उपन्यासकारों ने गति दी, वहीं प्रेमचन्द ने इस विधा की लोकप्रियता को चरम पर पहुँचाया। प्रेमचन्द के समकालीन उपन्यासकारों में जयशंकर प्रसाद, आचार्य चतुरसेन शास्त्री, वृन्दावन लाल वर्मा, जैनेन्द्र आदि उपन्यासकारों ने जहाँ सामाजिक समस्याओं को उपन्यासों का विषय बनाया वहीं दूसरी ओर ऐतिहासिक कथानकों पर नवीन दृष्टि से भी विचार किया। प्रेमचन्द के उपरान्त हिन्दी उपन्यास विविध धाराओं और अनेक दिशाओं की ओर प्रवाहित हुई है।

हिन्दी में वर्तमान समय में इस विधा को अनवरत रूप से समृद्ध करते आ रहे उपन्यासकारों में भगवानदास मोरवाल का नाम प्रमुख है। हाल ही में राजकमल प्रकाशन, नई दिल्ली से प्रकाशित 'शकुंतिका' (2020) उपन्यास मानवीय सम्बन्धों की संवेदनशीलता की अभिव्यक्ति से सम्पृक्त है। अपनी विविधता और समग्रता में कथ्य और शिल्प के नए रूपों को गढ़ते हुए अलग-अलग समस्याओं की पृष्ठभूमि पर लिखे गए उनके सभी उपन्यास अपने समय की मौजूँ आवाज़ें हैं। भारतीय समाज में स्त्रियों का जीवन और समस्याएँ सदा मोरवाल जी की रचना-प्रक्रिया का महत्त्वपूर्ण हिस्सा रहे हैं। भारत का हर राज्य 'बेटी बचाओ बेटी पढ़ाओ' जैसे ध्येयों के साथ आगे बढ़ रहा है। परन्तु यह गहरे तक समझने की आवश्यकता है कि केवल सरकारी घोषणाओं से ही यह सम्भव नहीं होगा, इसके लिए समाज की मनोवृत्ति को बदलना होगा। समाज में ही इच्छाशक्ति का विकास करना होगा। समाज की मनोवृत्ति को बदलने का यही प्रयास मोरवाल जी अपने उपन्यासों में लगातार करते चले आ रहे हैं।

'शकुंतिका' मोरवाल जी का ऐसा उपन्यास है, जिसमें कई पक्षों से उन्होंने समाज की नब्ज को टटोलने का काम किया है। यह कृति जहाँ एक तरफ भारतीय पारिवारिक मूल्यों के पुन:स्थापन का प्रयास है, वहीं दूसरी तरफ भारतीय मानसिकता

में आज तक स्त्रियों को दोयम दर्जे का समझे जाने के विरुद्ध एक घोष भी है। बिना किसी दावे के उन्होंने जिस ढंग से इस कहानी में सिया, गार्गी, बुलबुल और पीहू के माध्यम से स्त्री-सशक्तीकरण की नई बुनियाद रखी है, वह अपने आप में बेमिसाल है। उनका यह उपन्यास आधुनिक काल में भारतीय समाज में पैदा हुई कई विसंगतियों, सामाजिक आग्रह-दुराग्रह, परम्परा एवं आधुनिकता के द्वंद्व और नारी के बदलते परिदृश्य को उद्घाटित करते हुए पात्रों की जीवन्त स्थितियों को उकेरनेवाला उपन्यास कहा जा सकता है।

वर्तमान समय में एकल-परिवारों की जो प्रथा चल पड़ी है, उसमें व्यक्ति बहुत अकेला पड़ गया है। वह अपने अकेलेपन के कारण को महसूस कर रहा है, पर सामाजिक व्यवस्था को जिस तरीके से तोड़ा जा चुका है उसमें पीछे की तरफ लौटना उसे असम्भव लगने लगा है। दूसरी तरफ, बालिकाओं के सम्बन्ध में भी सरकारी स्तर पर खूब प्रयास किए जाने के बावजूद भारतीय रूढ़िवादी धारणा में पूरी तरह से परिवर्तन नहीं हो सका है। बेहद सीधे-सरल शिल्प में रची गई यह रचना अपने आदर्शवादी ढाँचे के साथ भारतीय समाज के इन्हीं पक्षों का मूल्यांकन भी करती है और एक मनोदशा के निर्माण की सामर्थ्य भी रखती है। 'शकुंतिका' उपन्यास के माध्यम से आप रिश्तों को फिर से जी सकते हैं। जीने का मतलब परिवार का महत्त्व, परिवार की आशा और उसकी संवेदना को धड़कते महसूस कर सकते हैं। यह उपन्यास इसलिए भी महत्त्वपूर्ण है कि लेखक मोरवालजी परिवार से ही लोकतंत्र के महत्ता को दिखाने का प्रयास करते हैं, जो परिवार के प्रत्येक व्यक्ति को संगठित रखने में अहम रोल निभाता है। इसके अतिरिक्त पुरुषवादी वर्चस्व को पूरी तरह से नकारते हुए, स्त्री और पुरुष के सामंजस्य की महत्ता को दिखाने में यह उपन्यास निर्णायक भूमिका अदा करता है।

यह पुस्तक 'शकुंतिका' उपन्यास के रूप में मोरवाल जी की रचनाधर्मिता की सार्थकता की तलाश का एक यत्न है। 'शकुंतिका' : उपन्यास सृजन और दृष्टि' कृति, भगवानदास मोरवाल जी के तासीर को निरखने-परखने और संवेदना के सशक्त सृजन-स्वर से साहित्य को सँवारने के प्रेरक प्रयास के रूप में आपको सौंपता हूँ, साथ ही मंगल-कामना करते हुए भगवानदास मोरवाल जी को साधुवाद देता हूँ। यह प्रयास कितना सफल और असफल है, यह आप सभी पाठकों पर छोड़ता हूँ। उम्मीद यही करता हूँ कि यह कृति 'शकुंतिका' के बहाने मोरवाल जी के औपन्यासिक कृतित्व को जानने-समझने में आप सभी पाठकों व शोधार्थियों के लिए भी बेहद उपयोगी सिद्ध होगी।

पुस्तकाकार रूप देने में प्रो. (डॉ.) सुधांशु कुमार शुक्ला, प्राचार्य डॉ. अजय एम. भामरे, प्रो. (डॉ.) राजेश खरात, प्रो. (डॉ.) विजय कुमार भारती, प्रो. (डॉ.) के. वनजा, प्रो. (डॉ.) संजय नवले, प्राचार्य डॉ. विष्णु फुलझेले, डॉ. मधु खराटे,

डॉ. यन्तुदेव बुधु, डॉ.सतीश पाण्डेय, डॉ. विद्या शिंदे, डॉ. अशोक फर्डे, डॉ. उषा मिश्रा, डॉ. कार्तिक चौधरी, डॉ. गिरीश काशिद, डॉ. सन्तोष मोटवानी, डॉ. मोहसिन ख़ान, डॉ. मनीष मिश्रा, प्रा. सन्तोष गायकवाड़, प्रो. सुभाषिणी लता कुमार, प्रा. रीना सिंह, प्रा. नन्दिनी सिंह, सुश्री ज्योति सिंह आदि के सहयोग के लिए आभारी हूँ, जो अपनी सुविधा को नजर अन्दाज कर मेरी सहायता करने के लिए हरदम तत्पर रहे।

इसके अतिरिक्त परम पूज्य पिता श्री प्राचार्य शिवनारायन सिंह, श्री शिवदत्त सिंह, डॉ. कौशल सिंह, श्री सुरजबली सिंह, अनुज सतीश सिंह और पुत्र आशीष सिंह, मनोज सिंह, रोहित सिंह का कृतज्ञ हूँ जिन्होंने इस कार्य को समय से पूर्ण करने में हर सम्भव सहायता की। पुस्तक की जमावट से लेकर बुनावट तक प्रा. अनन्त द्विवेदी जी ने जो सहयोग दिया उसे कैसे भुलाया जा सकता है।

मैं इस ग्रंथ के उन सभी विद्वान लेखकों, साहित्यकारों और प्रकाशकों के प्रति भी अपनी विनम्र कृतज्ञता ज्ञापित करता हूँ, जिनके सहयोग से यह ग्रंथ तैयार हो पाया और अब प्रकाशित भी हो रहा है।

मैं लोकभारती प्रकाशन के प्रति अपनी कृतज्ञता ज्ञापित करता हूँ, जिन्होंने इसका समय से प्रकाशन किया है।

22 अगस्त, 2020

—डॉ. अनिल सिंह

जीवन की पहचान

प्रवास के समय पोलैंड में डॉ. अनिल सिंह जी के द्वारा प्रेषित उपन्यास शकुंतिका को पढ़ने का अवसर मिला। उपन्यासकार भगवानदास मोरवाल द्वारा रचित यह कृति अद्‌भुत और बेमिसाल है। एक ही बैठक में पूरा उपन्यास पढ़ डाला, यह बात उपन्यास के प्राण तत्व जिज्ञासा को दर्शाती है। जीवन में बहुत पढ़ा-लिखा और अभी जारी भी है पर इस उपन्यास को पढ़कर कई बार रोया, यह भाव, यह मर्म रचनाकार के साधारणीकरण को दर्शाता है। उपन्यास के सभी पात्र अपने जीवन के इर्द-गिर्द घूमते नज़र आते हैं। यही कारण है कि यह उपन्यास अपने परिवार की कहानी-सा लगता है।

उपन्यास की शुरुआत हमारी पुरानी परम्पराओं को चित्रित करते हुए हुई है, 'पुनर्वासित कॉलोनी के लोग अपनी रज़ाई में गहरी नींद ले रहे होते हैं।...अचानक गली में बज उठी थाली की खनक सुनकर नींद में सो रही भगवती की आँखें खुल गईं।...लगता है उग्रसेन के घर में एक और आ गया। करवट लेते हुए दशरथ ने भगवती को सुनाते हुए कहा।' समाज में पुत्र रत्न की प्राप्ति की सूचना देने की परम्परा उत्तरी भारत में थाली बजाना ही रहा है। दो परिवार की, दो पड़ोसियों की यह कहानी दिल को छू जाती है। दशरथ और भगवती के दो पुत्र हैं, दोनों की शादी हो चुकी है पर दोनों पुत्रों के कोई पुत्र नहीं हैं। बड़ा बेटा बलवन्त तीन पुत्रियों का पिता है, रूपेश की कोई सन्तान नहीं है। दूसरी ओर उग्रसेन और दुर्गा का परिवार है, जो पड़ोसी हैं। उनके दो पुत्र नागदत्त और अभय हैं, दोनों के दो-दो पुत्र अर्थात् चार पोतों की दादी दुर्गा हमेशा व्यंग्य में चोट देती भगवती को परेशान करती है। अगली बार तेरे घर बेटा होगा।

दशरथ और भगवती अपने छोटे बेटे रूपेश को लड़का गोद लेने की बजाय लड़की वह भी अनाथालय से लाने की बात करते हैं और होता भी ऐसा ही है। बलवन्त की पुत्रियाँ अर्थात् दशरथ की तीन पोतियाँ रिया वकील बनती है, गार्गी डॉक्टर और बुलबुल सामान्य रहती है। वहीं रूपेश द्वारा अनाथालय से गोद ली गई बेटी दशरथ की चौथी पोती पिहू ऑस्ट्रेलिया की बहुत बड़ी कम्पनी की सी.ओ. बनती है। अपने दादा-दादी की चहेती पिहू डी.बी. फाउंडेशन अर्थात् दशरथ और भगवती के नाम

से संस्था बनाकर अनाथालय को दान देती है, वहाँ के कमरे देखती और स्टॉफ से मिलती है। चारों बहनों का आपसी प्रेम देखकर समाज वाह! वाह करता है।

दूसरी ओर उग्रसेन के दोनों लड़के माता-पिता को छोड़कर अलग हो जाते हैं। बँटवारे के समय दोनों भाई घर पर अपनी नज़र जमाए होते हैं। लेकिन घर उग्रसेन अपने पास रख लेता है। बँटवारे का वर्णन लेखक दुर्गा के मुख से इस प्रकार करवाता है, 'देख लिया, मैं इसी कलेश के डर से आपको मना कर रही थी।...और कर लो जायदाद का बँटवारा। यह बँटवारा थोड़े ही हो रहा है, यह तो हमारी सेवा-पानी का बही-खाता खंगाला जा रहा है।' बँटवारे का परिणाम है कि पोते भी दादा-दादी के पास नहीं आते हैं। दोनों वृद्ध अकेले रहने पर मजबूर हैं, 'उग्रसेन और दुर्गा को इतना बड़ा घर जैसे काटने को दौड़ता है। वृद्धावस्था का अकेलापन क्या होता है, उसका एहसास इन दोनों को अब होने लगा है। जिस घर का जो आँगन कभी अलग-अलग तरह के पदचापों से थिरकता रहता था, अब एकदम उदास रहने लगा है।' अकेलेपन की मार से उग्रसेन रास्ते में ही दम तोड़ देते हैं। दुर्गा बीमार रहती है। बेटों और पोतों के बढ़ते कदम से एक स्वेच्छाचारिता और उद्दंडता का उपक्रम दुर्गा को सीख दे जाता है।

बेटी का प्रेम और उसकी उदारता को समझते हुए बँटवारे के बाद उग्रसेन और दुर्गा आपस में बात करते हुए कहते हैं कि, 'इन लड़कों के बजाय तो इस घर में एकाध लड़की ही पैदा हो जाती। देखा नहीं, भगवती के घर में कैसी चिड़ियों की-सी चहचहाहट मची रहती है।...सही कह रही है। घर तो बेटियों से ही घर जैसा रहता है। ये तो बर्फ की उन शिलाओं-सी होती हैं कि जब ये शिलाओं की शक्ल में होती हैं, तो देह झुलसाती हवाओं को ठंडे झोंकों में बदल देती हैं।' 'बिन बेटी घर सूना' बेटी के प्रति लगाव और उसकी कमी पता चलते ही, दुर्गा का चरित्र उदात्त रूप ले लेता है। दुर्गा कहती है कि, 'पता नहीं फूल-सी नन्ही जान को ऐसे कहीं फेंकते हुए लोगों का जरा भी दिल नहीं पसीजता है। वह कैसी माँ होगी जो अपने जिगर के टुकड़े को फेंक कर चली गई। दुर्गा ने आँखों को पोंछते हुए कहा।' वह भगवती से और उसकी पोतियों से प्रेम करने लगती है। दुर्गा की नेक सलाह मानकर ही भगवती लड़के की बजाय, लड़की को, वह भी अपने रिश्तेदारों से गोद न लेकर अनाथालय से गोद लेती है।

उपन्यासकार की कल्पना शक्ति की दाद देनी पड़ेगी। शकुंतिका नाम शकुंतला की याद दिलाता है और रुलाता है। शकुंतला मेनका अप्सरा और विश्वामित्र की सन्तान थी, जिसे जन्म देते ही माता-पिता ने त्याग दिया था। शकुंतो नामक पक्षियों ने नवजात

पुत्री की रक्षा की और ऋषि कण्व ने उन्हें अपने आँगन में पाला। तभी उस लड़की का नाम शकुंतला पड़ा। पिहू भी इसी तरह त्यागी गई नवजात बच्ची थी, जिसे अनाथालय से लेकर रूपेश ने पाला, पिहू ने शकुंतला की तरह यश पाया। इसी कारण उपन्यास के नामकरण की सार्थकता अद्‌भुत लगती है।

किसी भी साहित्यकार का उद्‌देश्य होता है कि वह अपनी रचना में समाज की उस बात को उठाने का प्रयास करता है, जो समय और परिस्थितियों के साथ बदली जा सकती हैं। लेकिन समाज है कि उसको बदलने को तैयार नहीं होता है, वह परम्पराओं को ज्यों का त्यों चलाते रहना चाहता है। विचार करें तो उसके परिणाम कई बार भयभीत कर देते हैं। इस उपन्यास में उपन्यासकार समाज में व्याप्त बहुत सारे ज्वलन्त विषयों को एक साथ लेकर चलता है। समाज में केवल बेटियों का महत्त्व बताना, वृद्ध विमर्श की चर्चा करना उपन्यासकार का उद्‌देश्य नहीं है। वह यह बात पाठकों के मस्तिष्क में उकेर देने में सफल हुए हैं कि अगर आगे बढ़ना है तो अपनी सोच बदलनी पड़ेगी। समय-समय पर साहस से भी कार्य लेना होगा। जैसा कि रिया ने बुलबुल के सन्दर्भ में लिया।

बेटे हों तो ठीक है, नहीं हैं तो बेटियों को बेटों से कम मत आँको। यहाँ पर प्रेमचन्द की 'बेटों वाली विधवा' कहानी याद आ जाती है, जिसमें पंडित अयोध्यानाथ और फूलमती के चार पुत्र होते हैं और एक पुत्री। चार पुत्र वधुओं की माँ फूलमती वृद्धावस्था में गंगा से जल भरने गई तो वहीं पैर फिसल गया और गंगा में समा गई। पुत्रों के होते हुए भी उसे कष्ट झेलना पड़ा। विचार करें तो समय अच्छों-अच्छों को सीख देता है। इस उपन्यास में दिखाया गया है कि जिनके होने पर थाली बजाई, वे ही जान के दुश्मन बन गए। माता-पिता के मरने का इन्तजार, घर के बँटवारे के लिए भाई-भाई में तकरार आदि कितनी ही घटनाएँ घट जाती हैं। बुलबुल जैसी लड़कियों को बचाने के लिए क़ानून और हिम्मत की जरूरत है। बेटियाँ चिड़ियाँ की तरह हैं, जहाँ रहती हैं, खुशियाँ बिखेरती हैं। दुर्गा का बदलना समय की माँग है, अपने पुत्रों-पोतों से दुखी दुर्गा का चरित्र 'ताई' विश्वम्भरनाथ कौशिक की कहानी की याद दिलाता है।

उपन्यास में हर एक पात्र और उसकी चारित्रिक विशेषताओं को बखूबी उभारा गया है। यह परिवेश भारतीय समाज का आईना है। इस कृति का एक उद्‌देश्य वर्तमान समाज में सरकार द्वारा चलाई जा रही योजना बेटी बचाओ, बेटी पढ़ाओं से मेल भी खाता दिखाई दे रहा है। उपन्यास में बेटियों की सफलता, उनका परिवार के प्रति मोह, कर्तव्यनिष्ठा आदि को बड़े ही सफल तरीके से दिखाया गया है। भाषा की दृष्टि से भी यह कृति बहुत अच्छी है। मुहावरेदार भाषा सार्थक तरीके से प्रयोग की गई है। उपन्यास के आरम्भ में ही इसका परिचय इन पंक्तियों से मिल जाता है, 'रेवती को ऊपर से नीचे तक आँखों-ही-आँखों में उतार गई।' ऐसे बहुत सारे उदाहरण जो भाषायी दृष्टि को चार चाँद लगाते हैं। ऐसी कृति कालजयी कहलाई जाती है। इसे

अवश्य पढ़ना चाहिए और पाठ्यक्रम में लगाना चाहिए। इस उपन्यास की सफलता के लिए आशीर्वाद, इसकी लोकप्रियता चारों दिशाओं में फैले और देश से बाहर विदेशों में भी इस पर चर्चा हो। साथ ही साथ डॉ. अनिल सिंह जी का बहुत-बहुत आभार, जिन्होंने मुझे यह अमूल्य कृति पढ़ने का मौका दिया। विद्वानों के लेख प्रस्तुत पुस्तक 'शकुंतिका : सृजन और दृष्टि' शीर्षक से प्रकाशित होने जा रही है। मुझे पूर्ण विश्वास है कि डॉ. अनिल सिंह द्वारा सम्पादित यह पुस्तक अपनी प्रासंगिकता से विभिन्न भाषा-भाषीयों, सुधि पाठकों और छात्रों हेतु उपयोगी सिद्ध होगी।

—डॉ. सुधांशु कुमार शुक्ला

चेयर हिन्दी, आई.सी.सी.आर.,

वार्सा यूनिवर्सिटी, पोलैंड

खंड-1

बदलते परिप्रेक्ष्य में परिवार और समाज

शकुंतिका : सामाजिक और पारिवारिक यथार्थ का दस्तावेज़

डॉ. मोहसिन ख़ान
हिन्दी विभागाध्यक्ष जे.एस.एम. कॉलेज, अलीबाग, महाराष्ट्र

हिन्दी के समकालीन सशक्त रचनाकार भगवानदास मोरवाल ने अबतक चार कहानी-संग्रह और लगभग आठ उपन्यासों की रचना की है। काला पहाड़, हलाला, वंचना, रेत, बाबल तेरा देस में, सुर बंजारन इत्यादि उपन्यास तो अपनी अनूठी विषय-रचना के कारण चर्चा में थे ही, परन्तु अब उनका लघु उपन्यास 'शकुंतिका' राजकमल से सद्य:प्रकाशित हुआ है; जो कि एक प्रासंगिक कथा और सामाजिक समस्या को अपने भीतर सँजोए हुए है। यह कथा मात्र प्रासंगिक ही नहीं, बल्कि हमारे समय के समाज की एक बड़ी भयानक समस्या और त्रासदी को दर्शाती है, वह है—लैंगिक भेदभाव। भारतीय सामाजिक व्यवस्था में पौरुष वर्चस्व और पितृसत्तात्मक व्यवस्था का प्रारम्भ से चलन रहा है। कुछ जनजातीय समुदायों को छोड़कर देश के सामाजिक स्वरूप में हम पितृ-सत्ता का ही अंकुश देख रहे हैं। इस कारण स्त्री की प्रतिभा कुंठित होती चली गई तथा स्त्रियों को वे अवसर न मिल पाए जिसमें वे अपने जीवन में कुछ निर्णय करते हुए अपने अधिकारों को सुरक्षित रख सकें।

पितृसत्तात्मक व्यवस्था ने जहाँ लैंगिक भेदभाव को समाज में बढ़ाया है, वहीं स्त्रियों की दशा और भी दीन-हीन होती चली गई है। इसकी एक सबसे भयानक त्रासदी कन्या-भ्रूण हत्या हमारे समाज में निरन्तर एक समस्या बनकर उभरी है, जिससे अब तक निजात नहीं मिल पाई है। चाहे सामाजिक परिवर्तन के नाम पर हो रहे आन्दोलन हों या कानून द्वारा दंडित करने का भय, लेकिन भारतीय समाज अपनी जड़-व्यवस्था को, सड़ी-गली रूढ़ि को अब तक ढोता चला आ रहा है और लैंगिक भेदभाव का सामना आज सामाजिक स्तर पर कई श्रेणियों में किया जा रहा है। शकुंतिका ऐसे ही सामाजिक भेदभाव और लैंगिक असमानता को दर्शानेवाला एक कथा-प्रधान उपन्यास है, जिसमें दो परिवारों की कथा के माध्यम से लेखक ने लड़कियों के जीवन को सकारात्मक, उन्मुक्त रूप में दर्शाते हुए, सामाजिक विकास

की बेहतर अनुशासनिक रूपरेखा स्पष्ट की है और दर्शाया है कि यदि परिवार में लड़कियों को हम गम्भीरता से लें और उन्हें केवल इनसान मानते हुए उनका पालन-पोषण करें तो लड़कियाँ इतिहास रच देती हैं, कीर्तिमान स्थापित कर देती हैं। क्योंकि लड़कियाँ अपने में सशक्त, प्रतिभाशाली होती हैं, उनके सामाजिक विकास के दायित्व में उन्हें स्वतंत्रता देते हुए सामुदायिक उन्नति की ओर बराबरी से अवसर देना चाहिए। लेखक ने इसी प्रकार की संरचना की कथा अपने उपन्यास में बुनी है, जिसमें वह लैंगिक असमानता को एक सामाजिक बुराई के रूप में मानते हुए; स्त्रियों के पक्ष को सशक्त और सकारात्मक रूप में उभारकर लाता है। लेखक यह सिद्ध करने का प्रयास करता है कि स्त्रियाँ किसी भी तरह से कमजोर नहीं, बल्कि पुरुष सत्ता से अधिक सशक्त और कठोर इरादोंवाली होती हैं, जोकि अपने लक्ष्य को हासिल करने के लिए प्रयत्नशील होते हुए एक दिन सफल भी होती हैं। लेखक ने सिया, गार्गी, बुलबुल और पीहू के माध्यम से कथा का ऐसा ताना-बाना बुना है कि एक बार उपन्यास को हाथ लगाओ तो फिर अन्त तक कथा को पढ़ते चले जाने का मन होता है।

लेखक भगवानदास मोरवाल ने दो परिवारों की स्थिति को आधार बनाते हुए अपने उपन्यास की कथा को सामाजिक यथार्थ के धरातल पर रचा है; जिसमें एक परिवार उग्रसेन का है, जहाँ पर उग्रसेन और दुर्गा को दादा-दादी बनने की खुशी है। उनके पुत्रों को और पुत्र हुए हैं, जिनको देखकर वह हमेशा उत्साहित रहते हैं, परन्तु यह उत्साह बहुत दिन तक बना नहीं रहता है। धीरे-धीरे करके उग्रसेन के बेटों में दरार उत्पन्न हो जाती है और इस कारण पारिवारिक दूरियाँ बढ़ने लगती हैं। परिवार में पोतों पर कोई अंकुश नहीं रहता है, वह ठीक से अपनी पढ़ाई में भी खरे नहीं उतरते हैं। फिर उनके बेटे बिगड़ना शुरू होते हैं और इस हद तक बिगड़ने लगते हैं कि मोहल्ला, समाज इत्यादि सभी लोग उन पर आक्षेप लगाने लगते हैं कि उग्रसेन के पोते दिन-ब-दिन नालायक और बदचलन होते चले जा रहे हैं। उग्रसेन के दोनों बेटे कई मतभेदों को लेकर परिवार सहित अलग-अलग जगह पर रहने लगते हैं और वहीं अपना व्यवसाय करने लगते हैं। अन्त में उग्रसेन का परिवार अकेला रह जाता है।

दूसरे परिवार की कथा दशरथ और भगवती के परिवार की कथा है, जो दो पुत्रों के साथ उसी मोहल्ले में रहता है। बड़ा पुत्र बलवन्त है और छोटा पुत्र रूपेश है। बलवन्त की तीन बेटियाँ हैं—सिया, गार्गी और बुलबुल। दूसरे बेटे की कोई सन्तान नहीं है। बेटियों की अधिकता को लेकर परिवार में कोई मलाल नहीं है, बल्कि सभी बेटियों को उतना ही चाहते हैं जितना बेटों को कोई चाहता है। उनकी दृष्टि में किसी भी तरह का कोई लैंगिक भेदभाव नहीं है और न ही वह परिवार में उनसे कोई भेद करना जानते हैं, बल्कि वे तो लोगों को सलाह देते हैं कि पुत्र जितने काम नहीं आते हैं; उतनी पुत्रियाँ काम आती हैं। दशरथ की पत्नी भगवती भी इसी पक्ष को लेकर

परिवार की प्रमुख इकाई के रूप में उपन्यास में उभरी है। वह बेटों और बेटियों में कोई फर्क नहीं मानती है। भगवती के दूसरे पुत्र को कोई बेटा-बेटी नहीं इसलिए वह थोड़ी चिन्तित भी है, लेकिन उसकी चिन्ता उस दिन समाप्त हो जाती है जब उसके दूसरे बेटे के लिए उग्रसेन की पत्नी दुर्गा स्वयं भगवती को कहती है कि तेरे छोटे बेटे रूपेश को चाहिए कि वह एक सन्तान को अनाथालय से गोद ले ले और सन्तान में भी वह लड़के को गोद न ले, बल्कि लड़की को गोद ले। यही बात भगवती अपने परिवार को बताते हुए कहती है—"एक बात और बताऊँ, मैंने जब एक दिन उससे बच्चा गोद लेने के बारे में कहा, तो पता है क्या बोली? बोली कि भगवती किसी लड़के-वड़के के चक्कर में तो पड़ना मत। लड़कों का सुख मैं कितना भोग रही हूँ, मैं ही जानती हूँ। अपनी पोतियों को देख रही है न! जहाँ तीन हैं, वहाँ चौथी भी सही। मेरा बस चले ना भगवती, तो मैं अपने घर आज ही लड़की ले आऊँ।"

उग्रसेन के परिवार में आपस में सलाह मशवरा होता है और रूपेश-जयन्ती अनाथालय से एक बेटी को गोद ले आते हैं। धीरे-धीरे बेटी बड़ी होती है, इधर सिया वकील बन जाती है, गार्गी डेंटल डॉक्टर बन जाती है। सिया अपनी पसन्द से विवाह कर लेती है, लेकिन परिवार की सहमति रहती है। गार्गी और बुलबुल का भी विवाह हो जाता है। गोद ली हुई बेटी पीहू ऑस्ट्रेलिया पढ़ने चली जाती है। वहीं कुछ सालों तक पढ़ती है, वहीं कम्पनी के कैम्पस इंटरव्यू के दौरान सिलेक्ट हो जाती है और बड़ी नौकरी का ऑफर मिलता है। बाद में पीहू भारत लौटती है, तब दादा-दादी की मृत्यु हो चुकी होती है। उसे बहुत दुख होता है। वह बताती है कि उसने नौकरी का ऑफर ठुकरा दिया है, लेकिन सबके कहने पर बाद में ऑफर स्वीकार कर लेती है और अन्त में उस अनाथालय में जाती है जहाँ से उसे गोद लिया गया था। वहाँ वह बड़ा दान भी देती है। अन्त में पीहू मेलबर्न लौट जाती है। यहाँ उपन्यास की कथा समाप्त हो जाती है।

'शकुंतिका' उपन्यास हमारी भारतीय पारिवारिक मानसिकता एवं गलित रूढ़ि की वास्तविकता को उजागर करता है। जिसमें बेटियों को अभिशाप और पराया धन माना जाता रहा है। लेखक ने उपन्यास का शीर्षक शकुंतिका रखा है, जिसका अर्थ होता है चिड़िया। पूरे परिवार में चार चिड़ियाँ हैं, जो दिनभर इधर से उधर फुदकती रहती हैं, जिनसे घर में रौनक बनी रहती है। उपन्यास की कथा में बेटियों के जन्म से लेकर उनके पढ़ने, विवाह होने तक की सामाजिक संरचना और सामाजिक विभेद की अवस्था को रेखांकित किया गया है। पूरा भारतीय समाज पुरुष मानसिकता का शिकार है, लेकिन एक परिवार ऐसा भी है जो इन दक़ियानूसी रूढ़ियों को स्वीकार नहीं करता है और बेटियों को बेटों से अधिक महत्त्व देता है। यहाँ सामाजिक संरचना की भेदात्मक रीतियों को लेखक चुनौती देता हुआ दिखाई दे रहा है। कथावस्तु में वर्तमान भारतीय समाज में बढ़ रही पाशविक प्रवृत्ति को उजागर कर के मनोवैज्ञानिक

रूप से सामाजिक सच्चाई को उघाड़ा गया है, जहाँ पर विभेद के लिए कोई स्थान नहीं। इस उपन्यास की कथा इस बात को रेखांकित करती है कि जिसे हम संस्कृति नाम दे रहे हैं दरअसल वह एक ढकोसला मात्र है। सामाजिकता का दायरा केवल लैंगिक असमानता पर टिक नहीं सकता है, केवल एक पक्ष मज़बूत हो और दूसरा विकलांग तो समाज का ढाँचा एक दिन नष्ट हो जाएगा। यही इस उपन्यास का सम्पूर्ण तानाबाना है।

शकुंतिका उपन्यास इस बात को भी दर्शाता है कि ग्रामीण समाज किस हद तक अन्धविश्वासों, रूढ़ियों और पूर्वाग्रहों में बँधा हुआ है, जिससे असमानता को और भी बढ़ावा मिलता चला जा रहा है। हरियाणा तो इस असमानता में और भी आगे नजर आता है, जहाँ बेटियों को आज भी निम्न दर्जे का समझा जाता है। उन्हें वह स्वतंत्रता समाज नहीं दे पाता है जिसकी वे हकदार हैं। यह उपन्यास सामाजिक बदलाव को सामने लाने की भरसक कोशिश करता है और नए रूप में नई शिक्षा, नई विकास की नीति को लेकर चलता है तथा सामाजिक रूप में लैंगिक असमानता को नकार देता है। लेखक प्रगतिशील दृष्टि और आशावादी सोच को लेकर कथा में उतरता है और कथा का अन्त भी इसी दृष्टि से करता है; जिसमें लड़कियों द्वारा किए गए विकास को एक आधार भूमि मिलती है जो अपने पैरों पर खुद खड़ी होती हैं और जीवन के सारे निर्णय लेने के लिए स्वयं पर विश्वास रखती हैं। जहाँ यह उपन्यास स्त्रियों की आर्थिक सुदृढ़ता की बात करता है, वहीं वह उन्हें स्वतंत्रता, समानता, आत्मविश्वास और स्वावलम्बन, साहस भी प्रदान करता है। इस उपन्यास की संवेदना न केवल सामाजिक स्तर पर व्यापक है, बल्कि यह मानवीय धरातल पर भी अत्यन्त विशाल रूप में फैली हुई है, जहाँ परिवार, समाज और मानव की एक नई वस्तुस्थिति, रूपरेखा और सामाजिक न्याय की बात को लेकर उजागर होती है। इस उपन्यास में संयुक्त परिवार के विखंडन को भी एक समस्या के रूप में उभारा गया है। आज की स्वार्थवृत्ति, सांस्कृतिक क्षरण, एकल पारिवारिक कल्पना, जायदाद का लालच इत्यादि के जो रूप हम दिन-ब-दिन देखते आ रहे हैं। यह उपन्यास उन सामाजिक त्रुटियों को भी बखूबी दर्शाकर एक ऐसे समन्वयी समाज की रचना के लिए प्रेरणा प्रदान करता है जहाँ प्रेम, विश्वास, सम्मान, समानता, लैंगिक न्याय और उदारता हो।

शकुंतिका उपन्यास सामाजिक यथार्थ बोध को अपने केन्द्र में रखकर चलता है और मानवीय संवेदना को हमारे समक्ष प्रस्तुत करता है कि समाज केवल पुरुष से ही नहीं चल सकता है, बल्कि स्त्रियों को उनके अधिकार देने से ही उसकी परिकल्पना पूर्ण सम्भव हो सकेगी। जहाँ बदलते समय के साथ व्यक्ति चलेगा वही दूर तक पहुँच पाएगा और समाज सकारात्मक दिशा में आगे बढ़ेगा, उपन्यास इस बात का सन्देश भी हमें प्रदान करता है। दिन-ब-दिन रिश्ते बिखरते चले जा रहे हैं और स्वार्थ अपनी जगह बराबर बनाता चला जा रहा है, इस बिखराव को दूर करने के लिए तथा

पारिवारिक, सामाजिक संगठन को और भी मजबूत करने के लिए यह उपन्यास उस वास्तविक स्थिति को बखूबी दर्शा रहा है, जहाँ पर व्यक्ति अपनी सामाजिक बुराई को छोड़कर उस ओर अग्रसर हो जहाँ मानवीय समाज का निर्माण सम्भव हो सके। भगवानदास मोरवाल अपने उपन्यास में उन सभी स्थितियों को बारीकी से उजागर करने का प्रयास करते हैं, जहाँ पर तरह-तरह की विभेद की दीवारें खड़ी की जा रही हैं। उपन्यास का समाजशास्त्र भी हमें इस बात के लिए अवगत कराता है कि हम यदि समाज में समानता, स्वतंत्रता, न्याय और लैंगिक समानता को लेकर नहीं चलेंगे तो यह समाज कभी भी विकास नहीं कर पाएगा।

यह उपन्यास समाज की उस सच्चाई को भी अपने यथार्थ के साथ अवगत कराता है जहाँ एडोप्शन को लेकर बहुत विवाद और समस्याएँ हैं। गोद लेने के लिए सभी दम्पति बालक के लिए लालायित हैं, बालिका के लिए नहीं। परन्तु ये उपन्यास बालिका के प्रति गहरी सहानुभूति प्रकट करते हुए समाज को एक सकारात्मक सन्देश देने के साथ एक नसीहत भी देता है एवं अपना कथ्य पक्ष बेहद मज़बूत कर लेता है। हमारे समाज में हम कब अनाथालय हमारे बीच ला बैठे इस बात की हमें कोई खबर नहीं? आज तो अनाथालय के साथ-साथ वृद्धाश्रम भी तेज गति से विकसित हो रहे हैं। लगातार पारिवारिक टूटन ने इस स्थिति को और भी भयावह बना दिया है। कन्या भ्रूण-हत्या का तो मामला समक्ष है ही, लेकिन जहाँ पर बालिकाओं को अनाथालय में भेज दिया जाता है, यह समस्या भी विकराल रूप में हमारे समाज में फैलती चली जा रही है। आज भारत में कई ऐसे एन.जी.ओ. और अनाथालय हैं जहाँ पर बालिकाओं की संख्या निरन्तर बढ़ती चली जा रही है। संस्थाओं को उनकी देखरेख करने में कई कठिनाइयों का सामना करना पड़ता है। हमें यह उपन्यास इस बात पर भी सोचने के लिए मजबूर कर देता है कि हम कितने स्वार्थों से घिर गए हैं और किस तरह से अमानवीय होकर जीवन व्यतीत कर रहे हैं? अनाथालय में बालिकाओं की संख्या में वृद्धि एक भयावह, चिन्तित हो जानेवाली अवस्था को जन्म देती चली जा रही है। कई अनाथालय आज भी बालिकाओं से भरे पड़े हैं, जहाँ वे बचपन से लेकर बुढ़ापे तक अपना जीवन गुजार देती हैं। यह सब सोचते हुए मन और शरीर में एक सिहरन छा जाती है तथा अन्त में व्यक्ति के हाथ दुख ही लगता है। उपन्यास उस अवस्था को भी हमारे सामने उजागर कर रहा है; जहाँ पर अनाथालय की समस्या निरन्तर समाज में अपना विकराल रूप फैला रही है; जिसका कोई सार्थक हल हमें दिखाई नहीं दे रहा है। पीहू ऐसे ही अनाथालय से लाई हुई एक बालिका है, जिसे परिवार तो मिल गया, वह अपने पैरों पर भी खड़ी हो गई; लेकिन उन बालिकाओं का क्या होगा जो आज भी अनाथालय में बिना माँ-बाप के अपना जीवन गुजार रही हैं। यह उपन्यास सामाजिक संरचना और उसके टूटते हुए स्वरूप को चुनौती के रूप में हमारे सामने रखता है और साथ ही साथ यह भी प्रश्न छोड़

जाता है कि हम कब तक लैंगिक विविधता का सामना करते रहेंगे?

यह उपन्यास पाठकों के बीच कई प्रभाव-प्रेरणा जागृत कर जाता है और उन्हें फिर से सामाजिक संरचना पर सोचने के लिए बाध्य कर जाता है, जिस समाज के बीच वे निरन्तर साँस लेते चले जा रहे हैं। उपन्यास की प्रेरणा इस दायरे में भी समाहित की जा सकती है कि जो तरुण पीढ़ी है वह किस प्रकार से अपने सामाजिक यथार्थ को सोच-समझकर, जानकर उसमें बदलाव लाकर सकारात्मक समाज का निर्माण कर सकती है। साथ ही साथ कथा इस बात की भी प्रेरणा दे जाती है जहाँ जाति विभेद, लैंगिक असमानता, सामाजिक स्वतंत्रता आदि को फिर से नए सिरे से हमें रचना होगा। यह कथा तरुण पीढ़ी को सन्देश पहुँचाती है कि किस प्रकार से अनुशासनिक जीवन व्यतीत करते हुए वे अपने लक्ष्य को प्राप्त कर सकते हैं। उपन्यास अपने इर्द-गिर्द के समाज की वास्तविकता को दर्शाने के साथ-साथ हमें उसके परिणामों की ओर भी इंगित करता चला जाता है; जहाँ पर हम सकारात्मक और नकारात्मक समाज के स्वरूप को खड़ा हुआ पा सकते हैं। यदि जड़ताओं को नहीं तोड़ा गया, रूढ़ियों को नहीं तोड़ा गया, विभेद को नहीं छोड़ा गया तो एक दिन समाज विखंडित हो जाएगा और हम उस अवस्था में पहुँच जाएँगे जहाँ सामाजिकता के दायरे में सभी रिश्ते-नाते यथार्थ से टक्कर पाकर टूट जाएँगे और हमारे सामने मुँह बाए खड़ा बिखरा हुआ समाज होगा।

शकुंतिका उपन्यास भाषा और शिल्प की दृष्टि से अत्यन्त सहज और बोधगम्य है। कहीं पर भी लेखक ने ऐसी भाषा का प्रयोग नहीं किया है जिसमें पात्रगत भूल और भाषा-विचलन पैदा हो जाए या हमारे समाज के आसपास की भाषा न हो। उपन्यास में जिन पात्रों की सर्जना की गई है और उनके संवाद जैसे रचे गए हैं, वह पात्रों के चरित्र के लिए एकदम सटीक बैठते हैं। लेखक ने न केवल हिन्दी-उर्दू के शब्दों का इस्तेमाल किया है, बल्कि वह आंचलिक शब्दों को भी अनायास ही अपने उपन्यास में स्थान दे देते हैं। कहीं-कहीं भाषा में आंचलिकता भरे संवाद का स्पर्श भी आया है जिससे भाषा और भी अधिक अपनत्व लिए पात्रों को सशक्त और जीवन्त बना देती है। लेखक ने उपन्यास में कई स्थानों पर लोकोक्ति और मुहावरों का भी सहज प्रयोग किया है जिससे स्थितियों को और भी मजबूती से उजागर करने का सहारा मिला है, जैसे—हत्थे से उखड़ जाना, सिर पर ठीकरा फोड़ना, आग की तरह खबर फैलना, उन्नीस-बीस होना, घर घर की कहानी इत्यादि।

लेखक ने इस बात का भी सदा ध्यान रखा है कि यह कथा आज के समाज की कथा सिद्ध हो, इसलिए उसने कथा के विकास के अन्तर्गत उन स्थितियों को बखूबी रेखांकित किया है; जिसमें कि वह आज के समाज की वस्तुस्थिति को उजागर कर सके। इंटरनेट का इस्तेमाल, एडमिशन की स्थिति, कॉम्पिटिटिव अथवा प्रतियोगी परीक्षाओं की तैयारी, वेबसाइट का जिक्र, मोबाइल इत्यादि का इस्तेमाल,

ऐसी बहुत-सी अवस्थाओं का वर्णन भी शकुंतिका उपन्यास के अन्तर्गत आया है; जिससे हमें पता चलता है कि यह कथा आज के समय की कथा है। इससे वर्तमान पीढ़ी की वस्तुस्थिति रू-ब-रू हो जाती है। लेखक ने सम्पूर्ण कथा के ताने-बाने में वातावरण का बड़ी सहजता से ध्यान रखा है और वह सारी स्थितियाँ जुटाई हैं, जिससे यह कथा आज के जीवन की, आज के समय की कथा का सहज रूप में बोध करा जाती है। ऐसे कई शब्दों का भी लेखक ने वर्तमान स्थिति के सापेक्ष इस्तेमाल किया है जो हमारे दैनिक जीवन में इतने घुलमिल गए हैं कि हमारे मुँह से बरबस वे शब्द निकल जाते हैं।

अन्ततः शकुंतिका उपन्यास ऐसा उपन्यास है; जो सामाजिक यथार्थ को केन्द्र में लेकर चलता है, जिसमें लैंगिक विभेद और भारतीय पारिवारिक मानसिकता का प्रतिबिम्ब हमें स्पष्ट रूप से देखने को मिलता है। लेखक ने उन गलित रूढ़ियों, स्थितियों को तोड़ने का भरसक प्रयास किया है; जिससे समाज में विघटन पैदा हो रहा है और समाज टूटन की ओर बढ़ता चला जा रहा है। शकुंतिका उपन्यास अपने लघु आकार में होने के साथ इतना प्रभावकारी है कि पाठक इसके प्रभाव से बच नहीं सकता और बहुत देर तक इसके समस्त पात्र उसके भीतर विचरित करते रहेंगे, क्योंकि यह पात्र इतने जीवन्त, सशक्त और निकटवर्ती हैं कि आज के माहौल को बखूबी रूप में हमारे सामने प्रस्तुत कर देते हैं।

शकुंतिका : विश्वास की परम्परा का निर्माण

डॉ. मनीष कुमार
हिन्दी विभागाध्यक्ष के.एम. अग्रवाल कॉलेज, कल्याण, महाराष्ट्र

'शकुंतिका' भगवानदास मोरवाल का नवीनतम उपन्यास है। यह उपन्यास भारतीय समाज की उस धारणा में आए बदलाव को रेखांकित करता है जो लड़कियों को लड़कों से कमतर आँकती रही है। लेकिन जिस बदलाव को लेखक दिखा रहा है और जितनी सहजता से चित्रित कर रहा है वह भारत के समाज का कितना वास्तविक चित्र है, यह विचारणीय है। उपन्यास का कथानक सपाट और भाषा सहज-सरल है। 'बेटी बचाओ, बेटी पढ़ाओ' जैसी सरकारी योजनाएँ हरियाणा से शुरू हुईं। यह वही राज्य है जहाँ लड़के-लड़कियों का अनुपात पूरे देश में सबसे ख़राब रहा है। विवाह के लिए दूसरे राज्यों से लड़कियों को लाने के लिए यह समाज मजबूर हुआ। दूसरे राज्यों से आई ये लड़कियाँ "पारो" कहलाईं। इसी राज्य से जुड़े मोरवाल जी अगर शकुंतिका जैसे उपन्यास को लिखते हैं तो निश्चित तौर पर यह समाज की उस कटु सच्चाई की पृष्ठभूमि ही रही होगी जिसने उन्हें ऐसे विषय को चुनने के लिए मजबूर किया होगा। ऐसे विषयों पर सरकारी अभियान, फिल्में इत्यादि भी लगातार इस दशक में हमें झकझोरती रहीं। "मारी छोरियाँ छोरों से कम हैं के?" दंगल फ़िल्म का यह संवाद उस बराबरी की ही वकालत करता हुआ दिखाई पड़ता है। इसी दशक के अन्तिम पड़ाव पर मोरवाल जी शकुंतिका लिखते हैं।

पुनर्वासित लोगों की कालोनी के दो परिवार इस उपन्यास के केन्द्र में हैं। अपितु ऐसा कहना चाहिए कि इन दोनों परिवारों की मनोदशा ही इस उपन्यास का केन्द्रीय पात्र है। वैसे ही जैसे अमरकान्त के उपन्यास "इन्हीं हथियारों से" के केन्द्र में बलिया है। वही केन्द्रीय पात्र भी है। दुर्गा और अग्रसेन चार पोतों पर इतराते तो भगवती और दशरथ तीन पोतियों से चिन्तित रहते। दूसरे बेटे को शादी के इतने वर्षों बाद भी बच्चे न होने से उनका दुख दोगुना हो जाता। लेकिन समय के साथ यह साबित हो जाता है कि पोतियाँ पोतों से अधिक योग्य होती हैं। भगवती अपने दूसरे बेटे को इस बात के लिये मना लेती है कि वे बच्चा अनाथालय से गोद ले आएँ। इतना ही नहीं अपितु

वे एक लड़की को ही गोद लें इस पर भी परिवार में सहमति बनती है।

इस सहमति और विचार की सबसे बड़ी सूत्रधार चार पोतों वाली दुर्गा है जो अपने अनुभव के आधार पर भगवती को पोतियों के महत्त्व को समझा पाती है। इस तरह दुर्गा और भगवती का व्यक्तिगत अनुभव संयुक्त रूप से लड़कियों के पक्ष में दिखाई पड़ता है। वह भगवती से कहती है, "भगवती, उनसे जाकर पूछो जिनके लड़कियाँ नहीं हैं। अब हमारे यहीं देख लो। सारी की सारी कौरवों की फ़ौज़ पैदा हो गई। मैं तो ऊपरवाले से रात-दिन यही बिनती करती रहती हूँ कि बस हमें एक पोती दे दे।" परिवार में इनका कोई विरोध भी नहीं है।

दुर्गा भगवती को सलाह देते हुए कहती है कि, "सुन, भगवती बुरा मत मानियो। इस वंश बढ़ाने की भूख ने हमारी बेटियों की दुर्गत की हुई है। थोड़ी देर के लिए मान लो तुमने लड़के को गोद ले लिया, तो इसकी क्या गारंटी है कि वह तेरी इन पोतियों को बहन का दर्ज़ा दे ही देगा। कहीं ऐसा ना हो कि वह सारी जायदाद पर कब्जा कर बैठे, और तेरी ये पोतियाँ यहाँ के रुख़ों के लिये भी तरस जाएँ। इस बारे में अच्छी तरह सोच लेना।" इस तरह दुर्गा और भगवती अपने-अपने भोगे हुए यथार्थ के आधार पर पोतियों के पक्ष में लगातार अपनी सकारात्मक राय रखती हैं। उग्रसेन और दशरथ दोनों ही अपनी पत्नियों से सहमत हैं। भगवती के बेटे-बहू भी आज्ञाकारी हैं। इस तरह बड़ी सहजता से पूरा परिवार भगवती की बात से सहमत होते हुए अनाथालय से लड़की गोद लेने के निर्णय को स्वीकार करता है। यद्यपि इतनी अधिक सहजता और अनुकूलता उपन्यास को एकांगी तो बनाता है लेकिन अविश्वसनीय नहीं होने देता।

यही सहजता उपन्यासकार तब भी दिखाता है जब सिया और गार्गी के किसी बंगाली और पंजाबी से विवाह की बात सामने आती है। भारतीय समाज में अभी भी इतनी सहजता थोड़ी असहज़ लगती है। इस असहजता को उपन्यासकार बुलबुल की बिरादरी में ही शादी के माध्यम से छुपाता भी है लेकिन इसी विवाह में समस्या को दिखाकर वापस वे यह साबित करने में लग जाते हैं कि जरूरी नहीं कि माँ-बाप अपनी मर्ज़ी से जहाँ लड़कियों की शादी करें वहाँ सब ठीक ही हो। इसी बात को अधिक पुष्ट करने के लिये वे सिया, गार्गी और पीहू के वैवाहिक जीवन में कोई समस्या नहीं दिखाते। पूरे उपन्यास के कथानक को देखकर यह स्पष्ट हो जाता है कि उपन्यासकार एक निश्चित फ़ार्मूले के साथ उपन्यास लिखता है जिसमें उपन्यास शिल्प के कई पक्ष कमजोर तो होते हैं लेकिन लेखन का उद्‌देश्य शत-प्रतिशत पूर्ण होता है।

पीहू की कहानी उपन्यास का एक महत्त्वपूर्ण हिस्सा है। इसने उपन्यास के सौन्दर्य को बढ़ाया है। यहाँ सहजता और स्वाभाविकता अधिक है। सन्देश भी अधिक मुखर और व्यापक है। अनाथालय से गोद ली गई पीहू विदेश में पढ़ने जाती है और बड़ी कॉर्पोरेट कम्पनी में काम करती है। लेकिन वह हर साल अपने परिवार में लौटती

है। उस अनाथालय में भी लौटती है जहाँ से वह गोद ली गई थी। उस अनाथालय को मोटी रकम दान करती है ताकि उसके जैसी लड़कियों को बेहतर सुविधाएँ मिल सकें। उसका यह लौटना संवेदना और करुणा की मानवीय प्रतीति है जो विज्ञापित नारों और मूल्यों से परे है। यह जीवन की बेचैनियों का वह इन्द्रधनुष है जो सामाजिक न्याय चेतना को झकझोरता है।

उग्रसेन और दुर्गा के माध्यम से मोरवाल जी ने एक और सामाजिक समस्या की तरफ़ ध्यान खींचा है। बुढ़ापे में एकाकी जीवन जीने के लिये अभिशप्त माँ-बाप की समस्या। आज के आधुनिक जीवन की यह बहुत बड़ी समस्या है। उग्रसेन जीवन भर अपने बच्चों के लिये संघर्ष करते रहे। यही बेटे जब आर्थिक रूप से सम्पन्न हो गए तो माँ-बाप को अकेला छोड़कर चले जाते हैं। लेकिन माँ-बाप की सम्पत्ति में उनकी रुचि बराबर बनी रहती है। जब उग्रसेन अपने बच्चों के बीच सम्पत्ति का बँटवारा करते हैं तो वह मकान किसी को नहीं देते जिसमें वे रहते हैं। क्योंकि कहीं न कहीं उनके मन में यह आशंका रहती है कि अगर वे अपने जीते जी मकान किसी के नाम कर देंगे तो हो सकता है कि वह लड़का उन्हें घर से निकाल दे। इसी बात को लेकर उनके बेटों में दुख भी है। बँटवारे के समय दुर्गा अभय से कहती है, "नहीं कहा है, तो फ़िर भी कान खोलकर तुम सब सुन लो, अपने जीते-जी मैं इस मकान के किसी को हाथ भी नहीं लगाने दूँगी। फ़िर चाहे कोई हमारी सेवा करे या ना करे! किसी का क्या भरोसा कि इसे भी वसीयत में लिखवाकर कल हमें दर-बदर कर दे। एक यही तो आसरा बचा है, इसे भी तुम्हारे हवाले कर दें।" यह चिन्ता समाज के एक बहुत बड़े वर्ग की चिन्ता है। जिस उपभोगतावादी संस्कृति में हम रह रहे हैं वहाँ क़ीमत हमारे सामाजिक मूल्यों पर कितना हावी हो चुकी है, उसका प्रमाण यहाँ मिलता है।

उग्रसेन की मृत्यु के बाद भी दुर्गा किसी बेटे के पास रहने नहीं जाती। वह बुढ़ापे और अकेलेपन से परेशान तो है लेकिन अपने स्वाभिमान से कोई समझौता नहीं करती। उसकी इसी स्थिति का ज़िक्र अपनी बेटी से करते हुए भगवती कहती है कि, "कुछ तो अकेलापन और कुछ बुढ़ापा। नहीं हुई होगी हिम्मत कुछ बनाने की। मैं कई बार समझा चुकी हूँ कि दुर्गा चली जा अपने किसी बेटे के पास। इस उमर में कब तक बना-बनाकर खाएगी, पर नहीं मानती है। बड़ी स्वाभिमानी औरत है। कहती है कि जब उन्हें माँ-बाप की जरूरत नहीं है, तो मुझे भी किसी औलाद की ज़रूरत नहीं है।" इन संवादों से स्पष्ट है कि दुर्गा के मन में अपने बेटों के लिये कितनी निराशा और छोभ है। बुढ़ापे में जब माँ-बाप को बच्चों की जरूरत है तो वे उनसे अलग हो जा रहे हैं। वृद्धाश्रमों में ऐसे ही न जाने कितने माँ-बाप बस अपने मरने के दिन गिन रहे हैं। यह हमारे आज के समाज की एक कटु सच्चाई है।

समग्र रूप से इस उपन्यास के बारे में यह कहा जा सकता है कि उपन्यासकार इस बात का समर्थक है कि लड़कियाँ किसी भी तरह से लड़कों से कम नहीं हैं। अपितु

संस्कारों में वे उनसे श्रेष्ठ ही हैं। पढ़-लिखकर वो भी अपना मुस्तकबिल बना सकती हैं। इसलिये लड़के-लड़कियों के फरक को मिटाते हुए बालीदगी की नई रवायत, नई कैफ़ियत क़ायम होनी चाहिए। योग्यता आत्मा का गुण है इसलिये जाति, धर्म, भाषा, रंग और लिंग के आधार पर सामाजिक भेदभाव दरकिनार किये जाने चाहिए।

रूढ़ परम्परागत मान्यताओं का कवच हमारी रक्षा नहीं कर सकेगा अपितु हमारे लिये घातक होगा। हमें आधुनिक भाव बोधों का अग्रदूत बनना होगा। वंचित-विरहित के बीच सम्भावनाओं का नया द्वार खोलना होगा। वैचारिक दारिद्रीकृत अवस्था से खुद को और समाज को बाहर निकालना होगा। सामाजिक पूर्वाग्रहों से बाहर निकलना होगा। इसके लिये अपने समय से टकराना होता है। इस उपन्यास के माध्यम से मोरवाल जी वही काम कर रहे हैं। जीवन की प्रांजलता और प्रखरता को सतत क्रियाशीलता की आवश्यकता होती है। इस क्रियाशीलता की निरन्तरता में ही जीवन का उत्कर्ष है। इसीलिए जीवन को समन्वयन की प्रक्रिया भी कहा गया है। कहते हैं कि साध्य अच्छा हो तो कोई भी साधन अच्छा है। लेकिन जब साहित्य की बात होती है तो उसकी हर विधा का अपना एक गुण होता है जिसकी अपेक्षा उस विधा विशेष की रचना में की जाती है। यद्यपि शिल्प की दृष्टि से यह उपन्यास कमजोर कहा जा सकता है लेकिन अपने उद्देश्यों में निश्चित ही बहुत महत्त्वपूर्ण है।

सन्दर्भ

1. 'शकुंतिका'—भगवानदास मोरवाल, राजकमल प्रकाशन, नई दिल्ली।
2. http://www.abhivyakti-hindi.org/lekhak/b/bhagwandas_morwal.htm
3. https://samalochan.blogspot.com/2020/04/blog-post_18.html

'शकुंतिका' उपन्यास में वर्णित समाज और समस्याएँ

डॉ. अनिल सिंह

अध्यक्ष, हिन्दी विभाग सोनुभाऊ बसवन्त कॉलेज, शहापुर, महाराष्ट्र

भगवानदास मोरवाल हिन्दी के अत्यन्त प्रसिद्ध और प्रासंगिक कथाकार हैं। उनका लेखन पिछली सदी के अन्त में प्रारम्भ हुआ। कथाकार के रूप में उन्होंने 'शकुंतिका' सहित आठ उपन्यासों की रचना की है और चार कहानी संग्रह भी उनके छपे हैं। उनका पहला उपन्यास 'काला पहाड़' सन् 1999 में प्रकाशित हुआ था। इसके अतिरिक्त 'बाबल तेरे देश में' (2004), 'रेत' (2008), 'नरक मसीहा' (2014), 'हलाला' (2015), 'सुर बंजारन' (2017), 'वंचना' (2019) और अब 'शकुंतिका', जिसका प्रकाशन वर्ष 2020 में हुआ है।

भगवानदास मोरवाल ने व्यापक सामाजिक सन्दर्भों को सामने रखकर अपने उपन्यासों की रचना की है। उनके उपन्यासों के केन्द्र में कहीं-ना-कहीं स्त्री और उसका जीवन, उसकी समस्याएँ ही ज्यादा रही हैं। 'काला पहाड़' और 'बाबल तेरे देश में', आदि उपन्यास मेवाती समाज को केन्द्र में रखकर लिखे गए हैं। 'रेत' उपन्यास, आपराधिक गतिविधियों में लिप्त माने जानेवाले उत्तर भारत के एक समुदाय 'कंजर' समुदाय पर लिखा गया है। जबकि 'नरकमसीहा' उपन्यास, एनजीओ संस्कृति की परतें उधेड़नेवाला उपन्यास है। 'हलाला' मुस्लिम संस्कृति की एक प्रथा और परम्परा, जिसका सम्बन्ध स्त्रियों से है, पर आधारित है। 'सुर बंजारन' उपन्यास उत्तर भारत की नौटंकी विधा को विभिन्न परिप्रेक्ष्यों में देखनेवाला उपन्यास है। 'वंचना' कानून और समाज में स्त्रियों की दुविधापूर्ण स्थिति को लेकर लिखा गया उपन्यास है। जबकि उनका हाल ही में प्रकाशित उपन्यास 'शकुंतिका', उत्तर भारतीय मध्यवर्गीय परिवारों में लैंगिक भेदभाव को आधार बनाकर लिखी गई महत्त्वपूर्ण रचना है। इसमें मध्यवर्गीय भारतीय परिवारों की परम्पराओं व वर्जनाओं की गहरी पड़ताल की गई है। और यह अत्यन्त भावुकतापूर्ण और सोद्‌देश्यता सम्पन्न उपन्यास है। इसमें मोरवाल जी ने मध्यवर्गीय परिवारों की चिन्ताओं और उनके सुख और दुखों का भावनामय चित्रण किया है। इस उपन्यास के माध्यम से उन्होंने पाठकों को बड़ा सन्देश देने की कोशिश की है।

लैंगिक भेदभाव भारतीय समाज का पुराना अभिशाप है। देश की आजादी के पहले तक स्त्रियों की दशा अत्यन्त शोचनीय थी और किसी भी प्रकार के निर्णय लेने के लिए वे स्वतंत्र नहीं थीं। यद्यपि स्त्रियों की शिक्षा-दीक्षा और अन्य अधिकारों की पैरवी 19वीं शताब्दी से ही समाज सुधारकों ने शुरू कर दी थी। परन्तु रूढ़िवादी भारतीय समाज अपनी चली आती परम्पराएँ छोड़ने के लिए तैयार नहीं था। समाज में लड़की का जन्म अभिशाप की तरह माना जाता था। और फिर बाल विवाह जैसी अमानवीय प्रथाएँ भी थीं, जिनके कारण स्त्रियाँ घुट-घुटकर जीने को विवश थीं। भारत के कुछ इलाकों का हाल तो यह था कि, लड़कियों को जन्म के समय ही मार दिया जाता था, उनकी हत्या कर दी जाती थी। आजादी के बाद संवैधानिक प्रावधानों और सरकार की संकल्प शक्ति के कारण इस दिशा में प्रयास तेज हुए।

स्त्रियों की सामाजिक और आर्थिक—दोनों ही मोर्चों पर प्रगति के लिए कुछ कानूनों का प्रावधान किया गया। सरकार की संकल्प शक्ति के कारण यह उम्मीद की गई कि, समाज में भी परिवर्तन आएगा। परन्तु इसमें कोई सन्देह नहीं है कि, कोई भी सामाजिक परिवर्तन का प्रयास बिना आम जनता की मानसिकता को बदले हुए सफल नहीं हो सकता। पुरानी चली आती प्रथाएँ और परम्पराएँ आम जनता के मस्तिष्क में संस्कार रूप में स्थित होती हैं, और उनसे नाता तोड़ पाना बड़ा ही श्रमसाध्य काम होता है। इसमें जोर-जबरदस्ती कभी भी सकारात्मक परिणाम नहीं दे पाती। अच्छा तो तब है, जब लोग स्वयं ही ऐसी प्रथा और परम्पराओं का विरोध करना शुरू कर दें। ऐसी मानसिकता का निर्माण करने में साहित्य की बड़ी भूमिका होती है। साहित्य हमें सोचने पर विवश करता है, हमारी अन्तरात्मा को झकझोरता है, और सही मायने में परिवर्तन का सार्थक कारक बनता है। मोरवाल जी ने इस उपन्यास में यही प्रयास किया है। यह उपन्यास सामाजिक यथार्थ पर आधारित एक आदर्शवादी उपन्यास है।

'शकुंतिका' उपन्यास की प्रमुख समस्या लैंगिक भेदभाव का उन्मूलन है। इसी को उपन्यास का मुख्य आधार बनाकर आनुषंगिक रूप से मोरवाल जी ने कई और सामाजिक समस्याओं का वर्णन किया है। इस उपन्यास की मूल कथा के केन्द्र में दो परिवार हैं। पहला, दशरथ और भगवती का परिवार है और दूसरा, उग्रसेन और दुर्गा का परिवार है। यह दोनों परिवार पिछले तीस-पैंतीस बरस से एक-दूसरे के पड़ोसी हैं। दशरथ-भगवती के दो बेटे बलवन्त और रूपेश हैं। दोनों विवाहित हैं। दोनों की पत्नियाँ क्रमशः रेवती और जयन्ती हैं। बलवन्त और रेवती को तीन बेटियाँ—सिया, गार्गी और बुलबुल हैं। जबकि रूपेश और जयन्ती निःसन्तान हैं। यह बेटियों वाला घर है। दूसरी तरफ, उग्रसेन और दुर्गा के भी दो विवाहित बेटे नागदत्त और अभय हैं। इनके भी दो-दो बेटे हैं। यह बेटों वाला घर है। बेटियाँ होने से बलवन्त और रेवती को तो कोई फर्क नहीं पड़ता, पर पोता ना होने की टीस भगवती के कलेजे में रह-रहकर

उठती रहती है। दूसरी तरफ उग्रसेन और दुर्गा के चार पोते हैं, जिन्हें उग्रसेन चार रत्न कहता है। दोनों फूले नहीं समाते। समय आगे बढ़ता है, दशरथ-भगवती के घर में पोतियाँ सुख भरने लगती हैं। परिवार के सद्-संस्कार उनके आचरण में दिखते हैं। पढ़ने-लिखने में भी वे बड़ी जहीन हैं। जहाँ सिया 12वीं की परीक्षा 92% अंकों से पास करती है और एलएलबी की पढ़ाई का फैसला करती है, वहीं कुछ समय बाद गार्गी भी बड़ी बहन सिया से ज्यादा अच्छे अंक लेकर एमबीबीएस पाठ्यक्रम में दाखिला ले लेती है। दूसरी तरफ उग्रसेन और दुर्गा के पोते गलत संगत और गलत आचरण में फँस जाते हैं। पढ़ना-लिखना भी बस औपचारिकता है। सिया, गार्गी के विपरीत वे अच्छे प्राइवेट स्कूलों में पढ़ते हैं। पर ज्यादा सुविधाओं ने उन्हें नकारा बना दिया है। सिगरेट पीना, मोहल्ले की लड़कियाँ छेड़ना, मारपीट करना—यही उनकी दिनचर्या है। उनकी इन हरकतों से परिवार का सिर नीचा होता है। वहीं, दशरथ और भगवती की पोतियाँ उनका अभिमान बन जाती हैं। दुर्गा को एहसास होता है कि काश उसके घर में भी बेटियाँ होतीं। जो उग्रसेन अपने पोतों के जन्म पर बड़े-बड़े जश्न करता था, फूला नहीं समाता था, वह अपना दुख अपने पड़ोसी दशरथ से व्यक्त करते हुए कहता है, "दशरथ क्या बताऊँ, हर काम के लिए दस बार कहना पड़ता है। मैं तो जब देखो तुम्हारे घर से तुम्हारी पतियों को बस यही कहते हुए सुनता हूँ, आई दादा जी, आई अम्मा...ऐसा लगता है जैसे तुम्हारे घर में लड़कियाँ नहीं, चिड़ियों का छोटा-सा झुंड वास करता है। जब देखो इधर से उधर फुदकती रहती हैं।" जल्द ही उग्रसेन को बेटे ही बेटे होने का दंश भी सहना पड़ता है। धन और जायदाद के लालच ने उसके बेटों को स्वार्थी बना दिया। और वे अपने माँ-बाप को अकेला छोड़कर अपने-अपने घरों में चले गए। जायदाद के बँटवारे को लेकर भी कुछ खटपट होती है।

मध्यवर्गीय परिवारों में अमूमन जैसा कि होता ही है। वह अपने-अपने में इस तरह मशगूल हो गए कि पुराने घर में रह रहे अपने माँ-बाप, उग्रसेन और दुर्गा का ख्याल रखना बस एक औपचारिकता रह जाता है। कभी कोई पोता चक्कर लगा लेता है, बस इतना ही। बेटे भी महीनों में खैर-खबर पूछ ही लेते हैं। उग्रसेन और दुर्गा इस घटना से टूट जाते हैं। उनकी बहुएँ, पुराने घर के लिए भी तर्क-वितर्क करती हैं, पर दुर्गा, जो अपने पति की अपेक्षा ज्यादा व्यावहारिक है—इनकार कर देती है। आख़िर हम भी तो अपने बुढ़ापे के लिए कुछ रखेंगे। उसका दर्द इन शब्दों में फूटता है, "जिनके लिए अपनी ज़िन्दगानी खपा दी, इस गाढ़े समय में एक-एक कर सब मुँह फेरकर चलते बने। सिर पर टोकरी को ढो-ढोकर यह मकान बनाया तो इसलिए था कि आख़िरी टाइम सुख-चैन से कटेगा। यह नहीं पता था कि यही हमारा दुश्मन बन जाएगा, वरना हम क्यों अपनी देह तुड़वाते।" अन्तत: बेटों वाला घर बर्बाद और सूना हो जाता है। दूसरी तरफ दशरथ और भगवती का घर बेटियाँ

सुख से भर रही थीं। वे दिन-दूनी रात-चौगुनी उन्नति की सीढ़ियाँ चढ़ रही थीं। दोनों बहनों ने विवाह भी पढ़े-लिखे लड़कों से, जो उनकी ही तरह उनके करियर से जुड़े हुए थे, किया। पढ़ी-लिखी, अच्छी संस्कारवान लड़कियों को कौन अपने घर की बहू नहीं बनाना चाहेगा। इस तरह सिया और गार्गी के लिए तो उनके घर वालों को शादी-ब्याह ढूँढ़ना और फिर दहेज आदि जैसी चीजों से भी गुजरना नहीं पड़ा। और यह सब जो इतनी आसानी से हुआ, उसका कारण उन दोनों का ही पढ़ा-लिखा, समझदार और संस्कारवान होना था। तीसरी बहन, बुलबुल का विवाह दादा-दादी की मर्जी से सजातीय लड़का ढूँढ़कर किया जाता है। परन्तु जैसा कि आमतौर पर होता है, दहेज आदि की समस्याओं के कारण लड़कियों को ज्यादातर परेशानियों से गुजरना ही पड़ता है। और लड़कियों की इस यातना में ना चाहते हुए भी परिवार वाले भी सम्मिलित हो ही जाते हैं।

बुलबुल के जीवन में आई इस परेशानी से उसे निजात सिया और गार्गी की वजह से ही मिलती है। सिया के वकील होने का, कानून की जानकारी आदि होने का प्रभाव यह पड़ता है कि वह जब बुलबुल के पति को बुलाकर धमकानेवाले लहजे में समझाती है, तो बुलबुल का पति ना केवल माफी माँगता है, बल्कि यह वादा भी करता है कि अब वह कभी ऐसी गलती नहीं करेगा। इस तरह से पढ़े-लिखे होने की वजह से परिवार पर आनेवाला एक बड़ा संकट टल जाता है। दुर्गा की हालत देखकर भगवती को बेटियों का महत्त्व समझ में आ गया था। इसीलिए भगवती अपने नि:सन्तान बेटे रूपेश को बेटी ही गोद लेने के लिए कहती है और भगवती को यह सलाह कोई और नहीं बल्कि दुर्गा ही देती है। दुर्गा के घर की स्थितियों ने उसके परम्परागत लड़कों के मोह से उसे विरक्त कर दिया। वह भगवती से कहती है, "इस वंश बढ़ाने की भूख और चाह ने ही हमारी बेटियों की दुर्गति की हुई है। थोड़ी देर के लिए मान लो, तुमने किसी लड़के को गोद ले लिया तो इसकी क्या गारंटी है कि वह तेरी इन पोतियों को बहन का दर्जा दे ही देगा। कहीं ऐसा ना हो कि वह सारी जायदाद पर कब्जा कर बैठे और तेरी यह पोतियाँ यहाँ के रुखों के लिए भी तरस जाएँ।" इस तरह दुर्गा के परामर्श पर ही भगवती अपने बेटे रूपेश को अनाथ आश्रम से बेटी गोद लेने के लिए कहती है। प्रगतिशील विचारों के दशरथ और भगवती का परिवार ना केवल बेटी को गोद लेता है, बल्कि सारे रीति-रिवाज लड़कों जैसे ही करता है। उनका यह कदम मोहल्ले ही नहीं बल्कि पूरे शहर में चर्चा का विषय बनता है। दशरथ और भगवती के घर आई यह चौथी कन्या पीहू, अपनी बाकी बहनों से भी बढ़-चढ़कर निकली। उसे उच्च शिक्षा के लिए विदेश जाने का मौका मिलता है। वह शिक्षा प्राप्त करती है, इसके बाद उसे वहीं बड़ी अच्छी नौकरी भी मिल जाती है। वह भारत अपने परिवार के पास लौटना चाहती है, परन्तु परिवार उसके सुनहरे भविष्य को ध्यान में रखते हुए उसे नौकरी स्वीकार करने का दबाव बनाता है। अन्तत:

वह स्वीकार करती है। इन्हीं घटनाक्रमों के बीच में पूरे परिवार को दशरथ और भगवती की मृत्यु का आघात भी सहना पड़ता है। पीहू संयोग से अपने अनाथ होने का रहस्य जान जाती है। अपने परिवार की नेकनीयती को आगे निभाना वह अपनी नैतिक जिम्मेदारी समझती है, और दशरथ-भगवती के नाम एक फाउंडेशन बनाकर बच्चों की मदद का बीड़ा उठाती है। वस्तुत: अच्छाई से ही अच्छाई जन्म लेती है।

यह उपन्यास कई दृष्टियों से उल्लेखनीय है। इसमें मध्यमवर्ग का बड़ा प्रामाणिक चित्रण किया गया है, लैंगिक भेदभाव को लेकर मध्यवर्गीय रूढ़िवादी मानसिकता को तोड़ने का काम यह उपन्यास बड़े सार्थक तरीके से करता है। इसे स्त्री विमर्शात्मक रचना के तौर पर भी देखा जा सकता है। सामाजिक यथार्थ पर आधारित आदर्शवादी उपन्यास तो यह है ही। इन विशेषताओं को क्रमश: विस्तृत सन्दर्भों में देखना ठीक होगा। उपन्यास में चित्रित दोनों ही परिवार मध्यमवर्गीय परिवार हैं। मध्यमवर्ग की सबसे बड़ी विडम्बना यह है कि वह धन कमाने और ज्यादा से ज्यादा सुविधाओं को प्राप्त करने की तरफ भी लालायित रहता है। और दूसरी तरफ संस्कारों की रक्षा को भी अपना उत्तरदायित्व समझता है। इन्हीं दो विरोधाभासी द्वंद्व में उसका समूचा जीवन बीत जाता है। दशरथ और भगवती का परिवार धन को लेकर उतना उत्सुक नहीं है, जितना कि अपने परिवार की एकता, सुरक्षा और उन्नति को लेकर है। सौभाग्य से घर की सन्तानें, यद्यपि कि वे बेटियाँ हैं, पर वह अपनी जिम्मेदारी को बखूबी समझती हैं। वे न केवल संस्कारी हैं, बल्कि अपने भविष्य को लेकर सतर्क भी हैं। संसाधन ज्यादा नहीं हैं फिर भी अपने लक्ष्य के प्रति वे अडिग हैं और इसी का परिणाम यह होता है कि सिया एलएलबी परीक्षा पास करती है और उसकी छोटी बहन गार्गी डॉक्टर की पढ़ाई पूरी करती है। गोद ली हुई पीहू भी कम नहीं है। वह न केवल विदेश में शिक्षा हासिल करती है बल्कि अपनी योग्यता के बल पर बहुराष्ट्रीय कम्पनी में एक अच्छी नौकरी भी पाती है। इस तरह यह मध्यमवर्गीय परिवार जो केवल सपने देखना ही नहीं जानता बल्कि उन्हें सच करना भी जानता है, हमें देखने को मिलता है। दूसरी तरफ उग्रसेन और दुर्गा का परिवार है। यह परिवार जमीनों की खरीद-फरोख्त एवं ऐसे ही अन्य व्यवसायों में संलग्न है। इस परिवार में भविष्य की पीढ़ी में चार बेटे हैं। घर में सुख-सुविधाओं और संसाधनों की कोई कमी नहीं है। यह बात वे लड़के भी समझते हैं। परिणाम यह होता है कि, वे अपने भविष्य को लेकर लापरवाह हो जाते हैं। दूसरी तरफ शिक्षा-दीक्षा के कार्य में भी उतनी रुचि नहीं लेते और संगत भी ठीक ना होने के कारण बहुत सारे दुर्गुणों का उनके भीतर विकास होता है। परिणाम यह होता है कि ना तो वे खुद के लिए सम्भावनाशील रह जाते और ना ही परिवार के लिए। मोहल्ले आदि में भी उनकी छवि ठीक नहीं रहती। सिगरेट पीना, मारपीट करना, लड़कियाँ छेड़ना यही उनका दिन भर का शगल है। परिणामत: घर के बड़े बुजुर्ग धीरे-धीरे उनकी तरफ से निराश हो जाते हैं। स्वार्थ भी इस परिवार में अपनी

जड़ें जमा लेता है, जिसके कारण उनकी एकता भी खंडित हो जाती है। और इस दुर्घटना से सबसे बड़ा घाटा उग्रसेन और दुर्गा को उठाना पड़ता है। दो बेटों और चार पोतों के होने के बावजूद वे बड़े घर में अकेले रहने को अभिशप्त हैं। जिन पोतों और बेटों पर उग्रसेन और दुर्गा नाज करते थे, वह आज उनकी नजरों से उतर चुके थे। अपने पड़ोसी दशरथ और भगवती को देखकर वे बार-बार यही सोचते हैं कि, काश उनके घर में भी बेटियाँ होतीं।

जहाँ तक लैंगिक भेदभाव का प्रश्न है, भारतीय समाज में यह प्रथा सैकड़ों वर्षों से निरन्तर चली आ रही है। वर्गीय आधार पर देखा जाए तो भारत में तीन वर्ग है—उच्चवर्ग, मध्यम वर्ग एवं निम्नवर्ग। उच्चवर्ग और निम्नवर्ग में स्त्रियों को थोड़ी बहुत आजादी है। कुछ इस तरह की प्रथाएँ और परम्पराएँ हैं, कि उनके जीवन में विडम्बनाएँ कुछ कम होती हैं। पर इस दृष्टि से मध्यम वर्ग की स्थिति बहुत अच्छी नहीं रही, क्योंकि यहाँ रूढ़ियों का पालन बड़ी सख्ती से किया जाता रहा है। इस उपन्यास में जिस तरह से दशरथ और भगवती के परिवार का चित्रण किया गया है, साथ ही सिया, गार्गी, बुलबुल, पीहू आदि का क्रिया-व्यापार दर्शाया गया है, उससे उपन्यासकार का अपना दृष्टिकोण प्रकट होता है। और वह यह है कि, लैंगिक भेदभाव से यदि हम ऊपर उठकर कोशिशें करें, तो परिणाम बड़े ही सकारात्मक मिलते हैं। इसके साथ ही रेवती और जयन्ती भी अपने दृष्टिकोण में काफी प्रगतिशील दिखाई देती हैं। मानसिक तौर पर वह लैंगिक भेदभाव सम्बन्धी रूढ़िवाद को कभी भी प्रश्रय नहीं देती हैं।

शकुंतिका उपन्यास में उपन्यासकार ने अप्रत्यक्ष तौर पर जातिवाद और वर्णवाद पर भी चोट की है। सिया और गार्गी पढ़ी-लिखी और समझदार लड़कियाँ हैं। परिवार में जब उनके विवाह का प्रश्न उठाया जाता है तो वह अपनी बात अपने परिवार के सामने रखती हैं कि, वह अपने सहपाठियों से विवाह करने का निश्चय कर चुकी हैं और अपने परिवार से इसकी अनुमति चाहती हैं। परिवार से अनुमति मिलने पर ही वे विवाह करती हैं। जब भगवती अपनी पोती सिया से जाति का प्रश्न रखती है, तो सिया कहती है, "अम्मा यह सब पुरानी बातें हैं। मुझे उसकी जात बिरादरी से क्या लेना-देना?" सिया का यह कथन पढ़े-लिखे समाज में जाति और वर्ण के मिथक के टूटने की निशानी है। वास्तव में देखा जाए तो इन सामाजिक व्यवस्थाओं से पूरे समाज को बड़ा घाटा उठाना पड़ा है। जब यह व्यवस्थाएँ बनी थीं, तब इनका उद्‌देश्य चाहे जो कुछ रहा हो परन्तु बाद में यह केवल शोषण का साधन बनकर रह गई। उच्चवर्ण के लोग निम्नवर्ण के लोगों को कभी ऐसी स्थितियाँ प्राप्त होने ही नहीं देते थे कि, वे अपनी निम्नवर्गीय स्थिति से ऊपर उठ सकें, अत: इन व्यवस्थाओं का समाप्त होना ही पूरे समाज के हित में है। यही उद्‌देश्य सामने रखकर उपन्यासकार भगवानदास मोरवाल जी ने अपने उपन्यास में इस प्रसंग की चर्चा की है।

उपन्यासकार भगवानदास मोरवाल के इस उपन्यास को स्त्री विमर्शात्मक कृति के रूप में भी देखा जा सकता है। भगवानदास मोरवाल जी ने सिया, गार्गी, बुलबुल, पीहू, दुर्गा, भगवती, जयन्ती, रेवती आदि पात्रों के माध्यम से कहीं-ना-कहीं स्त्री जीवन से जुड़ी हुई तमाम विसंगतियों और विडम्बनाओं का चित्रण इस उपन्यास में किया है। स्त्री सशक्तीकरण का नायाब उदाहरण इस उपन्यास में हमें देखने को मिलता है। सिया, गार्गी और पीहू का लिखना-पढ़ना और एक सम्मानजनक स्थान हासिल करना, समाज में अपना और अपने परिवार का सिर ऊँचा करना, यह सब प्रसंग कहीं-ना-कहीं उपन्यासकार के मानस में स्त्री सशक्तीकरण की अवधारणा को प्रकट करते हैं। इस तरह से प्रगति करना ना केवल अपने और अपने परिवार के हित में है बल्कि, संकट और मुसीबत की स्थिति में वे अपनों को या अपने से जुड़े हुए लोगों को उबारने का काम भी करती हैं। बुलबुल की ससुराल में जब बुलबुल के साथ दुर्व्यवहार किया जाता है, तब भगवती अपने फैसले पर पछताती हुई कहती है, "मेरी तो सबसे बड़ी चिन्ता यह बुलबुल है। कितना छान-छानकर पिया था, पर नतीजा क्या निकला। अब हम भी क्या करें। माँ-बाप तो जनम के साथी होते हैं, करम के नहीं।" ऐसे में सारे लोग सिया और गार्गी के फैसले पर कहीं-ना-कहीं सन्तोष महसूस करते हैं। और बुलबुल की मदद भी कोई और नहीं बल्कि यही दोनों बहनें कर पाती हैं, क्योंकि वह अपने अधिकारों को जानती हैं, कानून को समझती हैं और सिया जिस तरह से कदम उठाती है, क्या वह बिना पढ़े-लिखे ऐसा कर पाती। इस तरह यह उपन्यास स्त्री के सशक्तीकरण को अभिव्यक्ति देनेवाली कृति है।

वस्तुतः उपन्यासकार भगवानदास मोरवाल जी ने अपने इस उपन्यास में समाज को व्यापक सन्दर्भों में देखने की कोशिश की है, कई सामाजिक समस्याओं को एक कथासूत्र में बाँधकर सरल-सहज भाषा में प्रस्तुत करने में उन्हें जबरदस्त सफलता मिली है। यह उपन्यास नई पीढ़ी को एक स्वस्थ दृष्टिकोण देनेवाला उपन्यास है। साथ ही, अपने सरल शिल्प और सहज भाषा तथा प्रवाहपूर्ण कथावस्तु के कारण यह उपन्यास अत्यन्त पठनीय और विशिष्ट बन गया है।

सन्दर्भ

1. 'शकुंतिका'—भगवानदास मोरवाल, राजकमल प्रकाशन, नई दिल्ली।

2. भगवानदास मोरवाल के कथा-साहित्य में मेवाती संस्कृति-राजमती मीणा

3. http://www.abhivyakti-hindi.org/lekhak/b/bhagwandas_morwal.htm

नज़रिया बदलने की प्रेरणा देनेवाला उपन्यास : शकुंतिका

डॉ. मधु खराटे
जलगाँव, महाराष्ट्र

23 जनवरी, 1960 में नगीना (मेवात) में जन्मे भगवानदास मोरवाल का हिन्दी उपन्यास-साहित्य में अतिविशिष्ट स्थान है। उन्होंने अपने उपन्यासों में मेवात (हरियाणा) की लोकसंस्कृति को आधार बनाते हुए अपनी रचनाओं का ताना-बाना बुना है। मेवात-अंचल के लोकसंस्कृति की सौंधी गंध उनकी रचनाओं में अनुभूत होती है। समकाल में भगवानदास मोरवाल हिन्दी के सर्वश्रेष्ठ उपन्यासकार हैं। मेवात की पृष्ठभूमि पर आधारित 'काला पहाड़' एवं 'बाबल तेरा देस में', कभी कंजर जाति को केन्द्र में रखकर लिखा गया उपन्यास 'रेत', पिछले कुछ वर्षों से भारत में तेजी से पनपी एनजीओ संस्कृति का लेखा-जोखा प्रस्तुत करता 'नरक मसीहा', धर्म की आड़ में होनेवाले नारी-शोषण की दास्ताँ पेश करता 'हलाला', हाथरस शैली की नौटंकी को केन्द्र में रखकर लिखा गया 'सुर बंजारन', नारी-जीवन के यथार्थ को रेखांकित करता 'वंचना' तथा बेटियों के प्रति देखने का नज़रिया बदलने की प्रेरणा देनेवाला विवेच्य उपन्यास 'शकुंतिका' इसके जीवन्त उदाहरण हैं।

सन् 2020 में राजकमल प्रकाशन, नई दिल्ली से प्रकाशित 'शकुंतिका' भगवानदास मोरवाल का नवीनतम उपन्यास है। कन्याओं को दृष्टि केन्द्र में रखकर इस उपन्यास का ताना-बाना बुना गया है। यह कथा मात्र सिया, गार्गी, बुलबुल एवं पीहू की न होकर सम्पूर्ण भारतवर्ष की अनेक शकुंतिकाओं के जीवन की व्यथा-कथा है। आज भी समाज के कई परिवारों में बेटा-बेटी के बीच भेदभाव किया जाता है। बेटी के पैदा होते ही घर में उदासी छा जाती है। कहीं-कहीं तो लिंग-परीक्षण कर भ्रूण-हत्या भी की जाती है।

जिन बेटों को बड़े लाड़-प्यार से पाल-पोष कर बड़ा किया जाता है, वही बड़े होने पर अपने माता-पिता की बिलकुल भी चिन्ता नहीं करते। उनकी चिन्ता तो केवल पिता से प्राप्त होनेवाली जायदाद के प्रति होती है। जबकि वृद्धावस्था में बेटियाँ ही माँ-बाप का सहारा बनती हैं, उनकी चिन्ता एवं सेवा करती हैं। इन्हीं

सभी बातों को दृष्टि में रखकर मोरवाल ने इस उपन्यास का सृजन किया है। लड़कियों के प्रति होनेवाली लेखक की सकारात्मक सोच हमें उपन्यास में सर्वत्र दृष्टिगोचर होती है।

उपन्यास की शुरुआत अचानक गली में बज उठी थाली की खनक से होती है। थाली बजने से तात्पर्य है—बेटा पैदा होना। पड़ोसन दुर्गा के यहाँ एक और पोता पैदा हुआ है। वह सुबह-सुबह ही अपने पड़ोसी भगवती और दशरथ के यहाँ लड्डू बाँटने पहुँचती है। भगवती इस बात को लेकर परेशान है कि इस बार भी यदि अपनी बहु रेवती को लड़का नहीं हुआ तो क्या होगा। वह दुर्गा से कहती है, "अगर इस बार भी नहीं हुआ न, हम तो जीते-जी मर जाएँगे। पहले से दो-दो लड़कियों को देखकर मेरे तो हाथ-पाँव फूले जाते हैं।"

दादी भगवती सिया और गार्गी के पैदा होने से दुखी है। वह चाहती है कि इस बार पोता ही पैदा होना चाहिए। तब दुर्गा उसे सलाह देती है कि डॉक्टर को दिखा दो। अर्थात लिंग-परीक्षण करवा लो। किन्तु समय निकल चुका है अब कुछ नहीं हो सकता।

जहाँ बेटियाँ पैदा होती हैं, वहाँ उदासी छा जाती है और जिनके यहाँ बेटे जन्म लेते हैं उनकी देहभाषा ही बदल जाती है। इस सन्दर्भ में मोरवाल लिखते हैं, "जिस दिन से उग्रसेन के छोटे बेटे अभय को पुत्र-रत्न की प्राप्ति हुई है, उसी दिन से उग्रसेन और उसकी पत्नी दुर्गा की पूरी तरह देहभाषा यानी बॉडी लैंग्वेज ही बदल गई है। भला क्यों नहीं बदले, आख़िर दोनों बेटों, नागदत्त और अभय के इस पुत्र को मिलाकर चार पोतों के दादा जो हो गए हैं।"

दूसरी ओर भगवती और दशरथ के यहाँ रेवती को तीसरी भी बेटी ही पैदा होती है। दादा-दादी उदास हो जाते हैं। सिया और गार्गी तो पहले से ही थीं अब उस परिवार में तीसरी बुलबुल भी शामिल हो गई। तीनों लड़कियाँ होशियार थीं। सिया बारहवीं की परीक्षा में बानबे प्रतिशत अंक लेकर उत्तीर्ण होती है। वहीं अपने पोतों पर अकड़ने वाले उग्रसेन और दुर्गा के पोते रोहन और अमित सामान्य अंकों से उत्तीर्ण होते हैं। यहाँ लेखक यह बताना चाहते हैं कि लड़कों की तुलना में लड़कियाँ पढ़ने में तेज़ होती हैं। आगे चलकर सिया एल.एल.बी. में दाखिला पाती है। क्योंकि उसे वकील बनना है।

दूसरी पोती गार्गी चौरानबे प्रतिशत अंक लेकर बारहवीं की परीक्षा उत्तीर्ण करती है। घर पर बधाई देनेवालों का दिनभर ताँता लगा रहता है। घर में चारों तरफ खुशियाँ छा जाती हैं। वह आगे चलकर डॉक्टर बनना चाहती है। इधर दुर्गा, सिया और गार्गी की सफलता और अच्छे व्यवहार से दु:खी होती है। उसे लगता है कि ऐसे निकम्मे पोतों से तो ईश्वर दशरथ-भगवती जैसी एक पोती ही दे देता। क्योंकि उसे इस बात का मलाल है कि उसके पोते किसी काम के नहीं हैं, घर के कोई काम नहीं करते। वह सोचती है कि हमारे यहाँ कौरवों की फौज़ पैदा हो गई है। धीरे-धीरे दुर्गा और उग्रसेन

का बेटियों की ओर देखने का नज़रिया बदल जाता है। साथ ही साथ भगवती का भी।

धीरे-धीरे दुर्गा और उग्रसेन के दोनों बेटे उनसे अलग हो जाते हैं। वे कहीं और जाकर बस जाते हैं। किन्तु उनके वहाँ से चले जाने पर कॉलोनी में रहनेवाले बड़े खुश हो जाते हैं। इस सन्दर्भ में लेखक लिखते हैं, "उग्रसेन के छोटे बेटे अभय को कॉलोनी छोड़े अभी दो साल भी नहीं हुए कि पता चला उसका बड़ा बेटा नागदत्त भी इस कॉलोनी को छोड़ने की तैयारी में है। जैसे-जैसे यह खबर कॉलोनी में फैलने लगी वैसे-वैसे पूरी कॉलोनी ने जैसे राहत की साँस ली। सबसे ज्यादा चैन की साँस मोहल्ले के उन वृद्धों ने ली, जिनका उग्रसेन के पोतों की तेज़ गति से अन्धाधुंध दौड़ती रॉयल एनफील्ड मोटरसाइकिल के साइलेंसर से चिंगारियाँ उगलते शोर ने जीना हराम किया हुआ था। इनके बाद उन घरों के माँ-बाप ने मन-ही-मन अपने आराध्यों का धन्यवाद दिया, जिन घरों की जवान होती बेटियों का अपने ही मोहल्ले से गुज़रना दूभर हो गया था।" अर्थात उग्रसेन और दुर्गा के पोते अत्यन्त नालायक, नाकारा और असभ्य निकले।

जयन्ती और रूपेश के कोई सन्तान नहीं हुई। तब उन्होंने सोचा कि क्यों न कोई बच्चा गोद ले लें। दादी भगवती और दशरथ से इस बात की चर्चा की जाती है। इस सम्बन्ध में भगवती दुर्गा से सलाह लेती है। तब दुर्गा उनसे लड़की ही गोद लेने की बात करती है। सबकी सहमति से यह तय होता है कि लड़की ही गोद लेनी है। इस तरह परिवार में गोद ली बच्ची के रूप में पीहू का प्रवेश होता है। यहाँ हमें लेखक की क्रान्तिकारी सोच का पता चलता है।

रेवती और जयन्ती के बेटा न होने के कारण उनकी एक इच्छा अधूरी रह जाती है—कुआँ पूजन की। क्योंकि कुआँ पूजने की विधि तब ही की जाती है, जब बेटा पैदा हो। लेकिन बेटियाँ होने के बावजूद वे दोनों यह रस्म निभाना चाहते हैं। चारों ओर यह खबर फैल जाती है कि जहाँ सिर्फ लड़का पैदा होने पर कुआँ पुजता है, दशरथ के परिवार ने लड़की की खुशी में कुआँ पुजवाया है, वह भी एक गोद ली हुई लड़की हेतु। यहाँ हमें फिर लेखक की परिवर्तनवादी सोच का पता चलता है।

सिया की पढ़ाई पूरी होती है। अब वह वकील बन चुकी है। परिवार में उसके विवाह को लेकर चर्चा होने लगी। उसके लिए वर की खोज शुरू हो जाती है। जिस समय सिया से उसके विवाह की बात की जाती है तब सिया कोई रुचि नहीं दिखाती। दादा दशरथ उससे पूछते हैं कि बेटी, तेरे मन में क्या है साफ-साफ बता। यदि तूने कोई फैसला कर रक्खा है तो बता। तब वह कहती है कि आप जो सोच रहे हैं, वह सही है। दादा पूछते हैं कि वह कौन है? तब वह कहती है कि, वह मेरा बेंचमेट है, वकालत में हम साथ पढ़े हैं। दादी उससे पूछती है, वह किस जात-बिरादरी का है। वह कहती है, मुझे नहीं मालूम वह किस बिरादरी का है। सिया अपनी दादी से पूछती है, "जब पीहू को गोद लिया था, तब यह पता किया था कि वह कौन है? उसकी

जाति क्या है? अजीब ढकोसला है कि जब बेटा-बेटी का कहीं रिश्ता तय करो, तभी यह जाति-बिरादरी याद आती है।" आख़िर सब मान जाते हैं और सिया का विवाह एक बंगाली लड़के तपन दत्ता से सम्पन्न होता है। बाद में गार्गी की शादी भी एक पंजाबी लड़के से होती है। जो उसके साथ डॉक्टरी पढ़ रहा था। सिया और गार्गी का वैवाहिक जीवन बड़ी खुशी से बीतता है। यहाँ अन्तरजातीय विवाह के माध्यम से लेखक समाज सुधार की नींव रखते हैं। बुलबुल का विवाह जाति-बिरादरी में किया जाता है। किन्तु ससुराल में उसे बड़ी तकलीफ दी जाती है। सिया अपने कानूनी दाँव-पेंच से उसकी समस्या को सुलझा देती है।

बुलबुल की हालत देखकर दादी भगवती को यह पश्चाताप होता है कि मैंने अपनी तीसरी पोती का विवाह जाति-बिरादरी में क्यों किया। वह बुलबुल से कहती है, "कैसे छोड़ दूँ। तेरा दु:ख मुझसे देखा नहीं जाता है। हमने क्या नहीं दिया था दहेज में। तुझसे ज्यादा तो सिया और गार्गी सुखी हैं। मुझे अब लगता है कि मैं उस समय कितनी गलत थी। तुझे बिरादरी में ब्याहकर क्या मिला।" आगे चलकर पीहू भी उच्च शिक्षा पाने के लिए विदेश पढ़ने जाती हैं। जिस दिन पीहू विदेश अध्ययन योजना के अन्तर्गत सरकार की तरफ से ऑस्ट्रेलिया के मेलबर्न शहर के लिए रवाना हुई, पूरा घर उदासी से घिर गया। जब तक तीनों रहीं तब तक किसी को भी खालीपन का एहसास नहीं हुआ। उनके जाते ही उन्हें पता चला है कि बिना बेटियों के घर क्या होता है।

एक दिन दादा दशरथ की मौत हो गई। यह खबर पीहू को दी गई। खबर सुनकर पीहू को अत्यन्त दु:ख हुआ। उसी दिन उसे एहसास हो गया था कि दादाजी के बिना उसकी दादी भी ज्यादा दिन नहीं जी पाएँगी। उसे याद आता है कि उग्रसेन दादाजी की मौत के बाद दुर्गा अम्माँ भी कौन-सी अधिक दिन जी पाई थीं। इस तरह दो साल में ही दादा-दादी दोनों परलोक सिधार गए। अध्ययन के दौरान ही पीहू को अच्छे पैकेज पर कैंपस प्लेसमेंट के अन्तर्गत एक कम्पनी का ऑफर मिल गया था। किन्तु पीहू ने यह कहकर ठुकरा दिया कि वह अभी भारत जा रही है। भारत में घर आने पर बड़ी बहन सिया उससे कहती है कि, नौकरी के लिए तू कहीं अप्लाई कर दे। तब पीहू ने विदेशी कम्पनी से प्राप्त हुए ऑफर की बात कही। जिसका पैकेज सालाना 36 लाख रुपये था। तब सबने मिलकर उसे समझाया और पीहू मान गई।

क्रिसमस की छुट्टियों में पीहू ऑस्ट्रेलिया से अपने दोस्तों के साथ हिन्दुस्तान लौटती है। परिवार के सभी सदस्यों और अपने मित्रों को लेकर वह उस आश्रम में पहुँचती है, जहाँ से उसे गोद लिया गया था। सबको आश्चर्य होता है कि यह जानकारी उसने कहाँ से प्राप्त की। विदेश में रहते ही उसने डी.बी. फाउंडेशन स्थापित कर लिया था। डी.बी. फाउंडेशन अर्थात दशरथ-भगवती फाउंडेशन। आश्रम को वह इस फाउंडेशन के द्वारा मोटी धनराशि का एक डिमांड ड्राफ्ट डोनेशन के रूप में

प्रदान करती है। ऑस्ट्रेलिया लौटकर वह एक भारतीय व्यक्ति से विवाह कर लेती है। किन्तु हर वर्ष वह अपने जन्मदिन पर डी.बी. फाउंडेशन के माध्यम से आश्रम को डोनेशन भेजना नहीं भूलती।

इस तरह हम देखते हैं कि इस उपन्यास में सिया, गार्गी, बुलबुल और पीहू की दादी भगवती धीरे-धीरे दकियानूसी विचारधारा से बाहर निकल समय के साथ परिवर्तित होती जाती है। जिसमें पड़ोसन दुर्गा उसे पूरा साथ देती है। दुर्गा में भी काफी परिवर्तन होता है। किसी समय अपने पोतों पर गर्व करनेवाली दुर्गा उन्हें कौरवों की फौज़ करार देती है। दादा दशरथ भी सुलझे हुए विचारों के व्यक्ति हैं। अपनी पोतियों की भावनाओं को समझते हैं। वे उनसे सकारात्मक संवाद स्थापित करते हैं तथा अपनी पत्नी को भी समय-समय पर क्या योग्य है, क्या अयोग्य समझाने की कोशिश करते हैं। अपने पोतियों के निर्णयों का खुलकर समर्थन करते हैं।

बेटियों को उच्च शिक्षा प्रदान करना, अन्तरजातीय विवाह, बच्ची गोद लेना, कुआँ पूजने की विधि आदि बातों के द्वारा हमें लेखक की सुधारवादी, क्रान्तिकारी एवं परिवर्तनवादी सोच का पता चलता है। यह उपन्यास नारी की ओर देखने का नज़रिया और सोच बदलने के लिए हमें प्रेरित करता है। जो स्त्री-विमर्श इस उपन्यास में उभरकर पाठक के सम्मुख आता है, वह बहुत ही कम मात्रा में तथाकथित महिला लेखन में परिलक्षित होता है। इसमें कोई सन्देह नहीं है कि हर नये उपन्यास में भिन्न विषय पर लेखन करनेवाले भगवानदास मोरवाल समकालीन हिन्दी उपन्यास-साहित्य के सशक्त हस्ताक्षर हैं।

सामाजिक आग्रह-दुराग्रह और शकुंतिका

डॉ. पी. राधिका
हैदराबाद

'शकुंतिका' भगवानदास मोरवाल कृत सशक्त एवं प्रेरणादायक उपन्यास है। स्त्री सशक्तीकरण के वर्तमान दौर में प्रस्तुत कृति एकदम मूल्यवान है। भारत के पुरुषसत्तात्मक समाज में स्त्री को, खासकर लड़कियों को मुख्यधारा में लेकर आने का सफल एवं सार्थक प्रयास भगवानदास मोरवाल जी ने किया है। असल में 'शकुंतिका' महिला को हाशिए पर दबाकर रखने के लिए इच्छुक पुरुष सत्तात्मक समाज के लिए सशक्त जवाब है। मोरवाल जी ने 'शकुंतिका' के माध्यम से घर के अन्दर और बाहर विभिन्न प्रकार के शोषणों से ग्रस्त बेटी अपने व्यक्तित्व को किस प्रकार रूपायित करती है इसका तस्वीर खींचा है। इतना ही नहीं उसके सिर्फ परिवार के लिए ही नहीं बल्कि पूरे समाज के लिए प्रेरणादायक बन जाने का चित्रण किया है। मोरवाल जी ने अपने उपन्यास के द्वारा पुरुषसत्तात्मक समाज में शोषित स्त्री के व्यक्तित्व को प्रकाश में ले आने का सार्थक प्रयास किया है। प्रस्तुत कथा में पुरानी परम्परा की नारियों का चित्रण साहसी एवं प्रतिरोधी व्यक्तित्व के रूप में दिखाया गया है।

'शकुंतिका' की कहानी भारत के अलग-अलग प्रदेशों से विस्थापित होकर आए एक पुनर्वासित कॉलोनी के दो परिवारों के जीवन पर आधारित है। एक परिवार उग्रसेन और दुर्गा का है। उनके परिवार में लड़कियाँ नहीं हैं सिर्फ लड़कों का ही जन्म हुआ था। इस परिवार में उनके दो बेटे नागदत्त, अभय और उनके परिवार रहते हैं। दूसरा परिवार दशरथ और भगवती का है। वहाँ पर उनके बेटे बलवन्त, रूपेश और उनके परिवार रहते हैं। बलवन्त की तीन बेटियाँ हैं—गार्गी, सिया और बुलबुल। रूपेश का कोई सन्तान नहीं था। उस कॉलोनी में उग्रसेन-दुर्गा, दशरथ-भगवती के परिवार अच्छे रिश्ते कायम रखते हुए जी रहे हैं। विशेषकर दुर्गा हमेशा दशरथ के परिवार से जुड़ी रहती है। भगवती अपने हर पारिवारिक मामलों में दुर्गा की सहायता एवं उपदेश लेती है। दुर्गा ने अपने जीवनानुभव से यह समझ लिया कि प्रत्येक घर में लड़कियों का होना ज़रूरी है। उसकी राय में लड़कों के मन में बूढ़े माँ-बाप के प्रति

उतना संवेदनात्मक सम्बन्ध नहीं होता जितना लड़कियों में होती है। दुर्गा के दोनों बेटे माँ-बाप से सिर्फ दौलत के वास्ते ही रिश्ते बनाकर रखते थे। जबकि पड़ोसी भगवती के परिवार की लड़कियाँ ऐसी नहीं थीं। वे परिवार एवं समाज के साथ संवेदनात्मक सम्बन्ध रखती हैं। यह सब देखते हुए दुर्गा रूपेश के लिए एक बेटे के बदले बेटी गोद लेने का उपदेश देती है। इतना ही नहीं वह भगवती के तीनों पोतियों की पढ़ाई, शादी एवं उनके प्रगति पर ख़ुशी के साथ भाग लेती है।

उग्रसेन-दुर्गा दम्पति के पोते एकदम नालायक थे। उन्होंने दूसरों को परेशान करके समाज में बुरा नाम कमाया। दशरथ-भगवती की पोतियों ने वकील, डॉक्टर बनकर समाज में अच्छा नाम कमाया और अच्छी ज़िन्दगी भी हासिल की। इस प्रकार 'शकुंतिका' बेटी को माँ की कोख में ही समाप्त कर देने, लड़कियों को स्कूल न भेजने की दुष्प्रथा के खिलाफ खुला दस्तावेज़ है। गोद ली गई बेटी पीहू पढ़-लिखकर ऑस्ट्रेलिया में एक बहुत शानदार कम्पनी की सीईओ बन जाती है। इतना ही नहीं उसका चित्रण समाजसुधारक के रूप में भी उपन्यास में दिखाया है। जिस अनाथाश्रम से वह गोद ली गई थी उसी संस्था के बच्चों के लिए वह हर साल 'दशरथ-भगवती फाउंडेशन' के नाम पर डोनेशन देती है। भगवानदास मोरवाल जी ने इस प्रकार लड़कियों का चित्रण करके समाज के गलत पूर्वधारणाओं से समाज की आँखें खुलवाने का महत्त्वपूर्ण कार्य किया है।

प्रस्तुत उपन्यास की समीक्षा करते समय मुख्य रूप से तीन तत्व पाठकों के सामने आ जाते हैं, वे हैं; स्त्री विमर्श, परम्परागत रूढ़ियों का विरोध और वृद्ध विमर्श।

1. स्त्री विमर्श : 'शकुंतिका' में स्त्री के प्रतिरोध का स्वर मुखरित है। उपन्यास की दुर्गा एक सशक्त महिला पात्र है। पुरानी परम्परा की नारी होने के बावजूद भी वह स्त्री शिक्षा, स्त्री द्वारा विवाह जीवन का चयन आदि को प्रोत्साहन देती है। सबसे अच्छा उदाहरण रूपेश द्वारा बच्चे गोद लेने के सन्दर्भ में देख सकते हैं। दशरथ के बेटा रूपेश नि:सन्तान था। अन्त में वह एक बच्चा गोद लेने के निर्णय पर पहुँच जाता है। उस समय दुर्गा ने भगवती को लड़के के बदले लड़की को गोद लेने का उपदेश देती है। भगवती इससे प्रभावित होकर अपने पुत्र रूपेश से यों कहती है : "बलवन्त, लड़कियाँ क्या होती हैं इसके बारे में उनसे पूछ जिन घरों में लड़कियाँ नहीं होती हैं। दूर क्यों जाओ। अपने घर के सामने दुर्गा से जाकर पूछ कि लड़के उसे क्या दे रहे हैं।"

भगवती के बेटे बलवन्त की बेटियाँ गार्गी और सिया पढ़-लिखकर वकील और डॉक्टर बन गईं। उस समय लड़कियों को स्कूल नहीं भेजा जाता था, उनकी इच्छानुसार शादी करने की अनुमति नहीं दी जाती थी। लेकिन यहाँ पर ऐसा दिखाया गया है कि भगवती और दुर्गा, जो पुरानी परम्परा की हैं फिर भी उन्होंने अपनी लड़कियों की किसी भी इच्छा पर प्रतिबन्ध नहीं लगाया, इतना ही नहीं उनको आवश्यक स्वतंत्रता

भी तो दी थी। तीसरी बेटी बुलबुल की शादी अच्छे संभ्रान्त परिवार में पूरी परम्परा का पालन करते हुए करवाया था। लेकिन ससुराल वाले हमेशा उसे तंग करते थे। यह हद से आगे बढ़ गए तो उनकी बड़ी बहन गार्गी ने जो फैसला लिया वह भी ध्यान देने लायक है : "बुलबुल, तेरे ससुराल वाले तुझे इस बार तंग करें न, तो मुझे बताना। मैं देखूँगी उन्हें। उन्हें शायद नहीं पता कि कानून के हाथ कितने लम्बे होते हैं"। रहने दो बेटी। क्यों इसे इन कोर्ट-कचेरी के झंझट में डालती है। जब इसे उसी घर में रहना है, तो क्यों किसी से दुश्मनी मोल लेनी। अम्मा यही डर हम औरतों का सबसे बड़ा दुश्मन है। देख बहन रोज़-रोज़ के घुटन से अच्छा है एक दिन हिम्मत दिखा दें।"

उपर्युक्त उदाहरणों से स्पष्ट है कि स्त्री को अपनी हालत पर सोचकर, भाग्य को कोसते हुए जीवन बिताना नहीं बल्कि साहस के साथ परिस्थितियों का सामना करते हुए शोषण के खिलाफ किसी भी हालत में अपनी प्रतिक्रिया व्यक्त करना चाहिए।

2. परम्परागत रूढ़ियों का विरोध : पुराने परम्परा के लोग हमेशा रूढ़िगत रीति-रिवाज़ों का पालन करते दिखाई देते हैं। लेकिन 'शकुंतिका' की स्त्रियाँ जैसे दुर्गा, भगवती और उनके पूरे परिवार महिला सशक्तीकरण के लिए रूढ़िगत परम्परा को तोड़ने का प्रयास करती हैं। सामान्य रूप से कुआँ पूजन का रस्म तो लड़के पैदा होने पर ही होता है क्योंकि वह खुशी का अवसर है यदि लड़की है तो खुशी का नामोनिशान तक नहीं दिखाई पड़ता। भगवती ने उसके परिवार के साथ रूपेश की गोद ली गई बेटी के जन्मदिन पर कुआँ पूजन कराकर बेटा-बेटी में समानता लाने का सफल एवं सार्थक प्रयास किया। यह खबर समाचार पत्र में भी छपकर आया इस पर दुर्गा ने हैरान होकर पूछा, "इनके ऐसे क्या हो गया जो अखबार में छप गया"?

"वही, इनके कुआँ पूजनेवाली बात।"

"कुआँ पूजनेवाली! इनमें कौन-सी खबर वाली बात हो गई?"

"क्यों? यह खबर नहीं है कि जहाँ सिर्फ लड़का पैदा होने पर कुआँ पूजता है, दशरथ के परिवार ने लड़की की खुशी में कुआँ पुजवाया है, वह भी एक गोद ली हुई लड़की का!"

3. वृद्ध विमर्श : आजकल समाज में वृद्धजनों को अनाथाश्रम में छोड़ने का तरीका हम देख रहे हैं वह भी अपने ही बच्चों के हाथों से। बुढ़ापे में अकेलापन, शारीरिक और आर्थिक समस्याओं से जूझनेवाले माँ-बाप के देखभाल करने का समय बच्चों में नहीं है। समकालीन समय में इस प्रवृत्ति के विरुद्ध वृद्धजनों की सशक्त प्रतिक्रिया भी समाज में चर्चित विषय है। वे अपनी ज़िन्दगी यों ही व्यर्थ निकालना नहीं चाहते। 'शकुंतिका' में उग्रसेन और दुर्गा के परिवार में ऐसी घटना घटित होते दिखाया है। उग्रसेन ने अपनी सम्पत्ति दोनों बेटों में बाँटने की योजना बनाकर बच्चों को बुलाया। दोनों बेटे पत्नी समेत आ गए। उग्रसेन जहाँ रहते हैं उस घर को छोड़कर बाकी सम्पत्तियाँ बाँटकर दोनों के नाम कर दी। यह सुनकर बहू ने उनको घर की याद

दिलाई जिसका बँटवारा नहीं हुआ था। यह सुनकर माँ दुर्गा को गुस्सा आ गया और वह बोली : "मुझे तो इस बात का सबसे ज्यादा डर लग रहा है कि अगर हम इसे इनके नाम कर भी दें, तब इसका क्या भरोसा कि वे हमें इस घर में टिकने देंगे भी या नहीं। कहीं ऐसा ना हो कि ऐसा करने से हमारा आख़िरी आसरा भी जाता रहे।"

उग्रसेन की मृत्यु के बाद दुर्गा एकदम अकेली हो गई थी। बहुत कष्ट होने के बावजूद भी वह बच्चों के साथ रहने के लिए तैयार नहीं थी। पड़ोसी भगवती ने भी उसे समझाने की कोशिश तो की थी। दुर्गा ने उसे यों जवाब दिया "जब बच्चों को माँ-बाप की जरूरत नहीं है तो मुझे भी किसी औलाद की जरूरत नहीं है।" (पृ. सं. 96) असल में हमारे समाज में ऐसी महिलाओं की ज़रूरत है। प्यार या वात्सल्य के नाम पर गुलाम बनाकर जीने की स्त्री की परम्परागत धर्म से नारी को बाहर आना ही चाहिए। स्त्री किसी भी आयु की हो खुद के बलबूते पर अपने इच्छानुसार जीने का चयन जब से शुरू करेगी तब से स्त्री शोषण मुक्त हो जाएगी। स्त्री को प्यार, ममता जैसे स्त्री सहज गुणों के होते हुए स्वतंत्र जीवन बिताने का अवसर प्राप्त होना चाहिए। वरना इसमें कोई सन्देह नहीं कि स्त्री की पीड़ा बढ़ती जाएगी।

'शकुंतिका' नामक उपन्यास के माध्यम से भगवानदास मोरवाल ने वर्तमान समाज में व्याप्त एक ऐसे मुद्दे पर प्रकाश डालने का प्रयास किया है जो पूरे समाज को ग्रस्त बीमारी है। सालों से भारतीय समाज पितृ सत्तात्मक है। स्त्री को पुरुष के उपभोग वस्तु ही मानते हैं। ऐसे समाज में बेटे का जन्म त्योहार जैसा मनाया जाता है जबकि बेटी को गर्भावस्था में ही मार दिया जाता है। यदि पैदा हो गई तो उसे कई जंजीरों से बंद जीना पड़ता है। छोटी आयु से ही हम यही समझाते हैं कि बेटा और बेटी में अन्तर है। यह विचार बचपन से ही पुरुष के मन में बैठेगा तो बड़े हो जाने पर कैसे बदल सकता है? मोरवाल जी का उपन्यास इसी की ओर इशारा करता है कि बचपन से ही बेटा बेटी को समान रूप से देखना है। ऐसा करेंगे तो दोनों आपस में आदर के साथ रहेंगे, दोनों में आत्मविश्वास बढ़ जाएँगे और स्त्री शोषण जैसी समस्याएँ जो वर्तमान समय का अभिशाप है, दूर हो जाएँगी और स्त्री सशक्तीकरण वाली ख्वाहिश असल में कामयाब हो जाएगी।

स्त्री जीवन का समसामयिक सन्दर्भ

डॉ. उषा मिश्रा
अध्यक्ष, हिन्दी विभाग, एम.एम.पी.शाह कॉलेज, मुम्बई

समकालीन हिन्दी कथा साहित्य में अपनी विशिष्ट पहचान रखनेवाले रचनाकार भगवानदास मोरवाल का हालिया प्रकाशित उपन्यास है 'शकुंतिका'। हिन्दी साहित्य के पाठक इस बात से इनकार नहीं करेंगे कि मोरवाल जी एक ऐसे लेखक हैं जो अछूते विषयों को अपनी रचनाओं के केन्द्र में रखकर लिखते हैं। चाहे वह मेवात की संस्कृति के गहरे रंग से लेकर उसके फीके पड़ते जाने की कहानी हो (काला पहाड़) या कंजरों की शैली में जरायमपेशा कही जानेवाली एक जाति-समूह को लेकर लिखा गया हो (रेत) अथवा एनजीओ संस्कृति की तह में जाकर उसकी खबर लेनेवाली कहानी हो (नरक मसीहा) या धर्म की आड़ में स्त्रियों के शोषण को उजागर करती कहानी (हलाला) या आधी दुनिया के सच को उधेड़ती कथा (वंचना) हो या हाथरस शैली में एक नौटंकी अदाकारा को केन्द्र में रखकर लिखा गया उपन्यास (सुर बंजारन) हो। कहा जा सकता है कि हाशिये पर रखा समाज, वर्ग, जाति हो या झूठ के नाम पर गाड़ दिया गया सच हो, सभी को बेबाक और सच्ची अभिव्यक्ति के रूप में मोरवाल जी के कथा-साहित्य में पाठक पाते हैं। यहाँ मैंने मात्र उपन्यासों की ही संकेतात्मक बात की है। कमोबेश उनकी कहानियों में भी हमें यही मिलता है। उपरोक्त सभी औपन्यासिक कृतियों पर एक नजर डालने पर यह कहा जा सकता है कि वरिष्ठ रचनाकार की रचनाओं के केन्द्र में आधी दुनिया का कष्ट सदैव से उल्लेखित रहा। सम्भवत: स्त्री के पक्ष में पुरजोर तरीके से रखने के विचार से मोरवाल जी अपनी नई कृति 'शकुंतिका' में स्त्री को पूरे अधिकार का हकदार बना दिया है। तात्पर्य यह है कि इस उपन्यास में हर कार्य, हर निर्णय स्त्रियों द्वारा स्त्रियों के लिए ही किया गया है। पुरुष मात्र सहयोगी के रूप में हैं। जिससे यह कहा जा सकता है कि समाज में आज भी असमानता ही है।

कहानी के केन्द्र में दो परिवार हैं। एक बेटों वाला और दूसरा बेटियों वाला। स्वाभाविक है हमारी सामाजिक संरचना के चलते बेटों वाले परिवार का पलड़ा

भारी होता है। तो बेटों वाला परिवार है दुर्गा और उग्रसेन का तथा बेटी वाला परिवार भगवती और दशरथ का है। पुत्र रत्न की प्राप्ति पर जितनी ख़ुशी दुर्गा-उग्रसेन के परिवार को होती है उतना ही गमगीन हो जाती है भगवती जब रेवती (बहू) को एक के बाद एक करके तीन पुत्रियाँ जन्मती हैं। यद्यपि उसके पति दशरथ उससे भिन्न विचार रखते हैं। दूसरी तरफ बच्चे जैसे-जैसे बड़े होते हैं लड़कियों की चहचहाहट से भगवती-दशरथ की बगिया निरन्तर गुलजार होती जाती है और दुर्गा-उग्रसेन की खुशियाँ सिमटती जाती हैं। समय करवट बदलता है और सिया, गार्गी और बुलबुल (भगवती की पौत्रियाँ) निरन्तर अपनी कक्षा में अव्वल आते हुए वकील और डाक्टर बन जाती हैं और बुलबुल भी अच्छी शिक्षा ग्रहण करती है। और रोहन, अमित, विभोर तथा विजय (दुर्गा के पौत्र) असफल होते रहते हैं। अन्त में अच्छी शिक्षा न ग्रहण कर पाने के कारण वे अपने पिता के व्यवसाय से जुड़ जाते हैं।

कहानी में एक नया मोड़ तब आता है जब दुर्गा की सलाह पर भगवती अपने दूसरे बेटे-बहू (रूपेश-जयन्ती) को अनाथाश्रम से बेटी गोद लेने की सलाह देती है। दुर्गा अपने अनुभव और भगवती पड़ोस अनुभव से सीख लेकर यह समझ जाती हैं कि समाज में लिंग को लेकर जो चलन बन गया है, वह किसी के लिए भी हितकारी नहीं है। परिवार में थोड़ी ग़लतफ़हमी और असहमति के दूर हो जाने पर रूपेश और जयन्ती डॉ. की सलाह पर सेन्ट्रल अडॉप्टेशन रिसोर्स अथोरिटी से अनुमति प्राप्त एक अनाथाश्रम से बेटी गोद लेते हैं। ऐसे अवसर पर पूरे परिवार की उपस्थिति एक ओर संयुक्त परिवार के महत्त्व को दर्शाती है तो दूसरी ओर जयन्ती के मातृत्व भाव का भी भावुक चित्रण है। घर के सभी सदस्य पीहू (गार्गी और बुलबुल द्वारा बच्ची का दिया गया नाम) को बड़े उत्साह और ममत्व से गृह प्रवेश कराते हैं। यहाँ पर लेखक ने हिन्दू परिवार की उस परम्परा को भी तोड़ा है जहाँ मात्र पुत्र प्राप्ति पर ही कुआँ पूजा जाता है। बहू जयन्ती की इच्छा का मान रखते हुए मात्र कुआँ पूजने की ही अनुमति नहीं देते हैं अपितु शानदार आयोजन भी करते हैं, जैसा कि पुत्र प्राप्ति पर लोग करते हैं। इस समारोह में दोनों बहुओं के मायके वाले भी बिना किसी वैचारिक मतभेद के शरीक होते हैं। सामाजिक परिवर्तन के लिए मीडिया में छपी ख़बरें बहुत महत्त्वपूर्ण भूमिका निभाती हैं, सम्भवत: इसी कारण लेखक ने इस समारोह का विवरण दैनिक पत्र में छपा हुआ बताया है। अब जो सम्मान दशरथ के परिवार को बेटियों से मिलता था या बेटी के गोद लेने पर मिलता था वह आस-पास के किसी पुत्र वाले परिवार को नसीब नहीं हुआ। जो दुर्गा पोतों के जन्म पर ख़ुशी-ख़ुशी मिठाई बाँटने आती थी और रेवती को अजीब नजरों से देखती थी वही अब अपने बेटों और पोतों से दुखी होकर इस बात पर अफ़सोस करती है कि उसके घर कोई लड़की क्यों नहीं जन्मी?

कहानी बिना किसी विशेष संघर्ष के आगे बढ़ती है। दुर्गा के परिवार में जायदाद को लेकर मनमुटाव पैदा होने लगता है। यद्यपि दोनों बेटे अपने माता-पिता को

छोड़कर बारी-बारी से अलग रहने चले जाते हैं। पर बँटवारे को लेकर दोनों बहुएँ सजग दिखाई देती हैं। इस बात पर उनके पति भी अपनी-अपनी पत्नियों का साथ देते हैं। दुर्गा इस घटना से बहुत दुखी हो जाती है। एक तो इतने बड़े परिवार के बावजूद दोनों को अकेलेपन का शिकार होना पड़ता है। दूसरा, बँटवारे को लेकर बच्चों की लालच उसको तोड़ देती है। इसके विपरीत भगवती का घर खुशहाली में जीवन निर्वाह करता है। इतना ही नहीं भगवती की पोतियाँ दुर्गा का भी ससम्मान ख्याल रखती हैं। सभी पोतियाँ संस्कारी, पढ़ाई में अच्छी, अच्छे भविष्य के निर्माण में तत्पर दिखाई देती हैं। कहानी यहाँ आकर एक और मोड़ लेती है। यहाँ लेखक परम्परागत विचारों और नई पीढ़ी के विचारों में अन्तर दिखाते हुए पुरानी पीढ़ी को अपनी सोच में बदलाव लाने की सीख देता है। भारतीय परिवार आज भी स्त्री स्वावलम्बन को महत्त्व देने के बावजूद लड़कियों का विवाह निर्धारित उम्र में हो जाने और अपनी ही जाति तथा धर्म में होने का पक्षधर है। इसलिए जब सिया बिना जाति, धर्म जाने एक ऐसे लड़के से विवाह की बात करती है;जो उसका सहपाठी था और अब वह जज के पद पर कार्यरत है तथा जाति से बंगाली है, तो भगवती अस्वीकार कर देती है। यद्यपि दशरथ तत्क्षण कोई प्रतिक्रिया न जाहिर कर चुप रह जाते हैं। यहाँ भी इस समस्या से उबरने में उनकी मदद संकटमोचन के रूप में पड़ोसी दुर्गा-उग्रसेन ही करते हैं। पूरा परिवार उनकी बात को सहर्ष स्वीकार कर लेता है। परिवार भी खुश, सिया भी खुश और गार्गी के लिए भी रास्ता निकल गया।

अनेकता में एकता की संस्कृति का निर्वाह करते-करते दो भिन्न-भिन्न संस्कृतियों का मिलाप तीसरी संस्कृति से हो जाता है। अर्थात् सिया का विवाह तपन दत्ता (बंगाली) और गार्गी का विवाह पंजाबी लड़के से होता है। दोनों विजातीय विवाह के बावजूद दोनों ही परिवारों के सन्तुलन को बनाए रखती हैं। विजातीय विवाह में दोनों की ज़िन्दगी ढर्रे पर तो चल रही थी फिर भी भगवती के मन में यह कसक बनी रहती थी कि बुलबुल का विवाह किसी उत्तर भारतीय परिवार में हो। उनके मन की मुराद पूरी भी होती है। बुलबुल का विवाह एक इकलौते खानदानी लड़के से हो जाता है। विवाह के पश्चात् सिया और गार्गी के वैवाहिक जीवन में किसी भी तरह की परेशानी नहीं आती पर सजातीय होने के बावजूद बुलबुल के परिवार वाले उसे निरन्तर किसी न किसी कारण कष्ट देते रहते। उसके इस कष्ट का निवारण सिया और गार्गी करती हैं। इसी बीच उग्रसेन की मृत्यु हो जाती है और कुछ समय पश्चात् अकेलेपन और बुढ़ापे से त्रस्त दुर्गा बीमार पड़ जाती है। उन्हीं दिनों गार्गी मायके आई रहती है। जैसे ही उसे पता चलता है वह दुर्गा को अस्पताल में भरती करवा कर उसका इलाज करवाती है और स्वस्थ हो जाने के बाद सभी की सलाह पर वह अपने बेटों के पास रहने चली जाती है। दुर्भाग्य से कुछ दिनों बाद दुर्गा की भी मृत्यु हो जाती है। दुर्गा की मृत्यु का सबसे अधिक

कष्ट भगवती और दशरथ को होता है। कारण, उनके परिवार के हर अहम निर्णय में उन दोनों का बहुत बड़ा सहयोग रहता था। दुर्गा की मृत्यु के पश्चात भी भगवती उसे हमेशा याद करती थी।

जीवन में निरन्तर गति विकास का सूचक होता है। और वह गति जब बच्चों के भविष्य से जुड़ा हो तो उसमें सुर्खाब के पर-सा अहसास होता है। वही बदलाव एक बार फिर भगवती-दशरथ के जीवन में आता है। पीहू, जो अनाथाश्रम से लाई गई थी, उसका चुनाव विदेश अध्ययन योजना के अन्तर्गत सरकार की तरफ से ऑस्ट्रेलिया में हो जाता है। परिवार के सभी सदस्यों को जहाँ एक तरफ उसके दूर जाने का कष्ट था तो दूसरी तरफ गौरव भी था। परिवार के सभी लोग उसकी तैयारी करवा कर उसे पढ़ने के लिए मेलबर्न, ऑस्ट्रेलिया भेज देते हैं। उसके अध्ययन के दौरान ही दशरथ की मृत्यु हो जाती है। उनके स्वर्गवासी होने का दु:ख तो परिवार के सभी सदस्यों को होता है परन्तु दूर-दराज विदेश में रहने के कारण पीहू को बहुत पीड़ा होती है। क्योंकि वे परिवार के एक ऐसे पिलर थे जिन्होंने परम्परागत रूढ़ियों और आधुनिकता के बीच सन्तुलन को बनाए रखते हुए न केवल अपनी पोतियों को उच्च शिक्षा दिलाई अपितु विजातीय विवाह की अनुमति भी दी। इतना ही नहीं अनाथाश्रम से बेटी गोद लेने के लिए भी उन्होंने सहर्ष अपनी स्वीकृति दे दी। पीहू को इस बात की चिन्ता भी होने लगी कि उसके पुन: विदेश जाते ही दादी को कुछ न हो जाए। बहनों तथा माता-पिता द्वारा आश्वस्ति देने के बाद भी उसके मन में यह आशंका बनी रही। और हुआ भी वही। कुछ समय बाद उसे यह दुखद समाचार मिला कि दादी अब दुनिया में नहीं रहीं।

सिया, गार्गी और बुलबुल तीनों ही अपने माता-पिता तथा चाचा-चाची का पूरा ख्याल रखती थीं। शिक्षा पूरी होते ही पीहू को एक अच्छी नौकरी का प्रस्ताव मिला। परन्तु उसने सीधे इनकार कर दिया। क्योंकि उसे भारत अपने परिवार के पास रहना था। कम्पनी ने पैकेज और बढ़ाकर उसे दो महीने सोचने का अवसर भी दिया। घर आने पर जब परिवार वालों को यह पता चला तो उन्होंने अपनी नाराजगी जताते हुए उसे वह नौकरी कर लेने की सलाह दी। जिस कारण वह नहीं जाना चाहती थी, उसका निवारण भी उसकी बहनों ने किया। अन्तत: वह ऑस्ट्रेलिया जाकर नौकरी करने लगती है। इस तरह सारा परिवार सामान्य गति से निरन्तर आगे बढ़ता रहा। कुछ समय पश्चात् अचानक पीहू अपने सहयोगियों के साथ भारत आने की योजना परिवार वालों को बताती है। यहाँ आकर वह जिस तरह से पूरी योजना को अंजाम देती है, उससे परिवार वाले भी थोड़े चकित थे। वह सबको लेकर उस अनाथाश्रम में जाती है जहाँ से उसे गोद लिया गया था। वहाँ पर वह डी.बी. (दशरथ-भगवती) फाउंडेशन की तरफ से तीस लाख का दान देती है। इतना ही नहीं प्रतिवर्ष यह रकम देने का वादा करती है और वहाँ के कर्मचारियों से मिलकर

अपने अतीत को महसूस करने का प्रयास करती है। उसके इस निर्णय और कार्य से उसके परिवार के सदस्य पहले तो थोड़े चिन्तित होते हैं पर सब कुछ जानने के बाद उस पर गर्व भी करते हैं।

'अन्त भला तो सब भला' को चरितार्थ करते हुए पीहू ऑस्ट्रेलिया जाकर एक भारतीय से विवाह कर नौकरी करने लगती है और प्रति वर्ष एक-डेढ़ महीना भारत आकर अपने परिवार के साथ रहती है। अपने जन्मदिन पर अनाथाश्रम को डी.बी. (दशरथ-भगवती) फाउंडेशन की तरफ से दान देना नहीं भूलती। उसकी तीनों बहनें माता-पिता के पूरे दायित्व का निर्वाह करती हैं। वर्ष के कुछ दिन तो अब भी ऐसे होते हैं जहाँ चिड़ियों की कलरव से उनका घर गुंजायमान हो जाता है। इस अवसर पर सभी भगवती-दशरथ के दूरदर्शिता, उनकी कर्मठता को याद करते हैं।

अब एक नजर डालते हैं 'शकुंतिका' की औपन्यासिक उपलब्धि पर। हर विधाओं की अपनी एक अलग पहचान होती है। कहीं वे अपने कथ्य से तो कहीं अपनी वैचारिकता से, तो कहीं अपनी प्रस्तुति से पाठकों को आकर्षित करती हैं। उपन्यास में मात्र एक कहानी नहीं बताई जाती, वह मात्र पात्रों की ही रचना नहीं करता बल्कि उसमें कुछ सूचनाएँ होती हैं, कई सन्देश देते हैं, इतना ही नहीं पाठकों के साथ अदृश्य रूप से चलने लगती हैं कहानियाँ। कहना न होगा कि यह सब तभी सम्भव होता है जब रचना का कथ्य, उसके पात्र और प्रस्तुति स्वाभाविक हो, विश्वसनीय हो और समय को अपने में समेटे हो। वह समय चाहे इतिहास का हो, संस्कृति से जुड़ा हो या कोई और। यद्यपि कहानी में भारतीय संस्कृति है, सभ्यता है, अन्धविश्वासों को नकारने की कला है। एक तरफ लड़कों के माध्यम से संयुक्त परिवार टूटने की पीड़ा है तो दूसरी तरफ लड़कियों से परिवार को जोड़ने की कथा है। स्त्री शिक्षा और सशक्तिकरण भी है। जैसा कि मैंने पहले ही लिखा है कि उपन्यास स्त्री केन्द्रित ही है। पर स्त्री के चरित्र को ऊँचा उठाने की कवायद करते-करते लेखक यह भूल जाता है कि भारतीय परम्परा में जहाँ-जहाँ विषमता है वहाँ-वहाँ वह इतिहास के पन्नों में उसका काला पृष्ठ बनकर रह गया है। तुलसीदास हों (रामचरित मानस), जयशंकर प्रसाद हों (कामायनी), या नागार्जुन (भूमिजा), सभी ने समत्व के भाव को महत्त्व देते हुए समाज के विकास की बात की है। भारतीय समाज में नर-नारी की असमानता ने अतीत में भी हमें बहुत पीछे धकेल दिया था। आज भी हम कहीं न कहीं उसी असमानता के शिकार बने हुए हैं। चाहे वह स्त्री को लेकर हो या पुरुष को लेकर हो। उपन्यास में दशरथ और कहीं-कहीं उग्रसेन को छोड़ दें तो कोई भी पुरुष पात्र अपने कंधे पर उपन्यास को लेकर चलते नहीं दिखाई देते। सभी कठपुतली से लगते हैं। स्त्री पात्र में भी विभेदीकरण खटकता है। कथानक में सारा निर्णय दुर्गा की सलाह पर भगवती ही लेती है। बहुओं का चरित्र नगण्य-सा लगता है। बेटियाँ तो उनकी हैं परन्तु वे जो कुछ भी करती हैं उसमें भगवती का निर्णय अन्तिम होता है। बच्चा गोद

लेने में भी दुर्गा और भगवती ही निमित्त बनती हैं। वे मात्र स्वीकृति के पात्र बनकर रह गई हैं। लगता है लेखक का उद्देश्य जड़ों को ही मजबूती प्रदान करना रहा। लेकिन कहीं-न-कहीं इन निर्णयों के कारण उपन्यास में सामंजस्य नहीं बन पाया है।

'शकुंतिका' उपन्यास में देखें तो तीन पात्र प्रमुख पात्र के हकदार बनते हैं। एक तो दुर्गा, जो अपने व्यक्तिगत अनुभवों से कई ऐसे निर्णय लेती है जिसे समाज आसानी से स्वीकार नहीं करता। उसके अपने घर में तो ऐसी स्थितियाँ नहीं आती जिसमें वह कोई चुनौतीपूर्ण निर्णय ले सके। हाँ, जब बँटवारे को लेकर बहुएँ लालच दिखाती हैं तो पति से पहले वह उनका विरोध करती है। और घर उनके नाम करने से इनकार कर देती है। लेकिन पड़ोसी भगवती के घर में जब बेटी की शिक्षा से लेकर, अनाथाश्रम से बच्चा गोद लेना, विजातीय विवाह की समस्या आती है तो निर्णय पहले दुर्गा की तरफ से ही आता है। दूसरा प्रमुख पात्र भगवती को कहा जा सकता है। वह स्वयं तो कोई निर्णय नहीं ले पाती और पोतियों द्वारा परम्परा से अलग निर्णय को एक झटके से स्वीकार भी नहीं कर पाती। पर दुर्गा के तर्कों से सहमत होकर अमल में लाती है। रही बात दशरथ की तो वह खुले विचारों के हैं। पोतियों को पढ़ाने से लेकर विवाह तक में वे उनका साथ देते हैं। वे हर जगह प्रगतिवादी सोच से निर्णय लेते हैं। भगवती और दशरथ इस दृष्टि से भी महत्त्वपूर्ण हो जाते हैं कि पीहू उनके नाम पर फाउंडेशन शुरू करती है। क्योंकि उसे लगता है कि यदि वे समय पर सही निर्णय न लिए होते तो आज न तो उसकी बहनें पढ़ पातीं और न ही वह आज इतने बड़े ओहदे पर होती।

संघर्ष कहानियों में प्रभावोत्पादकता लाते हैं। कहानी में कसाव के साथ संघर्ष का होना जरूरी होता है। बिना गुत्थियों के कहानी सपाट बन जाती है। उलझाव और सुलझाव के बीच कहानी जब गति पाती है तो पाठकों की रुचि बनी रहती है। अन्यथा पाठक का मन कहानी पढ़ने से उचटने लगता है। वर्तमान समय में हम जिस आपधापी और भाग-दौड़ की ज़िन्दगी जी रहे हैं वहाँ ऐसी कहानियाँ सुनने में तो अच्छी लगती हैं पर विश्वसनीय नहीं लगतीं। 'शकुंतिका' की पूरी कहानी बड़ी सरलता से आगे बढ़ती जाती है। कई स्थानों पर सरल होने के बावजूद पाठक कहानी से जुड़ नहीं पाता है। सम्भवत: रचनाकार एक ऐसे समाज का निर्माण करना चाहता है जो रामराज्य जैसा हो। प्रयत्न करना मनुष्य का धर्म होता है, लेकिन यदि हम प्रयत्न समय से परे जाकर करते हैं तो वह वायावी प्रतीत होने लगता है और समाज का दर्पण नहीं बन पाता।

शकुंतिका अर्थात एक पक्षी जो ॠग्वेद में बहुतायत में पाई जाती थी। और पक्षी अर्थात खुले आसमान में विचरण करनेवाला प्राणी। और स्त्री अर्थात सदियों से गुलामी की बेड़ियों में जीवन जीनेवाली। लेखक ने अपने उपन्यास में स्त्री को शिक्षा के माध्यम से जीवन के क्षेत्र में एक उड़ान दी है। मात्र उड़ान ही नहीं दी अपितु

निर्णय लेने का पूरा अधिकार भी दिया। हाँ, अधिकार देते-देते उसे इतनी ऊँचाई दे दी कि समाज का पुरुष रूपी पहिया कमजोर-सा पड़ गया है।

इसके पक्ष में यह कहा जा सकता है कि लम्बे समय तक अनेक गम्भीर समस्याओं से रूबरू होते-होते रचनाकार कुछ हलके विषय की ओर रुख कर सकता है। बात गलत भी नहीं है। पर एक सवाल मन में जरूर उठता है कि क्या पथरीली जमीन पर चलते-चलते रचनाकार अपने आस-पास की सच्चाई को नजरअन्दाज कर सकता है? क्या साहित्य के प्रति अपने दायित्वों का गम्भीरता से निर्वाह करनेवाला रचनाकार पाठक के लिए ऐसी कहानी का ताना-बाना बुन सकता है जो आज के परिवेश में फिट ही न बैठती हो? बहरहाल, 'शकुंतिका' उपन्यास की कहानी बहुत ही आदर्शवादी है। प्रेमचन्द का समय होता तो सम्भवत: इसे स्वीकार कर लिया जाता। परन्तु आज के जटिल समय में ऐसी कहानियाँ पुस्तकों के पन्नों में ही अच्छी लग सकती हैं। ज़िन्दगी के उबड़-खाबड़ रास्तों और विपरीत स्वभावों के बीच संघर्ष करता पाठक शायद ही आसानी से ऐसी कहानियों से जुड़े।

'शकुंतिका' उपन्यास में चरित्र-सृष्टि

प्रा. अनन्त द्विवेदी
हिन्दी विभाग, साकेत कॉलेज, कल्याण, महाराष्ट्र

भगवानदास मोरवाल का उपन्यास 'शकुंतिका' अपनी प्रकृति में एक आदर्शवादी-सामाजिक उपन्यास है। किसी भी उपन्यास का एक महत्त्वपूर्ण तत्व चरित्र-सृष्टि होता है। घटना-विन्यास पूरी तरह से इन्हीं पर आधारित होता है। उपन्यासकार, उपन्यास में जो सन्देश पाठकों तक पहुँचाना चाहता है, वह इन्हीं कार्य-व्यापारों के माध्यम से पहुँचाता है। सन्देश सीधे तौर पर भी कहा जा सकता है, पर साहित्य की कलात्मकता तथ्य को सीधे प्रस्तुत करने में नहीं है। इसीलिए उपन्यासकार घटनाओं और कार्यव्यापारों के माध्यम से अपनी बात कहता है। जिसे पाठकों को समझना होता है।

भगवानदास मोरवाल ने अपने इस उपन्यास के द्वारा पाठकों को एक बड़ा सामाजिक सन्देश देने का प्रयास किया है। घटनाओं और कार्य व्यापारों का निर्वाहन करने के लिए उसने जिन चरित्रों की सृष्टि अपने इस उपन्यास में की है, उन्हें हम दो भागों में विभाजित कर सकते हैं—मुख्य-पात्र या चरित्र एवं गौण-चरित्र। मुख्य पात्रों के अन्तर्गत हम दशरथ, भगवती, उग्रसेन, दुर्गा, सिया, गार्गी, पीहू आदि का नाम ले सकते हैं जबकि गौण पात्रों में बलवन्त-रेवती, रूपेश-जयन्ती, नागदत्त-कौशल्या, अभय-कुसुम, बुलबुल, विजय, विभोर, रोहन, अमित, अख्तरी आदि पात्रों का नाम लिया जा सकता है।

यह उपन्यास आदर्शवादी प्रवृत्तियों और सामाजिक-पारिवारिक मूल्यों को प्रोत्साहन देनेवाला एक सार्थक सामाजिक उपन्यास है। इसमें समाज के कुछ ऐसे पहलुओं का विश्लेषण किया गया है, जो हजारों वर्षों से परम्परा के रूप में हिन्दू समाज में चले आ रहे हैं। भारतीय मध्यम-वर्ग में लड़कियों को लेकर एक विचित्र एवं हीन मनोदशा काफी पहले से चली आ रही है। आधुनिकता की शुरुआत हुए काफी लम्बा समय बीत चुका है परन्तु भारतीय मध्यवर्गीय समाज अपने में बदलाव लाने का उतना इच्छुक दिखाई नहीं देता। चाहे लड़कियों की शिक्षा-दीक्षा का मामला

हो या फिर उनके सामाजिक, आर्थिक अधिकारों की बात हो, भारतीय मध्यवर्गीय समाज इन स्थितियों को लेकर आज भी रूढ़िवादी बना हुआ है। दरअसल यह एक हीन-मानसिकता है, जिसे तोड़ने की बेहद सख्त जरूरत है। स्त्री-सशक्तीकरण की मुहिम को मजबूती देना इस उपन्यास की अत्यन्त महत्त्वपूर्ण विशेषता है। इसी बात को ध्यान में रखते हुए उपन्यासकार ने उपन्यास के कथानक को विस्तार दिया है, और घटना-विन्यास के आधार पर पात्रों की सृष्टि की है। उपन्यास की चरित्र सृष्टि का विश्लेषण निम्नलिखित शीर्षकों के अन्तर्गत किया जा सकता है :

(क) मुख्य-पात्र— मुख्य पात्रों के अन्तर्गत इस उपन्यास में भगवती, दशरथ, दुर्गा, उग्रसेन, सिया, गार्गी, और पीहू का वर्णन किया जा सकता है।

भगवती— भगवानदास मोरवाल जी ने अपनी मुख्य कथा को दो परिवारों के माध्यम से पाठकों के सामने रखा है। पहला परिवार भगवती और दशरथ का परिवार है। जिसमें परिवार में लिए जानेवाले निर्णयों में भगवती की अहम भूमिका है और सारा परिवार उसके मशविरे को महत्त्व देता है। उसके पति दशरथ भी ऐसा ही करते हैं। इस परिवार में भगवती और दशरथ के अतिरिक्त उनके दो बेटे—बलवन्त और रूपेश हैं। इनकी पत्नियाँ क्रमश: रेवती और जयन्ती हैं। बलवन्त और रेवती की तीन बेटियाँ—सिया, गार्गी, बुलबुल हैं। तथा रूपेश और जयन्ती की गोद ली हुई बेटी पीहू भी है, जिसे अनाथ-आश्रम से गोद लिया गया है। यह परिवार मध्यवर्गीय सज्जन परिवार है। इसे भी आगे वंश चलाने के लिए बेटों की चाहत है। परन्तु यह चाहत उनकी कुप्रवृत्ति नहीं बन गई है। उन्हें अफसोस जरूर है, पर वे इस बात को लेकर अपनी बेटियों के साथ कोई भी दुर्व्यवहार नहीं करते। बल्कि इस परिवार में प्रगतिशीलता के तत्व हमें देखने को मिलते हैं और सबसे प्रगतिशील चरित्र जो हमें इस परिवार में देखने को मिलता है, वह भगवती का चरित्र है।

भगवती पढ़ी-लिखी है या नहीं, इसका तो कोई वर्णन उपन्यास में नहीं है, पर उसे समाज की पूरी समझ है और अपनी पोतियों को लेकर उसके मन में कोई दुराभाव नहीं है। बल्कि बदलते हुए सामाजिक परिवेश के अनुरूप वह अपने क्रियाकलापों और मानसिकता में परिवर्तन कर लेती है। अपनी पोतियों को आगे बढ़ाने में उसकी बड़ी भूमिका हमें देखने को मिलती है। यह उसके प्रगतिशील होने का ही प्रमाण है। वह उनके विवाह आदि को लेकर चिन्तित होती है, पर उनके पढ़ने-लिखने, आगे बढ़ने में वह पूरा सहयोग भी करती है। भगवती की प्रगतिशीलता हमें इस बात में भी देखने को मिलती है कि वही है, जिसने अपने नि:सन्तान बेटे-बहू रूपेश और जयन्ती को बेटा नहीं बल्कि बेटी गोद लेने की सलाह दी। यद्यपि यह सलाह उसने अपनी सहेली और अच्छी पड़ोसी दुर्गा के कहने पर दी। भगवती को समझाते हुए दुर्गा कहती है, "और सुन, किसी लड़के-वड़के के चक्कर में मत पड़ना। लड़कों का सुख मैं कितना भोग रही हूँ, मैं ही जानती हूँ। अपनी पोतियों को देख रही है न।

जहाँ तीन हैं वहाँ चौथी भी सही। मेरा बस चले न भगवती, तो मैं अपने घर में आज ही लड़की ले आऊँ।" और गोद भी कोई अपने रिश्तेदार या भाई की बेटी नहीं बल्कि अनाथ-आश्रम से लेने की सिफारिश की। समाज के इस कड़वे सच को उजागर करते हुए दुर्गा कहती है, "सुन, भगवती बुरा मत मानियो। इस वंश बढ़ाने की भूख ने हमारी बेटियों की दुर्गति की हुई है। थोड़ी देर के लिए मान लो तुमने लड़के को गोद ले लिया, तो इसकी क्या गारंटी है वह तेरी इन पोतियों को बहन का दर्जा दे ही देगा। कहीं ऐसा न हो कि सारी जायदाद पर कब्जा कर बैठे, और तेरी ये पोतियाँ यहाँ के रुखों के लिए भी तरस जाएँ। इस बारे में अच्छी तरह सोच लेना।" जयन्ती और रूपेश अपनी माँ से सहमत होकर ही पीहू को गोद लेते हैं। इसके अतिरिक्त जब सिया और गार्गी अपने-अपने जीवन पथ पर आगे बढ़ते हुए कर्म का मार्ग सुनिश्चित कर लेती हैं, तब उनके विवाह का प्रश्न उठता है। सिया और गार्गी के इस फैसले को कि, वे अपने सहपाठियों से विवाह करना चाहती हैं—जो कि सजातीय नहीं हैं—एक मौन विद्रोह-विरोध के बाद वह स्वीकार करती है, पर इस विरोध में हमें समझदारी देखने को मिलती है। वह अपनी पोतियों के इस फैसले को स्वीकार करती है। जिसके परिणाम आगे चलकर बहुत अच्छे होते हैं। इस तरह भगवती के चरित्र में हमें प्रगतिशीलता के तमाम लक्षण देखने को मिलते हैं।

भगवती के चरित्र में दृढ़ता है, सहनशीलता है, समझदारी है। वह एक अच्छी पड़ोसी है। पिछले पैंतीस-चालीस सालों में दुर्गा एवं उग्रसेन के परिवार से जो घरेलू सम्बन्ध विकसित हुए हैं, उन्हें वह निभाना जानती है। समय-समय पर भगवती और दुर्गा दोनों एक दूसरे के परिवार पर आई हुई समस्याओं को लेकर एक दूसरे को परामर्श देती हैं, और यह परामर्श ठीक वैसा ही होता है जैसा एक सच्चा हितसाधक अपने स्वजनों देता है, परिवार और मित्रों को देता है। उपन्यास में हमें देखने को मिलता है कि दोनों ही परिवारों की बहुत सारी समस्याओं का निवारण इस परामर्श के लेन-देन से ही सम्भव होता है।

इस तरह हम देखते हैं कि भगवती के चरित्र के माध्यम से भगवानदास मोरवाल जी ने भारतीय समाज के विभिन्न सकारात्मक पक्षों का चित्रण किया है।

दशरथ— उपन्यासकार भगवानदास मोरवाल ने दशरथ के चरित्र का विकास एक ऐसे व्यक्ति के रूप में किया है, जो बेहद खुले मस्तिष्क का व्यक्ति है। वह अपने परिवार से बेहद लगाव रखनेवाला है और अपनी पत्नी भगवती की बहुत इज्जत करता है। वह उसके हर फैसले में सहायक होता है। जब भगवती बेटे रूपेश को अनाथ-आश्रम से बेटी गोद लेने के लिए कहती है, तब दशरथ उसका भरपूर समर्थन करते हैं। इसके साथ ही एक अन्य अवसर पर जब उनकी पोतियाँ—सिया और गार्गी, जाति-वर्ण के बन्धन तोड़कर अपने विवाह का फैसला करती हैं, तब भगवती के साथ-साथ दशरथ बच्चों के भविष्य का ध्यान रखते हुए उनके फैसले का

सम्मान और समर्थन करते हुए विवाह की अनुमति दे देते हैं। इस तरह दशरथ, भगवती के हर निर्णय में विचार-विमर्श के द्वारा सहयोग ही करते दिखाई देते हैं। उपन्यास में हम देखते हैं कि, इस परिवार का नेतृत्व एक तरह से भगवती ही कर रही होती है। परिवार में सुमति है। सारे लोग एक साथ एकत्रित होकर ही कोई फैसला करते हैं, और उस फैसले के होनेवाले सकारात्मक या नकारात्मक दुष्प्रभाव के समय भी मजबूती से एक दूसरे के साथ खड़े रहते हैं। किसी भी परिवार की नींव को मजबूत बनाए रखने के लिए यह बेहद ज़रूरी होता है।

दशरथ के व्यक्तित्व में हमें एक उदारता देखने को मिलती है। वह अपने परिवार पर पूरी समझदारी के साथ और पूरे विश्वास के साथ अपने फैसलों को संचालित करता है। इसीलिए उस पूरे परिवार में आपस में काफी सुमति है। अपनी पोतियों के फैसलों पर भी वह झूठे अहंकार के आधार पर विचार नहीं करता और ना ही प्रतिक्रिया देता है, बल्कि वह समय के साथ उनके फैसलों पर पूरा विचार करते हुए उन्हें समर्थन देता है। जब सिया विजातीय लड़के से विवाह करने का निश्चय करती है और इस सन्दर्भ में अपने घर में अपने बुजुर्गों के सामने अपने विचार रखती है, तो पूरी समझदारी के साथ दशरथ उसका समर्थन करते हैं और उसका विवाह हो जाने देते हैं। सिया के बाद गार्गी के विवाह पर भी दशरथ की यही प्रतिक्रिया हमें देखने को मिलती है। वास्तव में परिवार को ठीक ढंग से संचालित करने के लिए ऐसी ही उदारता और समझदारी की आवश्यकता होती है। दशरथ के इस उदार स्वभाव के कारण ना केवल उसके बेटे-बहू, बल्कि उसकी पोतियाँ भी उसकी बहुत इज्जत करती हैं, और उसकी कही बातों को सब बड़े ध्यान से सुनते हैं, और अनुसरण करते हैं।

दशरथ एक अच्छा पड़ोसी भी है। वह और उसकी पत्नी भगवती अपने पड़ोसी उग्रसेन और दुर्गा के हर सुख-दुख में सम्मिलित होते हैं। वे उनके वैभव आदि को लेकर या फिर बेटों के प्रति उनके अतिरिक्त लगाव को लेकर कोई द्वेष-भाव नहीं रखते। बल्कि अपनी स्थितियों से वे पूरी तरह सन्तुष्ट बने रहते हैं और अपने पड़ोसियों के लिए वे जो भी बेहतर कर सकते हैं, करने का प्रयास करते हैं। उग्रसेन से दशरथ का कोई रिश्ता नहीं था, बस एक पड़ोसी ही थे। पर उग्रसेन के घर में जैसा महाभारत छिड़ा हुआ था, उससे दशरथ और भगवती भी दुखी होते थे। उग्रसेन की स्थिति को समझते हुए दशरथ भगवती से कहता है, "दरअसल उग्रसेन के दुखी होने की एक और वजह है, जिसे सुनकर मुझे भी लगा कि वह ठीक कह रहा है। कह रहा था कि बात-बात पर जिस तरह उसके पोते आपस में गाली-गलौज करते हैं, उससे पूरे घर को नरक बना कर रखा हुआ है। ना कोई छोटे की लिहाज, ना किसी बड़े की शरम। किसी की जुबान पर कोई काबू नहीं है। एकाध लड़की होती तो कम-से-कम बातचीत तो सोच-समझकर करते।" इससे हमें पता चलता है कि

दशरथ एक भला-मानस है, जो उदार भी है, खुले विचारों का है, और समय के साथ ताल मिलाना उसे बखूबी आता है।"

दुर्गा— दुर्गा, उग्रसेन की पत्नी है। दुर्गा और उग्रसेन के दो बेटे हैं—नागदत्त और अभय। हर तरीके से यह परिवार सुखी और सम्पन्न है। समाज में मान-सम्मान है। उग्रसेन और दुर्गा चार-चार पोतों के दादी-दादा हैं। यह भी उनके लिए समाज में सर ऊँचा रखनेवाली बात है। पर जल्द ही इस रूढ़िवादी कुंठा का दुष्परिणाम भी उन्हें देखने को मिलता है।

दुर्गा बेहद संघर्षशील और दृढ़-निश्चयी महिला है। उसके व्यक्तित्व में भी उदारता है। दशरथ और भगवती की तरह वह भी खुले विचारों की है और अपने इस सुदृढ़ व्यक्तित्व के साथ वह उग्रसेन के साथ अपनी गृहस्थी को भली प्रकार से संचालित करती है। पर कहते हैं कि जहाँ धन और स्वार्थ आ जाए, वहाँ रिश्ते बड़ी तेजी से बिखरने लगते हैं, रिश्ते बिगड़ने लगते हैं। दुर्गा के परिवार में भी कुछ ऐसा ही होता है। एक-एक करके दुर्गा के दोनों बेटे अपने-अपने परिवार को लेकर पुराने मोहल्ले से निकलकर नए घरों की तरफ चले जाते हैं। उनका अपना-अपना व्यापार है। धन की कोई कमी नहीं है। पर संस्कारों की बहुत कमी है। नागदत्त और अभय के दो-दो बेटे—जो कु-संस्कारी हैं, शिक्षा-दीक्षा और अध्ययन में जिनका बिलकुल भी मन नहीं लगता। अपने बुरे आचरणों की वजह से पूरे मोहल्ले में उनकी आलोचना होती है। घर में भी जब तक पूरा परिवार एक साथ था, इनके आचरणों की वजह से महाभारत मचा रहता था। दुर्गा इस बात को जल्द ही समझ गई कि, घर में बेटों के साथ-साथ बेटियों का होना कितना अनिवार्य है। और यह समय का फ़ेर था कि वह अपनी पड़ोसी भगवती से बार-बार यह अफसोस जताती है कि, काश! उसके घर में भी बेटी होती।

दुर्गा के व्यक्तित्व की यह बड़ी महत्त्वपूर्ण विशेषता है कि, जीवन की आलोचना वह बेहद तटस्थ ढंग से करती है। वहाँ अपने-पराए का कोई भेद नहीं है। उसकी दृष्टि समभाव वाली है। सिया, गार्गी, बुलबुल और पीहू के लिए उसका हृदय वैसा ही है, जैसा उसके अपने पोतों के लिए है। बल्कि इन चारों बहनों के पढ़ने-लिखने और आगे बढ़ने को लेकर वह भी बहुत उत्साहित और खुश होती है और उन्हें प्रोत्साहित करती रहती है। यह दुर्गा ही थी, जिसने भगवती को यह परामर्श दिया था कि रूपेश और जयन्ती को अनाथ-आश्रम से ही बेटी को गोद लेना चाहिए। इस सन्दर्भ में वह भगवती से कहती है, "एक बात कहूँ भगवती, अगर बच्चा गोद लेने की नौबत आ भी जाए तो किसी अनाथाश्रम से लेना। कम-से-कम किसी अनाथ और बेसहारा को माँ-बाप तो मिल जाएँगे। उसको एक नई ज़िन्दगी तो मिल जाएगी।" इस तरह हम देख सकते हैं कि दुर्गा बेहद सद्गुणी स्त्री है। वह अपने परिवार को भी गलतियों पर घेरे में लेती है। न्याय और अन्याय उसके लिए मूल्य हैं, जहाँ वह अपना-पराया नहीं

देखती। वह अपने ही बेटों और बहुओं की उनके दुष्कर्मों के लिए आलोचना करती है। और दूसरी तरफ भगवती और दशरथ के परिवार की प्रशंसा करती है।

भगवती की तरह दुर्गा भी खुले विचारों की है। मध्यवर्गीय रूढ़िवादिता उसे छू भी नहीं पाई है। भगवती की पोतियों—सिया और गार्गी के विवाह आदि के प्रश्न पर उसका भी समर्थन रहता है। इससे यह प्रकट होता है कि, वह आधुनिक ख्यालों को अपनाने और समर्थन देनेवाली है, और सही-गलत के अनुरूप आचरण करना जानती है।

उग्रसेन— एक रूढ़िवादी विचारों का मध्यमवर्गीय व्यक्ति है, जिसने अपने जीवन में संघर्ष करके खुद को निर्मित किया है। एक छोटे से व्यवसाय से उन्नति करते हुए वह इस मुकाम पर पहुँचा है। पर उसके व्यक्तित्व में मध्यमवर्गीय रूढ़िवादिता कूट-कूट कर भरी हुई है। इसका अर्थ यह नहीं है कि, वह अच्छा व्यक्ति नहीं है। परम्पराएँ तोड़ पाना सब के वश की बात नहीं होती। उसके लिए जैसा साहस चाहिए, वैसा उग्रसेन में सम्भवत: नहीं था। आम लोगों की भाँति उग्रसेन की इच्छा थी कि उसके घर में भी पोते हों। और नियति ने उसे एक नहीं, दो नहीं, बल्कि चार-चार पोते दिए। लड़कियों के जन्म को श्राप की तरह मानने का संस्कार उसके भीतर भी मौजूद था। पोतों के जन्म पर उग्रसेन और उसका परिवार खूब खुशियाँ मनाता है। परन्तु जब यही पोते किशोरावस्था में पहुँचते हैं, इनके कर्म उग्रसेन और दुर्गा को अफसोस करने पर मजबूर कर देते हैं। यह चारों पोते न तो पढ़ने-लिखने में ही ध्यान लगाते हैं और न संस्कार सीखने में। पूरे मोहल्ले में इन सभी को अच्छी नजर से नहीं देखा जाता। क्योंकि मारपीट करना, सिगरेट इत्यादि का व्यसन और लड़कियाँ छेड़ना इनकी आदत में सम्मिलित था। इनके कर्म उग्रसेन और दुर्गा को पछताने पर विवश कर देते हैं। उन्हें इस बात का एहसास होता है कि लड़कों के होने से ही सुख और सुकून नहीं मिलता, बल्कि घर में लड़कियाँ भी होनी चाहिए। अपनी इसी भावना को व्यक्त करते हुए उग्रसेन, दशरथ से कहता है, "दशरथ अब पता चल रहा है कि जिस घर की दरो-दीवार लड़कियों की कूक से गूँजती रहती है, उस घर को दुनिया का खुशनसीब परिवार क्यों कहा जाता है।" इससे घर संस्कारी बनता है। अपने जीवन में अपने विचारों के कारण उग्रसेन को कई बार पछताना पड़ता है। रूढ़ियाँ, जिनके लिए उसने बहुत कुछ किया बाद में एक-एक करके उसका पछतावा बनती हैं। उसके बेटे स्वार्थ और लालच के चलते एक-एक करके घर छोड़ देते हैं। दुर्गा और उग्रसेन अपनी देखभाल स्वयं ही करते हैं। उग्रसेन के चरित्र को देखकर इस बात का एहसास होता है कि जीवन में धन-सम्पत्ति और वैभव ही सब कुछ नहीं होता, शिक्षा और संस्कार भविष्य के निर्माण के लिए अनिवार्य होते हैं।

दशरथ ने अपने जीवन में खूब संघर्ष किया। खूब धन-सम्पत्ति एकत्रित की और अपने बच्चों का भविष्य सुरक्षित किया। धन-सम्पत्ति ने उसे कभी घमंडी नहीं बनाया।

हाँ, यह अवश्य है कि उसकी सन्तानें और उसके पोते जरूर अपने भीतर वे गुण नहीं उत्पन्न कर सके जैसे कि उग्रसेन के गुण थे। उग्रसेन अपने पड़ोसी दशरथ को अपने भाई जैसा ही समझता था। दशरथ के परिवार के हर सुख-दुख, विचार-विमर्श में उसकी भी भूमिका होती थी और उग्रसेन भी बिलकुल अपने परिवार की तरह ही दशरथ के परिवार को भी अपनी इज्जत समझता था और हमेशा इसी को ध्यान में रखकर वह कोई परामर्श देता था। दशरथ और भगवती की पोती सिया जब विजातीय विवाह के लिए अपने दादा-दादी और माता-पिता से कहती है, तो वह सब व्यथित हो जाते हैं। उन्हें यह बात ठीक नहीं लगती और उग्रसेन-दुर्गा आदि से भी वे इस विषय में विचार-विमर्श करते हैं, जिस पर दशरथ को समझाते हुए उग्रसेन कहता है, "दशरथ, तू भी कैसी बच्चों जैसी बातें कर रहा है। अरे! यह सब कहने की बात है। बिरादरी वाले रिश्ते की क्या गारंटी है कि वहाँ सिया खुश और सुखी रहेगी। यह नए जमाने के बच्चे हैं। अगर इसने कोई फैसला किया है, तो कुछ अच्छा-बुरा समझकर ही किया होगा।" इस तरह हम देखते हैं कि उग्रसेन भी प्रगतिशील विचारों का व्यक्ति है जो परिवर्तनों को सकारात्मक ढंग से स्वीकार करता है।

उग्रसेन के पड़ोसी दशरथ और भगवती के परिवार में भले ही उतनी आर्थिक सम्पन्नता नहीं थी, पर उनकी पोतियाँ शिक्षा और संस्कार के मामले में आगे थीं और बढ़ी-चढ़ी थीं। परिणामत: एक तरफ जहाँ उग्रसेन का परिवार बिखरता चला जाता है, वहीं भगवती और दशरथ का परिवार समाज में मान-सम्मान भी पाता है, और उन्नति की नई-नई सीढ़ियाँ चढ़ता चला जाता है।

सिया-गार्गी-पीहू— भगवती और दशरथ के परिवार में दो बेटे बलवन्त और रूपेश हैं। सिया, गार्गी और बुलबुल बलवन्त और रेवती की बेटियाँ थीं, जबकि रूपेश और जयन्ती नि:सन्तान थे। पड़ोसी दुर्गा के परामर्श पर भगवती अपने बेटे रूपेश को अनाथ-आश्रम से एक बेटी गोद लेने का परामर्श देती है। जिसे मानकर रूपेश, पीहू को गोद लेता है। यह चारों बेटियाँ ऐसे समाज में जन्मी थीं, जहाँ लैंगिक भेदभाव एक बीमारी के रूप में प्रचलित था। बेटियों का जन्म दुख का कारण बनता था इसीलिए कई बार उपन्यास में भगवती और दशरथ भी बेटे की चाह से आसक्त दिखाई देते हैं। परन्तु इनकी उदारता यह थी कि, उन्होंने अपनी बेटियों के पालन-पोषण में कभी भी कोई दुराभाव प्रदर्शित नहीं किया।

बलवन्त और रूपेश की यह बेटियाँ बेहद संस्कारी थीं। जाहिर-सी बात है, परिवार के जैसे संस्कार होते हैं भविष्य में सन्तानों पर भी वैसे ही संस्कार हमें दिखाई देते हैं। सिया, गार्गी, बुलबुल और पीहू—चारों ही बेटियाँ न सिर्फ शिक्षा-दीक्षा के मामले में बढ़-चढ़कर थीं, बल्कि अपने परिवार की बेहद आज्ञाकारी थीं। सिया और गार्गी ने उच्च शिक्षा पाई और अपनी-अपनी धारा में अपना व्यवसाय निर्मित किया। पीहू, जो सबसे छोटी थी वह अपनी बहनों से भी आगे निकल गई। उसने विदेश में

उच्च-शिक्षा पाई और वहीं एक बड़ी बहुराष्ट्रीय कम्पनी में सम्मानित और प्रतिष्ठित पद भी पाया। दशरथ और भगवती ने बिना किसी भेदभाव के अपनी पोतियों के पढ़ने-लिखने पर कभी कोई रोक नहीं लगाई। बेटियों ने भी अपने परिवार को निराश नहीं किया। उन्होंने अपना करियर बेहतर तरीके से निर्मित किया और अपने परिवार का नाम रोशन किया।

हमारे मध्यवर्गीय समाज में कुछ प्रथाएँ इस तरह की हैं, जो जीवन को कई बार नरक में तब्दील कर देती हैं। विवाह संस्था भी इसी तरह से है। जहाँ जाति और वर्ण का आग्रह रखकर विवाह किए जाते हैं, और ज्यादातर विवाह ज़िन्दगी-भर के लिए एक मौन-समझौता या अफसोस बनकर रह जाते हैं। दशरथ और भगवती को भी अपनी इन बेटियों के विवाह की चिन्ता होती थी। सबसे बड़ी सिया ने अपने ही एक सहपाठी को अपना जीवनसाथी बनाने का निश्चय किया पर इसके लिए उसने बाकायदा अपने परिवार की अनुमति ली। परिवार से न तो विद्रोह किया और न ही कोई गलत कदम उठाया। परिवार ने भी अपनी इस पढ़ी-लिखी बेटी की बात को सुना, समझा और उसे विवाह की अनुमति दी। ऐसा ही गार्गी ने भी किया। परिवार ने गार्गी को भी अनुमति दी और गार्गी ने भी विजातीय विवाह किया। परन्तु हम देखते हैं कि, दोनों ही अपने जीवन में बेहद सुखी और सन्तुष्ट हैं। जबकि दूसरी तरफ जाति-बिरादरी का ख्याल करते हुए दशरथ और भगवती ने अपनी तीसरी पोती बुलबुल का विवाह सजातीय और इकलौते लड़के के साथ सम्पन्न कराया, पर बुलबुल का विवाह एक असफल विवाह बननेवाला होता है, यदि सिया आकर उसको न सँभालती।

उपन्यास में उपन्यासकार भगवानदास मोरवाल जी ने सिया, गार्गी, पीहू के माध्यम से पूरे समाज को एक सकारात्मक सन्देश दिया है। यदि बेटियों को बेटों की तरह ही पढ़ाया-लिखाया जाए, उन्हें भी आधुनिक शिक्षा से जोड़ा जाए तो उसके परिणाम बड़े सकारात्मक हो सकते हैं। शिक्षित होने के बाद ही गार्गी अपने परिवार और दुर्गा की मदद कर पाती है। शिक्षित होने के कारण ही सिया बुलबुल के नष्ट होते जीवन की रक्षा कर पाती है। उपन्यासकार भगवानदास मोरवाल ने शिक्षा के अतिरिक्त जीवन के सम्बन्ध में फैसले लेने के लिए भी बेटियों को आत्मनिर्भर बनाने की प्रेरणा दी है। सिया द्वारा वकालत की डिग्री लेने के बाद, दशरथ और भगवती सिया के विवाह हेतु चिन्तित होते हैं। एक अवसर पर जब वे सिया से विवाह के सम्बन्ध में उसके विचार जानना चाहते हैं, तब सिया जाति-वर्ण का विरोध करते हुए अपनी बात रखती है। इस तरह विवाह जैसे महत्त्वपूर्ण प्रश्न पर भी सिया ने स्वतंत्र रूप से फैसला लिया। उसकी समझदारी देखकर पूरे परिवार ने उसके फैसले का समर्थन किया। सिया ने अपने सहपाठी से विवाह किया, जो विजातीय तो था परन्तु बहुत संस्कारी युवक था। दहेज इत्यादि जैसी प्रथाओं से जिसका दूर-दूर तक वास्ता नहीं था। और सबसे बड़ी बात यह कि जिसके साथ जीवन बिताना है, उसे भली-भाँति

जान लेना आवश्यक होता है। सहपाठी होने के कारण सिया अपने होनेवाले पति के स्वभाव से बखूबी परिचित थी। सिया की तरह ही उसकी छोटी बहन गार्गी ने भी एमबीबीएस की शिक्षा पूरी कर अपने सहपाठी से ही विवाह का फैसला किया। यहाँ भी लड़का विजातीय था, परन्तु अच्छे घर का था। गार्गी का सहपाठी तो था ही। पूरा परिवार गार्गी के फैसले पर भी सहमति व्यक्त करता है। इस तरह हम देखते हैं कि, विवाह जैसे प्रश्न पर भी, पढ़ने-लिखने के बाद दोनों लड़कियाँ कहीं ज्यादा अच्छा फैसला लेने में सक्षम हो पाती हैं। वहीं दूसरी तरफ देखें तो, बुलबुल का विवाह सजातीय था और हर तरीके से परिवार के बुजुर्गों के द्वारा देख-भाल कर किया जा रहा था। पर बुजुर्गों को यह अन्दाजा नहीं था कि, विवाह होने के उपरान्त बुलबुल की ससुराल वाले दहेज के लालच में बुलबुल का उत्पीड़न करेंगे। जो कि हुआ। ऐसे में सिया की हिम्मत और समझदारी से बुलबुल की ससुराल के लोग सीधे रास्ते पर आते हैं। और इस तरह सिया की शिक्षा-दीक्षा के कारण ही बुलबुल के जीवन और पूरे परिवार के सम्मान की रक्षा हो पाती है। इसके अतिरिक्त भगवानदास मोरवाल जी ने शिक्षित लड़कियों के द्वारा जाति के बन्धनों को तोड़कर विवाह इत्यादि की जो व्यवस्था दिखाई है, उसके पीछे उनका उद्देश्य सामाजिक मेलजोल बढ़ाने का है। साथ ही दहेज जैसी प्रथाओं को हतोत्साहित करने का भी है।

सिया और गार्गी की तरह उपन्यास में पीहू का चरित्र भी अत्यन्त प्रेरणा देनेवाला है। पीहू एक अनाथ लड़की है, जिसे रूपेश-जयन्ती के द्वारा अनाथ-आश्रम से गोद लिया जाता है। अपनी अन्य बहनों से वह उम्र में सबसे छोटी है, पर उपन्यास में उसके चरित्र का विकास जिस तरह से किया गया है, उसकी सोच और समझदारी अत्यन्त बढ़ी-चढ़ी है। पीहू भी अत्यन्त प्रतिभाशाली साबित होती है। शिक्षा-दीक्षा के लिए उसे विदेश अर्थात ऑस्ट्रेलिया जाने का अवसर मिलता है। वह अपनी उच्च-शिक्षा पूरी करती है, परन्तु वह भी एक भावुक और संवेदनशील लड़की है। वह कैरियर से ज्यादा महत्त्व अपने ईश्वर-प्रदत परिवार को देना चाहती है। इसीलिए वह ऑस्ट्रेलिया से भारत वापस आ जाती है। इसके बावजूद कि उसे ऑस्ट्रेलिया में ही एक बहुराष्ट्रीय कम्पनी ने बड़े अच्छे पद पर नौकरी करने का ऑफर दिया था। भारत में अपनी बहनों—सिया और गार्गी के दबाव देने पर वह अन्ततः नौकरी स्वीकार कर लेती है, परन्तु परिवार के प्रति उसका समर्पण कम नहीं होता। वह जानती है कि उसे गोद लिया गया था, इसके बावजूद पूरे परिवार के लिए, खासतौर पर अपने दादा-दादी के लिए उसके मन में गहरी श्रद्धा है। अपने परिवार की तरह वह भी अनाथ बच्चों के लिए कुछ करना चाहती है। और इसीलिए वह दशरथ और भगवती के नाम पर एक ट्रस्ट निर्मित करती है। और उपन्यास के अन्त में हम देखते हैं कि, वह अपने मित्रों के साथ उसी अनाथ-आश्रम में जाती है और एक बड़ी रकम अनाथ बच्चों के पालन-पोषण के लिए दान करती है। पीहू के चरित्र में हमें एक

आदर्श और संस्कारिक लड़की के दर्शन होते हैं। भारतीय परम्पराओं के अनुकूल वह एक आदर्श चरित्र है।

इस तरह इन बेटियों के माध्यम से उपन्यासकार ने पाठकों को एक प्रगतिशील दृष्टिकोण से परिचित कराया है। जीवन में जो मूल्यवान है, उसका चयन होना चाहिए। परम्परा सदा ही जर्जर और व्यर्थ नहीं होती। परन्तु समय के साथ परम्पराओं का मूल्यांकन होते रहना चाहिए। और मूल्यांकन के बाद यदि उपयुक्त समझा जाए तो परम्पराओं को बदलना कोई बुरी बात नहीं है। सिया, गार्गी आदि ने अपनी शिक्षा-दीक्षा के प्रभाव में जो निर्णय लिया, वह निश्चित रूप से परम्परा-द्रोही निर्णय था। पर समय को देखते हुए उनका यह निर्णय बहुत ही अच्छा निर्णय था। हमारे समाज में लड़कियों के पढ़े-लिखे होने के बावजूद भी दहेज जैसी समस्याओं के कारण लड़कियों के विवाह में अत्यधिक परेशानी का सामना परिवारजनों को करना पड़ता है। क्या ही अच्छा हो, यदि लड़का और लड़की जिन्हें जीवन भर एक दूसरे का साथ निभाना है, वह अपनी प्रवृत्तियों के अनुसार ही अपने जीवन-साथी का चयन कर लें। उपन्यासकार के दृष्टिकोण के अनुरूप सिया, गार्गी ने इसी प्रगतिशीलता का परिचय देते हुए अपने-अपने सहपाठियों से विवाह किया और उनका यह फैसला सही साबित हुआ।

उपन्यासकार भगवानदास मोरवाल ने सिया, गार्गी और पीहू के चरित्र के माध्यम से इस बदलते परिवेश में भी संस्कारों और शिक्षा के महत्त्व की ओर पाठकों का ध्यान आकर्षित किया है। जीवन में भाव और भावना का अत्यन्त महत्त्व है। मनुष्य, सुख और दुख, भाव और भावना से ही महसूस करते हैं। तीनों ही बेटियाँ न केवल शिक्षा-दीक्षा में अत्यन्त प्रतिभाशाली थीं, बल्कि बेहद संस्कारी भी थीं। संयुक्त परिवार ने उन्हें एक दूसरे के सुख-दुख में साथ खड़े रहना सिखाया था। शिक्षा ने उन्हें समाज में एक सम्मानजनक स्थिति बनाने में मदद की। हम पाते हैं कि, वे अपने जीवन में जो उन्नति करती हैं, उसके पीछे उनके परिवार की पृष्ठभूमि का अत्यन्त महत्त्व है। इस तरह से उपन्यासकार भगवानदास मोरवाल जी ने लड़कियों की शिक्षा-दीक्षा, महिला-सशक्तीकरण के अतिरिक्त संयुक्त परिवार की जो संस्था है, उसके महत्त्व को भी स्थापित करने का प्रयास किया है।

(ख) गौण-पात्र— उपन्यासकार भगवानदास मोरवाल ने इस उपन्यास की रचना में कार्य-व्यापार दर्शित करने के लिए जहाँ एक तरफ कुछ पात्रों को बड़ी भूमिका सौंपी है, वहीं दूसरी तरफ कुछ पात्र ऐसे भी हैं, जिनकी भूमिकाएँ कम अवश्य हैं पर उपन्यास को दिशा देने में, उसकी घटनाओं को प्रभावोत्पादकता देने में जिनकी बड़ी भूमिका है। ऐसे पात्रों में बलवन्त-रेवती, रूपेश-जयन्ती, नागदत्त-कौशल्या, अभय-कुसुम, बुलबुल, रोहन, विभोर, अमित, विजय आदि हैं। इन पात्रों के माध्यम से मोरवाल जी ने उपन्यास में कई तरह की प्रवृत्तियों को उजागर किया है।

बलवन्त-रेवती एवं रूपेश-जयन्ती—पति-पत्नी हैं, तथा भगवती और दशरथ के बहू-बेटे हैं। इन चारों की ही भूमिका अत्यन्त आदर्शवादी है। यह सभी संयुक्त-परिवार के अंग हैं। संयुक्त-परिवार भारत की एक पुरातन व्यवस्था है, जिसमें परिवार के सभी सदस्य एक दूसरे के दुखों में, सुखों में सम्मिलित रहते हुए जीवन व्यतीत करते हैं। परिवार में बराबर सहभागिता जीवन को आसान बना देती है। किसी व्यक्ति विशेष पर आनेवाली आपदा या संकट, सबका संकट बन जाता है। जिससे जीवन की कठिनाइयों से लड़ने में बड़ी मदद मिलती है। भगवती और दशरथ के परिवार में बहू, बेटों और बच्चों सहित सभी लोग संयुक्त परिवार की अटूट परम्परा का बेहद निष्ठा से पालन करते हैं। बलवन्त और रूपेश दोनों ही अपने माता-पिता का बहुत सम्मान करते हैं और उनकी किसी बात या सलाह को हमेशा सिर झुका कर स्वीकार करते हैं। यही भाव रेवती और जयन्ती भी प्रदर्शित करते हैं। बड़ों के यह संस्कार बच्चों में विरासत से आ ही जाते हैं। यही कारण है कि, सिया, गार्गी, बुलबुल और पीहू चारों ही लड़कियाँ अपने परिवार के सभी बड़ों का उचित आदर और सम्मान करती हैं। जिसका अच्छा परिणाम भी उन्हें अपने जीवन में मिलता है। वह जो सफलता अपने जीवन में प्राप्त करती हैं, उसमें कहीं-ना-कहीं परिवार की बड़ी भूमिका हमें देखने को मिलती है।

वहीं दूसरी तरफ उग्रसेन और दुर्गा का परिवार है। जिसमें नागदत्त और अभय—उनके दो बेटे हैं, तथा कौशल्या और कुसुम दो बहुएँ हैं। इस परिवार में नागदत्त और अभय के कुल मिलाकर चार बेटे हैं। परन्तु इस परिवार में संयुक्त परिवार होने के बावजूद एक दूसरे के लिए त्याग और सम्मान की भावना उतनी नहीं है, जितनी कि दशरथ और भगवती के परिवार में है। इसके अतिरिक्त नागदत्त और अभय दोनों ही स्वार्थी और लालची हैं। वह संयुक्त परिवार के हितों को छोड़कर अपने-अपने व्यक्तिगत हित की चिन्ता ज्यादा करते हैं और जैसे ही अवसर मिलता है, वे अपने माता-पिता का घर छोड़कर अपने-अपने नए घरों में चले जाते हैं। वृद्ध होने के बावजूद उग्रसेन और दुर्गा अकेले ही अपने पुराने घर में रह जाते हैं। इस तरह नागदत्त और अभय अपने माता-पिता के प्रति अपनी जिम्मेदारियों का निर्वहन ठीक ढंग से नहीं करते। आगे आनेवाली पीढ़ी को यही संस्कार हस्तान्तरित होते हैं। नागदत्त और अभय के चारों बेटे गुणों की दृष्टि से अत्यन्त हीन हैं। उनका पढ़ने-लिखने में कोई रुझान नहीं है, और ना ही वह परिवार की इज्जत और मर्यादा का ख्याल करते हैं। दुर्गुणों की उनमें भरमार है। लड़कियाँ छेड़ना, सिगरेट पीना, मारपीट करना आदि उनकी दिनचर्या में शामिल हैं। पोतों के जन्म पर खुश होनेवाले उग्रसेन और दुर्गा अपने चारों पोतों का यह हाल और दुर्दशा देखकर बेहद दुखी रहते हैं। भगवती एवं दशरथ के परिवार को देखकर उन्हें भी भीतर-ही-भीतर यह मलाल होता है कि, काश उनके घर में भी बेटियाँ होतीं। नागदत्त और अभय की देखा-देखी उनकी

पत्नियाँ भी संयुक्त परिवार की परम्पराओं का निर्वहन ठीक ढंग से नहीं करतीं। वह भी लालची और स्वार्थी हैं। उग्रसेन और दुर्गा जब सम्पत्ति का बँटवारा करते हैं, तब कौशल्या और कुसुम का स्वार्थ और लालच उभरकर सामने आ जाता है। वे दोनों दुर्गा से पुराने घर का बँटवारा करने के लिए भी कहती हैं। जिस पर दुर्गा कहती है, "बात कमी की नहीं है, बात भरोसे की है। और फिर इसकी क्या गारंटी है कि इस मकान को इनके नाम करने के बाद ये हमें इसमें रहने देंगे। कहीं ऐसा न हो कि ऐसा करने से हमारा यह आख़िरी आसरा भी जाता रहे। जो होता है अच्छे के लिए होता है। कम-से-कम बहू-बेटों की नीयत का पता चल गया। रही बात दुनिया की, मुझे नहीं है उसकी चिन्ता। वैसे भी घर-घर की यही कहानी है।" इस तरह हम देखते हैं कि, कैसे लालच और स्वार्थ एक परिवार को दुखी और आत्मकेन्द्रित बना देते हैं। उपन्यासकार भगवानदास मोरवाल ने इन पात्रों के माध्यम से समाज की नकारात्मकता को भली-भाँति चित्रित किया है। और उपन्यास में घटित घटनाओं से हमें इसके दुष्परिणामों के प्रति प्रेरणा भी मिलती है।

वास्तव में भगवानदास मोरवाल जी ने अपने उपन्यास शकुंतिका में जिस तरह से चरित्रों को नियोजित किया है, भूमिका के अनुरूप उन्हें जिस तरह से स्थान दिया है, वह बेहद सार्थक और तर्कसंगत है। उपन्यास की घटनाओं और कार्य-व्यापारों को इन पात्रों के माध्यम से उन्होंने बेहद सशक्त ढंग से हमारे सामने रखा है। जितने भी पात्र हैं, वे सभी अपनी-अपनी प्रकृति के अनुकूल अपनी भूमिका को जीते दिखाई देते हैं। कहीं कोई विसंगति या विरोधाभास हमें देखने को नहीं मिलता है। वस्तुतः चरित्र सृष्टि की दृष्टि से यह उपन्यास अत्यन्त श्रेष्ठ उपन्यास है।

सन्दर्भ

1. 'शकुंतिका'—भगवानदास मोरवाल, राजकमल प्रकाशन, नई दिल्ली।

समाज के बदलते सन्दर्भ और शकुंतिका

डॉ. कुबेर कुमावत
अध्यक्ष, हिन्दी विभाग, प्रताप महाविद्यालय, अमलनेर, महाराष्ट्र

भारत के तमाम जाति-वर्ग, धर्म के लोगों में यह दृढ़ विश्वास के साथ कहा जाता है कि बेटियाँ अपने माता-पिता से सर्वाधिक प्रेम करती हैं। बल्कि पिता से तो कुछ अधिक ही करती हैं। कहा तो यह भी जाता है कि जिस घर में बेटी है उस घर के वृद्ध माता-पिता को कभी वृद्धाश्रम की सीढ़ियाँ नहीं चढ़नी पड़ेंगी। यह बेटियाँ भारतीय संस्कृति की अमूल्य धरोहर है। भारतीय संस्कृति का निर्माण त्याग के आदर्श पर हुआ है। परन्तु यह भी एक कटु सत्य है कि इसी भारतीय संस्कृति में बेटों को कुल का दीपक माना जाता है। यद्यपि बेटियाँ कुलदीपक तो नहीं होतीं परन्तु कुलदीपक से कम भी नहीं होतीं इसी कथ्य को लेकर शकुंतिका उपन्यास का ताना-बाना भगवानदास मोरवाल ने बुना है। यह भी सत्य है कि चाहे अपनी हो या पराई, बेटियाँ कुल की लक्ष्मी मानी जाती हैं। यद्यपि भारतीय संस्कृति में बेटा-बेटी, स्त्री-पुरुष की बराबरी और असमान व्यवहार को लेकर कई तरह के अन्तर्विरोध मौजूद हैं। परन्तु आज भी भारतीय परिवार-व्यवस्था में स्त्री-पुरुष को रथ के दो पहिये माना जाता है। इस परिवार व्यवस्था गें बेटा-बेटी के जन्म को लेकर जो विवादित पारम्परिक मान्यताएँ, विश्वास, सोच और मन:सरणियाँ (माईंडसेट्स) हैं उन्हें भला किस प्रकार ध्वस्त किया जा सकता है? क्या उपन्यासकार इन प्रश्नों का हल खोजने में सफल होते हैं?

'शकुंतिका' आकार में अत्यन्त छोटा उपन्यास है जिसे उपन्यासिका भी कहा जा सकता है। घर में पुत्र-पुत्री के जन्म और महत्त्व को लेकर इसका कथ्य स्पष्ट है। इसी प्रसंग में जो पितृसत्तात्मक धारणाएँ समाज की गहराई तक अपनी जड़ें जमा चुकी है उस पर भी उपन्यासकार ने यथास्थान कटाक्ष किये हैं। शकुंतिका की कथावस्तु इसके दो मुख्य स्त्री चरित्र भगवती और दुर्गा के आसपास ही बुनी गई है। यह दो महिलाएँ भारत की उन करोड़ों महिलाओं का प्रतिनिधित्व करती हैं जो यह मानती हैं कि बेटा ही कुल का दीपक होता है और बिना पुत्र के वंश नष्ट हो जाता है। यह अत्यन्त भीषण वास्तविकता है। शिक्षित-अशिक्षित, शहरी-ग्रामीण सभी तरह

के लोग और परिवार इस भीषण चिन्ता और भय से पीड़ित हैं और आज भी इस क्रूर मान्यता के कारण न जाने कितनी ही कन्याओं के भ्रूण गर्भ में मार दिए जाते हैं। पुत्र के अभाव से सामाजिक एवं पारिवारिक असुरक्षा का जो भय परिवारों में व्याप्त होता है वह अत्यन्त भीषण है। उपन्यास का प्रारम्भ इसी चिन्ता से होता है। जब दुर्गा अपने घर चौथे पोते के जन्म की ख़ुशी एवं उल्लास में लड्डू देने आती है तो भगवती को आश्वस्त करते हुए कहती है, "मुझे पक्का यकीन है कि इस बार तुम्हारे घर लड़के की ही किलकारियाँ गूँजेंगी"। तब भगवती उसे कहती है, "अगर इस बार भी नहीं हुआ न, हम तो जीते-जी मर जाएँगे। पहले से दो-दो लड़कियों को देखकर मेरे तो हाथ-पाँव फूले जाते हैं।" यह भगवती की ही नहीं, ऐसी कई महिलाओं की स्थिति और सोच है। यह रोंगटे खड़े करनेवाली सामाजिक मानसिकता है। भगवती और दुर्गा एकदूसरे की पड़ोसन हैं। दोनों के दो-दो पुत्र है और अब इन महिलाओं की यह अपेक्षा है कि उनके घर पोतों का ही जन्म हो। दुर्गा इस सन्दर्भ में अत्यन्त भाग्यशाली है कि उसके बड़े पुत्र नागदत्त और छोटे पुत्र अभय को दो-दो पुत्र हैं। परन्तु भगवती इतनी भाग्यशाली नहीं है। भगवती के बड़े पुत्र बलवन्त को पहले से ही सिया और गार्गी दो बेटियाँ हैं और बलवन्त की पत्नी फिर से गर्भवती है। दूसरे पुत्र रूपेश को अभी तक कोई सन्तान नहीं है। स्वाभाविक है कि भगवती चाहती है उसके परिवार में पुत्र का ही जन्म हो। ऐसी अपेक्षा करने में कुछ भी आपत्तिजनक नहीं है। परन्तु समस्या तब पैदा होती है जब बलवन्त की तीसरी सन्तान भी बेटी ही पैदा होती है। भगवती अत्यन्त निराश हो जाती है। उसे यह भय खाने लगता है कि आगे उसके बेटे और वंश का क्या होगा? उसके घर में मातम छा जाता है। इस समस्या का समाधान किसी के भी पास नहीं है कि उसके वंश की रक्षा कैसे की जाए? आदर्श एवं महान विचारों के द्वारा ब्रेन वाश में इसका हल है क्या? यह चुनौती भी है और विडम्बना भी। यह समस्या थी, है और रहेगी। परन्तु एक बड़ी हद तक उपन्यासकार ने इस नाजुक एवं गम्भीर मामले को अपने स्तर पर बड़ी ही सूझ-बूझ, समझदारी, विवेक और उदार आधुनिक दृष्टिकोण से सुलझाने का प्रयास किया है जो अत्यन्त सराहनीय है। दुर्गा और भगवती इस उपन्यास के केन्द्रीय पात्र हैं।

चिन्तनीय यह है कि यह दोनों ज्येष्ठ महिलाएँ इस तथाकथित पारम्परिक सोच की वाहक हैं और पितृसत्तात्मक सोच की समर्थक भी। चुनौती यह भी है कि समाज की गहराई तक जड़ जमा चुकी इस धारणा या मानसिकता को गलत या मिथ्या कैसे ठहराया जा सके? इसी समस्या के समाधान में उपन्यास में कुछ घटनाएँ अत्यन्त तेजी के साथ घटित होती चलती हैं। प्रारम्भ में ही पितृसत्तात्मक धारणाओं पर लेखक ने प्रहार किया है। भगवती की पोती को जब यह बताया जाता है कि दुर्गा के छोटे लड़के अभय को बेटा हुआ है तब गार्गी जो उत्तर देती है वह चौंकानेवाला है, "अम्मा, अभय अंकल के नहीं। आंटी के हुआ होगा"। वह अपने दादा दशरथ

से भी पूछती है, "दादाजी, यह बताओ कहीं अंकल के भी लड़का होता है? वह तो आंटी को हुआ होगा?" तब दशरथ उसके इस समझ की प्रतिक्रिया में जो उत्तर देते है वह विचारणीय है,—"बेटा, हुआ तो तेरे आंटी के ही है पर ऐसा कहते हैं।" उपन्यासकार की दृष्टि एकदम साफ़ है कि उन्हें कहना क्या है? भगवती और दुर्गा को उनके मानसिक उहापोह, द्वंद्व एवं चरित्र की जटिलताओं को, आशा-अपेक्षाओं में उत्पन्न परिवर्तनों को अत्यन्त मार्मिक शैली में उन्होंने प्रस्तुत किया है। निराशा एवं दु:ख के भावों में डूबी भगवती धीरे-धीरे तीनों पोतियों को मन से स्वीकार कर लेती है। इधर दुर्गा अपने उपद्रवी और आवारा पोतों से दुखी रहने लगती है। भगवती की तीनों बेटियाँ पढ़ाई-लिखाई में तेज निकलती हैं जबकि दुर्गा के पोते साधारण निकलते हैं। दुर्गा यह चाहती है कि उसके पोते सिया और गार्गी की तरह यश प्राप्त करें और डॉक्टर या इंजीनियर बनें। प्राय: हम देखते हैं कि मध्यवर्गीय परिवारों में अपनी सन्तानों को लेकर इस तरह की प्रतियोगिता बनी रहती है। माता-पिता इसलिए निराश और दुखी हो जाते हैं कि उनकी सन्तानें परीक्षाओं में अव्वल नहीं आए। यद्यपि सामान्य दिखनेवाली यह प्रवृत्ति अत्यन्त हानिकारक है। दुर्गा की अपने पोतों के विषय में बनी यह धारणा देखें,—"हे राम! ये सारे कौरव इसी घर में पैदा हो गए? एक भी तो काम का नहीं निकला।" उपन्यास में यद्यपि किसी समस्या के रूप में इस व्यथा को चित्रित नहीं किया गया है पर दुर्गा के दुखी होने का कारण यह भी है कि गार्गी और सिया की बराबरी उसके पोते नहीं कर सकते। इधर भगवती पोतियों की सफलता को देखकर उस दु:ख को भूल चुकी है जो कभी दुर्गा का सुख था। मूलत: कथ्य का केन्द्र है यह विशाल भारतीय परिवार का पारम्परिक ढाँचा, मध्यवर्ग की अवास्तविक महत्त्वाकांक्षाएँ, बेटों-बेटियों के प्रति परस्पर भिन्न सोच और अवांछनीय आशा-अपेक्षाएँ। खैर, उपन्यासकार ने इस दिशा की ओर इंगित किया है कि गार्गी और सिया जैसी बेटियाँ उपद्रवी, नालायक और निकम्मे रोहन और अमित से कहीं ज्यादा उपयुक्त हैं। ऐसी बेटियाँ जिस घर में पैदा हों वह घर स्वर्ग के समान है और वे बेटियाँ स्वर्ग की देवियाँ हैं। फिर ऐसी बेटियों के होने पर परिवार को गर्व होना चाहिए।

बेटा-बेटी में अन्तर करनेवाली मानसिकता पर उपन्यासकार द्वारा आखिरी चोट तब की जाती है जब भगवती के दूसरे नि:सन्तान बेटे रूपेश के लिए कोई बच्चा गोद लेने के समय यह निर्णय सर्वसम्मति से लिया जाता है कि गोद भी लड़की ही ली जाएगी, लड़का नहीं। यह काफी साहस भरा और क्रान्तिकारी निर्णय कहा जा सकता है। यह उपन्यास की दुर्गा-भगवती कथा का चरमोत्कर्ष है। यह उपन्यास में कुछ लम्बा चलनेवाला प्रसंग है। अनेक तरह की आशंकाएँ, असमंजस, अन्तर्द्वंद्व, भय और उहापोह के बाद लड़की गोद लेने का यह ठोस और कड़ा निर्णय लिया जाता है। भगवती बताती है कि इस निर्णय के पीछे दुर्गा है। दुर्गा ने उसे इसके लिए

प्रेरित किया और कहा,—"सुन भगवती, बूरा मत मानियो, इस वंश बढ़ाने की भूख ने हमारे बेटियों की दुर्गत कर दी है। थोड़ी देर के लिए मान लो कि तुमने लड़के को गोद लिया तो इसकी क्या गैरंटी है कि वह तेरी इन पोतियों को बहन का दर्जा देगा ही। कहीं ऐसा न हो कि वह सारी जायदाद पर कब्जा कर बैठे और तेरी यह पोतियाँ यहाँ के रुखों के लिए भी तरस जाए।" यह दुर्गा और भगवती के चरित्र विकास का महत्त्वपूर्ण प्रसंग है। इन दोनों परिवारों में इन दोनों महिलाओं की स्थिति कर्णधारों की तरह है। उपन्यास के दसवें प्रकरण में अस्पताल, डॉक्टर, अनाथाश्रम और गोद लेने की प्रक्रिया, उसके लिए की जानेवाली भागदौड़, डॉक्टर द्वारा भगवती की प्रशंसा करना, रूपेश और जयन्ती का अपने आपको मानसिक रूप से तैयार करना, नए मेहमान के स्वागत में सिया, गार्गी, बुलबुल में उत्साह और उमंग का संचार आदि प्रसंग कथावस्तु के स्वाभाविक विकास में अत्यन्त सहायक बन पड़े हैं। नर्सरी में नन्ही बच्ची के झूले के पास रूपेश और जयन्ती के पहुँचाने का प्रसंग अत्यंत भावुक करनेवाला है,—"प्रतिनिधि ने पालने में कपड़े में लिपटी, एकदम शांत और सौम्य, गहरी नींद में सोयी बच्ची को उठाया और उसे जयन्ती की गोद में डाल दिया। दोनों हाथों से बने पालने और जिस्म की गर्मी पाकर अबोध मासूम जयन्ती के सीने से चिपक गई। बच्ची के सीने से चिपकते ही जयन्ती फफककर रो पड़ी। उसके हाथ काँपने लगे। रूपेश ने पहले जयन्ती के हाथों के पालने की तरफ देखा। उसके बाद उसकी जैसे ही पत्नी से नजरें मिलीं, उसकी भी आँखों से आँसुओं की धारा बह निकली। जयन्ती ने बच्ची को अब रूपेश की गोद में डाल दिया। बच्ची के स्पर्श से रूपेश के पूरे बदन में जैसे ठंडी लहर दौड़ गई। मुश्किल से दोनों होठों को दाँतों तले भींचकर वह अपने आपको रोक पाया।" एडॉप्शन प्लेसमेंट एजेंसी के स्वागत कक्ष में सभी उनकी प्रतीक्षा कर रहे थे। जयन्ती ने जैसे ही अपनी गोद में सोयी बच्ची को भगवती की ओर बढ़ाया तो भगवती के हाथ बीच में ही ठहर गए। भगवती के इस अप्रत्याशित व्यवहार से सभी सहम गए। तब भगवती ने मुस्कराते हुए जयन्ती से कहा,—"बहू, इसे गोद में लेने का पहला हक़ दुर्गा को है, असली दादी इसकी मैं नहीं, यह दुर्गा है जिसने इस बच्ची को दूसरा और असली जनम दिलाया है।" इस प्रसंग का चित्रण उपन्यासकार की दृष्टि को नई ऊँचाई प्रदान करता है। बच्ची जैसे ही दुर्गा के गोद में आती है, दुर्गा की हिचकियाँ बँध जाती है। जीवन के अन्तिम पड़ाव पर पहुँची दुर्गा का बेटियों के प्रति उमड़ा यह प्रेम उसके जीवन में बेटियों के अभाव को क्षण में नष्ट कर देता है।

एक नारी की नारी के प्रति आत्मीयता, प्रेम, लगाव और आस्था का यह प्रसंग उपन्यास का सर्वश्रेष्ठ हृदयद्रावक प्रसंग है। बच्ची को न जाने कितनी बार दुर्गा चूमती है। वह अपनी जेब से काजल की एक डिबिया निकालती है और उस नन्ही की अनामिका के पोर में काजल और माथे पर बड़ा-सा टीका लगाकर कहती है,

"मेरी पोती को नजर न लगे।" यह प्रसंग दुर्गा और भगवती के जीवन को सार्थकता प्रदान करता है। दुर्गा और भगवती के माध्यम से उपन्यासकार अपना लक्ष्य प्राप्त करने में सफल हो जाते हैं। इस स्थान पर पहुँचकर दुर्गा के परिवार की कथा मुख्य कथानक से अलग हो जाती है और अब यह वंशवृद्धि की या लड़का-लड़की में भेदभाव की कथा न होकर स्त्रियों की आत्म-निर्भरता, आत्मस्वतंत्रता की कथा के रूप में विकसित होती है। दुर्गा और उग्रसेन अब भगवती के परिवार के अत्यन्त विश्वासपात्र एवं परामर्शक बन जाते हैं। भगवती जब भी दुविधा एवं संकट में पड़ती है तब दुर्गा की सलाह लेने जाती है और दुर्गा भी उसकी दुविधा को क्षण में नष्ट कर देती है। यह कथा दो महिलाओं के परस्पर दृढ़ विश्वास, अन्तरंग मित्रता, प्रगतिशील सोच और जर्जर सामाजिक मान्यताओं में उलझाने की और मुक्त होने की कथा है।

असल में क्या है कि भारतीय परिवार व्यवस्था कई महीन, नाजुक, मुलायम, रेशमी, रंग-बेरंगी धागों से बुनी हुई है। इसमें जहाँ कई तरह के अन्तर्विरोध हैं तो कई आदर्श भी हैं। जहाँ उसमें कुछ कमियाँ हैं तो कई श्रेष्ठताएँ भी हैं। इस व्यवस्था में जहाँ पिता बेटियों के चरणस्पर्श करता है वहीं यह बेटियाँ पराया धन भी मानी जाती हैं। सिया बड़ी हो चुकी है और अब उसके विवाह की चिन्ता भगवती और दशरथ को सताने लगी है। अब उपन्यास एक नई दिशा में अग्रसर होता है। वास्तव में उपन्यासकार कुछ और बड़ा कहना चाहते हैं जो आवश्यक है। दशरथ का परिवार जिसे हम प्राय: भगवती का परिवार कहते रहे हैं, में स्त्रियों का विशेष सम्मान होता है। भगवती, रेवती, जयन्ती, सिया, गार्गी, बुलबुल और पिहू यह इस परिवार का स्त्री-पक्ष है और दशरथ, रूपेश और बलवन्त यह पुरुष पक्ष। अब इस घर में स्त्रियों का बहुमत है परन्तु तीनों पुरुष इन सभी स्त्रियों के आधारस्तम्भ हैं। पुरुषों द्वारा जो सम्मान इस घर में स्त्रियों को मिलता है उससे कहीं अधिक इन स्त्रियों से पुरुषों को प्राप्त होता है। यह परिवार प्रगतिशील और उदार भारत की तस्वीर है। यह तस्वीर खींचने में उपन्यासकार को कहीं पर भी नमक-मिर्च लगाने की आवश्यकता नहीं पड़ी है। वस्तुत: 'शकुंतिका' का कथ्य स्त्रियों के जन्माधिकार और जीवन स्वतंत्रता का कथ्य है। स्त्रियोचित मान-सम्मान और अधिकारों की प्राप्ति की यह कथा है। यह पुरुषों के अधिकारों की बराबरी या उन्हें छीनने की कथा नहीं है और न ही पुरुषों की नकारात्मक छवि को पेश करना लेखक का उद्देश्य है। स्त्री-पुरुष स्वतंत्रता की परिभाषा को कुछ विशेष मुद्दों पर तो लचीला बनाना ही होगा। अब हम उन नियमों पर चल नहीं सकते जो हजारों वर्ष पूर्व बनाए गए हैं। हमें युगानुकूल रास्तों को खोजना ही होगा। स्त्रियाँ जन्म से लेकर जिस भेदभाव एवं शोषण का शिकार बनती रही हैं उससे मुक्त होने का एकमात्र उपाय है स्त्रियों का शिक्षित, उच्चशिक्षित एवं आत्मनिर्भर होना। अपने जीवन के स्वतंत्र फैसले लेने में सक्षम होना। ऐसा लेखक मानते हैं।

लेखक ने इस प्रसंग में अन्तरजातीय विवाह की उपयोगिता एवं सार्थकता पर भी विचार किया है। सिया के लॉ करने पर यह चिन्ता स्वाभाविक ही है कि उसे अपनी बिरादरी में अपने स्तर का लड़का कैसे मिलेगा? यदि वह जज की परीक्षा पास हो जाती है तो यह समस्या अधिक गम्भीर बन जाएगी। भगवती और दशरथ तो यहाँ तक सोचते हैं कि सिया यह परीक्षा पास ही ना हो और आगे गार्गी भी तो है जो एम.बी.बी.एस. कर रही है। यह एक भयंकर चिन्ता है और उपन्यासकार इसका हल अन्तरजातीय विवाह में तलाश चुके हैं। परन्तु इस तरह समस्या का तात्कालिक समाधान प्रस्तुत करने में यह समस्या समाप्त नहीं होती, बल्कि कई अधिक प्रश्नों को उपस्थित करती है। फिर भले ही मात्र भगवती के परिवार की मूल समस्या सुलझ चुकी हो। हमारे देश में स्वतंत्रता के पूर्व से ही इसी तरह के कुछ रास्ते भेदभाव एवं शोषण की समस्याओं को ख़त्म करने के बारे में सोचे और अपनाए गए। पर इन सत्तर वर्षों में यह स्थितियाँ जस की तस हैं। वास्तव में यह सतही उपाय है। आर्थिक स्तर सामाजिक स्तर को उठाने में सफल नहीं हुआ है। लड़की के उच्चशिक्षित होने पर लड़की और उसके परिवारवालों में कुछ विशिष्ट बन जाने का बोध और अहम आजकल आम बात हो गई है। इसी श्रेष्ठताबोध के कारण कई बेटियाँ अनब्याही रह जाती हैं। भगवती का परिवार अब सब कुछ अपने जीवन-आदर्शों एवं अनुकूलताओं के अनुरूप चाहने लगा है। उसकी यह मानसिकता किन परिस्थितियों के कारण बनी उन्हें अनदेखा नहीं किया जा सकता। उपन्यासकार ने उच्चशिक्षित बेटियों के विवाह की समस्या को लेकर उस पर अन्तरजातीय विवाह का रास्ता खोज लिया है। वस्तुत: अन्तरजातीय विवाह के फैसले जिन परिवारों में प्रसन्नता से लिये जाते हैं, वे प्राय: व्यावहारिक हितों को ध्यान में रखकर लिये जाते हैं। शिक्षा, नौकरी, पैसा, रहन-सहन की बराबरी को इसमें अधिक महत्त्व दिया जाता है। अब यदि भगवती की पोतियाँ गली या मोहल्ले के किसी आवारा लड़के या यूँ कहें दुर्गा के पोते से ही प्रेम कर बैठतीं तो इन दोनों परिवारों में क्या निर्णय होता? तब क्या दुर्गा भगवती को वही सलाह दे पाती जो उसने दी और भगवती ने मानी। ध्यान देने की बात है कि सिया और गार्गी ने अपने प्रेम के आलम्बन रूप में उसी व्यक्ति को चुना जो व्यावहारिक स्तर पर उनके लिए फिट है। उपन्यासकार द्वारा चित्रित यह प्रसंग वर्तमान सन्दर्भ में विशेष चिन्तनीय है। भगवती की पोतियों ने अपनी शिक्षा के अनुरूप ही लड़के से प्रेम करना उचित समझा। अब उनका इस विवाह के समर्थनार्थ दूसरा तर्क यह है कि अपनी बिरादरी में सिया के योग्य लड़का मिलना असम्भव है। यह एक मनोवैज्ञानिक तर्क है जो अपनी सुविधा के अनुसार खोजा गया है या जाता है। अब सिया का होनेवाला बंगाली पति यदि सिया से विवाह नहीं करता तो वह अपनी ही बिरादरी की किसी और सिया के लिए उत्तम रिश्ता बन सकता था। वस्तुत: अन्तरजातीय विवाह का लक्ष्य और अनिवार्यता दोनों

ही भ्रामक है। यह एक अत्यन्त छोटी प्रतीत होनेवाली समस्या है जो अनायास ही उपन्यास में प्रकट हो गई है।

इसके बाद उपन्यास में अनेक प्रसंग विषयवस्तु के अनुरूप आकार लेते हैं। कई स्थलों पर कुछ ठहराव भी है। कुआँ पूजन का प्रसंग, समाज का भय, फिर एक प्रचलित परम्परा को तोड़ने का साहस, समाचार-पत्रों में छपी सुर्खियाँ, सिया का विवाह, गार्गी का विवाह, समाचार-पत्रों में पिहू के गोद लेने की बात छपना, उससे उत्पन्न चिन्ता आदि। सारे शहर में भगवती का परिवार चर्चा का केन्द्र बन जाता है। बुलबुल का भी विवाह हो जाता है। पर उपन्यासकार यह संकेत करते हैं कि बिरादरी में विवाह होने के कारण बुलबुल अप्रसन्न है, दुखी है। अपने ससुराल में उसे प्रताड़ित किया जाता है। यह प्रताड़ना क्यों और किसलिए होती है इस पर विशेष भार नहीं दिया गया है और केवल इतना बताया गया है कि वे लालची हैं। अब सजातीय और अन्तरजातीय विवाह के लाभ-हानियों पर चित्रित यह प्रसंग गम्भीर चिन्तन की माँग करता है। यह सम्भवत: उपन्यासकार के निजी दृष्टिकोण या सामाजिक निरीक्षण का मामला हो सकता है, जो अपवादात्मक है। वस्तुत: पारिवारिक स्तर पर पति-पत्नी के सुखी होने के मुख्य आधारों में परस्पर प्रेम, विश्वास, आदर, सामंजस्य, नि:स्वार्थ स्नेह और त्याग की भूमिका अधिक होती है। अत: यह साबित करना कि सजातीय विवाह प्रेम की गारंटी नहीं है, सहज ग्राह्य नहीं है। यह कथा की आवश्यकता हो सकती है। परन्तु पूर्ण समाज का सत्य नहीं है। कभी-कभी कमाऊ लड़की मिलने पर लड़के वाले दहेज लेने से मना कर देते हैं। यह उनका दूरदृष्टिप्रधान निर्णय होता है जिसे आदर्श का चोला पहना दिया जाता है। ब्याहने के बाद क्या वे चाहेंगे कि उनकी बहू अपना पूरा या आधा वेतन उसके माता-पिता को नियमित दे? वास्तव में त्याग ही मुख्य आदर्श माना जाना चाहिए। कई ऐसे प्रश्न उपस्थित होते हैं जो हमारे इस आदर्श समाज व्यवस्था के दोगलेपन और अवसरवादिता को तार-तार कर देते हैं।

यद्यपि डाल-डाल पर फुदकनेवाली और चहकनेवाली शकुंतिकाओं की यह कथा अन्त में अपने लक्ष्य तक पहुँचने में सफल होती है। दुर्गा, भगवती, दशरथ और उग्रसेन अब इस दुनिया में नहीं हैं परन्तु बलवन्त-रेवती और रूपेश-जयन्ती को जहाँ अपनी माँ पर गर्व है वहीं अपनी बेटियों पर भी। उन्हें दूर-दूर तक अपना बेटा न होने का न पश्चाताप है और न असन्तोष। पुत्र संतति न होना यह उनके जीवन की विफलता नहीं है। यही इस उपन्यास का वास्तविक कथ्य एवं साध्य है। चारों गौरैयाओं ने अपने-अपने घोंसले बना लिये हैं। लड़कियाँ पराया धन होती हैं यह क्रूर सत्य पुनश्च सिद्ध हो जाता है। परन्तु यदि जमायियों को अपना पुत्र ही मान लिया जाए तो बेटियाँ कभी भी अपने घर से अलग नहीं होतीं। बेटियाँ वह सेतु हैं जो दो घरों को जोड़ती हैं। बेटियों को पैदा होने से रोकना या बेटे के मोह में उनकी गर्भ में ही हत्या करना घोर अपराध है। अख्तरी नामक एक छोटे-से पात्र की उपस्थिति

उपन्यास के कथ्य में कुछ नए तथ्य जोड़ती है। बुलबुल को ससुराल में दुःख मिलने पर उसकी प्रतिक्रिया बहुत ही मार्मिक है, "एक बात कहूँ, बेटियाँ किसी को बुरी नहीं लगती हैं। दूसरे घर जाकर जब दुःख पाती हैं, तभी बेटियों के पैदा न होने की हम लोग मिन्नत माँगते हैं।" इस तरह की चीजें हमारे समाज में महिलाओं की वास्तविक स्थिति के दस्तावेज हैं। गार्गी, सिया, बुलबुल और पिहू आत्मनिर्भर हैं, होशियार हैं, समझदार हैं और ऐसी ही बेटियाँ हमारे समाज का भविष्य हैं और गौरव भी। परिवारों में लड़का-लड़की का सन्तुलन भी आवश्यक है। जहाँ यह सन्तुलन नहीं है वहाँ भगवती का परिवार निश्चित ही एक आदर्श हो सकता है। पर हर जगह यह सम्भव तो नहीं है। बेटियों के प्रति समाज की विवादित दृष्टि को बदलने में यह उपन्यास निश्चित ही सहायक है। उपन्यासकार ने यद्यपि कथा में पुरुषों की भूमिका को उतना वजन प्रदान नहीं किया है जो अपेक्षित था। पुरुषों की उपस्थिति कहीं विशेष निर्णायक की भूमिका में नहीं है। केवल दशरथ और उग्रसेन अपनी राय देने के मामले में कहीं-कहीं आगे बढ़ते हैं। यह उपन्यास समाज के सामान्य से प्रतीत होनेवाले कई प्रश्नों, समस्याओं, विडम्बनाओं की ओर ध्यान आकर्षित करता है। ऐसे विषयों पर अब तक विशेष रूप से लिखा नहीं गया या उसे लिखने के योग्य एवं आवश्यक विषय के रूप में देखा नहीं गया। पिछले कुछ वर्षों में देश में कन्या भ्रूण हत्या के मामले तेजी से सामने आए थे। इनमें चिकित्सकों एवं परिवार की महिलाओं की विशेष भूमिका दिखी तो सख्त कानून बनाए गए। यद्यपि किसान आत्महत्या के मामलों को कुछ अधिक प्राथमिकता मिलने के कारण यह मामले दब गए। हिन्दी साहित्य में भी किसान आत्महत्या को लेकर ही बहुत कुछ कहा और लिखा गया। भगवानदास मोरवाल ने शकुंतिका के माध्यम से सर्वप्रथम इस विषय को अत्यन्त रोचक शैली में प्रस्तुत किया। अपने उपन्यासों में मोरवाल जी ने प्रायः नए-नए विषयों पर लेखनी केन्द्रित की है। कई बार वे कानूनी विवादों में भी फँसे और ससम्मान उनसे मुक्त भी हुए। भारतीय स्त्री और उसके जीवन की समस्त विडम्बनाओं और सम्भावनाओं को उन्होंने जिस तरह अपने कथा लेखन के केन्द्र में रखा है वह उनके कथासाहित्य का सर्वाधिक उल्लेखनीय एवं दमदार पक्ष है।

सन्दर्भ

1. 'शकुंतिका'—भगवानदास मोरवाल, राजकमल प्रकाशन, नई दिल्ली।

'शकुंतिका' उपन्यास में मानवीय रिश्तों और संवेदनाओं का अंकन

सुशील कुमार 'आजाद'
मास्को (रूस)

'शकुंतिका' उपन्यास श्री भगवानदास मोरवाल का एक सामाजिक उपन्यास है। 'शकुंतिका' का अर्थ ही 'पक्षी' या 'चंचल चिड़िया' है अर्थात् 'लड़कियाँ' चिड़ियों की तरह ही मनोहारी होती हैं जो एक न एक दिन माँ-बाप की दहलीज से उड़कर कहीं और बसेरा बना लेती हैं। ये वो चिड़ियाएँ हैं जो जहाँ भी होती हैं—मस्ती और आनन्द का कोलाहल करती हैं। इस कृति का मुख्य आकर्षण इसके कथानक का वृहद सामाजिक ताने-बाने के साथ उभरना है। जैसे-जैसे कथानक आगे बढ़ता है, शब्दों के माध्यम से समाज की कई विसंगतियाँ तत्कालीन विशेषताओं को अपने आँचल में लेकर आँखों के आगे से गुजरती नजर आती हैं। उपन्यास के प्रारम्भ में ही प्रेमचन्द की पूस की रात का जिक्र आना परिस्थितियों से दो चार होते समाज की भनक देता प्रतीत होता है। आज भी इस उपन्यास में वर्णित पात्र और सामाजिक ताना-बाना हमारे चारों तरफ बिखरा पड़ा है। आज भी देहात क्षेत्रों में लड़के के जन्म का स्वागत थाली बजाकर, गाँव में आधी रात को मुनादी कराकर की जाती है, क्योंकि आज भी अधिकांश लोग लड़कों को वंश वृद्धि और समृद्धि का पर्याय मानते हैं। कन्याओं का 'मौन जन्म' आज भी समाज की सच्चाई जरूर है वो चाहे हमारी नजर से दूर ही क्यों न हों, है जरूर। आज भी हमारा समाज उग्रसेन और दुर्गा जैसे पुत्र-रत्न सम्पत्ति पर इठलाने की हिमाकत करता नजर आता है तो वहीं दशरथ और भगवती का संयुक्त परिवार पुत्रियों के प्रति आस्थावान होकर अपनी जिम्मेदारियों का निर्वहन करता है। दुर्गा का रेवती के लिए भगवती को किसी डॉक्टर से दिखा लेने का कोढ़ आज भी दबे-छुपे चल रहा है जो बालिकाओं के प्रति हमारे दृष्टिकोण को उजागर करता है।

उपन्यास का एक और मजबूत पहलू यह भी उभरता है कि एकल परिवारों की स्वार्थ भावना जहाँ उन्हें नरक बना रही है वहीं संयुक्त परिवारों का गठीला ढाँचा दादा-दादी के अनुभवी नेतृत्व में हर समस्या का हल पा जाता है। रात को

डी जे की आवाज से परेशान होकर सिया का पुलिस को फोन करना बेटी का निर्भय और न्यायप्रिय चरित्र उद्घाटित करता है तो दूसरी तरफ बेटे और धन के नशे में चूर उग्रसेन और उसके बेटों नागदत्त और अभय को अप्रत्यक्ष रूप से समाज-मर्यादा समझने की ओर इशारा है। उग्रसेन और दुर्गा अपने पोतों के जन्म पर जितना खुशनसीब अनुभव कर रहे थे आगे चलकर वही लोग दशरथ और भगवती की पोतियों से बहुत कुछ सीख रहे थे। अत: उनको पोतियों की आवाज चिड़ियों की चहचहाहट लगने लगती है। समाज की लड़कों के प्रति अंधी चाहत बेमानी लगती है। जब स्वार्थी बेटे दूसरी कॉलोनी में अलग रहने लगते हैं तब तो सारा मोहल्ला उनके गुंडे पोतों के एनफिल्ड की धड़धड़ाती आवाज और आचरण से मुक्त अनुभव करते हुए खुश हैं। अग्रसेन की बुढ़ापे में अकेली ज़िन्दगी की पीड़ा उस समय उभर आती है जब वह कहता है कि "तू तो भगवती की पोतियों में मन बहला आती हो। मैं कहाँ जाऊँ।" सिया का बानबे प्रतिशत अंक लेने से लेकर एलएलबी के दाखिले तक दुर्गा को पक्का विश्वास हो गया कि लड़कियाँ नाम रोशन करेंगी। वह स्वयं अपने पोतों को कौरवों की फौज जैसा मानने लगी। जो दशरथ और दुर्गा भी कभी रूपेश के बच्चा न होने से परेशान थे और गोद लेने की बात चली तो दुर्गा ही सलाह देती है कि हो सके तो बेटी ही गोद लेना। दुर्गा लड़की विहिन परिवार को तो परिवार ही नहीं मानती। उग्रसेन के बेटे और दशरथ की बेटियाँ (पोतियाँ) का समाजिक अन्तर संघर्ष, सोच, वर्तमान सामाजिक स्थिति में भी प्रत्यक्ष सामने आता है।

'शकुंतिका' उपन्यास में दशरथ का परिवार सन्तुष्टि के साथ जिन परिस्थितियों का सामना कर रहा है, वह बाढ़ में किसी खम्बे की ओट में फँसी पतवार की तरह लगता है। उपन्यास के माध्यम से समाज में कन्याओं के प्रति नव धारणाओं एवं संकल्पों के आदर्श स्थापित किए हैं। कहानी में अनेक तरह के उतार-चढ़ाव पाठक को अपने साधारणीकरण के व्यूह में जकड़ लेती है कि हमारी दकियानूसी सामाजिक सोच की दुर्गंध सीधे हमारे दिमाग में चढ़ जाती है। समाज में लड़कियाँ किसी भी तरीके से कम नहीं हैं, का साहसिक अहसास कराता यह उपन्यास दुर्गा के मुख से कहलवा ही देता है—"ऐसा लगता है तुम्हारे घर में चिड़ियों का छोटा-सा झुंड निवास करता है।" जो उग्रसेन बेटों और पोतों की संख्या बल पर गौरव अनुभव करता था आख़िर कह ही उठता है "बिना बेटियों का घर सफेदे का पेड़ होता है, जिस पर तो परिन्दे भी आकर नहीं बैठते।" सिया, गार्गी, बुलबुल और पीहू समाज की वे होनहार बेटियाँ हैं जो अभावों में भी अपने संस्कार, लक्ष्य और मूल्यों के बल पर स्वावलम्बी हो रही हैं। आज लड़कियाँ जज, डॉक्टर, सीओ आदि जिम्मेदार और प्रतिष्ठित पदों पर चयनित होकर समाज को नई दिशा दे रही हैं। दादा जी की मौत देश में रह रही तीनों लड़कियों के साथ-साथ ऑस्ट्रेलिया में पढ़ाई कर रही

पीहू को भी इसलिए दुखी और आन्दोलित करती है क्योंकि दादा-दादी ने अपने निष्कपट स्नेह के संस्कारों से समान रूप से पोषित किया था।

'शकुंतिका' उपन्यास कथानक, उद्देश्य, संवाद योजना, देशकाल, शब्द संयोजन, वाक्य संरचना और भाषा शैली के आधार पर उपन्यासकार की सघन साहित्य साधना का परिमार्जित रूप है। मानवीय रिश्तों और संवेदनाओं को गहराई से स्पन्दित करता हुआ प्रत्येक पाठक को यत्र-तत्र भिगोता चला जाता है। पाठकों को यह उपन्यास प्रारम्भ से अन्तिम शब्द तक बाँधे रखने में सफल हुआ है। मैं भारतीय राजदूतावास, मास्को एवं एम्बेसी स्कूल ऑफ इंडिया के समस्त सदस्यों की ओर से लेखक को कोटि-कोटि बधाइयाँ एवं मंगलकामनाएँ प्रेषित करता हूँ।

'शकुंतिका' उपन्यास में अभिव्यक्त सामाजिक समस्याएँ

अर्चना यादव
दिल्ली

शकुंतिका समकालीन बहुचर्चित उपन्यासकार भगवान दास मोरवाल जी का लघु उपन्यास है। इस उपन्यास की जड़ें पूरी तरह से भारतीय सामाजिक पृष्ठभूमि से जुड़ी हुई हैं। यह उपन्यास भारतीय समाज में पुरातन काल से चली आ रही अनेक सामाजिक बुराइयों तथा पुरुष वर्चस्ववादी सोच को नकारते हुए स्त्री और पुरुष के बीच सामंजस्य स्थापित कर समतावादी समाज की नींव रखता है। लड़के और लड़की में भेदभाव तथा दहेज़ प्रथा जैसी समस्याएँ समाज का अभिन्न अंग बन चुकी हैं। हमारा भारतीय समाज कब तक अपनी दकियानूसी और पुरुषवादी सोच से उबर पाएगा, इसका उत्तर तो भविष्य के गर्भ में छुपा है। लेकिन अपने इस उपन्यास के माध्यम से लेखक ने एक समतावादी समाज की नींव अवश्य रख दी है। बदलते वक़्त ने आधुनिकता की पगडंडियों पर चलते हुए समाज के प्रत्येक वर्ग तक अपनी पहुँच सुनिश्चित की है। आधुनिकता ने ना केवल लोगों के रहन-सहन और खान-पान को प्रभावित किया है अपितु उनकी सोच, रीति-रिवाजों और परम्पराओं में भी परिवर्तन किया है। परम्परा के नाम पर थोपी जा रही कुरीतियों और आधुनिकता के बीच होती बहस में आधुनिकता किस प्रकार हर क्षेत्र में समानता और इनसानियत की जीत का झंडा बुलन्द करती है उसे इस उपन्यास में भली-भाँति देखा जा सकता है।

वर्तमान समय में भारतीय समाज परम्परा और आधुनिकता की संक्रमणकालीन अवस्था से गुजर रहा है। उपन्यास में इसी रूढ़िवादी और गैर बराबरी की सोच का शिकार दशरथ और भगवती होते हैं। बेटे की दो-दो बेटियाँ उनकी आँखों में किरकिरी बनी हुई हैं। दोनों दिन-रात लड़का होने की मिन्नतें करते रहते हैं। भगवती के मन में संशय के बादल उमड़ने लगते हैं कि पता नहीं इस बार लड़का होगा या लड़की। एक लड़की का जन्म लेना हमारे इस तथाकथित आधुनिक समाज में कितनी बड़ी चिन्ता का सबब है, उसे भगवती के इस कथन में देखा जा सकता है—"अगर इस बार भी नहीं हुआ न, हम तो जीते जी मर जाएँगे, पहले से दो-दो लड़कियों को

देखकर मेरे तो हाथ-पाँव फूल जाते हैं" हमारे समाज में जिसके जितने बेटे हुए उसे उतना ही नसीब वाला समझा जाता है और जिसके जितनी बेटियाँ हुईं उनको उतना ही बदनसीब। इस बात में कितनी सच्चाई है इस प्रश्न का उत्तर भी उपन्यास के अन्त में मिल जाता है। इसी सोच के शिकार जो दम्पति चार-चार पोतों के जन्म की ख़ुशी में पूरे मोहल्ले में जश्न मनाते थे, वही एक समय पश्चात बेटों से अलग रहने पर विवश होते हैं। अन्त में, वे दोनों ये समझ पाते हैं कि बेटों से ज्यादा तो बेटियाँ जिम्मेदारियों को बखूबी निभा जाती हैं। इसलिए लड़के और लड़की में भेदभाव करना महज मूर्खता की निशानी है।

समाज में लड़के और लड़की के प्रति गैर बराबरी और भेदभाव की शुरुआत तो परिवार से ही शुरू हो जाती है। उपन्यास में, दशरथ और भगवती की पोतियाँ सरकारी स्कूलों में पढ़ाई करने के बावजूद न केवल अच्छे नम्बरों से पास होती हैं बल्कि सभी आत्मनिर्भर भी बनती हैं। बहुत कम संसाधनों और अभावों के बावजूद भी लड़कियाँ कितनी बुलन्दियों को छू रही हैं उसे इस उपन्यास में देखा जा सकता है। वहीं उग्रसेन और दुर्गा के चारों पोते भारी-भरकम फीस वाले प्राइवेट स्कूलों में पढ़ाई करने के बाद भी कोई जैसे-तैसे पास होता है तो कोई फेल। अपनी पोतियों के अनेक अभावों में पलने के बाद भी सफलता की ऊँचाइयों को छूने के कारण दशरथ और भगवती की सोच भी परिवर्तित होती है। इसी का नतीजा है कि वे बाद में अपनी पोतियों को पढ़ने-लिखने और जीवन जीने की पूरी आजादी देते हैं, दूसरी तरफ उग्रसेन और दुर्गा के बेटे जैसे ही शादी रूपी बन्धन में बँधते हैं उसके बाद एक-एक कर दोनों अपने माँ-बाप को छोड़कर अपना अलग घर बसाते हैं। उनसे अलग रहने लगते हैं। बुढ़ापे की दहलीज पर पैर रखते ही बेटों से इस कदर दूर रहना पड़ेगा, उग्रसेन और भगवती को इस बात का जरा भी अन्दाजा न था। हो भी कैसे, जिन बेटों के खातिर दोनों ने रात-दिन कड़ी मेहनत करके उनके ऊपर कभी मुसीबतों का साया भी न पड़ने दिया, उन्हीं बेटों ने उनसे बुढ़ापे की आख़िरी उम्मीद भी छीन लिया। बुढ़ापे में बेटों से अलग होने का दर्द क्या होता है इसे दुर्गा के शब्दों में प्रत्यक्ष रूप से देखा जा सकता है—"एक बात कहूँ भगवती, ये बेटियाँ ही हम दादा-दादी और माँ-बाप की सार सँभाल करती हैं। ये बेटियाँ न हों न, तो पता नहीं इनका क्या हाल होबे। मतलब हम बेटों की चिन्ता में अपनी ज़िन्दगानी खपा देते हैं, अब बता मुझे ही क्या मिला। जब हमारे दिन आए तो छिटककर दूर चले गए। बना लो जमीन जायदाद। क्या फायदा हुआ इस सबका। कभी तो जी करता है कि सब कुछ छोड़-छाड़कर संन्यासी बन सदा के लिए तीरथ पर निकल जाएँ।" बेटों और पोतों के जन्म की खुशी में पूरी कालोनी में जश्न मनानेवाली दुर्गा का इस प्रकार हृदय परिवर्तन होना लाजिमी है। लड़कियाँ अब माँ-बाप पर बोझ नहीं बनती बल्कि कई बार बोझ को उठाते हुए भी दिखाई पड़ती हैं। यही कारण है कि आज हमारे समाज

में मौजूद हर दुर्गा की सोच लड़कियों के प्रति सकारात्मक बन रही है।

भारतीय समाज में, जाति की जड़ें इतनी गहराई तक मौजूद हैं कि उन्हें हिला पाना आज भी चुनौती बना हुआ है। समाज की सोच समय के साथ काफी तेजी से बदल रही है। भले ही बदलाव की रफ़्तार बहुत धीमी है परन्तु इसकी शुरुआत तो हो चुकी है। हर माता-पिता के लिए बच्चों की खुशी प्राथमिकता बन चुकी है। इसी परिवर्तित सोच के कारण ही उग्रसेन दशरथ को समझाते हुए कहता है—"देख दशरथ, थोड़ी देर के लिए मान ले दबाव में आकर इसने तुम्हारी बात मान ली और खुदा-न-खास्ता उस घर में पटरी बैठी नहीं, तो बच्ची ज़िन्दगी-भर घुट-घुटकर जिएगी, पूरी ज़िन्दगी कोसती रहेगी तुम्हें" यह उपन्यास समाज में हजारों सालों से विद्यमान सामन्ती सोच को भी दरकिनार करते हुए स्त्रियों को अपने अनुसार जीवन जीने की आजादी देता है। चाहे अपनी पढ़ाई हो, कैरियर हो या फिर शादी की बात, ये सारे निर्णय भगवती और दशरथ की पोतियाँ खुद लेते हुए दिखाई देती हैं। वे सिर्फ निर्णय ही नहीं लेतीं बल्कि अपने इन सपनों को साकार भी होते हुए देखती हैं। अनेक स्त्री विमर्श के उपन्यासों में सिर्फ स्त्रियों के दर्दनाक शोषण का ही जिक्र दिखाई देता है उनका समाधान नहीं और न ही पुरुषों द्वारा किसी प्रकार से स्त्रियों का समर्थन। उन सभी से इतर यह उपन्यास समाज के बदलते स्वरूप से हमें रूबरू कराता है। समाज में परिवर्तन की बयार बेशक धीमी चल रही हो, परन्तु चल तो रही है। यह उपन्यास इसका आभास कराता है। अब जाति, धर्म और अनेक सामाजिक कुरीतियों की जड़ें इतनी मजबूत नहीं रहीं कि उन्हें हिला पाना असम्भव हो।

उपन्यास में, लड़कियों के प्रति सोच का बदलना समाज की प्रगतिशीलता का ही सूचक है। सिया, गार्गी और बुलबुल तीन-तीन पोतियों के होने के बाद भी भगवती अपने छोटे बेटे को लड़की गोद लेने का सुझाव देती है। पोते के जन्म का स्वप्न दिन में भी देखनेवाली भगवती आख़िरकार दुर्गा के बेटों और पोतों से सबक लेते हुए अपनी सोच को बदलने पर मजबूर होती है। भगवती के कथनानुसार—"देखो, लड़का गोद लेने पर भले ही इस घर को वंश चलानेवाला मिल जाएगा, पर इस घर की इन लड़कियों को भाई कभी नहीं मिलेगा, वह इसलिए कि जिस दिन उसे इस बात का पता चलेगा कि सिया, गार्गी और बुलबुल उसकी सगी बहने नहीं हैं, उसी दिन उसकी निगाह फिर जाएगी। सगे भाई-भाभी तो आजकल घर की बहन-बेटियों को पूछते नहीं हैं, एक गोद लिया जरूर पूछेगा कहीं ऐसा न हो कि मेरी इन चिरैयाओं के लिए इस घर की देहरी भी पराई हो जाए" भगवती की यह सोच भले ही समाज के अनुभवों से निर्मित हो, परन्तु वास्तविकता यही है कि अब लोग बेटियों की खूबियों को भली-भाँति समझ रहे हैं। बच्चों के गोद लेन-देन के मानक तय करनेवाली सेन्ट्रल एडॉप्शन रिसोर्स एजेंसी (कारा) की रिपोर्ट के अनुसार लोग लड़कों के मुकाबले लड़कियों को ज्यादा गोद ले रहे हैं। भले ही हमारे समाज की परम्पराएँ, त्यौहार और

मान्यताएँ सब पुरुष केन्द्रित हों और उनको निर्वहन करने की जिम्मेदारी स्त्रियों की हो लेकिन अब ये सब किंवदंतियों में ही सिमटते जा रहे हैं। लड़का और लड़की के बीच खड़ी असमानता और गैर बराबरी की दीवार को गिराने की शुरुआत हो चुकी है। अब लड़कियाँ घर और बाहर दोनों जगह लड़कों के मुकाबले बहुत अच्छे से जिम्मेदारियों को निभा रही हैं।

इस उपन्यास में, जगह-जगह ऐसी अनेक घटनाओं का वर्णन मिलता है, जहाँ लड़कियाँ हर जगह अपने परिवार के साथ खड़ी दिखाई देती हैं। परिवार को जोड़ते हुए दिखाई देती हैं, वहीं दूसरी तरफ दुर्गा और उग्रसेन अपने बेटों और पोतों के होते हुए भी अन्त में अकेले जीने को विवश होते हैं। उनको इस बात का तनिक भी विश्वास नहीं था कि उनके प्यार और मेहनत से बनाए गए आशियाने को एक दिन एक-एक कर सभी बेटे छोड़कर चले जाएँगे। वर्तमान समय में उपजी वृद्धाश्रम व्यवस्था ऐसे ही टूटते हुए एकाकी परिवारों का परिणाम है। उपन्यास में दो परिवारों की कथा समान्तर चलती है। इन दोनों परिवारों के माध्यम से लेखक परम्परा और आधुनिकता के बीच सामंजस्य बैठाते हुए नजर आते हैं। एक तरफ है भगवती और दशरथ का संयुक्त परिवार, जो आज के समय के बिखरते हुए परिवारों को परिवार का महत्त्व बताते हुए दिखाई देता है। दूसरी तरफ है दुर्गा और उग्रसेन का बिखरता परिवार, जहाँ हर कोई अपना अलग आशियाना बनाना चाहता है। एकाकी परिवारों से भिन्न एक संयुक्त परिवार में किस प्रकार परिवार का हर एक सदस्य एक दूसरे के सुख-दुःख में साथ खड़ा नजर आता है। बच्चों को पूरे परिवार का सान्निध्य और प्यार मिलता है, उसे इस उपन्यास में भली-भाँति देखा जा सकता है। हर दिन रिश्ते-नातों की टूटती बेड़ियों के बीच परिवार को जोड़ता यह उपन्यास एक नजीर बनकर सामने आता है। दुर्गा और उग्रसेन का बिखरता परिवार सिर्फ एक घर की कहानी नहीं है बल्कि वर्तमान समाज के हर घर की कहानी है। आधुनिकता की इस अंधी रेस का खमियाजा बूढ़े माँ-बाप को भुगतना पड़ता है। ठीक उसी प्रकार जैसा कि उपन्यास में दुर्गा और उग्रसेन भुगतते हैं। ताउम्र अपने बेटों और पोतों पर जान छिड़कनेवाले यह वृद्ध माँ-बाप अन्त में अपने बेटों और पोतों से दूर रहने पर विवश होते हैं। बेटों और पोतों के साथ रहने की उनकी ख्वाहिश अन्तिम श्वास तक अधूरी ही रहती है। दुर्गा जहाँ अपनी हर खुशी भगवती के साथ बाँटती हुई नजर आती है, वहीं दूसरी तरफ भगवती की पोतियाँ अकेले रह रही दुर्गा और उसके पति उग्रसेन की देख-रेख करती हुई दिखाई देती हैं। पड़ोसी के साथ भी एक अच्छे पारिवारिक रिश्ते रखे जा सकते हैं, यह इस उपन्यास में देखा जा सकता है।

आज की युवा पीढ़ी अपने कैरियर और भविष्य को लेकर पहले से कितनी जागरूक है, यह उपन्यास उसकी भी एक झलक दिखाता है। आशा और निराशा के बीच पेंडुलम की तरह झूलता युवा वर्ग किस प्रकार हर रोज खुद को तराशने की

कोशिश करता है, उसे भगवती की पोतियों से सीखा जा सकता है। यह उपन्यास उन लड़कियों के लिए भी एक प्रेरक का काम करता है जो कम संसाधनों के अभाव में, अपनी पढ़ाई-लिखाई छोड़कर हालातों से समझौता कर लेती हैं। अनेक अभावों से जूझते हुए भी लगातार मेहनत और धैर्य का सहारा लेकर कोई भी मुकाम हासिल किया जा सकता है इसे शिया, गार्गी, बुलबुल और पीहू साबित करती हैं।

दहेज प्रथा और घरेलू हिंसा जैसी घटनाएँ भी उपन्यास में देखने को मिलती हैं। अन्य स्त्रीवादी उपन्यासों के विपरीत, मोरवाल जी का यह उपन्यास स्त्रियों को इन सभी बुराइयों पर विजय प्राप्त करते हुए दिखाता है। शिक्षा और जागरूकता के कारण शिया और गार्गी अपनी बहन बुलबुल को दहेज़ प्रथा और घरेलू हिंसा के चंगुल से बाहर निकाल पाने में कामयाब होती हैं। शिक्षा किसी व्यक्ति के जीवन का सबसे महत्त्वपूर्ण हथियार है। एक शिक्षित व्यक्ति अपने अधिकारों के प्रति जागरूक होता है। वह हर प्रकार के अन्याय और शोषण के खिलाफ आवाज उठाता है। यह शिक्षा का ही परिणाम है कि शिक्षित महिलाएँ अपने ऊपर हो रही घरेलू हिंसा का आगे आकर विरोध कर रही हैं। उपन्यास में बुलबुल कानून का भय दिखाकर अपने लालची पति और ससुराल वालों से पीछा छुड़ाती है। यह सब बुलबुल और उसकी सभी बहनों के शिक्षित और अपने अधिकारों के प्रति जागरूक होने के कारण ही सम्भव हो पाता है।

संक्षेप में कहा जा सकता है कि शकुंतिका उपन्यास स्त्रियों के प्रति समाज में बनी अनेक धारणाओं का सिलसिलेवार खंडन करता है। यह उपन्यास लड़कियों को उनके मन मुताबिक़ जीवन जीने की आजादी देता है। उन्हें दीन-हीन और शोषित दिखाने की बजाय उनके सशक्त व्यक्तित्व को सामने लाने का प्रयास करता है। नारी अबला नहीं सबला है इस उक्ति को सत्य साबित करती हुईं उपन्यास की सभी लड़कियाँ समाज को अपने प्रति सोच बदलने को मजबूर कर देती हैं। पढ़-लिखकर लड़कियाँ न केवल खुद आत्मनिर्भर बन रही हैं बल्कि परिवार और समाज की हरसम्भव मदद भी कर रही हैं। महिलाओं के प्रति अनेक नकारात्मक धारणाएँ भले ही समाज में मौजूद हों परन्तु इन सभी नकारात्मक धारणाओं को सकारात्मकता में परिवर्तित करना इस उपन्यास की महत्त्वपूर्ण उपलब्धि है।

सन्दर्भ

1. 'शकुंतिका'—भगवानदास मोरवाल, राजकमल प्रकाशन, नई दिल्ली।

खंड-2

नारी अस्मिता, जीवन और मानव-मूल्य

बदलते मूल्यों के सन्दर्भ और शकुंतिका

डॉ. कल्पना राजेन्द्र पाटील
हिन्दी विभाग, प्रताप महाविद्याल, अमलनेर, महाराष्ट्र

स्वातंत्र्योत्तर हिन्दी कथासाहित्य में अपनी एक विशिष्ट पहचान बनानेवाले रचनाकारों में भगवानदास मोरवाल का महत्त्वपूर्ण स्थान है। उनके साहित्य में समाज जीवन की स्पष्ट झाँकी प्रस्तुत हुई है। जीवन को जीते हुए उससे प्राप्त विभिन्न अनुभवों को वह अपनी लेखनी के माध्यम से बाँधकर पाठकों के समक्ष प्रस्तुत करने में अग्रसर रहे हैं। भगवानदास मोरवाल प्रगतिशील विचारक, लेखक, पत्रकार, आलोचक, कहानीकार एवं प्रसिद्ध उपन्यासकार हैं। इनके प्रमुख उपन्यास हैं—काला पहाड़, बाबल तेरे देस में, रेत, नरक मसीहा, हलाला, वंचना और शकुंतिका।

'शकुंतिका' मोरवाल जी का 2020 में प्रकाशित नारी केन्द्रित उपन्यास है, जो आकार में लघु है। कथा का विस्तार 22 हिस्सों में किया गया है। मोरवाल जी ने केवल समस्याओं को ही चित्रित नहीं किया है, बल्कि उनका समाधान भी दिया है। जो समस्याएँ प्रस्तुत हुई हैं; वे अनेक वर्षों से चली आ रही हैं, लेकिन कोई उनका योग्य समाधान नहीं दे पाया है। किन्तु 'शकुंतिका 'उपन्यास में समाधान के रुप में एक पहल की हुई दिखाई देती है। यह समाज के लिए चुनौती है। इस चुनौती को सहर्ष स्वीकार कर लिया जाए, तो निश्चित रूप से भारत में स्त्रीभ्रूण हत्या नष्ट हो सकती है। उपन्यास में आई हुई प्रमुख समस्याएँ इस प्रकार हैं—

1. लिंग भेद की समस्या— समाज में लड़का-लड़की में भेदभाव हमेशा से होता रहा है। उपन्यासकार मोरवाल जी भी उपन्यास के शुरुआत में पुत्र जन्म को श्रेष्ठ बतलाते हैं। पुत्री का जन्म आज भी समस्या का कारण समझा जाता है। पुत्र का जन्म आज भी खुशी के साथ स्वीकार किया जाता है। इस बात का संकेत उपन्यास के शुरुआत में ही दुर्गा के द्वारा थाली बजा कर दिया जाता है। थाली बजाने से पड़ोसी यह अनुमान लगा लेते हैं कि उनके घर पोते का जन्म हुआ है। पोते का जन्म होते ही उग्रसेन और दुर्गा की देह बोली भी बदल जाती है, जिसे लेखक इस प्रकार लिखते हैं—"जिस दिन से उग्रसेन के छोटे बेटे अभय को पुत्र-रत्न की प्राप्ति हुई, उसी दिन से उग्रसेन

और उनकी पत्नी दुर्गा की पूरी तरह देह भाषा यानी बॉडी लैंग्वेज ही बदल गई है।"

उपन्यास में एक दूसरा परिवार चित्रित है, जिनके घर दशरथ-भगवती पोते के जन्म की आस लगाए बैठे हैं, लेकिन उनके घर एक के बाद एक तीन पोतियों का जन्म होता है। हम सभी यह भली-भाँति जानते हैं कि लड़का और लड़की एक ही रथ के दो पहिये हैं। एक के सिवाय दूसरे का कोई अस्तित्व नहीं है, लेकिन फिर भी समाज इस बात को मानने के लिए तैयार नहीं है। दूसरी बात यह भी देखने को मिलती है कि गाँवों की बुजुर्ग स्त्रियों में यह भेदभाव अधिक दिखाई देता है, जबकि स्त्रियाँ ही बच्चे को जन्म देती हैं। जैसे—उपन्यास में भगवती और दुर्गा दोनों स्त्रियाँ हैं। उन दोनों को दो-दो बेटे हैं। इसलिए वे अपनी बहुओं से आशा करती हैं कि उन्हें भी लड़का हो। दुर्गा पोते की खुशी में फूली नही समाती। पूरे मोहल्ले को खाने का न्यौता देती है। जश्न मनाती है। दूसरी ओर दशरथ-भगवती दु:खी होते हैं।

पुत्र की कामना उस घर के वंश वृद्धि के लिए की जाती है, क्योंकि लड़कियाँ शादी के बाद ससुराल चली जाती हैं। वह अपने माता-पिता की तरफ ध्यान नहीं दे सकती; ऐसी एक समझ हो गई है, जबकि 'शकुंतिका' उपन्यास की तीनों बेटियाँ [सिया, गार्गी, तथा बुलबुल] अपने परिवार को सँभालते हुए, अपने माता-पिता, दादा-दादी को भी समय देने का प्रयास करती हैं। आज के समय में नौकरी पाने के लिए लड़के भाग-दौड़ कर रहे हैं। ऐसे समय चाहकर भी वे माता-पिता की देखभाल नहीं कर पाते। वंश वृद्धि के लिए लड़के की चाह करना समाज की दृष्टि से गलत भी नहीं है; लेकिन इतना निश्चित है कि वंश वृद्धि में स्त्री की भी अहम भूमिका होती है। लड़कियाँ भी अपने अच्छे संस्कारों के बल पर ससुराल वालों की सेवा करके, समाज का उनके प्रति दृष्टिकोण बदलकर अपने माता-पिता का नाम रोशन कर सकती हैं।

'शकुंतिका' उपन्यास की दुर्गा पोते की खुशी में मग्न रहती हैं। जब वही पोते अच्छे अंकों से पास नहीं होते, मोहल्ले में सभी की नाक में दम कर देते हैं, तब वह भगवती को भाग्यशाली मानती हैं कि उसके घर में एक भी पोता न होकर तीन पोतियाँ हैं; जो घर की शोभा बढ़ा रही हैं। घर का नाम रोशन कर रही हैं। उग्रसेन के यह वाक्य इस बात को स्पष्ट करते हैं—"भई मानना पड़ेगा! पोतियाँ हों तो दशरथ और भगवती जैसी क्या किस्मत पाई हैं।"

2. दहेज की समस्या— भारतीय समाज में दहेज की समस्या दिन-ब-दिन विकराल रूप धारण कर रही है। पहले दहेज का स्वरूप चाहे अलग रहा है लेकिन तब भी वस्तुओं के रूप में दहेज लिया जाता रहा है। अगर ऐसा न होता तो प्रेमचन्द को "निर्मला" उपन्यास में निर्मला की माता को दहेज न दे पाने के कारण अधेड़ उम्र के व्यक्ति से निर्मला की शादी न करवानी पड़ती। उनके अन्य उपन्यासों जैसे—सेवासदन, कायाकल्प, में भी दहेज की समस्या मुख्य रूप से उभरकर सामने आई है। 'शकुंतिका' उपन्यास में भगवती इसलिए भी पोते की कामना करती है कि पोतियाँ

तो पराए घर जाएँगी साथ ही उन्हें दहेज भी देना होगा। इतना ही नहीं वे लोग पोतियों के साथ न जाने कैसा व्यवहार करेंगे? ये सारी समस्याएँ हैं जो उनके मन में पोते को पाने की इच्छा जागृत करती हैं।

भगवती का पोतियों के प्रति चिन्तित होना भी स्वाभाविक है, क्योंकि दहेज दिए जाने पर भी 'बुलबुल' के ससुराल वाले उसे परेशान करते हैं। तब अख्तरी के वाक्य हमें यह सोचने के लिए बाध्य करते हैं कि लोग लड़की की कामना क्यों नहीं करते—"एक बात कहूँ, बेटियाँ किसी को बुरी नहीं लगती हैं। दूसरे घर जाकर जब दु:ख पाती हैं, तभी बेटियों के पैदा ना होने की हम लोग मन्नते माँगते हैं। जिस बेटी की आँखों में माँ-बाप आँसू का एक कतरा भी नहीं देख पाते हैं; वह जब दु:ख पाती हैं, तो उनके दिल पर क्या गुजरती है, इसे वे ही जानते हैं।" 'शकुंतिका' उपन्यास में उपन्यासकार यह दिखाते हैं, कि सिया, गार्गी के ससुराल वाले बिना दहेज लिए उन्हें अपनी घर की बहू बनाते हैं। आज की इक्कीसवीं सदी में समाज से हमें यही अपेक्षा है।

3. उच्च शिक्षित बेटियों के विवाह की समस्या— जाति की समस्या हमारे यहाँ काफी पुरानी हो चुकी है। इसी समस्या के कारण मनुष्य के सम्बन्धों में दरारें आती हैं। जब बेटियाँ उच्च शिक्षित हों तब यह समस्या अधिक जटिल रूप धारण कर लेती है। 'शकुंतिका' उपन्यास में जब भगवती को पता चलता है उनकी पोतियाँ दूसरे जाति के लड़के से शादी करने का निश्चय कर चुकी हैं, तो उन्हें यह बात पसन्द नहीं आती, क्योंकि वह अपने बिरादरी के लड़के से उनकी शादी करवाना चाहती हैं; लेकिन भगवती जैसा चाहती हैं वैसा नहीं हो पाता। सिया बंगाली लड़के से विवाह करती है और गार्गी उसी के साथ पढ़नेवाले पंजाबी डॉक्टर से। उनके द्वारा उठाया गया कदम उन्हें जीवन में आनन्द प्रदान करता है। उनके इस निर्णय से परिवार वाले भी खुश होते हैं। इसके विपरीत जिस बिरादरी पर भगवती को गर्व था, उसी बिरादरी के लोग 'बुलबुल' का जीना मुश्किल कर देते हैं।

इससे पता चलता है कि समाज में उच्च शिक्षित बेटियों के विवाह की समस्या को समाप्त करना आवश्यक है। समाज में जाति महत्त्वपूर्ण न होकर इनसान में मौजूद इनसानियत का होना आवश्यक है। जाति, बिरादरी यह एक ढकोसला है। जिससे हम जैसे पढ़े-लिखे लोगों को दूर रहना चाहिए और बच्चों की खुशी में सम्मिलित होकर, उन्हें उनके द्वारा लिए गए उचित निर्णय के लिए प्रोत्साहन देना चाहिए। तभी समाज में उच्च शिक्षित बेटियों के माता-पिता को उनके विवाह के लिए चिन्तित नहीं होना पड़ेगा।

4. गोद लेने की समस्या— बच्चे को गोद लेना आसान काम नहीं है। विशेषरूप से तब ज्यादा दिक्कत आती है; जब बच्चा बड़ा होता है इसीलिए ज्यादातर परिवार छोटे बच्चे को ही गोद लेना चाहते हैं। केन्द्रीय दत्तक संसाधक संस्था (कारा) इन दिनों संकट की स्थिति से गुजर रही है, ऐसा दि प्रिन्ट से मिली जानकारी से पता चलता

है। अनाथ बच्चों को गोद लेनेवाले माता-पिता उन्हें गोद लेने के बाद वापस कर रहे हैं। उसके अनेक कारण रहे हैं। इसी वर्ष कुछ राज्यों ने गोद लिए बच्चों को लौटाया है। दि प्रिन्ट ने उन राज्यों के आँकड़े प्रस्तुत किए हैं—"महाराष्ट्र 56, कर्नाटक 25, ओडिसा 20, मध्यप्रदेश 18 तथा दिल्ली ने 14" बच्चों को वापस अनाथ आश्रम को लौटाया है। वर्ष 2015 में बच्चों को गोद लेने की प्रक्रिया के नियमों में संशोधन किया गया है। जिनमें महत्त्वपूर्ण तथ्य को बतलाया गया है। इसमें उम्र का फासला अत्यन्त महत्त्वपूर्ण पहलू है—बच्चे की उम्र तथा माता-पिता की उम्र में कम-से-कम 25 वर्ष से अधिक का अन्तर आवश्यक है। इस प्रकार गोद लेना अत्यन्त जटिल प्रक्रिया है, किन्तु असम्भव नहीं।

'शकुंतिका' उपन्यास में दशरथ-भगवती के छोटे बेटे रूपेश और जयन्ती जटिल प्रक्रिया से घबरा कर बच्चा गोद लेना नहीं चाहते, तब उन्हें सारी जानकारी देकर समझाया जाता है। वे बच्चे को गोद लेने के लिए शारीरिक और मानसिक रूप से तैयार हो जाते हैं। भगवती का जयन्ती और रूपेश को बच्ची को ही गोद लेने की सलाह देना अत्यन्त अनपेक्षित बात है, जिसे प्रत्यक्ष रूप में पिहू को गोद लेकर पूरा किया जाता है। वास्तव में देखा जाए तो भगवती और दुर्गा जिन पोतियों के जन्म लेने पर नाखुश होती थीं, वही चौथी पोती पिहू को गोद लेने की कल्पना मात्र से आनन्दित होती है। उनकी यह सोच, यह पहल एक अनाथ बच्ची को अपना वास्तविक घर दिलाती है। सेंट्रल अडाप्शन रिसोर्स एजेंसी की एक सर्वे रिपोर्ट के अनुसार अब भारतीय परिवार लड़कियों को गोद लेने में रुचि रख रहे हैं—2018 से 2019 के बीच 60% लड़कियों को गोद लिया गया है। जो सचमुच सराहनीय कदम है।

इस प्रकार 'शकुंतिका' उपन्यास में लिंग भेद की समस्या, दहेज की समस्या, उच्च शिक्षित बेटियों के विवाह की समस्या, गोद लेने की समस्या मुख्य रूप से उभरकर सामने आई है। इसी के साथ उनका उचित समाधान भी उपन्यास में मौजूद है। उग्रसेन-दुर्गा जिन्हें अपने पोतों पर नाज था, जिनके जन्म दिन पर वह प्रसन्न हुआ करती थी, जिनका मानना था कि बेटियाँ तो पराया धन हुआ करती हैं, उनका यह भ्रम भगवती की होनहार पोतियों को देखकर टूट जाता है और उन्हें लगता है कि काश हमें भी एक पोती होती, क्योंकि उनके पोते मोहल्ले में सभी का जीना मुश्किल कर देते हैं, तब उग्रसेन दुर्गा से कहते है—"ऐसे निकम्मे पोतों से तो ऊपरवाला दशरथ-भगवती जैसी एक पोती ही दे देता। सत्यानाशियों में से एक भी काम का नहीं निकला।"

उग्रसेन-दुर्गा के विचारों में जिस तरह अमूलाग्र परिवर्तन होता है, उसी प्रकार दशरथ-भगवती की सोच भी बदल जाती है। वह अपनी तीसरी पोती 'बुलबुल का स्वागत खुशी से करते है। इतना ही नहीं, जब भगवती, जयन्ती के दु:ख से अवगत होकर बच्चा गोद लेने की बात दुर्गा से कहती है, तब दुर्गा उसे बच्ची गोद लेने की सलाह देती है, जिसे भगवती सुनकर दशरथ के साथ योग्य निर्णय लेकर पिहू को

सहर्ष घर पर लाती है। इस प्रकार पिहू को नया जीवन मिलता है। एक अच्छा परिवार मिलता है, साथ ही माता-पिता, चाचा-चाची एवं दादा-दादी मिलते हैं। यही पिहू बड़ी होकर अपनी बहनों—सिया, गार्गी की तरह परिवार का नाम रोशन करती है। और दादा-दादी के त्याग को भी नहीं भुला पाती। उनकी याद में डी.बी. फाउंडेशन की स्थापना करती है। वह अपनी तरह अनाथ लड़कियों के लिए आश्रम को हर साल डोनेशन देती रहती है। जिससे आश्रम के बच्चों को जीने की ऊर्जा मिलती है।

इस प्रकार 'शकुंतिका' उपन्यास के माध्यम से मोरवाल जी यह बताना चाहते हैं कि आज काफी बेटियाँ पढ़-लिख रही हैं। बड़े-बड़े पदों पर लड़कों के साथ कंधे-से-कंधा मिलाकर कार्य कर रही हैं। इसलिए चाहे लिंग भेद की समस्या हो, चाहे दहेज की समस्या हो, वह सही निर्णय ले तो परिवार एवं समाज में व्याप्त इन समस्याओं को बखूबी हल कर सकती हैं। वैसा ही उचित निर्णय उपन्यास में भगवती, दुर्गा, जयन्ती, सिया, गार्गी, पिहू लेती है और समाज के सामने एक नया आदर्श निर्माण करती है। मुझे लगता है यही उपन्यासकार की सफलता है। इस उपन्यास के माध्यम से उपन्यासकार समाज में व्याप्त शकुंतिकाओं की समस्याओं को सुलझाने में काफी हद तक सफल हुए। यह एक रोचक एवं पठनीय उपन्यास है। भाषा सरल एवं सहज है।

सन्दर्भ

1. 'शकुंतिका'—भगवानदास मोरवाल, राजकमल प्रकाशन, नई दिल्ली।

नारी अस्मिता की पहचान : 'शकुंतिका'

डॉ. विजयश्री

'शकुंतिका' भगवानदास मोरवाल जी का सशक्त उपन्यास है, जिसमें उन्होंने बेटियों की आजादी, उनके आत्मसम्मान और उनके अधिकारों को तरजीह दिया है। जिस प्रकार पक्षी पंख फूटते ही उन्मुक्त गगन में स्वच्छंद उड़ान भरने के लिए आतुर होते हैं, उसी प्रकार बेटियों को भी शिक्षा देकर स्वावलम्बी एवं आत्मनिर्भर बनाना जरूरी है। उन्हें समानता का दर्जा देकर योग्य बनाना आवश्यक है। उपन्यासकार ने प्रस्तुत उपन्यास में सिया, गार्गी, बुलबुल और पीहू आदि युवा नारी चरित्रों के माध्यम से नारी सशक्तीकरण की वकालत की है। ये नारी पात्र अपनी शिक्षा और भविष्य के प्रति जागरूक हैं, अपने अधिकारों के प्रति सजग भी हैं। इनके अतिरिक्त दुर्गा भगवती और अख्तरी ऐसे नारी चरित्र हैं जो समाज की उस मानसिकता को बदलने की सफल कोशिश करते हैं जो बेटी को पराया धन मानता है। लेखक ने इन तीनों पात्रों के चरित्रांकन द्वारा समाज में नारी को आदरणीय एवं सम्मानजनक पद पर प्रतिष्ठित करने का सराहनीय कार्य किया है।

उपन्यास की सम्पूर्ण कथा दशरथ, भगवती और उग्रसेन, दुर्गा—इन दो पड़ोसियों के आपसी स्नेहपूर्ण रिश्तों और सम्बन्धों के बीच घूमती है। लेखक ने इस उपन्यास में अलग-अलग जगहों से विस्थापित होकर आए पुनर्वासित कालोनी में एक-दूसरे के सुख-दुख में शरीक होते दो परिवारों के आत्मीय रिश्तों को उजागर किया है। ये दोनों ही परिवार एक आदर्श पड़ोसी की भूमिका बखूबी निभाते हैं। सिया, गार्गी के अच्छे अंकों से उत्तीर्ण होने की खुशी हो, वकालत या डॉक्टरी के कोर्स में प्रवेश पाने की खबर हो, पीहू का जन्मदिन या फिर बुलबुल के लिए विवाह का रिश्ता ढूँढ़ने का संदर्भ चाहे रूपेश-जयन्ती के बच्चे गोद लेने की घटना हो, हर अवसर पर दुर्गा उग्रसेन, भगवती दशरथ को उचित परामर्श देकर एक खरे पड़ोसी सिद्ध होते हैं।

प्रस्तुत उपन्यास में स्त्री पात्रों की भूमिका अधिक सराहनीय है। दुर्गा, भगवती, सिया, गार्गी, बुलबुल, पीहू, अख्तरी, जयन्ती आदि सभी आधुनिक विचारों से

सम्पन्न हैं। ये सभी अपनी-अपनी भूमिका में नारी सशक्तीकरण की पक्षधर हैं।

दुर्गा चाची उपन्यास की महत्त्वपूर्ण पात्र हैं जिनके दोनों दोनों पुत्र अभय एवं नागदत्त हैं। संयुक्त परिवार की जिम्मेदारी को बखूबी निभाते दुर्गा और उग्रसेन अपने बड़े बेटे अभय के परिवार छोड़कर अलग हो जाने से उदास हो जाते हैं। दुर्गा के पति उग्रसेन जायदाद का बँटवारा कर देते हैं। दोनों बेटों के सपरिवार अलग हो जाने पर दुर्गा-उग्रसेन एकाकी हो जाते हैं। दुर्गा स्वाभिमानी स्त्री है, जो पुत्रों के अलग चले जाने और उग्रसेन की असामयिक मृत्यु हो जाने पर भी बुढ़ापे में अकेले ही रहना चाहती है। बीमारियों की गिरफ्त में आने के बावजूद पुत्रों के पास जाने की चाहत नहीं रखती। वह प्रगतिशील विचारों की संवाहिका है। इसका प्रमाण यह है कि भगवती के पुत्र रूपेश और पुत्रवधू जयन्ती को, जो नि:सन्तान हैं, अनाथ आश्रम से बेटी गोद लेने की सलाह देती हैं। वे बेटी को 'लिच्छमी' (लक्ष्मी) का दर्जा देती हैं, वे उग्रसेन से कहती हैं—"सब किस्मत के लेखे हैं पता नहीं दशरथ-भगवती के बेटे-बहू ने पिछले जन्म में कौन से मोती दान किए हैं जो लिच्छमी जैसी लायक बेटियाँ पाई हैं।" (पृ. 14)

दूसरी ओर दुर्गा और उग्रसेन चार पोते पाकर भी नाखुश हैं। अपने पोतों के निकम्मेपन पर दुखी हो दुर्गा कहती है—"हे राम! ये सारे कौरव इसी घर में पैदा हो गए, एक भी काम का नहीं निकला?" इस प्रकार पुरुष प्रधान मानसिकता की विरोधी कि पुत्र ही मोक्ष प्राप्ति का साधन है जैसी प्राचीन मान्यताओं पर प्रहार करती हुई दुर्गा एक साहसिक नारी का प्रतिनिधि चरित्र है। यहाँ तक कि सिया और गार्गी द्वारा स्वयं के लिए वर चयन की आजादी को भी सर्वथा उचित ठहराती है। सिया द्वारा विवाह का अकल्पनीय एवं अप्रत्याशित निर्णय जानकर वह भगवती से कहती हैं—"देख बहन, मेरा तो मानना है कि बच्चे खुश रहने चाहिए। उनकी खुशी में माँ-बाप की खुशी होनी चाहिए। कई बार बच्चों पर अपनी मर्जी थोपना भी ठीक नहीं होता। (पृष्ठ 82) दुर्गा भगवती की संकटमोचक हैं। सिया और गार्गी के लिए भगवती और दशरथ को सहमत कराना दुर्गा और उग्रसेन के आधुनिक विचारों का परिचायक है।

भगवती दशरथ की पत्नी हैं। दो बेटों बलवन्त और रूपेश की माँ हैं। अपनी तीनों तेजस्विनी पोतियों—सिया, गार्गी और बुलबुल के प्रति उनका विशेष लगाव है। पीहू के प्रति भी उनकी गहरी आत्मीयता है। वे अपने पड़ोसी दुर्गा की अच्छी मित्र हैं, उनकी हर सलाह मानती हैं। दुर्गा भी अपना हर सुख-दुख उनके साथ बाँटती हैं। इन दोनों के रिश्ते पारिवारिक अधिक हैं। दुर्गा की सलाह पर ही भगवती ने अपने पुत्र रूपेश और पुत्रवधू जयन्ती को डाक्टरी सलाह के लिए तैयार किया। अनाथ आश्रम से बच्चा गोद लेने का सुझाव भी दुर्गा ने ही भगवती को दिया। उपन्यास में उग्रसेन दुर्गा से कहते हैं—"अगर भगवती को तू तैयार नहीं करती तो शायद इतना बड़ा कदम नहीं उठा पाते।" (पृ. 58)

भगवती नितांत संवेदनशील नारी हैं। अपनी पोती बुलबुल का बिरादरी में विवाह कराकर भी उसे सुखी नहीं देखतीं तो बहुत चिन्तित हो जाती हैं। इसी चिन्ता में दिनोंदिन अस्वस्थ होती जाती हैं। एक-एक कर पोतियों को घर से विदा कर उनसे बिछुड़ने का संताप उन्हें और पीड़ित करता है। उन्हें लगता है कि सिया, गार्गी और बुलबुल की तरह एक दिन पीहू भी इस घर से दूर चली जाएगी तो घर में बेटियों की चहचहाहट और खिलखिलाहट एक चुप्पी में बदल जाएगी। विदेशी अध्ययन योजना के अन्तर्गत सरकार की तरफ से पीहू द्वारा ऑस्ट्रेलिया के मेलबोर्न जाने की सूचना मिलने पर भगवती बेहद उदास हो जाती हैं। पीहू के चले जाने पर पूरे घर में सन्नाटा छा जाता है। भगवती को लगता है हवा का हल्का-सा झोंका तक घर की खामोशी को झिंझोड़ जाता है। उस दिन पता चला कि बिना बेटियों के घर क्या होता है। पीहू के प्रति मोह उनकी अधीरता को बढ़ा देता है।

उपन्यास में अख्तरी सब्जी बेचनेवाली एवं कम पढ़ी-लिखी होकर भी बेटियों के महत्त्व को समझती है। वह दुर्गा एवं भगवती दोनों से परिचित है, जब-तब उनसे मिलने चली आती है। वह दुर्गा से कहती है—"दुर्गा बी, तूने मेरे मन की बात कह दी। बेटियाँ जब-जब अम्मी-अम्मी करती इधर-से-उधर चहकती-घूमती हैं तो लगता है कानों में जैसे किसी मस्जिद से आनेवाली अजान के बोल पड़ रहे हैं।" वह अपनी बेटियों से बहुत प्यार करती है। (पृ. 34)

मोरवाल जी ने उपन्यास में पीहू के चरित्र को ऐसी ऊँचाई प्रदान की है जो स्तुत्य है। पीहू अति संवेदनशील है। अपने दादा दशरथ और दादी भगवती से बहुत गहराई में जुड़ी है। वह भावुक होकर भी समझदार है। अपनी शिक्षा समाप्त कर भारत वापस आकर अपने माता-पिता की सेवा करना चाहती है। अत: अच्छे पैकेज पर प्लेसमेंट के अन्तर्गत एक कम्पनी का जॉब ऑफर नहीं स्वीकारती। माता-पिता एवं बहनों द्वारा बार-बार समझाने पर वह वापस मेलबर्न जाकर कंपनी का ऑफर स्वीकार कर लेती है। पहले दादाजी एवं कुछ समय बाद दादी जी की मृत्यु की खबर उसी विचलित कर देती है। वह उनकी स्मृतियों में खोई रहती है। क्रिसमस की छुट्टियों में अपने तीन सहयोगियों के साथ वापस भारत आकर उसी अनाथ आश्रम को 30 लाख रुपये का डोनेशन देती है। दादा-दादी के नाम पर डी.बी. फाउंडेशन की स्थापना करती है। एक बड़ी कम्पनी में सीईओ के पद पर कार्यरत 26 वर्षीय पीहू ने डोनेशन देकर एक ऐसी मिसाल पेश की कि अनाथ आश्रम के सुपरिंटेंडेंट भी अवाक् रह जाते हैं। वह हर वर्ष अपने जन्मदिन पर उस अनाथ आश्रम को डोनेशन देने का वादा करती है, ताकि इस आश्रम के अनाथ बच्चों को सुविधा मिले। उसकी उदारता काबिले तारीफ है। पीहू अपने दादी-दादा, माता-पिता, रूपेश-जयन्ती के प्रति संवेदनशील है, जिन्होंने असली पहचान और नया जीवन दिया। वह उन्मुक्त गगन में विचरती शकुंतिका है, जिसके माध्यम से रचनाकार ने संवेदनशील, उदार एवं स्नेही

नारी का चित्रांकन किया है। जो स्वच्छंद है, आत्मनिर्भर है, स्वावलम्बी है। दूसरों के लिए प्रेरणा का स्रोत है। समाज के लिए एक मिसाल है।

सिया एवं गार्गी भी इस कृति की अहम नारी पात्र हैं। सिया कर्मवादी है, भाग्यवादी नहीं। जाति-पाँति में विश्वास नहीं करती। दोनों बहनें साहसी हैं। विवाह, उच्च शिक्षा एवं करियर सम्बन्धित निर्णय लेने में सक्षम हैं। दोनों ही स्त्रियों के स्वावलंबन की प्रतीक हैं। माता-पिता, दादा-दादी एवं पड़ोस की दुर्गा चाची व उग्रसेन चाचा के प्रति भी उनका व्यवहार सेवा और आदर भाव समन्वित है।

पुरुष पात्रों में दशरथ का व्यक्तित्व एक स्नेहपूर्ण उदार बुजुर्ग का प्रतिनिधि चरित्र है। वे आधुनिक सोच-विचार से सम्पन्न हैं। वे अपने परिवार के मुखिया हैं। बेटियों को उच्च शिक्षा देने और उनके करियर के चयन में पूरी आजादी देने के पक्षधर हैं। अपनी पोती सिया को वकालत और गार्गी को एमबीबीएस की पढ़ाई करने एवं घर से दूर हॉस्टल में भेजने की अनुमति देने से वे हिचकिचाते नहीं। उत्तर भारत के सुसंस्कृत परिवार से जुड़े हो कर भी वे सिया द्वारा तपन दत्ता नामक युवक के बंगाली परिवार के रिश्ते को सहज स्वीकार कर लेते हैं। पौत्री गार्गी का विवाह भी पंजाबी परिवार में सम्पन्न करा देते हैं। बुलबुल की पारिवारिक समस्या के समाधान में भी वे सिया के साथ बुलबुल के पति नरेन्द्र को कानूनी नोटिस भेजने में सहयोग देते हैं। इस समस्या का समाधान कर अपनी वैचारिक क्षमता का परिचय देते हैं। पोतियों के प्रति उनकी गहन आत्मीयता है। पत्नी भगवती के प्रति अत्यंत उदार हैं। उसके विचारों का सम्मान करते हैं। पूरे परिवार को जोड़कर रखने में उनकी भूमिका अहम है। वे अपने पड़ोसी और मित्र उग्रसेन के सुख-दुख के साथी हैं। वे गम्भीर एवं सचेत व्यक्तित्व के धनी हैं।

उग्रसेन दुर्गा के पति हैं। अभय व नागदत्त के पिता हैं। अपने संयुक्त परिवार में विभाजन से वे उदास हैं। अयोग्य एवं स्वार्थी पुत्रों के व्यवहार से व्यथित होकर अपनी जायदाद का बँटवारा कर वसीयत भी लिख देते हैं। वृद्धावस्था में असहाय एवं अकेले पत्नी दुर्गा के साथ जीवन बिताते हैं। वे दुर्गा के विचारों से प्रभावित हैं, उनके समर्थक हैं। अपने पड़ोसी दशरथ और उनके परिवार के शुभचिन्तक हैं। दशरथ की पोतियों के सेवा भाव से प्रभावित हैं। उग्रसेन 4 पोतों के दादा होकर भी निराश हैं। उन्हें दुर्गा का यह कथन ठीक ही लगता है—"हे राम! ये सारे गौरव इसी घर में पैदा हो गए? एक भी काम का नहीं निकला?" दशरथ और उनकी मित्रता घनिष्ठ है वे अक्सर दशरथ से कहते हैं—"जिस दिन एक-एक कर सभी गौरैया घर के आंगन से उड़ जाएँगी तो उन से बिछुड़ने का संताप असह्य होगा।"

उपन्यास का शीर्षक बखूबी अपने औचित्य को सार्थक करता है। शकुंतिका का शाब्दिक अर्थ है—मादा पक्षी। मोरवाल जी ने पक्षी की स्वच्छंद उड़ान, उसकी स्वतंत्रता की समता बेटियों की आजादी, उनके निर्द्वंद्व सपनों की उड़ान, उनकी

इच्छाओं और आकांक्षाओं से की है। अर्थात् बेटियाँ भी स्वातंत्र्य और स्वाधीनता की हकदार हैं। आजादी उनका जन्मसिद्ध अधिकार है। बेटियों को उनकी अस्मिता और पहचान मिलनी चाहिए। प्रस्तुत उपन्यास का उद्देश्य बेटियों के स्वाभिमान एवं सम्मान को कायम रखने की सफल कोशिश है। रचनाकार ने मध्यवर्गीय पारिवारिक कथा के माध्यम से सिद्ध कर दिया है कि नारी के अधिकारों के संरक्षण में घर-परिवार एवं समाज की निर्णायक भूमिका है। स्वस्थ समृद्ध एवं सुसंस्कृत समाज की नींव नारी शिक्षा, समानता और समाज द्वारा सुअवसर प्रदान करने पर ही निर्भर है। उपन्यास का शीर्षक अपने उद्देश्य के साथ बेहद सटीक और अर्थगर्भित है। उपन्यास की भाषा सहज एवं शैली अभिव्यक्तिपूर्ण है। पात्रों के संवाद कथा को जीवन्त बनाते हैं। आरम्भ से अन्त तक कथा को पढ़ते हुए पाठक को लगता है कि सारी घटनाएँ उसके आसपास के वातावरण का हिस्सा हैं। यही रचना की मौलिकता है।

शकुंतिका : नारी के प्रति नया दृष्टिकोण

डॉ. गिरीश काशिद
अध्यक्ष, हिन्दी विभाग, श्रीमान भाऊसाहेब झाड़बुके कॉलेज, बार्शी, सोलापुर, महाराष्ट्र

हिन्दी कथा साहित्य को जिन कथाकारों ने भारतीय लोकजीवन के बुनियादी सन्दर्भों को जोड़कर नये तथ्य उजागर करने का प्रयास किया उनमें कथाकार भगवानदास मोरवाल का नाम उल्लेखनीय हैं। 'काला पहाड़' उपन्यास के जरिये अपनी एक महत्त्वपूर्ण पहचान बनानेवाले भगवानदास मोरवाल निरन्तर अपने उपन्यासों के माध्यम से उपेक्षित और ज्वलन्त सन्दर्भों को उजागर करने की पहल करते आए हैं। उनके 'बाबल तेरा देस में', 'रेत', 'हलाला', 'सूर बंजारन' ये उपन्यास इसके प्रमाण हैं। इसी श्रृंखला में उनका 2020 में प्रकाशित ताजा उपन्यास है 'शकुंतिका'। यह उपन्यास भगवानदास मोरवाल के अन्य उपन्यासों की तुलना में कुछ अलग है। शकुंतिका एक लघु उपन्यास है जो भारतीय जनमानस में गहराई से पैठी नारी सम्बन्धी गलत मान्यताओं की धज्जियाँ उड़ाकर उसकी महत्ता को रेखांकित करता है। भगवानदास मोरवाल महाकाव्यात्मक उपन्यास रचनेवाले कथाकार हैं। उनके उपन्यासों में हाशिये के समाज के जीवन संघर्ष को वाणी मिली है। इस उपन्यास में वे हमारे समाज की एक ज्वलन्त समस्या को व्यापक धरातल पर प्रस्तुत करते हैं। सदियों से नारी जीवन के कई आयामों को साहित्य में प्रस्तुत किया गया है। पहले का समाज और लोग फिर भी संवेदनशील थे जो नारी के जन्म को तो मान्यता देते थे। नये विज्ञान से दीक्षित समाज ने तो विज्ञान के सहयोग से स्त्री भ्रूण को गर्भ में ही मार देना आरम्भ कर दिया। जिसका हृदय विदारक रूप सामने आने पर गर्भलिंग चिकित्सा पर कानूनन प्रतिबन्ध लगाया गया। अपने घर में बेटी का जन्म ही न हो ऐसी मानसिकता रखनेवाले हमारे समाज में कम लोग नहीं हैं। बेटी के जन्म पर खुशी होना तो दूर अपितु उसे एक बोझ या पराया धन मानकर ही उसकी ओर देखा जाता है। यह उपन्यास समाज की पुरानी और नई पीढ़ी को एक मंच पर लाकर इस सन्दर्भ का अन्वेषण करता है।

उपन्यास की कथा का आरम्भ एक पुनर्वासित कॉलोनी से होता है। उपन्यास की कथा के जरिये मध्यवर्गीय जीवनशैली और उसमें स्थित नारी जीवन के कई सन्दर्भ सामने आते हैं। उपन्यास में भगवती-दशरथ और दुर्गा-उग्रसेन के परिवार की कथा बुनी

गई है। इसमें भी केन्द्रीय परिवार भगवती-दशरथ का है। कथा के आरम्भ में भारतीय परिवार में घर में बेटा होने का राग कैसे आलापा जाता है, इसका चित्रण आता है। दुर्गा-उग्रसेन के घर में पोते के जन्म की खुशी मनाई जाती है। भगवती-दशरथ के घर में दो बेटियाँ हैं और अब तीसरी बार वे बेटा होने का बेसब्री से इन्तजार कर रहे हैं। इसी कारण बेटियों के जन्म से आतंकित भगवती कहती है, "अगर इस बार भी नहीं हुआ न, हम तो जीते जी मर जाएँगे। पहले से दो-दो लड़कियों को देखकर मेरे तो हाथ-पैर फूले जाते हैं।" इसी बात को लेकर भगवती अक्सर चिन्तित रहती है। दुर्गा और उसमें इसको लेकर गर्भ के शिशु की जाँच करने की भी चर्चा होती है, लेकिन ऐसी जाँच उपनब्ध न होने से वह खामोश रहती है और इस बात को किस्मत के भरोसे छोड़ देती है। भगवती के बड़े बेटे को अन्ततः तीसरी भी बेटी ही होती है। भगवती के कानों में जब नन्हा कातर रूदन गूँजता तो उसे लगता जैसे यह नन्हा रूदन नहीं, पिघले हुए शिशे की बूँदें टपक रही हैं। वह यहाँ तक कहती है कि सारे पत्थर हमारे ही भाग में लिखे थे। घर में सिया, गार्गी और बुलबुल ये तीन बेटियाँ पलती हैं। भगवती की छोटी बहू को सन्तान न होने से भी वह चिन्तित रहती है। घर में बेटे का जन्म न होने से एक सुप्त तनाव बना रहता है। लेकिन उग्रसेन-दुर्गा के घर की पोतों के चलते होनेवाली दुर्गत देखकर भगवती के स्वभाव में आगे चलकर परिवर्तन पाया जाता है। भगवती का स्वभाव भाग्यवादी है। वह दिल से सच्ची है। परम्परा से चली आई मान्यताओं का उस पर प्रभाव पाया जाता है। इसी कारण वह बेटियों को अक्सर टोकती है। उसे लगता है कि लड़कियाँ है तो लड़कियों की तरह रहें।

दुर्गा के घर में उसके बेटों को एक के बाद एक लड़के होते रहते हैं। लड़का होने से पूरा घर और दुर्गा काफी खुश होते हैं और पूरे मोहल्ले में लड्डू बाँटते हैं। पोते के जन्म की खुशी में बड़ी दावत देते हैं। कुआँ पूजन का आयोजन करते हैं। उग्रसेन के ये रत्न बड़े होते-होते पूरी कॉलोनी के नाक में दम कर देते हैं। आवारा घूमते हैं, लड़कियों से छेड़खानी करते हैं। पढ़ाई भी ढंग से नहीं करते। घर में भी उनका वर्तन ठीक नहीं होता। परिणामस्वरूप कोई फेल होता है तो किसी को कम नम्बर मिलते हैं। उनके ये रंग देखकर पिता नागसेन और अभय उन्हें धंधे में लगा देते हैं। लेकिन उन्हें इसका कोई मलाल नहीं अपितु वे पढ़ाई का झंझट तो दूर हुआ ऐसा मानकर खुश होते हैं। दोनों भाई अच्छी आमदनी करते हैं। अभय माहौल को समझकर नई कॉलोनी में चला जाता है। बाद में नागसेन भी पिता का घर छोड़कर अन्यत्र रहने चला जाता है। चार-चार पोतों पर गर्व करनेवाले उग्रसेन और दुर्गा बुढ़ापे में बिना बेटों के घर में रहने को मजबूर हो जाते हैं। इस घटना के बाद उग्रसेन उदास रहने लगता है। उग्रसेन के बेटे और पोतों के कॉलोनी छोड़कर जाने के बाद मोहल्ले के लोग मात्र राहत की साँस लेते हैं।

नागसेन और अभय का उग्रसेन और दुर्गा को बुढ़ापे में अकेला छोड़ अन्यत्र रहने को जाना, पोतों की असफलता और उनका व्यवहार, बेटों का उनसे व्यवहार, इससे उग्रसेन और दुर्गा आहत होते हैं। चार-चार पोतों के चलते होनवाला गर्व टूट जाता है। एक समय भगवती के घर में पोतियाँ होने से उन्हें हिकारत से देखनेवाले उग्रसेन और दुर्गा को उनके प्रति ईर्ष्या होने लगती है। इसी कारण दुर्गा अम्मा कहती है, "ऐसे निकम्मे पोतों से तो ऊपरवाला दशरथ-भगवती जैसी एक पोती ही दे देता। सत्यानाशियों में से एक भी तो काम का नहीं निकला।" यहीं से बेटा-बेटी में अन्तर करनेवाले उग्रसेन-दुर्गा में परिवर्तन पाया जाता है। भगवती के घर में लड़कियों की चिल्ल-पों सुनकर उन्हें लगता है कि किसी पेड़ की टहनियों पर बैठी गौरेयाँ चहक रही हैं। भगवती की पोतियाँ दादा-दादी का बड़ा खयाल रखती हैं तो दुर्गा और उग्रसेन को एक गिलास पानी के लिए तक चिल्लाना पड़ता है। इससे दुर्गा एक बेचैन निराशा से घिरती चली जाती है। उसका मन विरक्ति से भर जाता है। वह गार्गी को अच्छे नम्बर मिलने पर उसे बधाई देने तक नहीं जाती। अपने बेटों और चार-चार पोतों पर गर्व करनेवाला उग्रसेन पोतों की करतूतें देखकर यहाँ तक कहता है कि "बिना बेटियोंवाला घर, घर नहीं सफेदे का पेड़ होता है, जिस पर तो परिन्दे भी आकर नहीं बैठते हैं।" बात-बात पर पोतों में होनेवाली गालीगलौज से उग्रसेन को घर नरक लगने लगता है। उसे लगता है कि घर में बेटी होती तो ये सोच-समझकर बातें करते। लड़के दादा-दादी का कोई लिहाज नहीं रखते। दशरथ-भगवती की पोतियाँ उनके आगे-पीछे चहकते देखकर उसे लगता है कि उसके घर में चिड़ियों का छोटा-सा झुंड निवास करता है।

भगवती के घर में आरम्भ में बेटियों के साथ भारतीय आम परिवार जैसा ही व्यवहार होता है। बेटी सिया को यह समझ में नहीं आता कि दुर्गा अम्मा के घर में धूमधाम से जन्मदिन मनाया जाता है लेकिन अपने घर में उसका या उसकी बहनों का जन्मदिन कभी धूमधाम से नहीं मनाया जाता। अपनी छोटी बहनों में इस समारोह में शामिल होने की खुशी देखकर वह और परेशान होती है। सिया निडर और स्वाभिमानी है। उसे दादी का बार-बार उसे और अपनी बहनों को लड़कियाँ कहना अखरता है। लेकिन वह संस्कारी भी है। उग्रसेन के घर में रात दस बजे के बाद भी ऊँची आवाज में डीजे बजता है। उनके आतंक से कोई कुछ नहीं कहता लेकिन सिया सौ नम्बर पर फोन करती है। दादा दशरथ अपनी पोतियों का समर्थन करते हैं। दशरथ-भगवती की पोतियाँ पढ़ाई में तेज हैं, संस्कारी हैं। सिया, गार्गी और बुलबुल अपने दादा-दादी और माता-पिता की लाड़ली हैं। उन्होंने घर को मानो स्वर्ग बना दिया है। वे पढ़ाई में अव्वल आकर अपना और माता-पिता का नाम रोशन कर देती हैं। उनकी सफलता को देखकर इसी कारण दुर्गा अम्मा भगवती को कहती है, "भगवती तेरी पोतियाँ तो बड़ी चंट हैं। —एक बात कहूँ भगवती, तू है बड़ी नसीबवाली जो ऐसी हीरे जैसी

पोतियाँ मिली हैं। जरूर तूने पिछले जनम में मोती दान किये हैं।" सिया के वकील और गार्गी के डॉक्टर बन जाने से भगवती का घर किसी अथाह सागर में तब्दील होता है। बुलबुल भी अच्छी पढ़ाई करती है।

उपन्यासकार ने मध्यवर्गीय लोगों के जीवन के कई आयामों को परोक्ष-अपरोक्ष रूप में उजागर किया है। शहरों में फैल रहा सत्संग, गुरू करने की प्रथा आदि को पाखंडी नवजागरण कहकर उस पर व्यंग्य किया है। उत्सवों में चलनेवाले पुरुषों के नशापान को भी उजागर किया है। यह मध्यवर्गियों में बढ़ता नया प्रचलन है। बच्चों की परीक्षा के दौरान तक कॉलोनी का डीजे बजता है। शराब पार्टी का आयोजन होता है। लेकिन इसको लेकर किसी को चिन्ता नहीं। सभी संस्कृति पोषक उदारता का लाभ उठाते हैं। जब किसी के यहाँ लड़का होता है तब बड़े-बूढ़ों को अलग से परेशानी सहनी पड़ती है। परस्पर सम्बन्धों का भी उपन्यासकार ने गहराई से अंकन किया है। पड़ोसी सम्बन्धों में होनेवाले दिखावे का भी चित्रण मिलता है। दुर्गा और उग्रसेन अपने घर में होनेवाले पोतों के चलते इतराते हैं लेकिन जब ये पोते निकम्में निकलते हैं तो नाराज होते हैं। उधर भगवती के परिवार में लड़कियाँ सफलता के परचम गाड़ती रहती हैं।

उपन्यासकार के शब्दों में "उग्रसेन और दुर्गा को इतना दुःख अपने रत्नों की असफलता पर नहीं, जितना अपने सामनेवाले घर में बजते कामयाबी के वृन्दगान को सुन-सुन कर हो रहा है। हमारे समाज की एक कटु सच्चाई यह भी है कि इतने दुःखी हम अपने दुःखों से नहीं होते हैं, जितना दूसरे को खुश देखकर होते हैं। ईर्ष्या हमारी धमनियों में उस गाढ़े रक्त की तरह समा गई है, जिसने हमारा साँस लेना दूभर कर दिया है।" बावजूद इसके ऊपरी तौर पर समाज में दूसरों की खुशी में शामिल होने का दिखावा किया जाता है। पड़ोस का मामला होने से दुर्गा बेमन से सिया को बधाई देने जाती है। सप्ताह भर बाद जब गार्गी दसवीं कक्षा में अच्छे नम्बर में पास होती है तो फिर भगवती के घर बधाई देनेवालों को ताँता लग जाता है। इधर दुर्गा को होनेवाली चींटियों की चुभन बिच्छुओं के डंक में बदल जाती है। उसी समय दुर्गा का पोता विभोर दसवीं कक्षा में फेल होता है। मानव मन बड़ा अजीब है वह केवल वर्तमान को देखता है भविष्य को नहीं, इसे उपन्यासकार ने उजागर किया है। एक समय चार पोते के होने से इतरानेवाले उग्रसेन और दुर्गा उनके निकम्मे निकलने पर पोती होने की बात करते हैं। दूसरी ओर एक समय घर में तीन-तीन पोतियों के होने से नाराज रहनेवाली भगवती छोटे बेटे को सन्तान न होने पर चौथी पोती गोद लेने की बात कहती है। ताज्जुब यह कि यह सलाह उसे दुर्गा द्वारा दी जाती है। मानव मन के इस अन्तरंग को बड़ी कुशलता से यह उपन्यास सामने लाता है। इसके जरिये वह संस्कार और कर्म दोनों की महत्ता को रेखांकित करता है। मध्यवर्गीय परिवार में बेटी के विवाह की होनेवाली चिन्ता का चित्रण सिया और गार्गी के विवाह के परिप्रेक्ष्य में

किया है। विवाह के दौरान पुरानी पीढ़ी और नई पीढ़ी के विचारों में होनेवाला अन्तर सामने आता है। दशरथ-भगवती और उग्रसेन-दुर्गा के रूप में पुरानी पीढ़ी धीरे-धीरे नई मान्यताएँ—बेटी के जन्म पर चाक पूजन, लड़कियों की शिक्षा, बिरादरी बाहर विवाह, लड़का-लड़की में भेद न करना आदि को स्वीकार करती पाई जाती है। इसी कारण सिया जब बिरादरी के बाहर के लड़के से शादी करना चाहती है और परिवार वाले बिरादरी का राग अलापते हैं तब उग्रसेन कहता है कि दबाव में आकर इसने आपकी बात मान ली और खुदा न खास्ता उस घर में पटरी बैठी नहीं, तो बच्ची ज़िन्दगी-भर घुट-घुट के जीएगी।

यह उपन्यास बूढ़ों के दर्द को भी प्रस्तुत करता है। बेटे और पोतों के घर छोड़कर चले जाने से उग्रसेन का घर डंठलों से भरे जंगल में बदल जाता है। उनकी सेवा करने को कोई तैयार नहीं है लेकिन बँटवारे में घर मात्र अपने नाम करने की बात करते हैं। उग्रसेन और दुर्गा मकान अपने अन्तिम सहारे के रूप में अपने पास रखना चाहते हैं तो बेटे-बहू आपस में बाँट लेना चाहते हैं। वृद्धावस्था के अकेलेपन से वे परेशान होते हैं। बच्चे माह में कभी-कभार आ जाते हैं वे भी अतिथि की तरह। घर की रौनक वीरानी में बदल जाती है। बेटों का अपने ही माँ-बाप पर भरोसा न होने की बात उन्हें अखरती है। दोनों अपने नसीब को कोसते हुए दिन गुजारते हैं। घर में एक बेचैन सन्नाटा रहता है। दुर्गा कहती है, 'जिनके लिए अपनी ज़िन्दगानी खपा दी वे इस गाढ़े समय मुँह फेरकर चलते बने।' उधर दशरथ का घर चिड़ियों के नाद से चहचहाता है। उसे देख दुर्गा यहाँ तक सोचती है कि जब भगवती के आँगन से ये चहकती चिड़ियाँ उड़ जाएँगी तब घर एक बियाबन में बदल जाएगा। गार्गी मेडिकल की पढ़ाई हेतु बाहर जाती है तो उससे भगवती को बड़ा दर्द होता है। बेटे-बहुओं के चले जाने का वियोग और कई बीमारियों से उग्रसेन इस तरह घिर जाता है कि एक दिन अस्पताल ले जाने से पहले उसकी मृत्यु हो जाती है। पति के असामयिक निधन और अपने अकेलेपन से दुर्गा पूरी तरह टूट जाती है। वह दो-तीन दिन बीमार रहती है तो भी किसी को खबर नहीं लगती और पति की मृत्यु के बाद कुछ ही दिनों में वह भी अकेलेपन के चलते एक दिन दम तोड़ देती है।

भगवती-दशरथ की तीनों बेटियाँ विवाह होने पर अपने घर चली जाती हैं और पीहू पढ़ाई हेतु विदेश जाती है। बेटियों के चले जाने से घर उदासी में तब्दील होता है। दशरथ और भगवती को लगता है वे धीरे-धीरे बूढ़े पेड़ में तब्दील होते जा रहे हैं। तीनों बेटियाँ एक योजना बनाकर आती रहती हैं। लेकिन उनका वियोग सभी को सालता रहता है। दशरथ, जो अपनी पोतियों पर जान न्योछावर करता है। उसको यह पीड़ा कचोटती रहती है और एक दिन अचानक वह दम तोड़ देता है। दादा की मृत्यु का पोतियों को बड़ा दु:ख होता है। दशरथ के बाद भगवती कमजोर पड़ती जाती है। और कुछ दिनों बाद वह भी दम तोड़ देती है।

दादी के जाने का पीहू पर गहरा असर होता है। वह इसी के चलते मोटा पैकेज न स्वीकारते हुए भारत आ जाती है। उसके साथ मेलबर्न से उसके कुछ सहकर्मी भी आते हैं। उन्हें और परिवारवालों को लेकर वह अनाथाश्रम चली जाती है। वह आश्रम में जाने पर छब्बीस साल पुराना रिकार्ड देखती है। उसकी आँखों में पानी आता है। और वह सुपरिंटेंडेंट को सच्चाई से अवगत करती है। वह कृतज्ञता के तौर पर एक फाउंडेशन चलाती है और उसकी ओर से अनाथश्रम को डोनेशन देना चाहती है। इस डी.बी. फाउंडेशन की बात सुपरिंटेंडेंट के पल्ले नहीं पड़ती। इस सन्दर्भ में पीहू सुपरिंटेंडेंट को कहती है, "सर, ये मेरे स्वर्गीय दादा-दादी जी हैं। मेरे बड़े मम्मी-पापा ने तो सिर्फ मुझे पाला है, लेकिन मेरे दादा-दादी जी ही थे जिनकी बदौलत मैं ही नहीं बल्कि मेरी ये बहनें भी गर्व से सिर उठाकर आज समाज में चलने के काबिल हुई हैं। सर, आप सोच भी नहीं सकते हैं कि तीन-तीन बेटियों के होते हुए कोई पुराने विचारों वाला आदमी बेटे के बजाय बेटी गोद ले।" पीहू अपने दादा-दादी के नाम आश्रम को तीस लाख का डोनेशन देती है जो आश्रम के इतिहास में पहली घटना थी। इससे कई अनाथों की ज़िन्दगी सँवरने की बात सुपरिंटेंडेंट करता है। पीहू का यह सरोकार उल्लेखनीय है। आगे चलकर वह हर साल अपने जन्मदिन के अवसर पर दशरथ-भगवती फाउंडेशन की तरफ से डोनेशन भेजती है। बलवन्त-रेवती, रूपेश-जयन्ती के बुढ़ापे में बेटियाँ उन्हें अकेले होने का एहसास नहीं होने देतीं, उनका पूरा खयाल रखती हैं।

इस उपन्यास की एक महत्त्वपूर्ण उपलब्धि है कि यह उपन्यास अन्धविश्वासों का कड़ा विरोध करता है। शहरों में सत्संगों के फलने-फूलने का कारण उपन्यासकार अनियंत्रित शराबी पुरुषों को मानता है। पुरानी पीढ़ी के दशरथ दादा अन्धविश्वासों का कड़ा विरोध करते। यहाँ डॉ. नरेन्द्र दाभोलकर के विचारों का स्मरण होता है। उन्होंने आजीवन इसी बात का पुरजोर समर्थन किया। इसी कारण यह उपन्यास अन्धविश्वास के विरुद्ध एक व्यापक चेतना जाग्रति की पहल है। मूलत: यह उपन्यास बेटा-बेटी को लेकर हमारे समाज में होनेवाले अन्धविश्वास के गढ़ को तोड़ने की पहल करता है। समाज में बेटी के प्रति होनेवाली मानसिकता को उजागर करता है। जैसे सीमोन दी बुआ कहती है कि स्त्री जन्म से स्त्री नहीं होती तो उसे स्त्री बनाया जाता है। हमारा समाज बार-बार उसके स्त्री होने की बात उसे याद दिलाता है। उसके लिए पुरुषसत्ता अपनी सुविधा के अनुकूल परम्पराओं का निर्माण करती है। लेकिन स्त्री भी अवसर मिलने पर अपने व्यक्तित्व का विकास कर सकती है। स्त्री की ओर देखने का नजरिया बदलने का सन्देश यह उपन्यास देता है।

हमारे यहाँ बेटे को लेकर कुल का दीपक, वंश बढ़ानेवाला, बुढ़ापे की लाठी आदि कई भ्रम पाले जाते हैं। इसके विरुद्ध बेटियों को पराया धन मानकर उनके जन्म के समय से ही उनके प्रति एक नकारात्मक दृष्टिकोण पाला जाता है। यदि हमारे

पास बच्चे पालने की सामर्थ्य हो तो अनाथ बच्चों का अपनाना चाहिए। मानवीयता के परिप्रेक्ष्य में यह सन्देश देने के कारण यह उपन्यास उल्लेखनीय है। पीहू जैसी अनाथ बेटी को यदि गोद न लिया जाता तो उसकी ज़िन्दगी क्या होती? उसे दशरथ-भगवती का परिवार अपनाता है तो वह न केवल अपनी ज़िन्दगी में सफल बनती है बल्कि सामाजिक सरोकार का भी आदर्श सामने रखती है।

उपन्यास बेटियों के जन्म का स्वागत करने का सन्देश देता है। उपन्यास में इसके कई सन्दर्भ मिलते हैं। भगवती, दुर्गा अम्मा, अख्तरी अपने अनुभवों से इस निष्कर्ष पर पहुँचती है कि घर तो बेटियों से ही घर जैसा लगता है। इस बात का समर्थन करते हुए दुर्गा अम्मा कहती है, "सही कह रही अख्तरी। मरी तीनों की चिल्ल-पों जब-जब इस घर की दीवार लाँघकर मेरे कानों में पड़ती हैं, तो सच कहूँ ऐसा लगता है जैसे रामचरित मानस की चौपाइयाँ घुल रही हैं।" उसकी बात का समर्थन करते हुए अख्तरी कहती है कि बेटियाँ जब अम्मी-अम्मी कहती इधर-उधर चहकती हैं तो कानों पर किसी मस्जिद से आनेवाली अजान के बोल पड़ने का एहसास होता है। उपन्यासकार इन मासूम बेटियों में ही ईश्वर का दर्शन करा देता है। इन औरतों का लड़कियों सम्बन्धी रवैया अपने लम्बे अनुभवों से बना है। दो बेटों का बाप और चार पोतों का दादा उग्रसेन तक बुढ़ापे में बेटियों का समर्थन करते हुए दशरथ से कहते हैं, "बेटियों का सुख क्या होता है उसके बारे में उन निरभागों से पूछिए, जिनके कान अपने घर-आँगन में इन चिड़ियों की चहचहाट सुनने के लिए तरसते रहते हैं। इसका पता अभी नहीं चलेगा, तब चलेगा जब ये एक-एक करके इस घर की मुँडेर से उड़ जाएँगी।" और जब पोतियाँ विवाह होकर चली जाती हैं तब दशरथ इस बात का अनुभव कर परेशान होते हैं। वे बेटियों के बिछोह का दर्द सह नहीं पाते।

भगवती और दुर्गा में होनेवाले पड़ोसी सम्बन्धों के जरिये उपन्यासकार बेटा-बेटी की मानसिकता के कई सन्दर्भ उजागर करता है। उनके सम्बन्ध एक स्वाभाविक पड़ोसी की तरह पाए जाते हैं। उनमें परस्पर स्नेह भी है, ईर्ष्या भी है। वे साझा ज़िन्दगी जीने की आदी है। अनुभवों की पाठशाला में पढ़कर जीवन के प्रति बना उनका नजरिया किसी दर्शन से कम नहीं है। आरम्भ में दुर्गा अम्मा का लड़कियों के प्रति होनेवाला रवैया पूरी तरह बदलता है। इसी कारण दो दिन गार्गी के न आने के बाद वह उसकी खबर लेने भगवती के घर पहुँचती है। उसको बीमार देख चिन्तित होती है। उसका इलाज बताती है और डॉक्टर के पास ले जाने को कहती है। इतना ही नहीं वो भगवती को डाँटते हुए कहती है, "लड़की है न इसलिए लापरवाही बरत रही हो। लड़का होता तो अब तक सारे डॉक्टरों के चक्कर लग चुके होते। सही कही है किसी ने कि लड़कियाँ तो भगवान भरोसे ही पलती हैं।" वह अपने यहाँ के कौरवों की फौज का बखान करती है। गार्गी के बीमार होने से बेचैन और परेशान रहती है।

प्रस्तुत उपन्यास पुरुषप्रधान व्यवस्था को कठघरे में खड़ा कर देता है। नारी की ओर देखने की दृष्टि पर प्रश्नचिह्न लगाता है। नारी पहले मनुष्य है अतः उसकी ओर भी मनुष्य के रूप में देखना अनिवार्य है। सदियों से हमारे समाज ने नारी के प्रति गलत रवैया रखकर उसके विकास को बाधित किया। वर्तमान में जो परिवर्तन हुआ उसके चलते स्त्री अपनी काबिलियत सिद्ध कर रही है। नारी के प्रति होनवाले परम्परागत दृष्टिकोण को त्यागकर, लड़का-लड़की भेद न करते हुए दोनों को समान अवसर देना नये युग की माँग है। नई सदी में तो हमें विज्ञान और मानवता इन दोनों में मेल करके हमारे बच्चों को संस्कारित करना होगा। हमारे घर में नारी केवल बहू के रूप में न आए तो बेटी के रूप में भी आनी चाहिए, ऐसी मानसिकता का निर्माण आवश्यक है। अन्ततः स्त्री-पुरुष दोनों मिलकर ही स्वस्थ समाज का निर्माण करते हैं। इनका अनुपात बिगड़ जाए तो भयावह समस्याएँ उत्पन्न हो सकती हैं। प्रस्तुत उपन्यास भारतीय समाज में नारी के प्रति होनवाले परम्परागत दृष्टिकोण का विरोध कर एक नये दृष्टिकोण को प्रस्तुत करता है।

स्त्रियों की चिन्ता को प्रतिबिम्बित करता उपन्यास : शकुंतिका

डॉ. प्रवीण चन्द्र बिष्ट
अध्यक्ष, हिन्दी-विभाग रामनारायण रुईया कॉलेज, मुम्बई

भारत का इतिहास अपनी शक्ति, सामर्थ्य और समदर्शिता के लिए जाना जाता रहा है। यहाँ जब हम स्त्री के अधिकारों की बात करते हैं तो इतिहास गवाह है कि इस देश में अनेक ऐसी-ऐसी विदूषी महिलाएँ हुई हैं जिन्होंने अपने बल व बुद्धि के प्रभाव से बड़े-बड़े पंडितों व सूरवीरों के दाँत खट्टे कर दिए थे। प्राचीन काल में स्त्रियों को वे सारे अधिकार प्राप्त थे जिनका उपभोग उस काल में पुरुष वर्ग कर रहा था। धीरे-धीरे विदेशी आक्रान्ताओं ने इस देश पर आक्रमण कर यहाँ की संस्कृति और सभ्यता को खंडित करने का प्रयास किया और इसमें वे सफल भी होते चले गए। इन्होंने महिलाओं पर तरह-तरह से अत्याचार करना प्रारम्भ कर दिया। स्त्रियों का घर से बाहर निकलना दूभर हो गया था। ऐसी स्थिति में उनका चहुँमुखी विकास अवरुद्ध होता चला गया। इस सबके बावजूद समाज की कुछ स्त्रियाँ समय-समय पर अपना लोहा मनवाती आगे बढ़ती रहीं हैं। इस सबके बावजूद समाज का एक वर्ग सदैव ही स्त्रियों की स्थिति को लेकर चिन्तित रहता था। सन् 1947 अर्थात् आजादी मिलने तक समाज के इस वर्ग की चिन्ता ने भारत वर्ष में अपने पैर फिर से जमाने प्रारम्भ कर दिए। और तब से स्त्रियाँ लगातार जिन ऊँचाइयों को छूती दिखाई दे रही हैं वह आज किसी से छुपा नहीं है। भगवानदास मोरवाल का यह उपन्यास (शकुंतिका) स्त्री चिन्ता की उसी परम्परा की एक कड़ी है।

पूस की रात के तीसरे पहर में जब हर व्यक्ति अपने घर में कैद हो कच्ची नींद का सुख भोग रहा होता है तब अचानक बाहर से थाली बजने की आवाज आने से भगवती और उसके पति दशरथ की नींद उचट जाती है। उन्हें सुबह की इस कच्ची नीद में ही इस बात का भान हो जाता है कि उनके पड़ोसी उग्रसेन के घर में एक और बच्चा जन्म ले चुका है जिसकी पुष्टि प्रात: होते ही दुर्गा चाची के दरवाजे पर दस्तक देने से हो जाती है। दुर्गा चाची आज अपने घर में बच्चे के आगमन पर प्रात: काल ही पूरे मोहल्ले में मिठाई बाँटकर अपनी खुशी का इजहार करती है। आज

उसके घर में चौथे पोते ने जन्म लिया है।

हमारे यहाँ वंश चलाने के लिए लड़के का होना अनिवार्य माना जाता है। समाज में व्याप्त अनेक रूढ़ियों, परम्पराओं एवं धार्मिक अनुष्ठानों को लड़के के बिना पूर्ण नहीं माना जाता है। इस तरह की भ्रामक स्थितियाँ कुछ तथाकथित धर्माचार्यों ने अपने स्वार्थ सिद्धि के लिए फैलाए होंगे। जिसका प्रभाव जन सामान्य पर इस कदर छाया हुआ है कि उसे दूर करने में सदियाँ बीत जाएँगी। आज दुर्गा के यहाँ चौथे लड़के के जन्म की सूचना पाकर भगवती भी इस आशा में झूमने लगती है कि इस बार उसके यहाँ भी पोता ही होगा। रेवती के पहले से ही दो लड़कियाँ हैं जिन्हें लेकर भगवती दिन-रात चिन्तित रहती है। इस बार किसी तरह का खतरा मोल न लेने के उद्देश्य से वह अनेक डॉक्टरों के पास चक्कर लगा चुकी है कि कोई तो रेवती के होनेवाले बच्चे की जाँच कर उन्हें आश्वस्त कर दें कि उसके पेट में पलनेवाला बच्चा लड़का है या लड़की। सरकारी नियमों के खिलाफ कदम उठाने के लिए कोई भी डॉक्टर तैयार नहीं है। जेल जाने के भय से भयभीत डॉक्टर उसकी इस मुराद को पूरा करने में किसी प्रकार की सहायता नहीं कर पाते हैं। इसीलिए वह एक बार फिर से कह उठती है—"जो होगा देखा जाएगा। किस्मत में जो लिक्खा है, उसे तो कोई मिटाने से रहा।" भगवती आज इस चिन्ता में पड़ चुकी है कि यदि इस बार भी देवकी की तीसरी लड़की ही हुई तो उससे आगे कोई आशा नहीं की जा सकती है। और छोटी बहू से शादी के छह वर्ष बीत जाने पर भी जब कोई सन्तान नहीं हुई तो आगे भी कोई आशा नहीं की जा सकती है। अत: उसका वंश चलानेवाला आगे कोई नहीं रह जाएगा।

आज विश्व में एक नई समस्या व्यापक रूप से उभरती दिखाई दे रही है। समाज का एक वर्ग ऐसा है जिसे बच्चा पैदा करने में कोई रुचि नहीं है। दूसरा वर्ग वह है जो बच्चे पैदा तो करना चाहता है लेकिन जीवन में अत्यधिक दबाव के चलते वे सफल नहीं हो पाते हैं। ऐसे लोगों का इलाज होने पर ये बच्चे पैदा करने योग्य बन जाते हैं। तीसरा वर्ग वह है जिनका इलाज होने पर भी किसी प्रकार की कोई प्रगति नहीं दिखाई देती है। भगवती की छोटी बहू जयन्ती व पुत्र रूपेश इसी तीसरी श्रेणी में आते हैं। इसीलिए उन्होंने पारिवारिक लोगों की सहमति से बच्चा गोद लेने का निर्णय लिया है। लेकिन भगवती अब भी यही चाहती है कि रूपेश और जयन्ती को एक बार और डॉक्टर की सलाह लेनी चाहिए। क्या पता स्थितियों में कुछ सुधार हो गया हो। जब वह एक बार और अपने बेटे रूपेश से इस सन्दर्भ में बात करती है तो वह माँ को पूरी तरह आश्वस्त करते हुए कहता है कि मैंने सभी तरह के प्रयास कर लिए हैं, अब कोई गुंजाइश नहीं बची है। तब भगवती बच्चा गोद लेने के लिए राजी होती है। इस दौरान इस बात का विशेष ध्यान रखा जाता है कि बच्चा किसी सम्बन्धी के यहाँ से न लिया जाए। अन्ततः इस निष्कर्ष पर पहुँचते हैं कि बच्चे को

अनाथ आश्रम से ही लिया जाएगा। जब रूपेश इस हेतु जानकारी जुटाने का प्रयास करता है तो उसे बच्चा गोद लेने की जटिल प्रक्रिया से गुजरना पड़ता है। अन्ततः वे पुत्री गोद लेने का निर्णय लेते हैं जिसकी सराहना चारों ओर होती है। इस कार्य में रूपेश के माता-पिता व आस-पड़ोस के लोग भी उसका साथ देते हैं। नई बच्ची पीहू के घर में आते ही पूरा घर खुशियों की किलकारियों से गूँजने लगता है। इसी बीच पीहू की आँखें खुलती हैं, वह अपने आपको एक नए लोक में पाती है। इसी के साथ भगवती उसे हर तरह की सुख-सुविधाओं को देने का संकल्प लेती है। यहाँ यह उपन्यास पूरी तरह आर्टिफिसियल प्रतीत होता है। जिस घर में पहले से तीन-तीन बेटियाँ मौजूद हों वहाँ फिर से बेटी को गोद लिया जाना गले से नीचे नहीं उतरता है। और वह भी भारत जैसे देश में जहाँ आज भी पुत्री के होने पर सामान्य व्यक्ति मन मसोसकर रह जाता है।

इस उपन्यास में दशरथ के माध्यम से लेखक एक और नई परम्परा की नींव डालता दिखाई देता है। अक्सर दशरथ के कस्बे में लड़का होने पर ही कुआँ पुजवाया जाता था। लेकिन आज दशरथ एक गोद ली हुई लड़की (पीहू) के घर में आने की खुशी पर पूरे इलाके में एक नई परम्परा की शुरुआत करते हैं। इस नई परम्परा का संज्ञान अखबार वालों ने भी लिया और पूरी खबर को विस्तार से दे दिया, जिससे पूरे इलाके में लड़कियों के प्रति एक नई विचारधारा का जन्म हो सके।

जीवन संघर्षों का दूसरा नाम होता है। यहाँ प्रत्येक व्यक्ति को संघर्षरत होना ही पड़ता है। अब सवाल यह उठता है कि वह संघर्ष जीवन के किस दौर में किया जा रहा है। यही व्यक्ति के स्वाधीन व पराधीन रहकर कार्य करने के पद्धति को निर्धारित करता है। जीवन में जो व्यक्ति ब्रह्मचर्य आश्रम, गृहस्थ आश्रम, संन्यास आश्रम व वानप्रस्थ आश्रम के मर्म को समझकर उनके अनुकूल कार्य करता है; वह जीवन को अपने तरीके से गतिमान करने में सक्षम होता है। अन्यथा मनुष्य जीवनपर्यन्त दूसरों के हाथ की कठपुतली बनकर रह जाता है अथवा घोर कष्टमय जीवन जीने के लिए विवश हो जाता है। भगवानदास मोरवाल के उपन्यास के एक पात्र उग्रसेन की स्थिति पर गौर कीजिए। वह आज से तीस वर्ष पहले जब इस मोहल्ले में आया था तब वह लोगों के घरों में साइकिल से दूध ले जाकर बेचा करता था। बाद में यही काम वह मोटरसाइकिल से करने लगा और देखते ही देखते वह एक डेरी का मालिक बन गया। और उसके बच्चों ने प्रॉपर्टी डीलर का कार्य प्रारम्भ कर दिया है जिनका व्यापार दिन-प्रतिदिन फैलता ही जा रहा है। लेकिन जब हम आज उसके इस बीच के संघर्षों पर विचार करते हैं तो हमारे रोंगटे खड़े हो जाते हैं। इस तरह के संघर्ष के लिए साहस, धैर्य, अथक परिश्रम व जीवन को जीने की अकूत जिजीविषा की आवश्यकता होती है। आज उसके घर में चौथे पोते ने जन्म लिया है। पुत्र के आने पर घर में खुशी का माहौल है और पूरा मोहल्ला जश्न और दावत में मगन है।

किन्तु उग्रसेन की पड़ोसी भगवती की बड़ी पोती सिया इस बात को लेकर विचारमग्न रहती है कि आख़िर दुर्गा अम्मा के यहाँ, चाहे वह किसी बच्चे का जन्मदिन हो अथवा बर्थडे पार्टी; इन्हें इतने धूमधाम से कैसे मनाया जाता है।

आज हमारे समाज में बच्चों की बौद्धिकता को उनके विद्यालयों की परीक्षाओं से आँकने का प्रयास किया जा रहा है। हमारे समाज में सभी माता-पिता यही चाहते हैं कि उनकी सन्तानें अव्वल अंक लाकर समाज में उनका रुतबा बढ़ाएँ। माता-पिता व घर के अन्य सदस्यों की इच्छाओं पर खरा न उतर पाने के कारण ऐसे बच्चों का जीवन मरण बन जाता है। जिसे भगवानदास मोरवाल ने इस प्रकार अभिव्यक्त किया है—आज सिया के 12वीं का रिजल्ट आया था जिसमें उसे 92 प्रतिशत अंक मिले थे जबकि उग्रसेन के पोते रोहित और अमित मात्र 54 प्रतिशत पर ही सिमट कर रह गए। और भगवती की पोती गार्गी जो दसवीं में थी उसे 94 प्रतिशत अंक मिले जबकि उग्रसेन का पोता विभोर फेल हो गया और विजय को मात्र पास हो जाने में ही सन्तोष करना पड़ा। आज समाज में जहाँ एक ओर विद्यार्थियों के परीक्षाओं में आए अंकों के आधार पर मूल्यांकन होने से काफी बच्चे निराश होते दिख रहे थे तो काफी बच्चों के माता-पिता उन्हें प्रताड़ित करते नहीं थकते। इसी के परिणामस्वरूप स्कूल व विद्यालयों में ग्रेड की प्रथा प्रचलित हो गई। लेकिन इस सब के बावजूद आज भी बड़ी-बड़ी संस्थाओं में प्रवेश पाने के लिए अथवा नौकरी के लिए विद्यार्थियों के अंकों को ही प्राथमिकता दी जाती है।

शिक्षा जगत से जुड़ी इन सारी स्थितियों को विधिवत समझने के पश्चात ही डॉक्टर भीमराव अंबेडकर कहते थे कि 'शिक्षित हुए बिना गरीबों के जीवन में परिवर्तन की कोई गुंजाइश नहीं है।' जिन स्थितियों को आज उग्रसेन भी बहुत अच्छी तरह से समझ रहे हैं इसीलिए आज उन्हें एहसास हो रहा है कि काश दशरथ और भगवती की तरह यदि उनकी भी कोई पोती होती तो वह भी अच्छे अंक लाकर उनका नाम रोशन करती इसीलिए वे कहते हैं—"ऐसे निकम्मे पोतों से तो ऊपरवाला दशरथ भगवती जैसी एक पोती ही दे देता। सत्यानाशियों में से एक भी तो काम का नहीं निकला।" भगवानदास मोरवाल देश के उस क्षेत्र से आते हैं जहाँ आज भी लड़कियों का जन्म अभिशाप माना जाता है। अत: वहाँ के लोगों की मानसिकता को परिवर्तित करना भी भगवान दास मोरवाल का उद्देश्य दिखाई देता है। इसीलिए भगवानदास मोरवाल ने सिया को राष्ट्रीय विधि विश्वविद्यालय द्वारा आयोजित अखिल भारतीय विधि प्रवेश परीक्षा में उत्तीर्ण होता दिखाया है। ताकि वह समाज लड़कियों की क्षमता को समझ सके और लड़कियों को देखने का नजरिया बदल सके। आज भगवती के घर में तीसरी लड़की ने जन्म लिया है। लेकिन भगवती के मन में कहीं भी किसी तरह का उत्साह नहीं दिखाई देता। वह तो लड़के के होने की आस लगाए बैठी थी। वह आज इतनी दुखी है कि उसे बच्चे के रूदन को सुनने पर ऐसा एहसास हो

रहा है मानो किसी ने शीशा पिघलाकर उसके कान में टपका दिया हो। तब दशरथ अपनी पत्नी को समझाते हैं कि पुत्र का होना कोई बहुत बड़ी उपलब्धि नहीं है। वह अपने पड़ोसी उग्रसेन के माध्यम से अपनी बात को स्पष्ट करते हैं कि उग्रसेन हमारी पोतियों की प्रगति की सराहना करते हैं। और बताते हैं कि उनके घर में उनके पोतों ने सबके नाक में दम कर रखा है। वह यह भी बताते हैं कि उनके पोते घर के किसी भी काम में उनका हाथ नहीं बँटाते और न ही आदर व सम्मान ही देते हैं। घर में सभी असभ्यों की भाषा बोलते हैं।

समाज में जब तक स्त्री और पुरुष अपने मर्यादाओं में रहते हैं तब तक समाज के लोग आपस में एक दूसरे को सुरक्षित पाते हैं यदि इनमें से एक ने भी दुराचार करना शुरू कर दिया तो उनके आसपास रहनेवाले सभी लोग इनकी दहशत के शिकार बनते चले जाते हैं। ठीक इसी प्रकार से उग्रसेन के पोतों ने भी अपने दुष्कर्मों से आसपास के लोगों का जीवन दूभर कर दिया है। इसीलिए जब इन्हें यह पता चलता है कि उग्रसेन का बड़ा बेटा नागदत्त भी अब इस कॉलोनी को छोड़ने का निर्णय ले चुका है तो कॉलोनी में रहनेवाले सभी लोगों के चेहरों पर खुशी की लहर दौड़ आती है। वे इस सोच में डूब जाते हैं कि इनके जाते ही इनके द्वारा दी जानेवाली तरह-तरह की यातनाओं (लड़कियों को छेड़ना और मोटरसाइकिल के साइलेंसर से चिंगारियाँ उगलते शोर) से उन्हें अब शीघ्र ही मुक्ति मिल जाएगी। जिस दिन नागदत्त इस कॉलोनी को छोड़कर जा रहा था उस दिन मोहल्ले के सभी लोग अपने-अपने घरों से बाहर निकल आए। इस स्थिति को देखकर यह समझ नहीं आ रहा था कि आख़िर ये नागदत्त के मोहल्ला छोड़कर जाने का दु:ख प्रकट कर रहे थे अथवा उसके बेटों द्वारा दी जानेवाली यातनाओं से मुक्त होने की खुशी। इस बात को स्वयं उग्रसेन की पत्नी दुर्गा भी स्वीकार करती है और कह उठती है कि—"सारी की सारी कौरवों की फौज मेरे ही घर में पैदा हो गई"। दुर्गा के इन चारों पोतों में नागदत्त का बड़ा लड़का रोहन का चाल चलन सबसे खराब था और अभय के दोनों लड़के अमित और विजय भी किसी मायने में कम नहीं थे। अत: दुर्गा अपने पड़ोसी भगवती के घर में लड़कियों द्वारा निर्मित खुशी और शांति के माहौल को देखकर रात-दिन ऊपर वाले से प्रार्थना करती थी कि उसके घर में भी कम-से-कम एक पोती हो जाए। क्योंकि वह देख रही है कि अब भगवती के दूसरे नम्बर की पोती गार्गी डॉक्टर बनने के इरादे से अपनी पढ़ाई में जुट गई है। जिससे मोहल्ले के सभी लोग काफी आश्वस्त हैं कि कम-से-कम हारी-बीमारी में गार्गी उन्हें डॉक्टर बनने पर बीमारी से मुक्त करेगी।

जब व्यक्ति मेहनत करने लगता है तो उसे धर्म का भान होने लगता है, वह अपनी परम्पराओं से भी जुड़ने लगता है। गार्गी भी अब अपने जीवन को सँवारने के लिए पूरी तन्मयता के साथ पढ़ाई में जुट गई है। गार्गी की जान मेडिकल के लिए राष्ट्रीय पात्रता व प्रवेश परीक्षा अर्थात नीट के परीक्षा परिणामों में अटकी हुई है। अत: वह

रोज प्रात: शंकर भगवान के मन्दिर में जाकर जल चढ़ाती है ताकि उसके परीक्षा का परिणाम अच्छा आए। यह सबकुछ देख उसके दादा उसे बड़ी ही शालीनता से समझाते हैं कि बेटी आजकल मैं देख रहा हूँ कि तुम्हारा भगवान के प्रति आकर्षण बढ़ गया है जिसके पीछे तुम्हारा लालच छुपा हुआ है। यहाँ गार्गी और दादा दशरथ के आपसी बातचीत के माध्यम से लेखक के वामपंथी विचार दृष्टव्य होते हैं। लेखक जबरदस्ती पाठकों पर भगवान के प्रति अनास्था को थोपना चाह रहा है। जबकि मेरा मानना है कि भगवान की आराधना करना गलत बात नहीं है लेकिन उससे भी बड़ी बात यह है कि हमें अपने कर्म पर विश्वास होना चाहिए ताकि भगवान पर हमारा विश्वास बना रह सके। अन्यथा कर्म के कमजोर पड़ने पर हमें असफलता मिलती है और हमारा भगवान के प्रति विश्वास भी कम होने लगता है।

यह सही था कि हमारे यहाँ बेटियाँ शादी के बाद ससुराल में किसी तरह की मनमानी नहीं कर पाती थीं अर्थात अपनी इच्छाओं का दमन करके रह जाती थीं। लेकिन आज स्थितियों में परिवर्तन आ चुका है, आज बेटियाँ जितनी अपने माता-पिता के यहाँ स्वतंत्र हैं उतना ही अपने ससुराल में भी उन्हें अधिकार मिल रहा है। अब ससुराल में भी उनका मार्ग रोकने का साहस कोई नहीं कर पाता। जैसा कि ऊपर अभय की पत्नी नि:संकोच अपने सास-ससुर के समक्ष अपने विचार रख देती है। आज अनेक लड़कियाँ जीवनपर्यन्त अपने भविष्य को बनाने में जुटी रहती हैं। वे पुरुष के कंधे-से-कंधा मिलाने में सक्षम हैं लेकिन लेखक यहाँ भी उसी परम्परागत रूढ़ियों का परिचय दे रहा है जो काफी पीछे छूट चुकी है। जिसका प्रमाण सिया के ये विचार हैं वह अपनी दादी को आश्वस्त करती है कि उसे जुडिशल का इम्तिहान देना है। उसके बाद फिर शादी पर विचार किया जाएगा।

लेखक ने एक और ज्वलन्त समस्या को यहाँ उठाने का प्रयास किया है। पहले लड़की की शादी तय करने से पूर्व यह देखा जाता था कि परिवार में चाचा, ताऊ आदि का कुनबा भरा-पूरा है या नहीं। ताकि कोई भी विपत्ति आने पर सभी मिल-जुलकर आपस में ही उसका समाधान कर सकें। लेकिन आज की स्थितियाँ ठीक इसके विपरीत हैं। एक तो बढ़ती जनसंख्या के कारण सरकार ने जनसंख्या नियंत्रण पर जोर देकर अपने नागरिकों को दो बच्चों तक सीमित कर दिया है। अब तो नागरिकों ने सरकार से एक कदम और आगे बढ़ा लिया है। आज वे एक ही बच्चा होने पर सन्तुष्ट होने लगे हैं। इसी के चलते अब शादी के दौरान एक नया चलन चल निकला है कि जिस परिवार में एक ही लड़का हो उसी से अपनी बेटी की शादी तय करना आदर्श माना जा रहा है। आज सिया के लिए जो रिश्ता आया है उसे लेकर उसके परिवार के सभी लोग सन्तुष्ट थे। लेकिन भगवती सिया के लिए आए रिश्ते के सम्बन्ध में जब अपनी पड़ोसन दुर्गा से बात करती है तो वह कह उठती है कि "आजकल के हिसाब से एकदम आदर्श परिवार एक ऐसा आदर्श जिसके बारे में

मान्यता और धारणा बन चुकी है कि इस देश की लड़कियाँ ऐसे परिवारों में शादी के बाद कहीं ज्यादा सुख पाती हैं। न ननद का झंझट। न देवरानी जेठानी की टेंशन, न जमीन जायदाद के बँटवारे की किचकिच। न किसी के रौबदाब का टंटा। कहने का तात्पर्य यह है कि वह अपने माँ-बाप की इकलौती सन्तान है।" अब तो स्थितियाँ यहाँ तक आ गई हैं कि लड़की शादी के बाद लड़के के माता-पिता तक के साथ रहने के लिए तैयार नहीं होती। यही स्थितियाँ आज समाज में असुरक्षा का कारण बनती जा रही हैं। और इन्हीं से परिवार में तरह-तरह की परेशानियाँ जन्म ले रही हैं। तलाकों की तादाद बढ़ रही है। आज इसी झूठे सुख ने ही सारे रिश्ते-नाते खत्म कर दिए हैं। पारिवारिक कलह थमने का नाम नहीं ले रहे हैं। अत: इन विषयों पर विचार करना अत्यन्त आवश्यक है, न कि इन्हें प्रोत्साहन देना।

इस उपन्यास के माध्यम से लेखक अन्तरजातीय विवाह को ही सर्वोपरि मान रहा है। लेखक का मानना है कि आज लड़कियाँ जिस मेहनत और लगन से पढ़ाई करके अपने जीवन को सँवारने में लगी हुई हैं। ऐसी लड़कियों के लिए उनके समाज में या बिरादरी में उनके बराबर सक्षम लड़का आसानी से नहीं मिल पाता जिसके चलते कभी-कभी बड़ी समस्याएँ खड़ी हो जाती हैं। जबकि कुछ परिश्रम करने पर इसका भी हल मिल सकता है। लेकिन लेखक यहाँ पूरी तरह से अन्तरजातीय विवाह को प्राथमिकता दे रहा है जो हमारे समाज के लिए और उन परिवारों के लिए बड़ी समस्या उत्पन्न कर सकता है जो अपने जाति व धर्म के प्रति आस्थावान हैं। ऐसी स्थिति में बच्चों को संस्कारों की आवश्यकता होती है जिसे माता-पिता द्वारा शालीनता से दिया जाना चाहिए। उन्हें संस्कारयुक्त साहित्य उपलब्ध कराया जाना चाहिए, ताकि वे अपने भविष्य के प्रति जागरूक हो सकें। उन्हें इस बात की भी जानकारी देना आवश्यक है कि प्रेम विवाह सिर्फ दस प्रतिशत ही सफल होते हैं और 90% प्रेमी ऐसे हैं जो अवसरों का फायदा उठाकर मुँह मोड़ लेते हैं। ऐसी स्थिति में लड़कियों का समाज में जीना मुश्किल हो जाता है। उस समय सिर्फ माता-पिता ही उसके आधार स्तम्भ बनते हैं। अत: समय रहते माता-पिता की ही जिम्मेदारी बनती है कि वह अपने बच्चों का सही मार्गदर्शन करें। और बच्चों का भी कर्तव्य बनता है कि माता-पिता के पास एक लम्बा अनुभव होता है जिसके अनुसार वह अपने बच्चों का मार्गदर्शन करते हैं, अत: बच्चों को माता-पिता के बताए रास्ते पर चलना चाहिए। वही कल्याणकारी होता है। जयशंकर प्रसाद जी ने भी इस बात को बड़ी ही सटीकता के साथ स्पष्ट किया है—

इतना न चमत्कृत हो बाले, अपने मन का उपकार करो
मैं एक पकड़ हूँ जो कहती, ठहरो कुछ सोच विचार करो।

(कामायनी)

इस उपन्यास के माध्यम से लेखक ने एन.जी.ओ. के कार्यों को भी रेखांकित

करने का प्रयास किया है। उनका मानना है कि यदि एन.जी.ओ. अपने कार्यों को पूरी निष्ठा के साथ करें तो निश्चित्त ही उसके उद्देश्य पूरे होते हैं। लेखक ने पीहू के माध्याम से अनाथाश्रम के योगदान को अभिव्यक्त किया है। आज वही पीहू ऑस्ट्रेलिया में नौकरी करने लगती है। और बाद में अपने एन.जी.ओ. के माध्यम से उस अनाथाश्रम को तीस लाख रुपए दान के रूप में देती है। साथ ही वहाँ से लौटते हुए वह यह घोषणा करती है कि अब वह आगे से हर वर्ष इस अनाथाश्रम को एक निश्चित राशि देती रहेगी।

भगवानदास मोरवाल ने इस उपन्यास के माध्यम से प्रेम विवाह की पैरवी की है और भारतीय समाज में व्याप्त परम्परागत विवाह प्रणाली का सिरे से खंडन किया है अथवा उसे कमजोर साबित करने की कोशिश की है। इस उपन्यास को पढ़ने पर ऐसा लगता है कि लेखक ने पारम्परिक विवाह के गणित को पूरी तरह से दरकिनार कर दिया है। दशरथ और भगवती द्वारा लड़की गोद लेने का प्रस्ताव पूरी तरह से आर्टिफिशियल लगता है। इसमें धार्मिक अनास्था को भी अभिव्यक्त करने का प्रयास किया गया है। उपन्यास की शैली सरल व प्रवाहमय है। संवेदनात्मक दृष्टि से भी यह पाठक को पूरी तरह से झकझोरने में सक्षम है। लेखक ने अंग्रेजी, प्रान्तीय और प्रादेशिक शब्दों को (चिंघाड़ता, टेंशन, तीमारदारी आदि) भी स्थान दिया है। जिससे भाषा का प्रवाह सुन्दर बन पड़ा है। भगवानदास मोरवाल ने इस उपन्यास के पात्रों के माध्यम से अनेक ऐसे नवीन संकेत किए हैं जो शायद उनके व्यक्तिगत सोच व अनुभवों का परिणाम हों परन्तु सवाल यह उठता है कि क्या इसे इसी रूप में जनसामान्य स्वीकृति दे पाएगा? अस्तु।

ऊर्ध्वगामी चिन्तन की ओर उद्‌बुद्ध करती 'शकुंतिका'

डॉ. सत्यवती चौबे
अध्यक्ष, हिन्दी विभाग, विल्सन कॉलेज, मुम्बई

भगवानदास मोरवाल समकालीन हिन्दी कथा साहित्य के सशक्त हस्ताक्षर हैं। इनकी जीवन दृष्टि इतनी व्यापक है कि समाज का कोई भी अंग इनकी लेखनी से अछूता नहीं रहा है। इनकी समग्र रचनाएँ चाहे वह 'काला पहाड़' हो, 'रेत' हो, 'नरक मसीहा' हो, 'हलाला' हो, 'सुर बंजारन' हो, चाहे 'वंचना' हो या फिर 'शकुंतिका', ये सभी रचनाएँ इस तथ्य को पुष्टि प्रदान करती हैं कि भगवानदास मोरवाल समकालीन हिन्दी साहित्याकाश के उत्कृष्ट रचनाकार हैं। नए विचारों, जीवनादर्शों के द्योतक हैं, उपेक्षितों-वंचितों-शोषितों की कही-अनकही दुखती मनोव्यथा के गहरे मर्मज्ञ हैं। इनके जीवन को सूक्ष्मतम दृष्टि से जाँचने-परखने-समझनेवाले भगवानदास मोरवाल अपनी लेखनी के माध्यम से चुनौतीपूर्ण मुद्दों को उठाकर उन्हें अत्यन्त सुदृढ़ता, सहजता, सशक्तता, जीवन्तता और संवेदनात्मक अभिव्यक्ति प्रदान करते हैं, उनका गहन विश्लेषण करते हैं।

भारतीय समाज में स्त्रियों का जीवन हमेशा से अन्यायपूर्ण, संघर्षपूर्ण और चुनौतीपूर्ण रहा। सदियों से हाशिए पर खड़ी स्त्री जाति की व्यथा कथा को अपना अहम् दस्तावेज बनाकर अपने साहित्य के माध्यम से उनके जीवन में बदलाव ले आने का प्रयास किया। अभी हाल ही में, सन् 2020 में राजकमल प्रकाशन द्वारा प्रकाशित उपन्यास 'शकुंतिका' लेखक भगवानदास मोरवाल की ऐसी ही रचना है। यदि घर की महिलाएँ, बेटियों के साथ समान व्यवहार करते हुए उन्हें समान अवसर प्रदान करें तो यही बेटियाँ बेटों को पीछे छोड़कर जीवन के हर कदम पर सफल होती हैं। अपने कठोर परिश्रम, आत्मविश्वास, दृढ़-संकल्प और अदम्य इच्छाशक्ति से जीवन की कठिनतम बाधाओं, चुनौतियों को दूर करते हुए अपने कर्तव्यों का बखूबी निर्वहन करती हैं। भगवानदास मोरवाल कृत 'शकुंतिका' उपन्यास इन्हीं मुद्दों पर आधारित उपन्यास है।

इस उपन्यास में दो अलग-अलग परिवारों की कथा समानान्तर गति से प्रवाहित

होती है, परन्तु उपन्यास के आख़िरी पड़ाव तक पहुँचते-पहुँचते एक परिवार की कथा बीच में ही जीवन पर पूर्णता का विराम चिन्ह लगने के साथ ही पूरी होती है, तो वहीं दूसरे परिवार की कथा उपन्यास को सार्थक और सम्पूर्णता प्रदान करती है। कथा कुछ यूँ है कि भगवती और दशरथ एक प्रौढ़ दम्पति हैं। अपने दो पुत्रों-पुत्रवधुओं क्रमश: बलवन्त-रेवती और रूपेश-जयन्ती के साथ शहर के एक कॉलोनी में रहते हैं। छोटे पुत्र रूपेश और जयन्ती की कोई सन्तान नहीं है, जबकि बड़े पुत्र बलवन्त और रेवती को एक बेटे का इन्तजार करते-करते धीरे-धीरे तीन बेटियाँ क्रमश: सिया, गार्गी और बुलबुल हो चुकी हैं। वंश-वृद्धि की चिन्ता के कारण भगवती और दुर्गा क्षुब्ध और निराश रहते हैं। वहीं पड़ोसी उग्रसेन और दुर्गा के घर में हर बार लड़के के जन्म को देखकर वे मन ही मन और टूट जाते हैं। "जिस दिन से उग्रसेन के छोटे बेटे अभय को पुत्र-रत्न की प्राप्ति हुई है, उसी दिन से उग्रसेन और उनकी पत्नी दुर्गा की पूरी तरह देह भाषा यानी की बॉडी लैंग्वेज ही बदल गई है। भला क्यों नहीं बदले, आख़िर दोनों बेटों नागदत्त और अभय के इस पुत्र को मिलाकर वे चार-चार पोतों के दादा-दादी जो हो गए हैं। एक दिन तो उग्रसेन ने सीना तानते हुए मुहल्ले में किसी से कह भी दिया था कि वे एक नहीं चार-चार रत्नों के दादा हैं।"

बड़े बेटे नागदत्त और कौशल्या को रोहन और विभोर तथा छोटे बेटे अभय और कुसुम को अमित और विजय हैं, जिनका जन्मदिन या जन्मोत्सव वे खूब धूमधाम से आयोजित करते हैं। शहर के महँगे से महँगे स्कूल में वे पढ़ने जाते हैं, फिर भी फेल हो जाते हैं। परिवार द्वारा दी गई तमाम सहूलियतों का नाजायज फायदा उठाते हुए वे धीरे-धीरे बिगड़ैल, उद्दंड, चरित्रहीन बन जाते हैं। अपने दादा-दादी से भी उद्दंडतापूर्ण व्यवहार करते हैं, जिससे तंग आकर उग्रसेन और दुर्गा का अपने पोतों के प्रति मोहभंग हो चुका है। जिन पोतों के जन्म पर वे सीना तानकर उत्तानपाद होकर चलते थे, उन्हीं ने उनकी नाक नीची कर दी है। "दरअसल उग्रसेन के दुखी होने की एक और वजह है, जिसे सुनकर मुझे भी लगा कि वह ठीक कह रहा है। कह रहा था कि बात-बात पर जिस तरह उसके पोते आपस में गाली गलौच करते हैं, उससे पूरे घर को नरक बना कर रखा हुआ है। न कोई छोटे की लिहाज, न बड़े की शरम। किसी की जुबान पर कोई काबू नहीं है। एकाध लड़की होती, तो कम-से-कम बातचीत तो सोच-समझकर करते। एक बार तो उग्रसेन की आँखें भर आईं, बोला, दशरथ क्या बताऊँ, हर काम के लिए दस बार कहना पड़ता है। मैं तो जब देखो तुम्हारे घर से तुम्हारी पोतियों को बस यही कहते सुनता हूँ, आई दादाजी, आई अम्मा। ऐसा लगता है जैसे तुम्हारे घर में लड़कियाँ नहीं, चिड़ियों का छोटा-सा झुंड वास करता है, जब देखो इधर से उधर फुदकती रहती हैं।" एक स्थान पर वे पुन: कहते हैं—"भाई, मानना पड़ेगा पोतियाँ हों, तो दशरथ और भगवती जैसी। क्या किस्मत पाई है, उग्रसेन ने धीरे से दुर्गा की आँखों में झाँकते हुए देखा। ऐसे निकम्मे

पोतों से तो ऊपर वाला दशरथ-भगवती जैसी एक पोती ही दे देता। सत्यानाशियों में से एक भी तो काम का नहीं निकला।" उनकी इन बातों को सुनकर भगवती व दशरथ के मन में तीन-तीन पोतियों के होने की पीड़ा समय के साथ-साथ कम होती जाती है। जहाँ उग्रसेन व दुर्गा के चार-चार पोते उनकी कोई इज्जत नहीं करते, कोई सेवा नहीं करते, कभी उनके पास फटकना तक नहीं चाहते हैं, वहीं दशरथ और भगवती की पोतियाँ खूब मन से पढ़ते हुए, अपने दादा-दादी की हर बात मानते हुए, उनका आदर-सम्मान करते हुए उन्हें शिरोधार्य किए रहती हैं।

इसी बीच घर में और बड़ी घटना घटित होती है। दुर्गा और भगवती दोनों पड़ोसिनों में भगवती के छोटे बेटे रूपेश और जयन्ती के कोई औलाद नहीं होने के विषय में बातचीत होती है, दोनों अपनी-अपनी चिन्ताएँ व्यक्त करती हैं। दोनों में काफी विचार-मंथन के बाद दुर्गा, भगवती को यह सलाह देती है कि इससे पहले कि रूपेश-जयन्ती की उम्र निकल जाए; उन्हें एक बच्चा गोद ले लेना चाहिए और गोद भी किसी लड़की को ही लेनी चाहिए। इसके पीछे उसने यह तर्क दिया कि यदि वह लड़का बड़ा होकर उदंड निकल जाए कि इन लड़कियों को अपनी बहन मानने से इनकार कर दे और पूरी सम्पत्ति पर कब्जा कर बैठे, तो इन बच्चियों का मायका भी हमेशा-हमेशा के लिए छूट जाएगा। दुर्गा ने रूपेश के इस प्रस्ताव पर कि वह बुलबुल को ही गोद क्यों न ले ले, तो उन्होंने इसे भी उचित नहीं ठहराते हुए यह तर्क दिया कि बुलबुल बलवन्त और रेवती की बेटी है, जिन्हें वह गोद लेना चाहता है, यदि वे बुलबुल को अपनी बेटी समझकर अधिक लाड़-दुलार से परवरिश करेंगे, तो यह सिया और गार्गी के साथ नाइंसाफी होगी। घर के सभी सदस्यों और आदर्श पड़ोसियों की आपसी सहमति से वंश-वृद्धि करनेवाले लड़के के बजाय लड़की ही गोद लेने का निर्णय लिया जाता है। काफी भागदौड़-मशक्कत के बाद सभी एक बच्ची को गोद लेने अनाथ आश्रम में पहुँचते हैं। यह समय सबके लिए अत्यन्त भावुकतापूर्ण था। इस भावुकता को और अधिक प्रगाढ़ कर दिया, घर पर अपनी चौथी बहन का इन्तजार कर रही तीन चिड़ियों—सिया, गार्गी और बुलबुल ने, सबने मिलकर घर को खूब सजाया था। अपनी एक दिन की नन्हीं बहन का नाम भी रख दिया था—'पीहू'। पीहू के घर में प्रवेश करते ही खुशियों की किलकारियाँ गूँजने लगीं। पीहू सबकी आँखों का तारा थी, सबके लिए एक खिलौना। सभी पोतियाँ घर में दिन-रात चिड़ियों की तरह चहकती-फुदकती रहती हैं। इन चार-चार पोतियों ने घर की रौनक में चार चाँद लगाकर खुशियों में कई गुना अधिक वृद्धि कर दी थी। धीरे-धीरे इन बच्चियों से दुर्गा और उग्रसेन समेत सबका प्रेम, लगाव बढ़ता गया। बड़ी पोती सिया कानून की पढ़ाई पढ़कर वकील बनती है, तो दूसरी पोती गार्गी डॉक्टर बनती है और अनाथ आश्रम से गोद ली हुई पीहू तो भारत सरकार की तरफ से पढ़ने के लिए ऑस्ट्रेलिया के मेलबर्न यूनिवर्सिटी जाती है।

इधर दुर्गा और उग्रसेन की सभी स्वार्थी औलादें—दोनों बेटे-बहुएँ, चारों पोते

धीरे-धीरे करके अपने बढ़ते हैसियत के अनुसार अपना अलग-अलग आशियाना बनाकर उन्हें छोड़कर चले जाते हैं। दुर्गा और उग्रसेन निहायत एकाकीपन और सूनेपन से आक्रान्त होकर दुखी जीवन जीते हैं। काफी दिनों तक अकेलेपन में वक्त बिताते उग्रसेन ने एक दिन अपने पूरे परिवार को बुलाकर अपनी सम्पत्ति का बँटवारा करने का निर्णय किया। सिर्फ घर अपने पास रखा क्योंकि वे दोनों पति-पत्नी उस घर में रहते थे। दुर्गा और उग्रसेन ने यह निर्णय कर लिया था कि वे जीते-जी कभी ये मकान अपने बच्चों के नाम पर नहीं करेंगे, अन्यथा उनका यह आश्रय भी छिन जाएगा। उन्होंने अपने बच्चों की गुलामी, बहुओं-पोतों के दुर्व्यवहार के साथ जीने के बजाय अपने घर में अकेले आत्मसम्मान, आत्म-स्वाभिमान से मरना अधिक पसन्द किया।

इधर भगवती और दशरथ के परिवार में पोतियों की विवाह की तैयारी चलने लगी। सिया ने सकुचाते हुए अपने द्वारा चयनित वर से विवाह करने की बात रखी, तो घर-परिवार सन्न रह गया। दादी भगवती इस शादी के लिए कतई तैयार नहीं थीं, दादा दशरथ असमंजस की स्थिति में थे। ऐसी परिस्थिति में उन्होंने पूरे परिवार समेत पड़ोसी उग्रसेन और दुर्गा को भी बुलाकर सिया के विवाह पर चर्चा की। इस बैठक में उग्रसेन और दुर्गा ने रूढ़िगत परम्पराओं को नकारते हुए सिया की इच्छानुसार विवाह को ही उचित ठहराया, क्योंकि इसी में उसकी खुशी थी, उस पर कुछ भी जबरदस्ती थोपने को अनुचित ठहराया गया। अन्ततः निर्णय हुआ कि सिया का विवाह उसी से होगा, जिसे वह पसन्द करती है। लड़का बंगाली ब्राह्मण है तो क्या हुआ, ज्यूडिशरी की परीक्षा पास करके जज बननेवाला है। लड़के वालों द्वारा दहेज की कोई माँग नहीं थी, अपितु सामान्य ढंग से शादी करने पर जोर दिया गया था, परन्तु दादी भगवती की इच्छानुसार विवाह खूब धूमधाम से सम्पन्न हुआ। इसके बाद गार्गी जो कि डॉक्टर बन चुकी थी, उसने भी अपने पसन्द के डॉक्टर लड़के से विवाह किया। यह शादी लड़के वालों के अनुरूप पंजाबी ढंग से, तो गार्गी की ओर से राजस्थानी ढंग से धूमधाम से हुई। बुलबुल की शादी दादी ने अपनी जात-बिरादरी में खूब धूमधाम से दहेज देकर किया, लेकिन इसके बावजूद वह अपने पति और ससुराल वालों द्वारा खूब प्रताड़ित की गई। बुलबुल की दोनों बड़ी बहनों वकील सिया और डॉक्टर गार्गी ने दादा जी को अपने पक्ष में लेकर बुलबुल के पति और उसके परिवार वालों को सबक सिखाया। सिया ने प्रताड़ना की तमाम धाराएँ लगाकर, कानूनी दाँवपेच से उसके घर नोटिस भिजवाकर सबको रास्ते पर लाया और बुलबुल वहाँ सुखी पूर्वक रहने लगी।

इधर पीहू उच्च शिक्षा हेतु भारत सरकार की ओर से ऑस्ट्रेलिया भेजी गई थी, परन्तु वह होम सिकनेस की वजह से वह हमेशा घर वालों के लिए परेशान रहती थी। कारण भी था, अब तक जो घर बेटियों की वजह से गुलजार हुआ करता था, वह एकदम शांत, स्थिर, खामोश बन चुका था। इसी दरम्यान पीहू के दादाजी की

मृत्यु हो गई। किसी तरह से कुछ महीने काटकर वह भारत आई। वह जितने दिन रही दादी के पास उनकी सेवा में हाजिर रहती, उनकी गोदी में सिर रखकर सोती, कभी रोती, कभी दादी को सँभालती, दादी की दशा देखकर उसे इस बात का इल्म हो गया था कि दादी अधिक दिनों तक नहीं बचेंगी। छुट्टियाँ खत्म होने पर पढ़ाई पूरी करने के लिए ऑस्ट्रेलिया लौटते-लौटते वह दादी और तीनों बहनों के साथ लिपट कर खूब रोई थी कि पता नहीं दादी को कभी दोबारा देख पाएगी भी या नहीं। हुआ भी कुछ ऐसा ही। चन्द दिनों के बाद ही दादी चल बसीं। पीहू के लिए उसके दादा-दादी सबकुछ थे और उनकी मृत्यु पीहू के लिए असह्य बन चुकी थी। किसी तरह उसने खुद को सँभाला। पढ़ाई पूरी होते ही ऑस्ट्रेलिया की बड़ी-बड़ी कंपनियों का ऑफर आने लगा। एक कम्पनी ने तो उसे 36 लाख रुपए सलाना का ऑफर दिया। पीहू ने ऑस्ट्रेलिया की अच्छी से अच्छी नौकरी को ठुकराकर भारत लौटकर कभी विवाह न करने तथा अपने बड़े पापा-बड़ी माँ और माता-पिता की सेवा करने, उनकी देखभाल करने का निर्णय ले लिया था। इस कम्पनी ने पीहू को दो महीने का वक्त भी दिया था। लेकिन भारत लौटने के बाद उसने इस ऑफर की बात सबसे छुपा कर रखी थी। सिया, गार्गी बार-बार उससे उसके आगे के कैरियर के बारे में पूछती थीं, बड़े पापा और पिता विवाह के लिए अच्छे रिश्ते, अच्छा लड़का तलाशने की बात पूछते थे। वह शांत भाव से सिर्फ़ बड़े-बुजुर्गों की सेवा करने का हवाला देती थी। काफी दिनों तक बार-बार सबके सवालों से तंग आकर उसने 36 लाख का ऑफर वाली बात सबको बता दी। 36 लाख यानी की 3 लाख रुपए प्रति महीने का ऑफर सुनने ही सबके सब हक्के-बक्के रह गए, यह लड़की इतना बड़ा ऑफर सिर्फ इसलिए ठुकरा रही है कि घर के बुजुर्गों की सेवा कर सके। बड़े पिताजी समेत घर के सभी बड़ों ने उसे खूब समझाया, तीनों बहनों ने उसे आश्वासन दिया कि वे मिलकर घर के बड़े बुजुर्गों की देखभाल कर लेंगी। तीनों पारी बाँधकर एक-न एक आती-जाती रहेंगी और इस तरह उनकी सेवा होगी, उन्हें अकेला नहीं छोड़ेंगे। सिया-गार्गी के बहुत जोर देने पर पीहू ने कम्पनी को ऑनलाइन स्वीकारोक्ति-पत्र भेजकर उस प्रस्ताव को स्वीकार किया। ऑस्ट्रेलिया जाते समय बड़े पिताजी ने उसे उसके विवाह के सम्बन्ध में यह भी कहा—"अगर कोई मन का लड़का मिल जाए और बात बन जाए, तो हमारी हाँ का इन्तजार मत करना। देख बेटी, हर माँ-बाप का यही सपना होता है कि उनके बच्चे जहाँ भी रहें, खुश रहें।"

इसके बाद पीहू ऑस्ट्रेलिया से जब भारत आई, तो उसके साथ कुछ ऑस्ट्रेलियाई मित्र भी उसके साथ थे, होटल से ऑस्ट्रेलियाई मित्रों को लेते हुए उसी अनाथ आश्रम में गई, जहाँ से उसके पिता ने गोद लिया हुआ था। अनाथ आश्रम के सुपरिंटेंडेंट से उसने 26 साल पुरानी अपनी एडॉप्शन वाली फाइल निकलवा कर देखा और खूब रोई। उसने अपने दादा-दादी के नाम पर बने फाउंडेशन 'दशरथ-भगवती फाउंडेशन'

के नाम से तीस लाख रुपए का डिमांड ड्राफ्ट सुपरिंटेंडेंट को दिया। ऑस्ट्रेलिया लौटने के बाद पीहू कुछ ही सालों में तरक्की करते हुए अनेक कंपनियाँ बदलती है। परन्तु अपने प्रत्येक जन्मदिन पर, जिस दिन वह गोद ली गई थी, उस अनाथाश्रम के लिए 'दशरथ-भगवती फाउंडेशन' की तरफ से डोनेशन भेजना कभी नहीं भूलती है। उसने एक भारतीय लड़के से विवाह करके ऑस्ट्रेलिया की नागरिकता प्राप्त कर ली है। वृद्ध होते बलवन्त-रेवती, रूपेश-जयन्ती को उनके तीनों बेटियों सिया, गार्गी और बुलबुल ने कभी यह महसूस नहीं होने दिया कि वे अकेले हैं। पीहू भी प्रत्येक वर्ष लगभग डेढ़ महीने के लिए भारत आती है। सब मिलकर घर को शोर-गुल से गुंजायमान बना देती हैं। "इनके निश्छल नाद ने दशरथ-भगवती के आशियाने को बिरानी में तब्दील होने से बचा लिया। आज भी लगता है जैसे पीहू के महावर से भीगे नन्हें पावों की छाप इस घर के आँगन में छपे हुए हैं।"

इस प्रकार, उपन्यास 'शकुंतिका' के माध्यम से लेखक यह दर्शाना चाहते हैं कि उग्रसेन और दुर्गा की आपबीती आज हर घर की गाथा बन चुकी है। जिन बेटों के जन्मोत्सव पर हम सीना तान कर चलते हैं, बेटों की लम्बी उम्र के लिए तमाम व्रत उपवास करते हैं, उनके भविष्य को निखारने का हर-सम्भव प्रयास करते हैं, परन्तु नतीजा ढाक के तीन पात निकलता है। अपनों के साथ वक्त बिताने की लालसा लिए उग्रसेन-दुर्गा स्वर्गवासी हो जाते हैं। इसके विपरीत दशरथ और भगवती की चारों पोतियाँ सरकारी स्कूल में पढ़कर भी वकील, डॉक्टर, विदेशी कम्पनी में सी.ई.ओ. बनती हैं। दहेज देकर विवाह करने की परम्परा को नकारती हैं। विवाह हेतु माता-पिता पर बोझ नहीं बनती हैं। अपनी बहन के साथ अमानवीय व्यवहार करनेवाले ससुराल वालों को रास्ते पर लाती हैं। शादीशुदा होने के बावजूद अपनी गृहस्थी के साथ-साथ पारी बनाकर, तो कभी एक साथ आकर घर के बुजुर्गों की देखभाल करती हैं। उनके सूनेपन, एकाकीपन को दूर करती हैं। पीहू का चरित्र तो कमाल का है, जिस युग में युवा 36 लाख जैसी मोटी रकम के प्रस्ताव को पाने के लिए अपने सगी माँ-बाप-भाई-बहन सबको छोड़कर विदेश पलायन कर जाते हैं, वहीं पीहू घर के बुजुर्गों की देखभाल करने के लिए यह प्रस्ताव ठुकरा कर अपने देश लौट आती है, ताकि वह अपनों के साथ रह सके। ऐसा दुस्साहस भरा निर्णय घर की बेटियाँ ही ले सकती हैं। बेटे ऐसा निर्णय कदापि नहीं ले सकते हैं। इस तरह दशरथ-भगवती की चारों पोतियों के समक्ष उग्रसेन—दुर्गा के पोते कहीं नहीं टिकते हैं। अपने पोतों और उनकी पोतियों की तुलना करते हैं, अपने पोतों के बात-व्यवहार, पढ़ाई-लिखाई, चाल-चलन आदि की तुलना पड़ोस में रहनेवाली चार-चार पोतियों से करते हैं, तो अत्यन्त क्षुब्ध, दुखी हो जाते हैं। यहीं से उन्हें प्रेरणा मिलती है कि घर में बेटियों का होना क्यों आवश्यक है? यही कारण है कि वे रूपेश-जयन्ती को वंश-वृद्धि हेतु लड़का गोद लेने के बजाय अनाथालय से लड़की गोद लेने पर जोर

देते हैं। पीहू को गोद लेने के बाद जयन्ती की कुआँ पूजने की इच्छा से चिन्तित होकर जब दशरथ और भगवती, उग्रसेन और दुर्गा से सलाह-मशवरा करते हैं, तो उस कुआँ-पूजन परम्परा को, जिसे सिर्फ लड़के के जन्म के बाद ही पूजा जाता है, वे तुरन्त सलाह देते हैं कि उन्हें कुआँ पूजन अवश्य करनी चाहिए। सिया के विवाह में भी उग्रसेन और दुर्गा अपनी अहम् भूमिका निभाते हैं और विवाह को सामाजिक प्रतिष्ठा से न जोड़कर बेटियों की खुशियों को अधिक प्रधानता देते हैं। वास्तव में ये दोनों पति-पत्नी खुले, उन्मुक्त एवं प्रगतिशील विचारों वाले हैं। आत्म-स्वाभिमान, आत्मसम्मान को अन्त तक बनाए-बचाए रखते हैं। दोनों पति-पत्नी अपनी तार्किकता से दकियानूसी, रूढ़िगत परम्पराओं का खंडन करनेवाले हैं। नए विचारों के द्योतक हैं। इसका प्रत्यक्ष प्रमाण उनकी मानसिकता है, मसलन—पीहू का गोद लिया जाना, कुआँ पूजन, सिया-गार्गी के अन्तर्जातीय विवाह को स्वीकृति आदि से है।

उपन्यास में भगवती और दशरथ का चरित्र भी बहुत प्रभावशाली है। दशरथ अपने पोतियों की पीढ़ी को, उनकी मानसिकता को बखूबी समझते हैं। उनकी इच्छा का ख्याल रखते हुए बहुत सांस्कारिक ढंग से उसका लालन-पालन करते हैं। वे अपने बेटे-बहुओं की इच्छाओं को भी सर्वोपरि मानते हैं, ताकि उनके संयुक्त परिवार की गरिमा बनी रहे, क्योंकि एकजुट रहने का जो आनन्द है, वह खुद में सिमटते जाने में नहीं है। वे दोनों अपने विचारों को बच्चों पर नहीं थोपते हैं, यह उनके उदार मन का परिचायक है। भगवती कई बार अपने पति के विचारों से सहमत नहीं होती, तो पड़ोसन दुर्गा के पास जाकर सलाह-मशवरा करती है और वहाँ से सन्तुष्ट होकर दुर्गा के कहे अनुसार ही निर्णय लेती है। उसी की बातों से प्रभावित होकर पोतों के लिए तड़पती भगवती पोतियों के प्रति अपना व्यवहार बदलकर उनसे प्यार-दुलार करने लगती है और पोतियों के हर निर्णय के साथ खड़ी होती है। इस तरह कहा जा सकता है कि उग्रसेन और दुर्गा का, दशरथ और भगवती से सम्बन्ध घनिष्ठ सम्बन्ध है।

अन्ततोगत्वा निष्कर्षत: कहा जा सकता है कि 'शकुंतिका' एक पारिवारिक सामाजिक समस्याओं पर आधारित उपन्यास होने के साथ-साथ अत्यन्त उत्प्रेरक उपन्यास है। उपन्यास की कथा भारत देश की घर-घर की कथा कि, बेटों के जन्मोत्सव पर थाली बजाने और बेटियों के जन्म पर मातम मनाने से आरम्भ होती है और भारतीय परिवेश में बेटियों के अस्तित्व और अस्मिता की पड़ताल करते हुए, शकुंतिका अर्थात् नन्ही चिड़िया का सर्वांगीण विकास करते हुए, उसके ऑस्ट्रेलिया में अपनी पहचान बनाकर भी घर के आँगन में गुंजायमान शोर-गुल एवं बड़े-बूढ़ों की हँसी-खुशी, आत्मसन्तुष्टि से समाप्त होती है। उपन्यास की कथा यहाँ भले ही समाप्त हो जाती है परन्तु अपने पाठकों को ऊर्ध्वगामी चिन्तन से जीवन की परिभाषा बदलने को प्रेरित करती है। प्राचीनता के प्रति मोह रखते हुए भी नूतन परिवर्तन की माँग करती है। पुत्र मोह में जकड़े लोगों से अपील करती है कि अपनी बेटियों के

जन्म से क्षुब्ध होने के बजाय उन्हें हर तरह की सुख-सुविधा-सहूलियत और अवसर प्रदान किया जाए, उन्हें पराया धन न समझा जाए, सजातीय विवाह और सामाजिक प्रतिष्ठा की खातिर बेटियों की खुशियों की बलि न चढ़ाई जाए, अन्तर्जातीय विवाह को ससम्मान स्वीकार किया जाए, नि:सन्तान होने पर आजीवन दुखी, क्षुब्ध, चिन्तित और मातम मनाने के बजाय अनाथाश्रम से किसी बच्चे को गोद लेकर अपना और अनाथ बच्चे का जीवन सँवारा जाए, अपने विचारों को नई पीढ़ी पर न थोपा जाए, बच्चों की खुशियों को महत्त्व दिया जाए। इस प्रकार उपन्यास में अनाथाश्रम या कहीं से भी किसी बच्चे को गोद लेने की पूरी प्रक्रिया को बताकर समाज को एक नई दिशा दिखाने का भी प्रयास है, विशेषकर किसी लड़की को, क्योंकि अनाथ-आश्रम में पलनेवाली लड़कियों की दशा अत्यन्त चिन्तनीय, निंदनीय है। समाज में लड़कियों को गोद लेने के प्रति काफी उदासीनता है और इस उदासीनता का मुख्य कारण है—लड़की को पराया धन समझना, विवाह में दहेज की समस्या, लड़कियों के पराए घर चले जाने से घर का खालीपन-सूनापन आदि, जबकि हकीकत यह है कि शादी के बाद लड़कियाँ ससुराल से आती-जाती माँ-बाप की सेवा करती रहती हैं, लेकिन लड़के अपने कर्म क्षेत्र की तरफ पलायन कर जाते हैं तो घर के बड़े-बुजुर्गों को अकेले ही दिन काटना पड़ता है। इस संकीर्ण मानसिकता से परे हटकर नए सिरे से सोचने की आवश्यकता है।

उपन्यास की भाषा-शैली अत्यन्त सरल, सरस और सहज-प्रवाही है, इसे कोई भी व्यक्ति आसानी से समझ सकता है। लगभग एक सौ बीस पृष्ठों में दो परिवारों की तीन-तीन पीढ़ियों की कथा को लेखक भगवानदास मोरवाल ने प्रभावशाली ढंग से उकेरा है। शुरू से अन्त तक पाठक कहीं से भी ऊबता नहीं, कथा उसे बोझिल नहीं लगती, बल्कि जैसे-जैसे कथा आगे बढ़ती है, उत्तरोत्तर वैसे-वैसे पाठक को अभिभूत, आकृष्ट करती चली जाती है और यहीं आकर 'शकुंतिका' छोटी, परन्तु एक सफल, सार्थक, उद्देश्यपरक, सामाजिक समस्याओं पर आधारित, उन्नतशील चरित्र को चित्रांकित करनेवाली उपन्यास बन जाती है, अपने पाठकों की मन:स्थिति को उद्बुद्ध करते हुए उन्हें प्रबुद्ध बनाती है, उनकी तमाम शंकाओं का निराकरण करती है, इसी में उपन्यास की पूर्णता और सार्थकता है।

सन्दर्भ

1. 'शकुंतिका'—भगवानदास मोरवाल, राजकमल प्रकाशन, नई दिल्ली।
2. https://aajtak.intoday.in/story/interview-of-author-bhagwandas-morwal-know-about-him-tedu-1-1056073.html

शकुंतिका : जीवन मूल्यों का यथार्थ अंकन

डॉ. अशोक आनन्दराव साळुंखे
लोकनेते गोपीनाथजी मुंडे महाविद्यालय, मंडणगड, रत्नागिरी (महाराष्ट्र)

भगवानदास मोरवाल हिन्दी के एक जाने-माने उपन्यासकार हैं। उपन्यास के साथ ही इन्होंने कहानी, स्मृति-कथा तथा कविता जैसी विभिन्न विधाओं में अपना महत्त्वपूर्ण योगदान दिया है। इन्होंने कई पुस्तकों का सम्पादन भी किया है। मोरवालजी हिन्दी अकादमी तथा हरियाना साहित्य अकादमी के सदस्य भी रह चुके हैं। साहित्यिक सेवाओं के लिए इन्हें स्पन्दन पुरस्कार, साहित्यकार सम्मान, साहित्यिक कृति सम्मान, राजाजी सम्मान तथा डॉ. आंबेडकर सम्मान जैसे विभिन्न पुरस्कारों से समय-समय पर सम्मानित भी किया गया है।

सन् 2020 में प्रकाशित 'शकुंतिका' इनका एक बहुचर्चित उपन्यास है, जिसमें महानगरीय परिवेश में बसे दो मध्यवर्गीय परिवारों की कहानी कही गई है। उपन्यास की कहानी एक ओर हमें स्त्री-शक्ति का परिचय देती है, तो दूसरी ओर समाज की विवाह-विषयक परम्परागत समाज-मान्यता के खोखलेपन को उजागर करती है। हमारे समाज में आज भी लड़के को कुलदीपक मानकर बड़े उत्साह से उसका स्वागत किया जाता है, तो दूसरी ओर लड़की को पराया धन तथा सिर का बोझ समझकर उसे पढ़ाई से दूर रखा जाता है। समाज की इसी दकियानूसी विचारधारा पर प्रहार करते हुए उपन्यासकार ने अपने आधुनिक विचारों को प्रस्तुत किया है।

दशरथ तथा भगवती का परिवार एक अच्छा खाता-पीता मध्यवर्गीय परिवार है। इनके दोनों बेटे-बलवन्त तथा रूपेश-माता-पिता से असीम प्रेम करते हैं। बड़े बेटे बलवन्त की दो बेटियाँ हैं—सिया तथा गार्गी। छोटे रूपेश की शादी को दो साल पूरे हो गए हैं, फिर भी उसे अभी तक सन्तान की प्राप्ति नहीं हुई है। घर में सबकुछ है, कमी है केवल एक लड़के की। भगवती परम्परागत विचारोंवाली महिला है। अत: वह अपना वंश बढ़ाने के लिए घर में पुत्र-जन्म का बेसब्री से इन्तजार कर रही है। रेवती जब तीसरी बार गर्भवती होती है, तब भगवती चाहती है कि इस बार उसके घर में बेटे का ही जन्म होना चाहिए। परन्तु रेवती जब अपनी तीसरी बेटी बुलबुल

को जन्म देती है, तब भगवती बड़ी निराश होती है।

शहर की इस पुनर्वासित कालोनी में दशरथ के पड़ोस में एक परिवार रहता है—उग्रसेन तथा दुर्गा का। अलग-अलग जगहों से विस्थापित होकर आए इस कालोनी के लोग एक-दूसरे के सुख-दुःख में बराबर के भागीदार होते हैं। दशरथ तथा उग्रसेन दोनों अभिन्न मित्र हैं। दूसरी ओर भगवती तथा दुर्गा के बीच होनेवाले सम्बन्ध भी सगी बहनों से कम नहीं हैं। अतः दोनों परिवार एक-दूसरे का सुख-दुःख बाँट लेते हैं। प्रारम्भ में अपनी साईकिल से आस-पास के घरों में दूध सप्लाई करनेवाले उग्रसेन अपनी मेहनत के बल पर आज एक अच्छी-खासी डेरी के मालिक बन गए हैं। अपने रियल इस्टेट के कारोबार में उनके दोनों बेटे-नागदत्त तथा अभय-भी अच्छी कमाई कर लेते हैं। नागदत्त के दो बेटे हैं—रोहन तथा विभोर। छोटे अभय के भी दो बेटे हैं—अमित तथा विजय। इनके घर में भी सबकुछ है, परन्तु कमी है एक बेटी की। यद्यपि उग्रसेन को अपने चारों पोतों पर बड़ा नाज़ है, फिर भी वे एकाध बेटी की कामना मन में लिए हुए हैं। उनकी पत्नी दुर्गा भी यही चाहती है।

दशरथ की तीनों पोतियाँ पढ़ाई में बड़ी तेज हैं। बड़ी सिया बारहवीं में सरकारी स्कूल में पढ़कर भी बानबे प्रतिशत अंक पाती है और राष्ट्रीय विधि विश्वविद्यालय द्वारा आयोजित अखिल भारतीय विधि प्रवेश परीक्षा देकर शहर के निकट स्थित विधि विश्वविद्यालय में प्रवेश लेती है। मंझली पोती गार्गी भी दसवीं में चौरानवे प्रतिशत अंक पाती है और बारहवीं के बाद वह भी सफलतापूर्वक 'नीट' की परीक्षा देकर एम.बी. बी.एस. के लिए प्रवेश लेती है। छोटी बुलबुल भी अपनी दोनों बहनों के समान हर साल अच्छे अंकों से पास होती है। परन्तु दूसरी ओर उग्रसेन के चारों पोते पढ़ाई में बहुत ही कमजोर हैं। पढ़ाई की अपेक्षा मारपीट, गुंडागर्दी तथा लड़कियों से छेड़खानी में उन्हें विशेष रुचि है। रोहन तथा अमित यद्यपि प्राइवेट स्कूल में पढ़ते हैं, फिर भी बारहवीं में पचपन प्रतिशत अंक पाकर जैसे-तैसे पास हो जाते हैं। छोटा विजय दसवीं में पास हो जाता है परन्तु विभोर दसवीं की परीक्षा में सफल नहीं हो पाता है। ऐसी स्थिति में उग्रसेन तथा दुर्गा की पोती की आकांक्षा अधिक बलवती होती है।

अपनी इस कमी को पूरा करने के लिए दुर्गा भगवती को सलाह देती है कि उसका बेटा रूपेश और बहू जयन्ती किसी अनाथाश्रम से एक बेटी को गोद ले। लेकिन भगवती अपना वंश बढ़ाने के लिए बेटे को गोद लेना चाहती है। तब दुर्गा उसे समझाती है कि बेटे को गोद लेना उसके परिवार के लिए बड़ा खतरनाक साबित हो सकता है। अन्त में दुर्गा की सलाह मानकर भगवती अपने परिवारवालों को समझाती है तथा एडॉप्शन प्लेसमेंट एजेंसी की सहायता से अनाथाश्रम से एक बेटी को घर ले आती है। 'पीहू' नामकरण के साथ बड़े धूमधाम से परिवार में इस नये सदस्य का स्वागत किया जाता है। थोड़े ही दिनों में पीहू इस परिवार का एक अभिन्न हिस्सा बन जाती है।

इसी बीच सिया अपने साथ वकालत पढ़नेवाले तपन दत्ता से, तो गार्गी अपने

सहपाठी से विवाहबद्ध होती है। तपन बंगाली है, तो गार्गी का पति पंजाबी है। दशरथ तथा भगवती-दोनों ही पहले इस आन्तरजातीय विवाह के ख़िलाफ़ थे, परन्तु उग्रसेन के समझाने पर दोनों इसके लिए तैयार हो जाते हैं और बड़ी धूमधाम से दोनों का विवाह करा दिया जाता है। तपन निचली अदालत में जज के रूम में नियुक्त होता है और सिया उसी अदालत में वकील के रूप में अपना प्रैक्टिस शुरू कर देती है। सिया के समान गार्गी भी अपने पति के साथ डॉक्टरी करते हुए मरीजों की सेवा में जुट जाती है। अन्तरजातीय विवाह होने के बावजूद, दोनों का वैवाहिक जीवन सफल साबित होता है।

सिया तथा गार्गी-दोनों का विवाह गैर-बिरादरी में होने के कारण भगवती ने उसी समय यह निश्चय कर लिया था कि वह अपनी छोटी पोती बुलबुल का विवाह किसी भी क़ीमत पर अपनी बिरादरी में ही करेगी। और उसमें वह सफल भी होती है, लेकिन दुर्भाग्य से उसका वैवाहिक जीवन सफल नहीं हो पाता है। पति नरेन्द्र तथा उसके ससुरालवाले उसे बहुत तंग करते थे। लेकिन सिया उनके नाम एक नोटिस भिजवाती है, जिससे नरेन्द्र घबराता है और लिखित रूप से यह स्वीकार करता है कि वह स्वयं तथा उसके परिवार का कोई भी सदस्य भविष्य में कभी भी बुलबुल को तंग नहीं करेगा। नरेन्द्र को सबक सिखाने में दशरथ तथा उनका पूरा परिवार अपना महत्त्वपूर्ण योगदान देता है।

दशरथ के घर अक्सर आनन्द एवं उल्लास का वातावरण रहता है। पोतियों की शैक्षिक सफलता के समय तो बधाइयाँ देने के लिए उनके घर परिचितों की भीड़ लगती है। जो भगवती पहले घर में पोतियों के जन्म के कारण नाराज़ थी, वह अब अपने दकियानूसी विचारों को छोड़कर आधुनिक विचारों को अपनाने लगती है। लेकिन दूसरी ओर दशरथ की तुलना में सम्पन्न और सुखी माना जानेवाला उग्रसेन-परिवार धीरे-धीरे टूटकर बिखरने लगता है।

अपनी जिम्मेदारियाँ कम करने के उद्देश्य से उग्रसेन दोनों बेटे-बहुओं की उपस्थिति में अपनी जायदाद का बँटवारा करते हैं। 'उग्रसेन निवास' पर भी बेटे तथा बहुएँ अपना अधिकार स्थापित करना चाहते हैं, लेकिन दुर्गा अन्त तक उसे अपने कब्जे में रख़ने में सफल होती है। दो-दो बेटे होते हुए भी दोनों अपनी ज़िन्दगी के आख़िरी दिन अकेलेपन में बिताने के लिए विवश होते हैं। घर-जायदाद के बँटवारे को लेकर दो पीढ़ियों के बीच ऐसा खिंचाव आ जाता है कि वृद्धावस्था में दोनों का जीना हराम हो जाता है। पोतों की गुंडागर्दी तथा आवारपन के कारण उन्हें बार-बार अपमानित होना पड़ता है। दुर्गा तो उन्हें 'कौरवों की फौज' कहकर सम्बोधित करती है। घर की इस बिगड़ती हुई स्थिति के कारण उग्रसेन का मन उचट जाता है और एक दिन वे इस दुनिया को छोड़कर हमेशा के लिए चले जाते हैं। पति के वियोग में दुर्गा भी अक्सर बीमार रहने लगती है और एक दिन वह भी अपने पति के पास चली जाती है।

इधर पीहू भी पढ़ाई में बड़ी तेज साबित होती है। अब तक लोग सिया, गार्गी तथा बुलबुल की तारीफ़ करते थे, अब पीहू का नाम भी इस सूची में जुड़ जाता है। विदेश अध्ययन योजना के अन्तर्गत सरकार की तरफ़ से पीहू को आगे की पढ़ाई के लिए ऑस्ट्रेलिया के मेलबर्न शहर भेज दिया जाता है। इसी बीच दशरथ तथा भगवती का देहान्त हो जाता है। अध्ययन के दौरान ही पीहू को कैम्पस प्लेसमेंट के अन्तर्गत अच्छे पैकेज पर एक कम्पनी का बड़ा ऑफर मिलता है। पहले तो वह इस ऑफर को ठुकराती है, लेकिन बाद में सिया के समझाने पर वह ऑस्ट्रेलिया वापस लौटती है और तीन लाख रुपये महीना के पैकेज की नौकरी को स्वीकार करते हुए कम्पनी की सीईओ बन जाती है। एक भारतीय से शादी करते हुए वह ऑस्ट्रेलिया की नागरिकता हासिल करती है और वहीं पर बस जाती है। फिर भी, हर साल अपने जन्मदिन पर वह अपने डी.बी. फाउंडेशन की तरफ़ से आश्रम के लिए डोनेशन भेजती है। हर साल महीने-डेढ़ महीने के लिए वह भारत लौटती है और अपने परिवार के साथ रहती है। अपने बूढ़े माता-पिता, चाचा-चाची तथा बहनों को यह अहसास नहीं होने देती है, अपनी पारिवारिक जिम्मेदारियाँ सँभालने का वह भरसक प्रयास करती रहती है।

उपन्यास के दशरथ, उग्रसेन, दुर्गा तथा पीहू मुख्य चरित्र हैं। बेटियों को सिर का बोझ माननेवाले समाज में रहते हुए भी दशरथ के मन में कभी भी ऐसी भावना उत्पन्न नहीं होती है। अपनी पत्नी भगवती को भी वे इस सम्बन्ध में बार-बार समझाते रहते हैं। पुरानी परम्पराओं तथा टोने-टोटकों में भी वे बिलकुल विश्वास नहीं करते हैं। इसी कारण वे अपनी पोती गार्गी को समझाते हैं कि ये सब टोटके आदमी ने ख़ुद बनाए हुए हैं। इनसे कुछ नहीं होता। अब बता ये बेचारे पशु-पक्षी कहाँ जाएँ। वैसे केवल लड़के के जन्म की खुशी में ही अक्सर कुआँ पुजवाने की परम्परा थी। लेकिन दशरथ का परिवार बुलबुल तथा पीहू का जन्मदिन एक साथ बड़ी धूमधाम से मनाता है और अपनी इन दोनों नातियों की खुशी में घर में कुआँ पुजवाते हुए समाज के सामने एक नई मिसाल स्थापित करता है। वास्तव में वे अपने घर की बेटियों को भी बेटा ही मानते हैं। इसी कारण दशरथ एक स्थान पर कहते हैं—"तुम सब भी हमारे बेटे हो। बेटे हो तभी तो हमने अपनी पीहू और बुलबुल के जन्मदिन पर कुआँ पुजवाया है, समझी?"

इसी प्रकार उग्रसेन भी आधुनिक विचारोंवाले चरित्र हैं। उनके मतानुसार बिना बेटियोंवाला घर, घर नहीं, सफेदे का पेड़ होता है, जिस पर तो परिन्दे भी आकर नहीं बैठते हैं। इसी कारण ही जब भी वे दशरथ के घर की बेटियों की किलकारियाँ सुनते हैं, तब उन्हें लगता है कि उनके घर में भी ऐसी ही किसी बेटी का जन्म होना चाहिए। बेटी के सुख के लिए वे अन्त तक बड़े तरसते रहे। दशरथ से वे इस सम्बन्ध में समय पर बात भी करते रहते हैं—"बेटियों का सुख क्या होता है उसके बारे में उन निरभागों से पूछिए जिनके कान अपने घर-आँगन में इन चिड़ियों की चहचहाट सुनने के लिए तरसते रहते हैं। इसका पता अभी नहीं चलेगा, तब चलेगा, जब ये

एक-एक कर इस घर की मुँड़ेर से उड़ जाएँगी।" उग्रसेन के ये शब्द दशरथ के कानों में अक्सर गूँजते रहते हैं। विवाह के सम्बन्ध में वे जाति-बिरादरी की दीवारों को बिलकुल नहीं मानते हैं। इसी कारण ही सिया के बिरादरी के बाहरवाले लड़के के साथ विवाह करने के प्रस्ताव का वे जोरदार समर्थन करते हैं और दशरथ को समझाते हैं कि बिरादरी वाले रिश्ते की क्या गारंटी है कि वहाँ सिया खुश और सुखी रहेगी। ये नये जमाने के बच्चे हैं। अगर इसने कोई फैसला किया है, तो कुछ अच्छा-बुरा समझकर ही किया होगा। दशरथ तथा उग्रसेन उपन्यास के महत्त्वपूर्ण चरित्र हैं। नामों से वे भले ही कोई पौराणिक पात्र लगते हैं, फिर भी वे अपने विचारों तथा कार्यों से पूरी तरह से आधुनिक हैं।

उपन्यास की दुर्गा भी एक आधुनिक विचारोंवाली महिला है। बेटियों की ओर देखने का समाज का परम्परागत दृष्टिकोण उसे बिलकुल पसन्द नहीं है। तभी तो वह भगवती को समझाती है कि "वंश बढ़ाने की भूख से हमारी बेटियों की दुर्गत हुई है। थोड़ी देर के लिए मान लो तुमने लड़के को गोद लिया, तो इसकी क्या गारंटी है कि वह तेरी इन पोतियों को बहन का दर्जा दे ही देगा। कहीं ऐसा ना हो कि वह सारी जायदाद पर कब्जा कर बैठे, और तेरी ये पोतियाँ यहाँ के रुखों के लिए भी तरस जाएँ। इस बारे में अच्छी तरह सोच लेना।" वह भगवती को यह भी बताती है कि "ये बेटियाँ ही हम दादा-दादी और माँ-बाप की सार-सँभाल करती हैं। ये बेटियाँ ना हों, तो पता नहीं इनका क्या हाल हो। बे-मतलब हम बेटों की चिन्ता में अपनी ज़िन्दगानी खपा देते हैं।" पीहू यद्यपि विदेश में नौकरी करती है, फिर भी अपने देश तथा परिवारवालों को नहीं भूल पाती है। इसी कारण ही वह छुट्टी मिलते ही भारत वापस लौटती है और अपने डीबी अर्थात् दशरथ-भगवती फाउंडेशन की ओर से उस अनाथाश्रम को तीस लाख रुपये का डोनेशन दे देती है, जहाँ से उसे लाया गया था। भगवती, सिया, गार्गी तथा बुलबुल उपन्यास के गौण चरित्र हैं। पतिपरायणा भगवती अपने पति के देहान्त के बाद अधिक दिनों तक जीवित नहीं रह पाती है और केवल चार महीनों के बाद चल बसती है। सिया में प्रारम्भ से ही कानून के प्रति सजगता के दर्शन होते हैं। गार्गी तथा बुलबुल—दोनों ही आधुनिक विचारोंवाली युवतियाँ हैं।

देशकाल—वातावरण की दृष्टि से भी उपन्यास सफल बन पड़ा है। इसमें आधुनिक शहरी मध्यवर्गीय परिवारों की वास्तविक स्थिति पर प्रकाश डाला गया है। आज एक ओर जमीन-जायदाद के कारण परिवार टूट रहे हैं, तो दूसरी ओर पढ़ी-लिखी स्त्रियाँ अपनी अलग पहचान बना रही हैं। उपन्यास में क्रम से उग्रसेन तथा दशरथ के परिवारों के माध्यम से इन दोनों स्थितियों को स्पष्ट किया गया है। इसमें पात्रानुकूल भाषा-शैली के दर्शन होते हैं। अरबी-फारसी शब्दों के साथ ही स्थान-स्थान पर अंकल, बॉडी लैंग्वेज, डीजे, बोर्ड, एग्ज़ाम, एलएलबी, परसेंट, टेस्ट जैसे अंग्रेजी शब्दों का भी प्रयोग हुआ है। उपन्यास के संवाद छोटे तथा चुस्त हैं।

'शकुंतिका' एक सोद्देश्य रचना है। स्त्रियों की ओर देखने का समाज का दृष्टिकोण बदलना तथा अन्तरजातीय विवाह का समर्थन करना उपन्यास के प्रमुख उद्देश्य हैं। उपन्यास की सिया एक बंगाली, तो गार्गी एक पंजाबी युवक के साथ विवाहबद्ध होती है। सिया का पति तपन दत्ता एक जज है। दोनों पति-पत्नी साथ-साथ पढ़ रहे थे और अब एक ही अदालत में एक साथ काम करते हैं। इसी प्रकार गार्गी भी अपने साथ डॉक्टरी की पढ़ाई करनेवाले युवक से विवाह करती है और अब दोनों एक साथ मरीजों की सेवा कर रहे हैं। बलवन्त की ये दोनों बेटियाँ अन्तरजातीय विवाह के बावजूद अपने-अपने पतियों के साथ बड़े सुख का जीवन व्यतीत कर रही हैं। इसके विपरीत स्थिति बुलबुल की है। पहली दोनों पोतियों की शादी बिरादरी के बाहर होने के कारण भगवती बुलबुल का विवाह बिरादरी के भीतर कराती है। लेकिन पति नरेन्द्र तथा उसके ससुरालवाले उसे अक्सर तंग करते रहते हैं। लेखक बताना चाहते हैं कि विवाह की सफलता बिरादरी पर नहीं, तो संस्कारों पर निर्भर करती है।

उपन्यास का शीर्षक भी अत्यन्त सार्थक सिद्ध हुआ है। 'शकुंतिका' अर्थात् छोटी चिड़िया। पूरे उपन्यास में हमें चिड़ियों की अर्थात् दशरथ की चारों पोतियों की चहचहाट सुनायी देती है। उग्रसेन के बेटोंवाले परिवार की दुर्दशा की तुलना में दशरथ का बेटियों वाला परिवार अत्यधिक आनन्दित एवं सुखी दिखाई देता है। दशरथ की सभी पोतियाँ अपनी मेहनत के बल पर यह सिद्ध कर देती हैं कि लड़कियाँ भी किसी बात में लड़कों से कम नहीं होती हैं। वे भी किसी लड़के के समान अपने माता-पिता तथा परिवार का नाम रोशन कर सकती हैं। सिया एक सफल वकील, तो गार्गी एक सफल डॉक्टर बनकर इस बात को साबित कर दिखाती है। अनाथाश्रम से गोद ली हुई सबसे छोटी चिड़िया अर्थात् पीहू तो इन सबसे आगे निकल जाती है। अपनी तेज बुद्धि के बल पर वह सरकारी योजना के अन्तर्गत विदेश जाकर अपनी उच्च शिक्षा पूरी करती है और वहीं पर बस जाती है। फिर भी वह अपने देश तथा परिवार को नहीं भूलती है। जिस अनाथाश्रम में वह स्वयं पल रही थी, उसे हर साल तीस लाख रुपये का डोनेशन देना, उसके समाज के प्रति सकारात्मक दृष्टिकोण की ओर संकेत करता है।

इस प्रकार 'शकुंतिका' एक आदर्शोन्मुख यथार्थवादी उपन्यास है। इसमें आधुनिक समाज के यथार्थ के साथ ही आदर्श की ओर भी संकेत किया गया है। उपन्यास में परम्परागत विचारों पर आधुनिक विचारों की विजय दिखाकर स्त्री-शक्ति की महत्ता व नारी स्वावलम्बन को प्रस्तुत करने का सफल प्रयास किया गया है।

सन्दर्भ

1. 'शकुंतिका'—भगवानदास मोरवाल, राजकमल प्रकाशन, नई दिल्ली।

बुलबुल का भाग्य कि उसकी पढ़ी-लिखी वकील सिया दीदी ने उसका संसार फिर से बसा दिया। कानूनी हथकंडों का सहारा ले उसने बुलबुल के ससुराल वालों को सही राह दिखाई। सरकार द्वारा महिलाओं को भी अनेक अधिकार मिले हैं जिनसे वह समाज में सफल जीवन जी सकें। अत: स्त्री को इनका सही और सफल प्रयोग करना सीखना होगा।

आज गोद ली बच्ची पीहू ने भी अपनी बड़ी बहनों की तरह परिवार का नाम रोशन कर दिया। उसे विदेश में शिक्षा प्राप्त करने का विशेष अवसर मिला। पीहू ऑस्ट्रेलिया के मेलबर्न शहर में अपनी आगे की शिक्षा प्राप्त करने निकल पड़ी। विदेश में पढ़ाई के दौरान उसे अपने दादा-दादी की मृत्यु का समाचार मिला। आज चारों घने पेड़ अर्थात दशरथ, भगवती, उग्रसेन और दुर्गा स्वर्ग सिधार गए किन्तु इन हरी-भरी लहराती बेलों को स्वतंत्र उड़ान भरने के लिए छोड़ गए। वो उड़ान जो उन्होंने अपने संस्कारों, व्यवहारों और शिक्षा रूप में उन्हें सिखाई थी। जिनके बारे में उग्रसेन का कहना था 'घर तो बेटियों से ही घर जैसा रहता है। ये तो बर्फ की उन शिलाओं-सी होती हैं कि जब ये शिलाओं की शक्ल में होती हैं, तो देह झुलसाती हवाओं को ठण्डे झौकों में बदल देती हैं। जब ये पिघलती हैं तो पानी बन, सूखी रेत में मुरझाये पेड़ों-से माँ-बाप के जिस्म में जान डाल देती हैं।' भगवानदास मोरवाल के इस उपन्यास को पढ़कर लगता है कि यह उपन्यास बेटियों को समर्पित है जहाँ लेखक एक पिता के रूप में भी विचरण कर रहे हैं।

आज यदि समाज में सभी ऐसा सोचने लगे तो कोई अनाथ नहीं रहेगा। आज पीहू विदेश में शिक्षा प्राप्त करने के पश्चात वहीं एक कम्पनी में कार्यरत है किन्तु, अपने परिवार और देश को भूलना उसके लिए सहज नहीं हो पा रहा है। आज अपने परिवार वालों के दृढ़ संकल्प के बल पर पीहू विदेश में स्थाई रूप से रहने लगी है। समय चलते अपने विदेशी मित्रों के साथ भारत आने के बाद वह सपरिवार उसी अनाथालय में जाती है जहाँ से उसे गोद लिया गया था और अपने फाउंडेशन, जो उसने अपने दादा-दादी के नाम पर रखा था वहाँ एक बड़ी रकम दान करती है। परिवार वालों के लिए यह एक आश्चर्यजनक घटना थी कि पीहू को इस सच से किसने अवगत कराया। अनाथालय के सुपरिंटेंडेंट के पूछने पर वह अपने एन.जी.ओ. का परिचय कराते हुए कहती है 'सर, यह मेरे स्वर्गीय दादा-दादी जी हैं। मेरे बड़े मम्मी-पापा और मम्मी-पापा ने तो सिर्फ मुझे पाला है, लेकिन मेरे दादा-दादी ही थे जिनकी बदौलत मैं ही नहीं बल्कि मेरी ये बहनें भी गर्व से सिर उठाकर आज समाज में चलने के कबिल हुई हैं। सर, आप सोच भी नहीं सकते कि तीन-तीन बेटियों के होते हुए कोई पुराने विचारों वाला आदमी बेटे के बजाय बेटी गोद ले ले।' पीहू का ये कदम बड़ा सराहनीय था।

भगवानदास मोरवाल के साहित्य की लोकप्रियता आज भारतीय साहित्य में अबूझ

नहीं है। उनके साहित्य का अध्ययन करने के दौरान कुछ ऐसे शब्द आ जाते है जो पाठकों को सोचने पर मजबूर कर देते हैं। 'शकुंतिका' सामाजिक नियमों, शिक्षा, परम्परा, संस्कार, संवेदना, युवा आक्रोश, बुजुर्गों की सीख, सुख-दुःख, नियम, कानून आदि विविध विषयों से भरी कहानी है। कहानी अपने सीमित पात्रों के साथ एक सार्थक और सहज कथानक लिए हुए है। लेखक की रचना-प्रक्रिया पाठकों को अपनी ओर खींचती है और उसका उनके व्यक्तिगत जीवन में भी प्रभाव पड़ता है। 'शकुंतिका' के ऐसे अनेक पक्ष हैं जो हमारे सम्मुख विविध आयाम प्रस्तुत करते हैं। भगवानदास मोरवाल में स्त्री के अस्तित्व को सुदृढ़ करने का संकल्प नजर आता हैं। वे स्त्री को स्वतंत्रता और सम्मान देना चाहते हैं। इस तरह हम कह सकते हैं कि भगवानदास मोरवाल का साहित्य; साहित्य की कसौटियों पर खरा उतरता है।

सन्दर्भ

1. 'शकुंतिका'—भगवानदास मोरवाल, राजकमल प्रकाशन, नई दिल्ली।

'शकुंतिका' में जीवन मूल्यों का यथार्थ चित्रण

डॉ. संजय जायसवाल

विद्यासागर विश्वविद्यालय, मिदनापुर (प. बंगाल)

उपन्यास आधुनिक युग की सबसे लोकप्रिय साहित्य विधा है। उपन्यास को मानव चरित्र का आख्यान भी कहा जाता है। यह सच है कि हर युग का रचनाकार अपने समय का सच लिखना चाहता है। वह उस सच को कल्पना, घटना और स्मृतियों के आधार पर रचता है। 'शकुंतिका' भगवान दास मोरवाल का नवीनतम उपन्यास है। इस उपन्यास में शहर की एक पुनर्वासित कॉलोनी में रहनेवाले दो परिवारों की कथा वर्णित है—दशरथ-भगवती और उग्रसेन-दुर्गा के परिवार की। ऐसे में यह कहना स्वाभाविक है कि हिन्दी के प्रसिद्ध उन्यासकार भगवान दास मोरवाल ने 'शकुंतिका' उपन्यास में हमारे समाज के सच को बहुत ही सजीवता और प्रेषणीयता के साथ व्यक्त किया है। इस उपन्यास को पढ़ते समय हमारी आँखों के सामने कई चित्र उभर आते हैं। ऐसे में पाठक को लगता है कि वह एक जीवन-यात्रा पर जा रहा है। यह सच है कि संसार तरह-तरह की कथाओं और घटनाओं से भरा पड़ा है। परन्तु यह हमारे ऊपर निर्भर करता है कि हम उनमें से किस कथा या घटना को चुनते हैं। जब रचनाकार अपनी रचना को सिर्फ कथा कहने का माध्यम न मानते हुए जीवन के मानवीय और शिक्षाप्रद कहानी को भी अपनी उस रचना में जगह देता है, निःसन्देह वह युग-प्रवर्तक रचनाकार की कोटि में आता है।

हिन्दी उपन्यास जगत में ऐसे रचनाकार के रूप में भगवान दास मोरवाल का नाम उल्लेखनीय है। इस उपन्यास को पढ़ते समय ऐसा लगता है कि यह हमारे समाज की कई अन्य कॉलोनियों की भी सच्चाई है। ऐसे में यह कहना गलत न होगा कि लेखक की अन्तर्दृष्टि एक व्यापक सामाजिक सत्य के साथ उपस्थित हुई है।

'शकुंतिका' उपन्यास की मूल कथा हिन्दी के मशहूर कवि "अमीर खुसरो" के एक गीत "काहे को ब्याहे विदेस, अरे, लखिय बाबुल मोरे" पर आधारित है। दरअसल 'शकुंतिका' का अर्थ 'गौरेया' से है। यहाँ गौरेया लड़कियों को कहा गया है। हमारे यहाँ परम्परा है कि एक खास समय के बाद घर को गुलजार करनेवाली,

अपनी हँसी-ठहाकों से खुशियाँ भरनेवाली, सखियों के साथ बाग-बगीचा नापनेवाली, माँ-पिता और घर के बड़े-बुजुर्गों के बीच प्यार, शोख और शरारतों के साथ पलनेवाली लड़की का विवाह कर दिया जाता है। एक लड़की जो गाँव के आँगन में गौरेया की तरह फुदकती है, अपनी मधुर बोली से घर में सबको मोहती है। एक दिन उसका विवाह विदेस में रहनेवाले लड़के से कर दिया जाता है। ऐसे में खुसरो के इस गीत में वह लड़की अपने बाबुल (पिता) से शिकायत करती है कि अपने घर की इस गौरेया को इतनी दूर क्यों ब्याह दिया? यहाँ एक बेटी की पीड़ा को ही लेखक ने अपने इस उपन्यास का कथावस्तु बनाया है। 'शकुंतिका' में लेखक पुरुष सत्तात्मक समाज में स्थापित उस मान्यता को तोड़ते हैं जहाँ यह माना जाता है कि परिवार या वंश को आगे ले जाने का काम सिर्फ पुत्र करते हैं। इस उपन्यास में वंश की यश-वृद्धि का काम पुत्र नहीं बल्कि पुत्रियाँ भी करती हैं। हमारा समाज शुरू से ही लड़कियों के साथ भेदभाव करता रहा है। पुत्र के जन्म पर जश्न और पुत्री के जन्म पर मातम मनानेवालों के मुँह पर एक जोरदार तमाचा है, यह उपन्यास 'शकुंतिका'।

भगवान दास मोरवाल रचित 'शकुंतिका' उपन्यास हमें कई स्तरों पर आकर्षित करता है। यह उपन्यास लड़कियों के प्रति समाज की परम्परागत सोच के बरक्स एक उम्मीद और उनके स्वाभिमान की गाथा है। इस उपन्यास में लेखक ने पुरुष सत्तात्मक समाज की मानसिकता की ओर हमारा ध्यान आकृष्ट किया है। आज भी हमारे समाज में यह देखने को मिलता है कि गर्भ में ही शिशु कन्याओं (भ्रूण) की हत्या कर दी जाती है। अक्सर लड़कियों को पराया धन कहकर दूसरे घर जाने का ताना सुनना पड़ता है। आज भी बहुत से मामलों में जैसे—शिक्षा, स्वास्थ्य, सामाजिक अधिकार, लिंग आदि के स्तर पर उन्हें दोयम दर्जे का माना जाता है। अक्सर हमें यह देखने को मिलता है कि कई परिवार बेटों की चाहत में कई-कई बेटियों को गर्भ में ही मार डालते हैं। अगर भाग्य भरोसे कुछ बच जाती हैं तो उनका भी ठीक से परवरिश नहीं करते। आज भी अधिकांश लोग इस सोच के साथ जी रहे हैं कि लड़कियों का काम पढ़ना-लिखना नहीं है। इसलिए उनके यहाँ लड़कियों को पढ़ाने-लिखाने के बजाय घरेलू जिम्मेदारियों से बाँध दिया जाता है।

'शकुंतिका' उपन्यास इस लिहाज से स्वागत योग्य उपन्यास एवं सामाजिक बदलाव का आख्यान है कि इसमें लेखक ने परम्परागत सामाजिक मान्यताओं को तोड़ते हुए लड़कियों के महत्त्व को स्थापित किया है। इस उपन्यास के केन्द्र में दो परिवार हैं—उग्रसेन-दुर्गा और दशरथ-भगवती का परिवार। शुरू-शुरू में दोनों परिवारों की सोच में विशेष अन्तर नहीं दिखता है। दोनों के यहाँ पुत्र की चाहत है। एक ओर जहाँ उग्रसेन-दुर्गा पोतों के जन्म को वंश वृद्धि, शक्ति, अहंकार और श्रेष्ठता से जोड़कर देखते हैं। वहीं दशरथ-भगवती दो पोतियों के जन्म के बाद पुत्र की चाहत रखते हैं। खैर भगवान दास मोरवाल अपने इस उपन्यास के अन्त तक जाते-जाते दोनों परिवारों

की लड़की सम्बन्धी परम्परागत धारणा को बदल देते हैं। ऐसा इसलिए सम्भव हो पाता है क्योंकि उग्रसेन-दुर्गा को उनके पुत्रों और पोतों ने निराश किया। इतना ही नहीं वे उनका तिरस्कार भी करते हैं। उन्हें अकेलेपन के दंश के साथ जीने के लिए छोड़ जाते हैं। वहीं भगवती-दशरथ की पोतियों ने अपने स्वभाव से, अपनत्व से, अच्छे संस्कारों और मेहनत से पूरे परिवार को गौरवान्वित किया। कॉलोनी के लोग, रिश्तेदार, सबने उनकी पोतियों की खूब तारीफ की। अखबारों में खबरें छपी तो पूरा घर खुशियों से झूम उठा। उन्हें यह लगने लगा कि बेटियों से भी कुल का यश बढ़ सकता है।

भगवान दास मोरवाल ने 'शकुंतिका' में सिया, गार्गी, बुलबुल और पीहू के चरित्र को ऐसा गढ़ा कि वह अनुकरणीय हो गया। उनके चारित्रिक विकास में एक आस्था है, एक सफलता है, भविष्य की बेहतरी का रास्ता है। उनकी सफलता और अच्छे स्वभाव ने लोगों के मन में यह भाव भर दिया कि काश हमारे यहाँ भी ऐसी एक गौरेया जरूर जन्म ले ताकि उसकी किलकारी और फुदकने की आहट से घर गुलजार हो उठे। भगवान दास मोरवाल ने 'शकुंतिका' उपन्यास में चारों पोतियों के चरित्र को इस प्रकार गढ़ा है कि लोग वंश चलाने के लिए गैरजिम्मेदार, आवारा, खुदगर्ज पुत्रों के बजाय जीवन में मिठास घोलनेवाली, समझदार, मेहनती, गौरेया जैसी फुदकनेवाली, घर को खुशियों से भर देनेवाली लड़कियों की उम्मीद पालेंगे। लेखक ने यह भी बताने का प्रयास किया है कि पुत्रों से वंश का सम्मान नहीं बढ़ता है बल्कि उपलब्धियों से वंश को मान मिलता है।

इस उपन्यास के कई पात्रों के चरित्र में आश्चर्यजनक और सुखद परिवर्तन दिखलाई पड़ता है। खासकर उग्रसेन और दुर्गा के चरित्र में। लेखक ने यहाँ यह बताने का प्रयास किया है कि हमें कोई बात इसलिए नहीं मान लेनी चाहिए कि वह पहले से समाज में प्रचलित है, बल्कि हमें प्रगतिशील विचारों के साथ जीना चाहिए। हम देख सकते हैं कि परम्परागत-पुरुष सत्तात्मक ढाँचे को लेकर जो सोच उग्रसेन-दुर्गा की या उनके जैसे लोगों की बनी थी, वह जीवन की वास्तविकताओं और अनुभवों के कारण बदल जाती है। यहाँ यह देखकर अच्छा लगता है कि भगवानदास मोरवाल ने दोनों के चरित्रों में विकास दिखलाया है। यही बड़ी वजह है कि दुर्गा चाची भगवती की चारों पोतियों के प्रति बहुत सकारात्मक दृष्टि रखती हैं। वे बराबर भगवती और दशरथ को समझाती हैं कि बच्चियों को बढ़ने दो, उनसे ही घर में चहल-पहल है। कई अवसरों पर भगवती उनसे सलाह लेती है और हर बार दुर्गा चाची पोतियों के अधिकारों और आजादी के लिए खड़ी रहती हैं। ऐसे में यह कहना गलत न होगा कि लेखक ने चरित्र को जड़ या रूढ़ बनाने की जगह चरित्र में प्रवाह, गति और प्रगतिशील समझ को फिट किया है।

यह उपन्यास कथा के जरिये पाठकों का मात्र मनोरंजन नहीं करता बल्कि शिक्षित भी करता है। 'शकुंतिका' उपन्यास इस अर्थ में और महत्त्वपूर्ण हो जाता है

कि इसमें लेखक ने वकालत, डाक्टरी, स्त्री-सम्बन्धी कानूनी अधिकारों और बच्चा गोद लेने सम्बन्धी नियमों का विस्तार से जिक्र किया है। यह उपन्यास विद्यार्थियों के साथ बड़ों को भी शिक्षित करता है। लेखक ने बड़ी बारीकी से "लॉ" की पढ़ाई सम्बन्धी पूरी प्रक्रिया का जिक्र किया है। उन्होंने बताया है कि कैसे प्रवेश परीक्षा के लिए आवेदन करना पड़ता है। इसमें परीक्षा, काउंसिलिंग की प्रक्रिया सम्बन्धी पहलुओं पर विस्तार से चर्चा की गई है। मेडिकल के लिए "नीट" की परीक्षा होती है, उसके लिए किन प्रक्रियाओं से गुजरना पड़ता है आदि जिज्ञासाओं के उत्तर लेखक ने अपने पात्रों के जरिए दिया है।

लेखक ने गोद लेने की प्रक्रिया को बहुत बारीकी से समझाया है ताकि लोग फ्राड, दलाल या बिचौलिए से बच सकें। उन्होंने बताया है कि बच्चा गोद लेने के लिए "सेन्ट्रल एडॉप्सन रिसोर्स ऑथरिटी या एडॉप्सन कोऑर्डिनेटिंग एजेंसी से हमें सम्पर्क करना चाहिए। इसके लिए आवेदक पति-पत्नी की ताजा तस्वीर, पैन कार्ड, बर्थ सर्टिफिकेट, निवास प्रमाण-पत्र, मेडिकल सर्टिफिकेट आदि कागजातों की जरूरत पड़ती है। दरअसल बहुत से लोग दलालों के माध्मय से बच्चे लेते हैं और उन्हें भविष्य में कई तरह की दिक्कतों का सामना करना पड़ता है। ऐसे में यह उपन्यास कहीं न कहीं पाठक को शिक्षित भी करता है। इस लिहाज से यह उपन्यास शिक्षाप्रद भी है।

'शकुंतिका' में लेखक ने समाज में व्याप्त अन्धविश्वास की ओर भी हमारा ध्यान आकृष्ट किया है। एक बार गार्गी परीक्षा देने के बाद पास होने के लिए मन्दिर में जल-चढ़ाने के लिए जाती है। उसके इस कार्य को लेखक ने अवैज्ञानिक, अतार्किक और अन्धविश्वास माना है। तभी तो वे अपने एक पात्र दशरथ से कहलवाते हैं—"अगर उन प्रश्नों के उत्तर सही दिए होंगे तो तू परीक्षा उत्तीर्ण हो जाएगी और गलत दिए होंगे तो वे जल चढ़ाने से सही नहीं हो जाएँगे। गलत सवालों को देवी-देवता या कोई ईश्वर खुदा जल चढ़ाने, पूजा करने या इबादत करने से तो सही नहीं कर देगा।" ऐसे में हम देख सकते हैं कि लेखक जीवन में आगे बढ़ने के लिए भाग्यवाद के बजाय कर्मवाद को जरूरी मानता है। इस सन्दर्भ में एक और घटना का भी उल्लेख जरूरी है जब रूपेश-जयन्ती को बच्चे नहीं होते हैं तो साधु-संत, या पीर-फकीर को दिखाने की बात होती है तो भगवती कहती है—"मुझे नहीं है ऐसे पाखंडी बाबाओं पर रत्तीभर भी भरोसा। रात-दिन इनके कारनामे टी.वी. पर देख-देखकर मुझे तो इनसे बहुत डर लगता है।" यहाँ उनके इस कथन से यह साफ पता चलता है कि लेखक समस्याओं का समाधान सामाजिक कुरीतियों और धार्मिक कर्मकांडों के बजाय वैज्ञानिक और बुद्धिवादी तरीके से हल करना चाहते हैं। तभी तो नि:सन्तान दम्पति झाड़-फूँक के पचड़े में नहीं फँसता बल्कि लेखक उन्हें "सेन्ट्रल एडॉप्सन सेंटर" जैसा सही रास्ता दिखाता है।

इस उपन्यास में भगवानदास मोरवाल ने वृद्धों के जीवन की सच्चाई को व्यक्त

किया है। आज हमें सोचना चाहिए कि उग्रसेन-दुर्गा जैसे वृद्ध-दम्पत्तियों को आख़िर क्यों बुढ़ापे में अकेलेपन के अवसाद, असुरक्षा और घोर आशंका के बीच जीना पड़ता है? क्या हमारा समाज इतना खुदगर्ज हो गया है कि उन्हें जीवन की अन्तिम बेला में असहाय छोड़ दे रहा है? क्या वे बोझ हैं? यह सोचकर कितना अजीब लगता है कि जिन्होंने जीवन भर अपने बच्चों को बनाया, उन्हें अपने अन्तिम समय में यह कहना पड़ रहा है कि—"जिनके लिए अपनी ज़िन्दगी खपा दी, इस गाढ़े समय में एक-एक कर सब मुँह फेरकर चलते बने।" आज हमारे समाज में वृद्धाश्रमों की संख्या बढ़ रही है क्योंकि अब हमारे दिलों में उनके लिए जगह घट रही है। ऐसे में मोरवाल जी का यह उपन्यास वृद्धों की समस्याओं को पाठकों के सामने सहानुभूतिपूर्वक उठाता है ताकि हम उस सत्य को जान पाएँ कि वृद्धों के मेहनत और त्याग पर ही आज हम बचे हुए हैं। इस उपन्यास में अख्तरी और भगवती का सम्बन्ध इस बात का प्रमाण है कि हमारे समाज में भले धर्म के ठेकेदार लाठी लेकर घूम रहे हों पर हमारे समाज में गंगा-जमुनी तहजीब ऐसे लोगों के कारण बची रहेगी।

'शकुंतिका' उपन्यास आत्मविश्वास, सफलता, आत्मनिर्भरता और स्वतंत्रता का आख्यान है। लेखक का मानना है कि जब हम शिक्षा को अपने जीवन में आगे बढ़ने का माध्यम बनाएँगे तब हम अज्ञानता, गरीबी, रूढ़िवादी, सामन्ती सोच और परनिर्भरता जैसी समस्याओं से टकरा पाएँगे। आज आदमी का अस्त्र शिक्षा-ज्ञान, वैज्ञानिक सोच, परस्पर सहयोग और आपसी भाईचारा होना चाहिए। आज की पीढ़ी इस उपन्यास से बहुत कुछ सीख सकती है। लेखक ने इस उपन्यास में विवाह जैसी व्यवस्था को भी स्वच्छंद बनाया है। हिन्दी की प्रसिद्ध लेखिका महादेवी वर्मा ने 'श्रृंखला की कड़ियाँ' पुस्तक में इस बात का जिक्र किया है कि "आर्थिक आत्म निर्भरता" लड़कियों को पसन्द का साथी चुनने का अवसर प्रदान करता है। इस उपन्यास में हम देखते हैं कैसे सिया, गार्गी और पीहू आत्मनिर्भर बनने के बाद अपनी पसन्द का जीवन साथी चुनती हैं और उनका परिवार उसे स्वीकारता भी है।

भगवानदास मोरवाल का यह उपन्यास शिल्प के कसावट की दृष्टि से भले थोड़ा ढीला हो पर भाव के स्तर पर बेमिसाल है। इसकी पठनीयता कहीं बाधित नहीं होती है। पाठक कथा के प्रवाह में आगे बढ़ता रहता है। संवाद-योजना घटना के अनुसार चुस्त है। लेखक कई जगह कथा की अनुकूलता को बचाए रखने के लिए पात्रों में भावुकता की सृष्टि करते हैं। निश्चित तौर पर यह उपन्यास एक नये समाज के निर्माण की बात करता है, जहाँ दुनिया की आधी आबादी को भी उसका सामाजिक अधिकार, सम्मान और आजादी मिल सके। यह उपन्यास पुरुष-सत्तात्मक समाज के दोहरे बर्ताव, लिंग भेद, अज्ञानता को चिह्नित करते हुए लिंग समानता पर आधारित विवेकपरक और सर्वसमावेशिक समाज की बात करता है। नि:सन्देह यह उपन्यास पठनीय होने के साथ शिक्षाप्रद भी है।

सामाजिक जीवन मूल्य और शकुंतिका

प्रा. कुमारी पूनम चौहान
हिमाचल प्रदेश विश्वविद्यालय, शिमला

प्राचीन काल में हमारे समाज में नारी का महत्त्व पुरुष से कहीं बढ़कर होता था। वैदिक काल में तो नारी का स्थान नर से इतना बढ़ गया था कि पिता के नाम के स्थान पर माता का ही नाम प्रधान होकर परिचय का सूत्र बन गया था। धर्म द्रष्टा मनु ने नारी को श्रद्धामयी और पूजनीय मानते हुए कहा है—यत्र नार्यस्तु पूज्यते, रमन्ते तत्र देवता: अर्थात् जहाँ नारी की पूजा प्रतिष्ठा होती है, वहाँ देवता निवास करते हैं। वैदिक काल की नारी ने हीन भावना का परित्याग कर स्वतंत्र एवम् आत्मविश्वास के साथ अपने व्यक्तित्व का सुन्दर एवम् आकर्षक निर्माण किया था। गार्गी, मैत्रेयी, विद्योत्तमा आदि कई विदुषियों का नाम इसी श्रेणी में उल्लेखनीय हैं। धीरे-धीरे उत्तरमध्यकाल आते-आते नारी की स्थिति में परिवर्तन आया। वह अब नर से महत्त्वपूर्ण न होकर उसके समकक्ष श्रेणी में आ गई। पुरुष ने परिवार के भरण पोषण का उत्तरदायित्व सँभाल लिया तो स्त्री ने घर के अन्दर के सभी कार्यों का बोझ उठाना शुरू कर दिया। स्त्री की स्थिति में धीरे-धीरे उतार आता चला गया। स्त्री शिक्षा की सुविधाएँ कम होती चली गईं। उसकी सार्वजनिक जीवन में भाग लेने की सुविधाएँ कम होती चली गईं तथा उसके शोषण की शुरुआत होने लगी। आधुनिक काल में स्त्रियों को महान समाज सुधारकों के कारण कुप्रथाओं से मुक्ति मिली तथा धीरे-धीरे स्त्रियों को पुरुष के बराबर अधिकार मिले। आज स्त्रियाँ पुरुष के साथ कंधे से कंधे मिलाकर कार्य कर रही हैं।

शकुंतिका उपन्यास में लेखक ने बेटियों के महत्त्व को बताया है कि बेटियाँ पुत्रों की अपेक्षा अत्यधिक महत्त्वपूर्ण हैं उनमें करुणा, सेवा तथा त्याग का भाव होता है। आधुनिक युग में बेटियों को भी बेटों के जैसे समान अधिकार दिये जाते हैं। भगवान दास मोरवाल हरियाणा क्षेत्र के रहनेवाले है। हरियाणा में लड़कियों का अनुपात अपेक्षाकृत कम है। लेखक ने अत्यधिक सुन्दर ढंग से बेटियों के महत्त्व को दर्शाया है कि लड़कियाँ लड़कों की अपेक्षा किस प्रकार से परिवार में अत्यधिक खुशियाँ

लाती हैं तथा अपने परिवार का नाम रोशन करती हैं।

भारतीय समाज में पुत्र के आने पर परिवार के सदस्यों द्वारा खुशियाँ मनाई जाती हैं और बेटियों के जन्म से परिवार दु:खी हो जाता है। उपन्यास में दर्शाया गया है कि दुर्गा उग्रसेन के घर में चौथे पोते का जन्म होता है, उसके जन्म के कारण घर में खुशियों का वातावरण होता है। चौथे पोते के जन्म के कारण उग्रसेन की बॉडी लेग्वेंज में परिवर्तन होता है, उसका सीना चौड़ा हो जाता है कि वह अब चार-चार पोतों का दादा है। वह अपने पोते के नामकरण के उपलक्ष्य में कुआँ पूजन का आयोजन करता है। इस आयोजन में मोहल्ले तथा सगे सम्बन्धियों को बुलाया गया तथा रात-भर तक डीजे को बजाया गया। डीजे के कारण उनके पड़ोसी भगवती तथा दशरथ को सोने में परेशानी होती है। भगवती खीझ कर कहती है "ठीक है खुशी मनाओ पर यह क्या बात हुई कि देर रात तक इसे बजवाते रहो। यह नहीं है कि इसे थोड़ी कम आवाज़ में ही बजवा लें।" दशरथ हँसते हुए कहता है "अगर इसे कम आवाज़ में बजवा लिया, तो लोगों को कैसे पता चलेगा कि फलाँ के यहाँ लड़का हुआ है।" इस प्रकार पुत्र के जन्म तथा जन्मदिन पर अत्यधिक खुशियाँ मनाई जाती हैं। उग्रसेन तथा दुर्गा अपने पोतों के जन्मदिन को बड़ी धूम-धाम से मनाते थे।

अपने पड़ोस में उत्सवी माहौल तथा जन्मदिन का बुलावा आने के कारण सिया बहुत उदास हो जाती थी। उसे कभी याद भी नहीं आता कि उनके परिवार में भी उनके आने तथा जन्मदिन पर इस तरह की खुशियाँ मनाई गई हो, यहाँ तक कि शुरू-शुरू में तो उसका तथा गार्गी का जन्मदिन मनाया जाता था। परन्तु बुलबुल के आने के बाद वो भी बंद हो गया। हालाँकि हमारा समाज बेटा तथा बेटियों में चाहे कितना अन्तर क्यों न करे, बेटियों को पुत्रों के समान अधिकार न दे जिसकी वो अधिकारिणी हैं परन्तु बेटियाँ हमेशा ही अपने परिवार के सदस्यों का ख्याल रखती हैं। उपन्यास में दर्शाया गया कि डीजे के शोर के कारण अपने दादा दादी को परेशान होता देखकर सिया पुलिस को फोन करती है परन्तु सिया को उल्टा अपनी दादी से डाँट सुननी पड़ती है, वो कहती है "मुझे भी कोई शौक नहीं है, पर इन्हें याद दिलाना भी तो जरूरी है कि अपनी हदों में रहना सीखो।" समाज में बेटियों को कमजोर समझा जाता है तथा उनकी हदें तय की जाती हैं किन्तु शिक्षा ही एक ऐसा माध्यम है जिसके द्वारा बेटियाँ समाज की इन बेड़ियों को तोड़ सकती हैं। बेटियाँ समाज व राष्ट्र की अमूल्य धरोहर एवम् जननी हैं। एक सुसंस्कृत एवम् संस्कारवान समाज व राष्ट्र के निर्माण के लिए बेटियों को पढ़ाना व उनकी सुरक्षा करना हमारी नैतिक जिम्मेदारी है। बेटियों के बिना समाज व पुरुष का अस्तित्व नहीं है। वहीं समाज में बेटियों का विशेष स्थान है। बेटियों ने आज ही नहीं पुरातन समय से अपने साहसिक कार्यों के द्वारा राष्ट्र व समाज को गौरवान्वित किया है। जिस प्रकार सारी शक्तियाँ देवियों में निहित हैं, उसी प्रकार मानव समाज कल्याण रूपी सारी शक्तियाँ बेटियों के

रूप में निहित हैं। बेटियों के बिना विकसित तथा समृद्ध समाज की कल्पना नहीं की जा सकती। समाज के विकास के लिए आवश्यक है कि बेटियों की शिक्षा में किसी तरह की कमी न आने दें। भगवानदास मोरवाल ने 'शकुंतिका' उपन्यास में बेटियों के लिए शिक्षा के महत्त्व को दर्शाया है, किस प्रकार शिक्षा के द्वारा सिया, गार्गी तथा पीहू नई ऊँचाइयों को छूती हैं तथा परिवार का नाम रोशन करती है। बारहवीं का रिजल्ट आता है सिया के बानबे प्रतिशत अंक आते हैं। उग्रसेन के पोते रोहन तथा अमित बहुत कम नम्बर से पास होते हैं। जिसके कारण उग्रसेन के घर में सन्नाटा था जहाँ हमेशा उत्सवी माहौल होता था तथा दशरथ का घर जिसमें बेटियों के जन्म से हमेशा सन्नाटा रहता था, आज उस घर में बेटी के कारण खुशियों का वातावरण था क्योंकि सिया ने परीक्षा अच्छे अंकों से पास की। दुर्गा और उग्रसेन को अपने पोतों पर अत्यधिक अभिमान था किन्तु उनका अभिमान टूटता गया क्योंकि उनके पोते निकम्मे, निठल्ले तथा नालायक साबित हुए। वहीं दूसरी ओर भगवती तथा दशरथ की पोतियाँ बुद्धिमान, सेवानिष्ठ, कर्तव्यपरायण तथा उच्च पदों पर कार्यरत होती हैं। दशरथ तथा भगवती की पोतियों में बुद्धिमता, सेवाभाव को देखकर उग्रसेन तथा दुर्गा के मन में बेटियों के प्रति विचार बदल जाते हैं। दुर्गा भी इच्छा करती है कि इन पोतों से अच्छा तो पोतियों का जन्म होता। वह कहती है "ऐसे निकम्मे पोतों से तो ऊपरवाला दशरथ-भगवती जैसी एक पोती ही दे देता। सत्यानाशियों में से एक भी तो काम का नहीं निकला।"

समाज में अधिकतर बेटे माँ-बाप की प्रत्येक सम्पत्ति में अपना अधिकार समझते है किन्तु जब अपने माता-पिता की देखभाल तथा उन्हें अपने साथ रखने की बात आती है वो पीछे हट जाते हैं। उपन्यास में भी दर्शया गया है, उग्रसेन अपनी सारी सम्पति का बँटवारा अपने पुत्रों में कर देता है परन्तु वह वसीयत में उस घर को शामिल नहीं करता जिस घर में वह और दुर्गा रह रहे होते हैं जिसके कारण उसे अपने छोटे बेटे अभय तथा उसकी पत्नी कुसुम, बड़ी बहू के विरोध का सामना करना पड़ता है। दुर्गा तथा उग्रसेन ने स्पष्ट किया कि वे इस घर को उसी बेटे को देंगे जो उनकी सेवा करेंगे परन्तु बहुओं को लगता है कि उनके पति आते तो हैं इनको मिलने और कैसी सेवा चाहते हैं। उनके अनुसार केवल मिलने से ही सेवा होती है। परिवार में वसीयत को लेकर कलेश हो जाता है। इस कलेश से उग्रसेन तथा दुर्गा अत्यधिक बिखर जाते हैं। वो दोनों अकेले ही रहते हैं तथा एक दूसरे का सहारा बनते हैं, जिस घर में हमेशा बेटों के कारण उत्सव का माहौल तथा खुशियाँ मनाई जाती थी, आज उन्हीं बेटों के कारण घर सूना हो गया। इतना बड़ा घर काटने को दौड़ता था तथा घर के चारों ओर धूल ही धूल जमी हुई थी। दुर्गा और उग्रसेन को पहले इस बात का गर्व होता था कि उनके घर में पोते हुए हैं, आज वो भगवती तथा दशरथ को भाग्यशाली समझते हैं कि उनके घर पोतियों का जन्म हुआ है तथा ये पोतियाँ ही इन्हें संसार से तारेंगी या मोक्ष

की प्राप्ति कराएँगी, उग्रसेन कहता है कि "घर तो बेटियों से ही घर जैसा रहता है, ये तो बर्फ की उन शिलाओं-सी होती है कि जब ये शिलाओं की शक्ल में होती हैं, तो देह झुलसाती हवाओं को ठंडे झोंकों में बदल देती हैं। जब ये पिघलती हैं तो पानी बन, सूखी रेत में मुरझाये पेड़ों-से माँ-बाप के जिस्म में जान डाल देती हैं। देखना, एक दिन यही बेटियाँ दशरथ और भगवती के बहू-बेटों को तिराएँगी।" इस प्रकार से उपन्यास में बेटियों का महत्त्व बताया है कि वह घर कितना खुशनसीब होता है जिस घर में बेटियाँ होती हैं, क्योंकि बेटे भाग्य से मिलते हैं परन्तु बेटियाँ सौभाग्य वालों को मिलती हैं कहा भी जाता है, कन्यादान महादान है। भगवती और दशरथ के छोटे पुत्र रूपेश के कोई सन्तान नहीं होती। रूपेश अपने बड़े भाई की छोटी बेटी बुलबुल को गोद लेना चाहता था किन्तु भगवती बुलबुल को गोद लेने से इनकार करती है। भगवती अनाथ आश्रम से बेटी गोद लेने की सलाह रूपेश को देती है। रूपेश तथा परिवार के सभी सदस्य हैरान हो जाते हैं कि घर में पहले से तीन बेटियाँ हैं, फिर भी चौथी भी लड़की को ही गोद लेना है लड़का क्यों नहीं। भगवती ने दुर्गा की सलाह से लड़की गोद लेने का साहसपूर्ण निर्णय लिया वह कहती है "मुझे यह हिम्मत दुर्गा ने बँधायी थी। उसी ने मुझे तैयार किया था कि लड़के के बजाय लड़की गोद लेना।" उपन्यास में बताया गया है कि माता पिता जिन बेटों को अपना सहारा समझते थे वह ही उनके दु:ख का कारण बन जाते हैं, उग्रसेन और दुर्गा अपने पुत्रों के कारण अत्यधिक दु:खी होते हैं। बलवन्त को हैरानी होती है कि दुर्गा ने बेटी गोद लेने की सलाह ली। वह कहता है "क्या उस दुर्गा आंटी ने, जो एक समय हमारे यहाँ लड़की होने पर नाक-भौं सिकोड़ती थी?" दशरथ दुर्गा का पक्ष लेते हुए कहता है "समय अच्छे-अच्छों को सबक सिखा देता है बेटा। अपने जिन बेटों-पोतों को वे हीरा, रत्न और न जाने क्या-क्या कहते थे, उन्हीं में आपस में ऐसा खिंचाव आ गया है कि उग्रसेन और दुर्गा का जीना हराम हो रहा है। ...और यह सब हो रहा है, घर-जायदाद के बँटवारे को लेकर।"

समाज में परम्परा रही है वंश को बढ़ाने के लिए बेटों की आवश्यकता होती है तथा पुत्र के द्वारा मुखाग्नि तथा पिण्ड दान से ही माता-पिता की गति या मुक्ति होती है। परन्तु इस बात का खंडन इस उपन्यास में किया है, पुत्रियों के द्वारा भी माता-पिता को मुक्ति मिलती है तथा दुर्गा भगवती से कहती है "सुन, भगवती, बुरा मत मानियो। इस वंश को बढ़ाने की भूख ने हमारी बेटियों की दुर्गत की हुई है।"

उपन्यास में लेखक ने बड़े ही सुन्दर ढंग से बताया है जो भवगती हमेशा ही अपने घर में पोता चाहती थी, वह भगवती अनाथ आश्रम से पोती को गोद लेना चाहती है तथा जिस घर में लड़कियों का जन्मदिन तक नहीं मनाया जाता था आज उस घर में पीहू के जन्मदिन पर कुआँ पूजन का आयोजन होता है, जोकि कुआँ पूजन लड़के के अवसर पर होता था। समाज में जो रूढ़ियाँ केवल बेटों के लिए थी उसका खंडन

इस उपन्यास में किया। बड़े ही हर्षोल्लास के साथ पीहू का कुआँ पूजन होता है।

निष्कर्षत: कहा जा सकता है कि आधुनिक युग में बेटियों का महत्त्व बढ़ता जा रहा है। बेटियाँ बेटों के बराबर कंधे-से-कंधा मिलाकर कार्य कर रही हैं। आज बेटियाँ हर क्षेत्र में सर्वश्रेष्ठ प्रदर्शन कर रही हैं। शिक्षा के द्वारा ही बेटियों के जीवन में परिवर्तन आता है तथा वह जीवन में नई ऊँचाइयों पर पहुँचती हैं। बेटियाँ अपने परिवार की देखभाल बेटों से ज्यादा अच्छा करती हैं क्योंकि उनके अन्दर अत्यधिक करुणा, ममता तथा सेवाभाव होता है।

सन्दर्भ

1. 'शकुंतिका'—भगवानदास मोरवाल, राजकमल प्रकाशन, नई दिल्ली।

खंड-3

संस्कृति, परम्परा और नारी-चेतना

'शकुंतिका' उपन्यास में नारी जागृति के विभिन्न आयाम

सुभाषिणी लता कुमार
फिजी नेशनल विश्वविद्यालय, लउतोका, फिजी

आज की नारी परिवार, समाज और राष्ट्र के उत्थान में महत्त्वपूर्ण भूमिका निभा रही है। वर्तमान समय में नारी-जागृति के कारण नारी की सामाजिक स्थिति में परिवर्तन हुआ है। साहित्यकार अपने साहित्य के द्वारा समाज और राष्ट्र को जागृत करने का महत्त्वपूर्ण कार्य करते हैं। भगवानदास मोरवाल जी की सन् 2020 में प्रकाशित 'शकुंतिका' उपन्यास नारी जागृति पर आधारित महत्त्वपूर्ण कृति है। इस उपन्यास में मोरवाल जी ने नारी महत्ता व शिक्षा, स्त्री-पुरुष समानता, विवाह के बदलते प्रतिमान, सामाजिक रूढ़ियाँ व परम्पराओं आदि विषयों पर समाज को जागृत करने का अथक प्रयास किया है।

'शकुंतिका' उपन्यास में स्त्री जीवन के विभिन्न पहलुओं एवं महिला सशक्तीकरण के मुद्दे को उठाया गया है। प्रस्तुत उपन्यास में दशरथ और भगवती के घर तीन पोतियों का जन्म होता है, तो वहीं उनके पड़ोसी उग्रसेन और दुर्गा के यहाँ पोतों का। उग्रसेन और दुर्गा अपने पुत्रों व पोतों को हीरे मानते हैं। लेकिन, कुछ सालों बाद उग्रसेन के ये पुत्र-रत्न पूरे मोहल्ले और कॉलोनी के नाक में दम करने लगते हैं। उग्रसेन के पोते मार-पीट, लड़कियों को छेड़ना तथा पढ़ाई-लिखाई में भी पत्थर साबित होते हैं। उग्रसेन और दुर्गा ने जिन बेटों-पोतों को हीरा व रत्न समझा था, वे घर-जायदाद के बँटवारे के कारण आपसी खींचा-तानी में घिरकर, पारिवारिक विघटन का कारण बनते हैं। इस तरह उग्रसेन और दुर्गा का संयुक्त परिवार बिखर जाता है और दोनों वृद्ध दम्पति अकेले पड़ जाते हैं। वहीं पड़ोसी दशरथ और भगवती की पोतियाँ पढ़-लिखकर अच्छे-अच्छे काम करने लगती हैं। भगवती की पोतियाँ सिया, गार्गी, बुलबुल और पीहू में नारी के मांगलिक, शक्ति, करुणामयी और वात्सल्यमयी रूप के दर्शन मिलते हैं। शुरुआत में भगवती ने जिन पोतियों को बोझ व पत्थर समझा था उन्होंने अपनी मेहनत, प्रतिभा और स्नेह के बल पर खुद को हीरा सिद्ध किया। उक्त उपन्यास में मोरवाल जी ने नारी जागृति के विभिन्न आयामों को उजागर किया है, जो निम्नलिखित हैं :

नारी की महत्ता : प्राचीन काल में हमारे समाज में स्त्री का महत्त्व पुरुष से कहीं अधिक था। धर्म द्रष्टा मनु ने नारी को श्रद्धामयी और पूजनीया मानते हुए महत्त्व प्रदर्शित किया—'यत्र नार्यस्तु पूज्यते, रमन्ते तत्र देवता:।' अर्थात् जहाँ नारी की पूजा प्रतिष्ठा होती है, वहाँ देवता रमण करते हैं, अर्थात् निवास करते हैं। मोरवाल जी ने 'शकुंतिका' उपन्यास में पुरुष की अपेक्षा नारी पात्रों को अधिक महत्त्व दिया है। उपन्यास के कथा क्रम में दुर्गा के बेटे व पोते भगवती की पोतियों से हीन और गैरजिम्मेदार दिखाए गए हैं। जिस प्रकार चिड़ियों के चहकने से घर-आँगन की शोभा बढ़ती है वैसे ही लड़कियाँ घर की शोभा होती हैं। लड़कियाँ परिवार वालों को अपनी चंचलता और सेवा भाव से मोह लेती हैं। प्रस्तुत उपन्यास में उपन्यासकार बिना बेटियों वाले घर की तुलना उस सफेदे के पेड़ से करते हैं जहाँ परिन्दे भी आकर नहीं बैठते हैं। दुर्गा अपनी पड़ोसन, भगवती की पोतियों को देख कर प्रसन्नता पूर्वक कहती है—"कई बार तो सामने की चिल्ल-पों सुनकर ऐसा लगता है जैसे किसी पेड़ की टहनियों पर बैठी गौरयाँ चहक रही हैं। जब देखो दोनों पोतियाँ उनके आगे पीछे अटकती-मटकती रहती हैं। इधर हमारे सपूत पोते हैं। एक गिलास पानी के लिए भी कई-कई बार चिल्लाना पड़ता है।" वात्सल्य, स्नेह, कोमलता, दया, मानवीय आधारों पर सृष्टि थमी हुई है, जो नारियों के सर्वप्रधान गुण हैं। दशरथ की पोतियाँ अपने दादा-दादी की सेवा में लगी रहती हैं और उनके पुकारने पर दौड़ी चली आती हैं। पोतियों के विवाह के बाद, भगवती और दशरथ का घर सूना हो जाता है। तब दशरथ अपनी पोतियों को याद कर कहते हैं—"बेटियों का सुख क्या होता है उसके बारे में उन निरभोगों से पूछिए, जिनके कान अपने घर-आँगन में इन चिड़ियों के चहचाहट के लिए तरसते रहते हैं। इसका पता अभी नहीं चलेगा, तब चलेगा, जब ये एक-एक कर इस घर की मुँडेरे से उड़ जाएँगी।" उपन्यासकार बार-बार लड़कियों की तुलना चिड़ियों के झुंड से करते हैं जो फुदकती रहती हैं।

जयन्ती और रूपेश भगवती के छोटे बहू-बेटे हैं। इनकी कोई सन्तान नहीं है, इस कारण दोनों बच्चा गोद लेने का विचार करते हैं। भगवती वंश बढ़ाने की बात सोचकर पहले लड़के को गोद लेने का विचार करती है। लेकिन, बहुत चिन्तन पश्चात वह अपने बहू-बेटे को अनाथाश्रम से लड़के के बजाय लड़की को गोद लेने की सलाह देती है। यह लेखक की प्रगतिशील विचारधारा का संकेत है। 'शकुंतिका' की दुर्गा, भगवती, सिया, गार्गी, रेवती और पीहू नारी पात्रों में स्नेह, ममता, दया, परोपकार, सहानुभूति आदि मानवीय मूल्यों की खान हैं। मोरवाल जी नारी को पुरुष की सहचरी के रूप में देखना चाहते हैं, न कि पुरुष के प्रतियोगिनी के रूप में। स्त्री की भूमिका घर, समाज और राष्ट्र में महत्त्वपूर्ण है।

स्त्री-पुरुष भेदभाव : आधुनिक युग में नारी अपने अधिकारों के प्रति सजग बनी है। उसे पुरुष के बराबर का स्थान कानूनी तौर पर प्राप्त है। लेकिन, भारतीय समाज

में परम्परा से चली आ रही स्त्री-पुरुष असमानता आज भी समाप्त नहीं हुई। भारतीय पुरुष-प्रधान संस्कृति में पुरुष की तुलना में स्त्री को निम्न समझा जाता है। लैंगिक विभेदीकरण के इसी मुद्दे को मोरवाल जी 'शकुंतिका' उपन्यास में प्रस्तुत कर नारी स्वाधीनता आन्दोलन के कार्य को आगे बढ़ाने का मार्ग प्रशस्त करते हैं। आज भी कई ऐसे परिवार हैं जहाँ स्त्री की उपेक्षा की जाती है। पुरुष प्रधान संस्कृति के कारण उसे अनेक बातों से वंचित रखा जाता है। लड़के और लड़की के बीच भेदभाव को उपन्यास के शुरुआत में वास्तविकता के साथ रेखांकित किया गया है। भगवती की दो पोतियाँ हैं और उसकी बहू रेवती गर्भवती है। बहू के गर्भ के सम्बन्ध में भगवती अपनी पड़ोसन दुर्गा से कहती है, "अगर इस बार भी नहीं हुआ न (लड़का), हम तो जीते जी मर जाएँगे। पहले से दो-दो लड़कियों को देखकर मेरे तो हाथ-पाँव फूल जाते हैं।" भगवती की यही कामना है कि उसकी बहू को इस बार लड़की के बजाय लड़का पैदा हो ताकि उनका वंश आगे बढ़ सके।

समाज में जहाँ पुरुष जन्म पर आनन्दोत्सव मनाया जाता है वहाँ पुत्री के जन्म पर उदासीनता छा जाती है। स्वयं नारी ही नारी जन्म के प्रति उदासीन बनती जा रही है। गर्भवती नारी का गर्भ-जल-चिकित्सा कराया जाता है और यदि कोख में स्थित भ्रूण लड़की हो तो भ्रूण हत्या कर दी जाती है। दादी भगवती भी यही कामना करती है कि वंश को आगे बढ़ाने के लिए पोती नहीं बल्कि पोते का जन्म हो। बहू के गर्भ में लड़का है या नहीं पता लगाने के लिए दुर्गा भगवती से डॉक्टरी जाँच कराने की सलाह देती है। भगवती ने इससे पूर्व ही डॉक्टरों से बात की थी मगर यह परीक्षण गैरकानूनी होने के कारण डॉक्टर इनकार कर देते हैं। इन यातनाओं को बहू रेवती मौन रहकर सहन करती है। आज बदलते परिवेश, शिक्षा और आत्मनिर्भरता के बढ़ते अवसरों के कारण नारियों ने पुराने नियमों को तोड़ा है, उसने चुनौतियों को स्वीकारा है और अपने लिए समान्ता और सभ्यता की माँग की है। उपन्यासकार इस लैंगिक विभेदीकरण को अस्वीकारते हैं। साहित्य समाज और राष्ट्र की विचारधारा बदल सकता है। अत: उक्त उपन्यास में मोरवाल जी स्त्री-पुरुष असमानता की खाई को भरने में सफल हुए हैं।

बौद्धिक विकास और आत्मनिर्भरता : नारी के द्वारा सामाजिक चुनौतियों को स्वीकार करने का लक्ष्य बहुआयामी है। उसने एक ओर नैतिकता और विवाह के प्रचलित मानदंडों और रूढ़ियों को तोड़ने का प्रयत्न किया है तो वहीं दूसरी ओर जीवन की अनिवार्य स्थितियों को स्वीकारते हुए अपने बौद्धिक विकास को महत्त्वपूर्ण माना है। वस्तुत: शिक्षित महिलाओं ने हर क्षेत्र में प्रगति की है तथा अपनी प्रतिभा एवं अस्मिता का परिचय कभी डॉक्टर, वकील, पुलिस, इंजीनियर, सीईओ आदि बनकर दिया है। 'शकुंतिका' के वृद्ध दादा दशरथ का मानना है कि व्यक्ति की सफलता उसे अपनी प्रतिभा और मेहनत के बल पर ही मिलती है। इसलिए वह अपनी पोती गार्गी को अपने ऊपर भरोसा करने की सलाह देते हैं।

नारी के बौद्धिक व व्यक्तित्व विकास के लिए सरकार, कानून उसकी सहायता कर रहे हैं, पर इसके साथ सामाजिक व पारिवारिक सहयोग की उतनी ही जरूरत है। 'शकुंतिका' में लड़कियों की पढ़ाई में दादा-दादी, माता-पिता व पड़ोसी दुर्गा और उग्रसेन से प्रोत्साहन मिलता रहा है। इधर सिया एल.एल.बी. की तैयारी में लग गई, तो गार्गी डॉक्टरी पढ़ने लगी और पीहू को भी विदेश अध्ययन योजना के अन्तर्गत सरकार की तरफ से ऑस्ट्रेलिया में पढ़ने का सुनेहरा अवसर प्राप्त हुआ। इतनी पढ़ाई-लिखाई के बावजूद भी इन लड़कियों में अपने दादा-दादी, माता-पिता व परिवार के सदस्यों के लिए प्रेम व आदरभाव बना रहा। अतः अगर स्त्रियों को मौका प्रदान किया जाए तो वे हर क्षेत्र में अपनी प्रतिभा से उच्चस्तरीय स्थान प्राप्त कर सकती हैं। लड़कियों की शादी में जल्दबाज़ी करने से उनके सपने टूट जाते हैं। 'शकुंतिका' की सिया की इच्छा शादी करने के बजाय आगे पढ़ने की है। दशरथ अपनी पोती की भावनाओं को समझते हुए उसे आगे पढ़ने की इजाज़त देते हुए कहते हैं—"मेरा तो यह मानना है कि इस देश में ज्यादातर बेटियों के सपने यह शादी-विवाह ही कुचल देता है।...जा बेटी, जा जो तेरा मन करे, पहले उसे कर।" सिया अपनी मेहनत और प्रतिभा के बल पर ज्यूडिसिरी का प्री-टेस्ट क्वालीफ़ाई कर लेती है। इस उपलब्धि ने उसे और भी परिपक्व और आत्मविश्वासी बना दिया। नारी शिक्षा को बढ़ावा देकर उसकी अस्मिता को, हकों को और कर्तव्यों को सजग बनाया जिससे उसमें अपने स्व अस्तित्व के प्रति जागृति निर्माण हुई है। इस प्रकार शिक्षा के आधार पर प्राप्त नौकरियों ने नारी को आत्मनिर्भरता, आर्थिक सुरक्षा तथा आत्मसजगता प्रदान की है। आज नारी शिक्षित-दीक्षित होकर समाज के विभिन्न क्षेत्रों में पुरुषों के समान अधिकारों और पदों को प्राप्त कर रही हैं।

विवाह के बदलते प्रतिमान : नारी अब घर की चारदीवारी में कैद नहीं है। वह शिक्षा, नौकरी या जीविकोपार्जन हेतु घर से बाहर आने लगी है। अतः परम्परागत मूल्यों में परिवर्तन आया है। वह आत्मनिर्भर बनकर प्रेम विवाह, अन्तर्जातीय विवाह, अन्तर्धर्म विवाह भी करने लगी है। अब वह अपने जीवन का निर्णय खुद लेना चाहती है। माता-पिता द्वारा लादे जानेवाले वर से मुक्ति की कामना चाहती है। नये मूल्य-मान्यताओं ने विवाह के बदलते प्रतिमान का आह्वान किया है।

विवाह के प्रति नारी का दृष्टिकोण बदल रहा है। अब वह विवाह को बन्धन के रूप में स्वीकार न कर, उसकी महत्ता को समझने का प्रयास कर रही है। प्रस्तुत उपन्यास में सिया तपन से प्रेम करती है और उससे शादी करने का निर्णय लेती है। तपन एक बंगाली लड़का है, जो सिया के जात-बिरादरी का नहीं है पर अच्छे संस्कार और अच्छे घर-परिवार से है। तपन जिस अदालत में जज है उसी अदालत में बतौर वकील सिया प्रेक्टिस करती है। सिया के विचारों को समझते हुए परिवार वालों की अनुमति से और बिना दहेज के तपन और सिया की धूमधाम से शादी हो

जाती है। इधर गार्गी भी अपने पसन्द के एक पंजाबी लड़के से शादी कर लेती है। इस प्रकार उपन्यासकार यह दर्शाते हैं कि शादी में खानदान, घर-परिवार और जात-पात से बढ़कर लड़का-लड़की के आपस में मन और विचार जरूर मिलने चाहिए। सामाजिकों की परवाह किए बिना ही सिया और गार्गी अपने जीवन साथी का चुनाव करती है। इस प्रकार उपन्यासकार ने व्यक्तिचेतना का विकास और सामाजिक चेतना का ह्रास दर्शाया है। अत: लड़कियाँ अपने विवाह के लिए आत्मनिर्णायक बन रही हैं।

लेखक के लिए विवाह जन्म-जन्मान्तर का रिश्ता नहीं है बल्कि परिस्थिति अनुसार इसमें बदलाव भी आ सकता है। भगवती अपनी छोटी पोती बुलबुल का विवाह अपने जात-बिरादरी में सोच-समझकर करती है मगर लड़का लालची निकला। बुलबुल का पति नरेन्द्र और ससुराल वाले उसे बात-बात पर परेशान करते हैं। सिया अपनी बहन बुलबुल को इस शोषण के खिलाफ आवाज़ उठाने को कहती है—"देख बहन, रोज-रोज के घुटने से अच्छा है, एक दिन हिम्मत दिखा दे।" नरेन्द्र और उसके परिवार को सबक सिखाने के लिए सिया अदालत में पेश होने का कोर्ट नोटिस भेजती है। कोर्ट नोटिस पाकर नरेन्द्र डर जाता है और बुलबुल और उसके परिवार से अपने किए की माफी माँगता है। जीवन साथी के चुनाव की चेतना का विकास, विवाह से जुड़े विभिन्न विधानों और कानूनों का विस्तार, अन्तर्जातीय वैवाहिक सम्बन्धों को लेकर सामाजिक उदारता का उद्भव, विवाह सम्बन्धी बदलते प्रतिमानों को प्रस्तुत करते हैं।

सामाजिक रूढ़ियों का विरोध : समाज में नारी केन्द्रित समस्याओं और रूढ़ियों को उपन्यासकार उचित प्रसंगों द्वारा प्रस्तुत करते हैं। सामाजिक रूढ़ि, परम्परा के कारण नारी का जीवन पिंजरे में कैद तोते के समान हो गया है। परिवार में पुत्र के पैदा होने पर खुशियों की लहर दौड़ उठती है। प्रस्तुत उपन्यास में उग्रसेन के छोटे बेटे अभय को पुत्र-रत्न की प्राप्ति होती है। उग्रसेन और उसकी पत्नी दुर्गा चार-चार पोतों को पाकर अत्यन्त खुश होते हैं। इस खुशी का सांझा पूरा मोहल्ला करता है। चौथे पोते के नामकरण के साथ ही कुआँ पूजन का भी भव्य आयोजन होता है। पड़ोस की इस हलचल को देख सिया सोचती है कि उनके यहाँ बहनों के जन्मदिन पर ऐसा उत्सव क्यों नहीं मनाया जाता है। आज भी परिवार में पुत्री के जन्म पर शोक मनाया जाता है। भगवती तीसरी पोती के जन्म पर निराश होकर कहती है—"हम तो जीते-जी मर गए। दो ही कम थीं जो एक और आ मरी!" आज भी वंश बढ़ाने की भूख के कारण लड़कियों की दुर्गति हो रही है।

लेखक का यह विचार है कि समाज की इन रीतियों को बदलना इतना आसान नहीं है—"समाज को सही रास्ता दिखाने का जोख़िम अर्थात् रिस्क ले कौन? क्योंकि अवसर मिलने पर हम सब, चाहे शिक्षित हों या अशिक्षित; अमीर हों या गरीब, इस संस्कृति-पोषक उदारता का लाभ उठाने से नहीं चूकते हैं।" फिर भी कोशिश तो की जा सकती है। गार्गी डॉक्टरी परीक्षा में पास होने के लिए शिवालय पर जल

अर्पण करती है। लेकिन जब बिल्ली रास्ता में आ जाती है तो इसे अपशकुन मानती है और उसका आत्मविश्वास डगमगा जाता है। इस प्रकार का अन्धविश्वास व्यक्ति को कमजोर बना देता है। दशरथ अपनी पोती का मनोबल बढ़ाने के लिए कहता है—"ये सब टोटके आदमी ने खुद बनाए हैं। इनसे कुछ नहीं होता।...बिना मतलब इन टोने-टोटके के चकर में मत पड़।" वस्तुत: व्यक्ति का खुद पर आत्मविश्वास होना जरूरी है। कुआँ पूजन परम्परा मुख्यतया लड़के के जन्म दिवस पर मनाया जाता है पर इस बार भगवती की दोनों बहुओं की इच्छा हुई कि वे अपने बेटियों के जन्म दिन पर कुआँ पूजन कराएँ। इन रूढ़ियों को बदलने की पहल तो किसी न किसी को करनी पड़ती है। हालाँकि इसमें कोई बुराई नहीं थी पर यह सामाजिक रूढ़ियों के विरुद्ध था। समाज की परवाह किए बगैर पहली बार बुलबुल और पीहू के जन्मदिन का जश्न सारे मोहल्ले ने धूमधाम से मनाया और भगवती की बहुओं ने श्रद्धापूर्वक कुआँ पूजन भी किया। यह खबर एक नई सोच के रूप में अखबार में भी छापा गया कि जहाँ सिर्फ लड़कों के जन्म पर कुआँ पूजा जाता था वहाँ आज ऐसे भी लोग हैं जो लड़की की खुशी में कुआँ पूजन कर रहे हैं। इस तरह मोरवाल की 'शकुंतिका' में नारी विमर्श की विभिन्न समस्याओं को ध्यान में रखते हुए नारी सम्बन्धी सामाजिक रूढ़ियों के प्रति जागरूकता प्रस्तुत है।

शिक्षा के अत्यधिक प्रचार-प्रसार तथा संविधान द्वारा नारी को दिए जानेवाले सम्मान व अधिकारों के कारण आज नारी में 'स्व' की अनुभूति का उद्घाटन हुआ है। आज की नारी माँ, बेटी, बहन, पत्नी से पहले एक स्वतंत्र मनुष्य के रूप में अपनी पहचान के प्रति सचेत हो रही है। अर्चना वर्मा का मत है कि नारी "अस्मिता एक हद तक सम्बद्धता, सरोकार, लगाव और अपनत्व का प्रश्न भी है।" आज नारी अपने अस्तित्व की सुरक्षा के लिए परम्परागत मूल्यों से लड़ रही है। वह स्वयं नौकरी, व्यवसाय, कामकाज आदि करके अपने पैरों पर खड़ी होना चाहती है। अब वह नियतिवादी नहीं, कर्मवादी बन गई है।

आज नारी स्वतंत्रता और अधिकार की बातें तो की जा रही हैं, किन्तु साथ ही नारी शोषण समान्य बात बन कर रह गई है। इसलिए इस युग के समाज-सुधारकों ने, कवियों ने, साहित्यकारों ने नारी के ऊपर चल रहे शोषण, अन्याय, अत्याचार, एवं कैद से मुक्ति दिलाने हेतु आवाज़ उठाई है जिसमें भगवानदास मोरवाल जी का 'शकुंतिका' उपन्यास दृष्टिगोचर है। 'शकुंतिका' उपन्यास में मोरवाल जी के नारी पात्रों का व्यक्तित्व सुस्पष्ट, प्रबल एवं आकर्षक है। उपन्यासकार नारी के प्रति प्रगतिवादी एवं सुधारवादी विचारधारा को परिलक्षित करते हैं।

सन्दर्भ

1. 'शकुंतिका'—भगवानदास मोरवाल, राजकमल प्रकाशन, नई दिल्ली।

शकुंतिका : परम्परा और नारी-चेतना का यथार्थ

डॉ. सतीश पांडेय
सम्पादक, समीचीन कल्याण, महराष्ट्र

भारतीय पुरुष प्रधान समाज में पुत्र को ही वंश-वृद्धि का कारक तत्व एवं बुढ़ापे का सहारा माना जाता है। अत: यहाँ हर परिवार में पुत्र पाने की इच्छा प्रबल होना स्वाभाविक ही है। कई बार पुत्र-प्राप्ति के मोह में लिंग-परीक्षण और भ्रूण-हत्या जैसे जघन्य सामाजिक अपराध भी होते रहे हैं। यहाँ तक कि पाखंडी बाबाओं, मौलवियों एवं साधु-फकीरों के बहकावे में आकर लोग तरह-तरह के अन्धविश्वासों का शिकार भी होते रहे हैं। पुत्र के पैदा होने पर जहाँ खुशियाँ मनाने के अनेक तरीके एवं परम्पराएँ प्रचलित हैं, वहीं बेटी का जन्म लेना कई बार जन्म देनेवाली माँ के लिए भी अपमानजनक एवं दुर्व्यवहार का कारण बन जाता है। बेटी के जन्म को खुशी की बात क्यों नहीं मानी जाती है? जन्म से ही उसे परिवार में दोयम दर्जे का क्यों माना जाता है? बेटी को शिक्षा का अधिकार क्यों नहीं मिलता? वैश्वीकरण के इस युग में वे विदेशों में अपना कैरिअर क्यों नहीं बना सकती हैं? वे अपने मनपसन्द साथी के साथ विवाह क्यों नहीं कर सकतीं? भगवानदास मोरवाल का नवीनतम उपन्यास '*शकुंतिका*' ऐसे ही तमाम प्रश्नों एवं उनसे उपजी सामाजिक सच्चाइयों से टकराता है।

शकुंतिका यानी गौरैया। गौरैया को घर-आँगन का पक्षी माना जाता है, जो अपनी निश्छल चहचहाहट से घर-आँगन की उदासी एवं सूनापन दूर कर वहाँ शुभता का संचार करती है। इस कृति में भी उपन्यासकार ने दशरथ और भगवती के आँगन में गौरैयाओं के एक ऐसे ही झुंड का वास दिखाया है, जो न सिर्फ व्यक्तिगत जीवन में ऊँचाइयाँ स्पर्श करती हैं बल्कि समाज के प्रति अपना दायित्व निभाकर यश बटोरती हैं। इसके विपरीत बेटों से भरे-पूरे उग्रसेन और दुर्गा के परिवार में आपसी कलह, विश्वासहीनता एवं स्वार्थपरता इस तरह व्यापती है कि सम्पत्ति को लेकर पारिवारिक रिश्तों की मधुरता खंड-खंड होकर खटास में बदल जाती है। तिनके-तिनके जोड़कर मकान को घर बनानेवाले उग्रसेन को वह घर डंठलों से भरे ऐसे जंगल में बदल गया लगता है, जहाँ पल्लवविहीन सूखे ठूँठ उग आए हों। ऐसे घर में उन्हें अपना जीवन

अकेलेपन और उदासी से भरा, उपेक्षित-सा प्रतीत होने लगता है।

शकुंतिका की कथा इन्हीं दो परिवारों के इर्द-गिर्द बुनी गई है। एक तरफ उग्रसेन और दुर्गा का परिवार है तो दूसरी ओर दशरथ और भगवती का। ये दोनों परिवार पड़ोसी ही नहीं बल्कि एक दूसरे के सुख-दुख के साथी भी हैं। कथा का आरम्भ उग्रसेन के परिवार में थाली पीटकर बेटा पैदा होने की खुशी व्यक्त करने से होता है। दशरथ और भगवती दुखी होते हैं कि उनके भाग्य में पोता होना पता नहीं लिखा है या नहीं। इसके विपरीत उग्रसेन चार-चार पोतों का दादा होने पर गर्व करता है और खुशी भी मनाता है। दशरथ के घर पहले ही दो पोतियाँ—सिया और गार्गी थीं। अब तीसरी भी आ जाती है, जिसका नाम वे बुलबुल रखते हैं। उग्रसेन अपने जिन चार रत्नों का दादा होने पर गर्व करता है, उनकी करतूतों से वह जल्दी ही निराश भी हो जाता है। वे चारों आपस में तो मारपीट और गाली-गलौज करते ही हैं, बाहर लड़कियों को छेड़ने तथा इसी तरह की अन्य उद्दंडताएँ भी करते हैं। पढ़ाई में वे फिसड्डी ही निकलते हैं। इसीलिए दुर्गा कहती है कि 'सारी की सारी कौरवों की फौज उनके घर ही पैदा हो गई है। वह ऊपर वाले से रात-दिन यही विनती करती रहती है कि भगवान उन्हें भी एक पोती दे दे। वे भी मानते हैं कि घर में एकाध लड़की होती तो कम-से-कम बातचीत तो सोच-समझकर करते। भगवती भी यही सोचती है कि लड़की होने से घर में मर्दों की जुबान पर कंट्रोल रहता है।'

इसके विपरीत दशरथ की तीनों पोतियाँ गौरैयाओं के झुंड की तरह हमेशा चहचहाती रहती हैं। पढ़ाई में भी वे सफलता का कीर्तिमान स्थापित करती हैं। सिया एल.एल.बी. में प्रवेश लेती है तो गार्गी एम.बी.बी.एस. में। इधर उग्रसेन के संयुक्त परिवार में आमदनी बढ़ने के साथ-साथ भाइयों की नीयत में फर्क और अविश्वास बढ़ने लगता है। भाइयों में आपसी विवाद होने से बचाने के लिए उग्रसेन सम्पत्ति का बँटवारा कर देता है लेकिन मकान वह उसी को देना चाहता है, जो बुढ़ापे में उनकी सेवा करे। इसी बात पर बेटों और बहुओं के साथ उनका काफी विवाद होता है। यह देखकर उग्रसेन और दुर्गा काफी दुखी होते हैं। धीरे-धीरे दोनों बेटों का उग्रसेन और दुर्गा के पास आना-जाना कम हो जाता है।

भगवती और दशरथ के छोटे बेटे रूपेश और जयन्ती को कोई सन्तान नहीं थी। इसके लिए भगवती हमेशा चिन्तित रहती थी। डॉक्टरों से लेकर पंडितों तक को दिखाती है लेकिन कोई उम्मीद न बचे होने पर वे सभी निराश रहते हैं। अपने जीवन की यह कमी पूरी करने के लिए रूपेश और जयन्ती गोद लेने का निश्चय करते हैं। पहले वे बड़े भाई की तीसरी बेटी बुलबुल को गोद लेना चाहते हैं किन्तु दुर्गा सलाह देती है कि किसी रिश्तेदार के बच्चे को गोद लेने के बारे में सोचना भी नहीं क्योंकि पालन पोषण में उन्नीस-बीस होने पर दुनिया भर के उलाहने सुनने पड़ेंगे। इसके बदले वह किसी अनाथाश्रम से गोद लेने का सुझाव देती है। उसके अनुसार कम-से-कम किसी

अनाथ और बेसहारा को माँ-बाप तो मिल जाएँगे। वह गोद लेने के लिए किसी लड़के के चक्कर में भी न पड़ने का सुझाव देती है। दुर्गा का यह मानना है कि 'वंश बढ़ाने की भूख से ही बेटियों की दुर्गति हुई है।' दुर्गा की बातों से प्रभावित होकर भगवती भी अपने बेटे और बहू को किसी अनाथाश्रम से कोई बच्ची गोद लेने का सुझाव देती है। उसे भी लगता है कि लड़का गोद लेने पर वंश चलानेवाला तो मिल जाएगा लेकिन इन चिरैयाओं के लिए इस घर की देहरी पराई हो जाएगी। तीन बेटियों की माँ रेवती पहले तो लड़का गोद लेने का सुझाव देती है लेकिन भगवती उसे समझाती है कि यदि लड़का बड़ा होकर नालायक निकला तो पूरा घर नरक हो जाएगा। अन्ततः रूपेश और जयन्ती लड़की गोद लेने का निश्चय करते हैं। एक डॉक्टर के माध्यम से सारी औपचारिकताएँ पूरी करके वे एक अनाथाश्रम से एक बच्ची गोद लेते हैं, जिसका घर में धूमधाम से स्वागत होता है। तीनों बहनें उसका नाम पीहू रखती हैं।

उग्रसेन और दुर्गा को बुढ़ापा और अकेलापन खलने लगता है। उन्हें लगता है कि वे दो बूढ़े दरख़्त हैं। इधर भगवती और दशरथ के घर गोद ली हुई बच्ची पीहू के आने की खुशी में कुआँ पूजने की रस्म की जाती है, जो सामान्यतः लड़का होने पर आयोजित होती है। दशरथ को सिया की शादी की चिन्ता होने लगती है किन्तु वह अभी जुडिशियल की परीक्षा देना चाहती है। अतः वह अपने दादाजी को आगे की पढ़ाई के लिए मना लेती है। सिया जुडिशियल की लिखित परीक्षा पास कर लेती है लेकिन इंटरव्यू में सारी तैयारी के बावजूद सफल नहीं हो पाती। अतः वह वकालत करने का निर्णय लेती है। अब उसकी शादी की चिन्ता बढ़ जाती है। एक लड़का पसन्द भी आता है, जो अपने माँ-बाप का इकलौता है। बड़े परिवार की झंझट भी नहीं है लेकिन सिया अपने एक बैचमेट से शादी करना चाहती है, जो उनकी जाति-बिरादरी का नहीं है। दशरथ और भगवती पहले तो गैर बिरादरी में विवाह करने के पक्ष में नहीं होते लेकिन उग्रसेन उन्हें समझाता है कि 'बिरादरी वाले रिश्ते की क्या गारंटी है कि वहाँ सिया खुश और सुखी ही रहेगी।' वह समझाता है कि बच्चों की खुशी में ही माँ-बाप की खुशी होनी चाहिए।

अन्ततः दशरथ और भगवती इस असमंजस से निकलकर सिया को उसके मनपसन्द साथी तपन दत्ता से विवाह करने की अनुमति दे देते। इसके बाद गार्गी भी सिया के माध्यम से अपनी पसन्द के एक साथी डॉक्टर से विवाह करने की इच्छा व्यक्त करती है, जिसे पूरा परिवार स्वीकार कर लेता है। बुलबुल का विवाह अवश्य वे अपनी बिरादरी में करते हैं।

बेटे बहुओं के चले जाने के दुख और कई बीमारियों से घिरे उग्रसेन को एक दिन जब तक अस्पताल ले जाया जाता, रास्ते में ही उसके प्राण पखेरू उड़ जाते हैं। पति की असामयिक मृत्यु के बाद दुर्गा भी पूरी तरह टूट जाती है। यद्यपि बेटे कहते हैं कि जिसके साथ रहने का मन हो उसके पास रहो लेकिन दुर्गा साफ मना कर देती

है। स्वाभिमानी दुर्गा कहती है कि 'जब उन्हें माँ-बाप की जरूरत नहीं है तो मुझे भी किसी औलाद की जरूरत नहीं है।' कुछ तो अकेलापन और कुछ बुढ़ापा उस पर असर दिखाता है। एक दिन वह भी दुनिया छोड़कर चली जाती है।

इधर सिया और गार्गी तो अपने जीवन में खुश रहती हैं लेकिन भगवती और दशरथ को बुलबुल की चिन्ता होने लगती है। उसका विवाह बिरादरी के रीति-रिवाज के अनुसार किया गया था। दहेज आदि भी दिए गए थे लेकिन उसके घर वाले दहेज के लिए उसे तंग करते रहते हैं। सिया कहती है कि 'लालची आदमी का न कोई धर्म होता है न बिरादरी।' अतः वह अपने एक साथी वकील द्वारा नोटिस भेज देती है। वह बुलबुल को भी समझाती है कि 'यही डर औरतों का सबसे बड़ा दुश्मन होता है। रोज-रोज घुटने से अच्छा है, एक दिन वह हिम्मत दिखा दे।' वकील की नोटिस पाते ही उसकी ससुराल के घर में हड़बड़ी मच जाती है। अन्ततः दशरथ के कहने पर नरेन्द्र न सिर्फ लिख कर देते हैं कि बुलबुल को अब उनके परिवार में कोई नहीं सताएगा बल्कि अपने परिवार के व्यवहार पर ग्लानि भी अनुभव करते हैं। इसके बाद दशरथ उन्हें दामाद की तरह सम्मान के साथ विदा करते हैं।

सिया, गार्गी और बुलबुल अपनी पारिवारिक ज़िन्दगी में व्यस्त हो जाती हैं। इधर पीहू को ऑस्ट्रेलिया में पढ़ने के लिए सरकारी सहायता मिलती है। उसके जाने के बाद घर में सूनापन छा जाता है। दशरथ और भगवती को भी लगने लगता है कि वे बूढ़े पेड़ में तब्दील होते जा रहे हैं। लम्बे समय बाद पीहू अपनी पढ़ाई पूरी कर भारत लौट आती है। वहाँ उसे छत्तीस लाख के पैकेज की नौकरी मिल रही होती है लेकिन वह सब कुछ छोड़कर भारत लौट आती है। हर माँ-बाप का यही सपना होता है कि उसके बच्चे जहाँ भी रहें, बस खुश रहें। अतः पीहू वह नौकरी स्वीकार कर ऑस्ट्रेलिया लौट जाती है।

वह एक कम्पनी की सीईओ बन जाती है। एक बार दिसम्बर की छुट्टियों में अपने कुछ सहयोगियों के साथ वह भारत आती है और उस अनाथाश्रम में जाती है, जहाँ छब्बीस साल पहले उसे गोद लिया गया था। वह अपने दादा-दादी की स्मृति में उनके नाम पर बने डी.बी. फाउंडेशन की तरफ से उस आश्रम को तीस लाख का डोनेशन देती है। इतना बड़ा डोनेशन पाकर आश्रम की सुपरिंटेंडेंट और कर्मचारियों को बेहद खुशी और गर्व होता है। अन्ततः वृद्ध होते बलवन्त-रेवती और रूपेश-जयन्ती को उनकी बेटियाँ कभी यह एहसास नहीं होने देतीं कि वे अकेले हैं। बारी-बारी से वे उनके पास आती रहती हैं।

इस उपन्यास का नाम 'शकुंतिका' यानी गौरैयाओं के झुंड सिया, गार्गी, बुलबुल और पीहू के सन्दर्भ में भले ही रखा गया हो लेकिन भगवती और दशरथ इस कृति के अधिक महत्त्वपूर्ण चरित्र हैं। ये दोनों पुरानी पीढ़ी के होते हुए भी अत्यन्त ही उदार प्रकृति के हैं। स्थितियों को परखने और विवेकपूर्ण निर्णय लेने की अद्‌भुत क्षमता

इनकी दृष्टि को प्रगतिशील बना देती है।

दशरथ पुरानी पीढ़ी के होकर भी आधुनिक, तर्कशील एवं विवेकवान व्यक्ति हैं। नीट का परीक्षाफल आने के पहले जब गार्गी शिवालय में जल चढ़ाने जाती है तो वे उसे धर्म के बदले अपनी काबिलियत पर भरोसा करने का सुझाव देते हैं। वे गार्गी से कहते हैं कि 'धार्मिक होने में कोई बुराई नहीं है लेकिन अगर तू यह जल केवल परीक्षा में पास होने के लिए चढ़ाने जाती है तो इसका मतलब यह हुआ कि तुझे अपने ऊपर और अपनी काबिलियत पर भरोसा नहीं है।' वे मानते हैं कि 'पूजा पाठ या इबादत से पहले अपने ऊपर भरोसा होना चाहिए। धर्म आदमी को सिर्फ अनुशासन पर चलना सिखाता है। सफलता तो उसे अपनी प्रतिभा और मेहनत के बल पर ही मिलती है।

वे धर्म और विज्ञान के सम्बन्धों का भी उल्लेख करते हैं कि धार्मिक होना आदमी का निजी मामला है और होना भी चाहिए मगर यह भी सच है कि विज्ञान बहुत-सी बातों को नहीं मानता है। इसीलिए विज्ञान और धर्म के बीच आपस में थोड़ी-बहुत नोक-झोंक चलती रहती है। आदमी के धर्मभीरु होने का मतलब यह नहीं है कि उसकी तार्किकता और समझ ही कुन्द हो जाए। आख़िर डॉक्टरी और पुरोहिताई, मेरा मतलब है कर्मकांडों और विज्ञान में कुछ तो फर्क होना चाहिए। इसी तरह बिल्ली के रास्ता काटने पर भी दशरथ इसे अपशकुन नहीं बल्कि आदमी के बनाए हुए टोटके मानते हैं। छोटे बेटे रूपेश और जयन्ती को किसी साधु-संत या पीर-फकीर को दिखाने के दुर्गा के सुझाव पर भगवती एकदम मना कर देती है। उसे पाखंडी बाबाओं पर रत्ती भर भी भरोसा नहीं रहता।

जिस समाज में लड़के-लड़की में इतना भेद किया जाता है और परिवार में लड़के को अधिक महत्त्व दिया जाता है, वहाँ लड़की गोद लेने का सुझाव देना एक प्रगतिशील कदम है। इसीलिए रूपेश जिस डॉक्टर के माध्यम से बच्चा गोद लेना चाहता है, वह डॉक्टर भगवती की तारीफ करते हुए कहता है—'मैं तो आपकी उस माँ को दिल से प्रणाम करता हूँ, जिसने इतना बड़ा फैसला लेने के लिए आपको तैयार किया है। सच कहूँ, ऐसे फैसले के लिए बड़ी हिम्मत चाहिए। हम जैसे अच्छे-अच्छे पढ़े-लिखे और प्रोग्रेसिव कहे जानेवालों की ऐसे फैसले लेने की हिम्मत नहीं होती है, जैसी हिम्मत पुराने ख्यालों वाली आपकी माँ ने दिखाई है।'

दशरथ बहुत ही संवेदनशील व्यक्ति हैं। इसीलिए जायदाद के बँटवारे को लेकर उग्रसेन और उनके बेटों के बीच के आपसी सम्बन्धों में खिंचाव आ जाने से वे बहुत ही दुखी होते हैं। उन्हें लगता है कि ऐसी भी क्या जायदाद हुई जिसने बेटों को तो माँ-बाप से दूर किया ही, भाइयों में भी फर्क पड़ गई। वे अपनी पोतियों से बेहद लगाव और स्नेह रखते हैं। गोद ली गई बच्ची जब घर आती है तो तीनों बच्चियों के साथ मिलकर दशरथ उसके भव्य स्वागत की तैयारी करते हैं। सिया के विवाह की उन्हें चिन्ता अवश्य होती है किन्तु सिया जब जुडिशियल की परीक्षा देना चाहती

है तो उसे पढ़ने की वे पूरी आजादी देते हैं। यद्यपि भगवती चाहती है कि आगे की पढ़ाई वह शादी के बाद करे लेकिन दशरथ उसका विरोध करते हुए कहते हैं कि बेटियाँ जो कुछ कर लेती हैं, माँ-बाप के घर ही कर लेती हैं। शादी-विवाह के बाद कुछ नहीं होता। मेरा तो मानना है कि इस देश में ज्यादातर बेटियों के सपने यह शादी-विवाह ही कुचल देता है।

वे बड़ी ही उदारता से न सिर्फ बुलबुल और पीहू का जन्मदिन मनाने की सहमति देते हैं बल्कि जयन्ती की इच्छा पूरी करने के लिए कुआँ पूजने का रिवाज मनाने के लिए भी राजी हो जाते हैं। हालाँकि भगवती इसका विरोध करती है क्योंकि यह लड़का होने पर ही मनाया जाता है लेकिन दशरथ का मानना है कि बात रीति-रिवाज की नहीं, आदमी की खुशी की है। वैसे ये रीत-रिवाज कोई आसमान से उतर कर तो आए नहीं हैं। इनसान ने अपनी खुशी के लिए बनाए हैं।

सिया के विवाह सम्बन्धी निर्णय में भी दशरथ और भगवती की प्रगतिशीलता दिखाई देती है। सिया अपने बैचमेट सपन दत्ता से विवाह करना चाहती है। भगवती उसकी जात-बिरादरी और घर-परिवार के बारे में जानना चाहती है तो सिया स्पष्ट कर देती है कि यह सब पुरानी बातें हैं और वह जाति-बिरादरी के चक्कर में नहीं पड़नेवाली है। भगवती के विरोध को दशरथ सँभालते हैं। उग्रसेन और दुर्गा से उनकी राय लेकर वे यह तय करते हैं कि अगर परिवार के अन्य सभी सदस्य इस विवाह का विरोध करेंगे तो भी वे अपनी पोती के संग अकेले खड़े रहेंगे। यही नहीं, गार्गी भी इसी तरह की दुविधा से गुजर रही होती है। सिया के साथ ही उसकी दुविधा भी खत्म हो जाती है। इस तरह दशरथ पुरानी पीढ़ी के होते हुए भी आधुनिक विचारों को तार्किक आधार पर स्वीकार करनेवाले प्रगतिशील चरित्र हैं, जो अपनी पुत्रियों से बेहद स्नेह करते हैं और उनके व्यक्तित्व के सर्वांगीण विकास में पूरा सहयोग देते हैं। भगवती कहीं-कहीं पुराने रीति-रिवाज को माननेवाली अवश्य दिखाई देती है किन्तु दशरथ तथा दुर्गा के समझाने पर वह भी मान जाती है।

दशरथ और भगवती की तरह ही उग्रसेन और दुर्गा भी पुरानी पीढ़ी के सुलझे और आधुनिक सोच वाले चरित्र हैं। दुर्गा न सिर्फ भगवती की पड़ोसन है बल्कि उसके सुख-दुख की आत्मीय साथिन भी है। इसी आत्मीयता के कारण दोनों परिवार एक दूसरे को विशेष दर्जा देते हैं। भगवती जब भी किसी दुविधा से घिरती है तो दुर्गा की राय अवश्य लेती है। दुर्गा स्पष्टवादी एवं सुलझे विचारों वाली महिला है। जीवन के कड़वे अनुभवों से उसने जो सीखा है, उसी आधार पर वह स्पष्ट निर्णय लेती है।

भगवती के आँगन में चहचहाती चिड़ियों को देखकर दुर्गा का मन जुड़ा जाता है। इसीलिए उसे चिन्ता भी होती है कि जब ये चहकती चिड़ियाँ उड़ जाएँगी तब भगवती का घर कैसे एक बियाबान में बदल जाएगा। उसे अपनी अम्मा की कही बात याद आती है कि 'बेटियों का क्या, वे तो सूप में पड़े पराए दानों की तरह होती

हैं। जरा-सी फटकन पर ये उड़कर कब कहाँ चली जाती हैं, पता ही नहीं चलता।

दुर्गा और भगवती पड़ोसन ही नहीं, एक दूसरे के सुख-दुख को बाँटनेवाली भी हैं। भगवती जब भी असमंजस में होती है, दुर्गा से उसकी राय अवश्य लेती है। अपने बेटे रूपेश और बहू जयन्ती के बच्चा गोद लेने की इच्छा व्यक्त करने पर भगवती को दुर्गा स्पष्ट सलाह देती है कि 'किसी रिश्तेदार के बच्चे के बारे में सोचना भी मत लालन-पालन में कुछ उन्नीस-बीस हो गई तो दुनिया भर के उलाहने मिलेंगे। रिश्तेदारी खराब होगी, वह अलग।...अगर बच्चा गोद लेने की नौबत आ भी जाए तो किसी अनाथाश्रम से ले लेना। कम-से-कम किसी अनाथ और बेसहारा को माँ-बाप तो मिल जाएँगे।

दुर्गा स्पष्ट बोलते हुए जितनी ही कठोर लगती है, उतनी ही संवेदनशील भी है। वह भगवती की पोतियों को उनकी आहट और बेल बजाने के स्वर से पहचान लेती है। जब भी वह पीहू को देखती है तो उसकी आँखें भर आती हैं—'पता नहीं फूल-सी नन्ही जान को ऐसे कहीं भी फेंकते हुए लोगों का जरा भी दिल नहीं पसीजता। वह कैसी माँ होगी जो अपने जिगर के टुकड़े को फेंक कर चली गई।' दुर्गा प्रगतिशील विचारों की संवाहक चरित्र है। इसलिए उन विचारों और रीति-रिवाजों का खंडन करने में उसे कोई संकोच नहीं होता, जिनके कारण हमारे समाज में लड़का-लड़की का फर्क किया जाता है। पीहू का जन्मदिन मनाना हो या उसके आने के बाद कुआँ पुजवाना हो, वह हमेशा सही राय देती है। इसी तरह जब सिया अपनी पसन्द के लड़के से विवाह करना चाहती है तो दुर्गा जाति-बिरादरी की संकीर्णता से ऊपर उठकर उसका समर्थन करती है। उसका मानना है कि बच्चे खुश रहने चाहिए। उनकी खुशी में माँ-बाप की खुशी होनी चाहिए। कई बार बच्चों पर अपनी मर्जी थोपना भी ठीक नहीं रहता। पति की मृत्यु के बाद स्वाभिमानी दुर्गा अपने बुढ़ापे और अकेलेपन को भी सह लेती है लेकिन बेटों के यहाँ जाकर रहना नहीं चाहती।

दशरथ के घर चिल्ल-पों सुनकर उन्हें ऐसा लगता है, जैसे किसी पेड़ की टहनियों पर बैठी गौरैयाएँ चहक रही हैं। जब देखो दोनों पोतियाँ उनके आगे-पीछे अटकती-मटकती रहती हैं। इधर हमारे सपूत पोते हैं। एक गिलास पानी के लिए भी कई कई बार चिल्लाना पड़ता है। इसीलिए उग्रसेन मानते हैं कि बिना बेटियों का घर सफेदे का पेड़ होता है, जिस पर तो परिन्दे भी आकर नहीं बैठते। उन्हें अपना घर डंठलों से भरे जंगल में तब्दील हुआ लगता है। जैसे घर में पुरुष नहीं जगह-जगह पल्लव-विहीन सूखे ठूँठ उग आए हैं।

उग्रसेन अपने जीवन में बड़ा ही व्यावहारिक निर्णय लेते हैं। लड़के आपस में झगड़ा न करें, इसके लिए पहले ही सम्पत्ति का बँटवारा कर देते हैं। अपने लिए सिर्फ मकान रखते हैं, जिसे बुढ़ापे में अपनी सेवा करनेवाले को देना चाहते हैं लेकिन बेटों को विश्वास नहीं होता। वे वसीयत में मकान का बँटवारा भी चाहते हैं। उग्रसेन को इस पर हैरानी होती है। उनमें यही व्यावहारिकता उस समय भी दिखाई देती है,

जब दशरथ उनसे कुआँ पुजवाने या सिया के अपने एक बैचमेट के साथ बिरादरी के बाहर विवाह करने के बारे में राय जानना चाहते हैं। वे कुआँ पुजवाने को न सिर्फ सही मानते हैं बल्कि सिया की शादी जाति-बिरादरी के बाहर करने के सन्दर्भ में उनकी राय है कि 'बिरादरी वाले रिश्ते की क्या गारंटी है कि वहाँ सिया खुश और सुखी रहेगी। ये नए जमाने के बच्चे हैं। अगर उसने कोई फैसला किया है तो कुछ अच्छा-बुरा सोच-समझकर ही किया होगा। वे यह भी कहते हैं कि 'बिरादरी, अच्छा खानदान, घर-परिवार यह सब बाद की बातें हैं। सबसे बड़ी बात है कि बच्चों के आपस में मन मिलने चाहिए।'

इस तरह अपनी बेबाक राय देकर वे न सिर्फ दशरथ को असमंजस से निकालते हैं बल्कि दकियानूसी परम्पराओं के मोह से उबार कर सिया और गार्गी को अपनी पसन्द के लड़कों से विवाह के लिए प्रेरित करते हैं। बेटे-बहुओं के घर छोड़कर चले जाने का दुख उग्रसेन को खलता रहता है। फिर कई बीमारियाँ भी उन्हें घेर लेती हैं और एक दिन अस्पताल जाते हुए रास्ते में ही उनके प्राण-पखेरू उड़ जाते हैं।

दशरथ और भगवती की पोतियाँ सिया, गार्गी, बुलबुल और पीहू इस कृति की वे शकुंतिकाएँ हैं जो अपनी चहचहाहट से उनका पूरा घर भर देती हैं। ये चारों सफलता की ऊँचाइयाँ छूते जाती हैं। सिया एल.एल.बी. करके एक सफल वकील बनती है तो गार्गी एक डॉक्टर। पीहू ऑस्ट्रेलिया में पढ़ाई कर एक कम्पनी की सीईओ बनती है। परिपक्व विचारों वाली सिया अपने दादा दशरथ और दादी भगवती से असीम प्रेम करती है। निडरता भी उसमें कूट-कूट कर भरी है। इसीलिए जब उग्रसेन के पोते का जन्मदिन मनाते समय बजते हुए डीजे के कारण दशरथ और भगवती का सोना कठिन हो जाता है तो सिया ही पुलिस में शिकायत करती है। अपने निर्णय पर उसे पूरा भरोसा होता है। दादा-दादी से प्रेम करने के कारण ही अपने विवाह के लिए उन्हें चिन्तित जानकर अपनी पढ़ाई और जुडिशियल की परीक्षा देने तक का समय माँगती है। बाद में वह अपनी पसन्द के लड़के से विवाह करने का निश्चय बताकर न सिर्फ अपनी परिपक्वता का परिचय देती है बल्कि इससे उसका आत्मविश्वास भी प्रकट होता है। वह भाग्यवाद में विश्वास नहीं करती। जाति-बिरादरी के चक्कर में भी वह नहीं पड़ना चाहती। इसे ढकोसला मानते हुए उसका तर्क है कि 'जब पीहू को गोद लेते वक्त उसकी जाति का पता नहीं किया गया था तो रिश्ता तय करते वक्त जाति-बिरादरी की बात क्यों याद आती है।

उपन्यास का एक महत्त्वपूर्ण हिस्सा पीहू से भी जुड़ा है। पीहू को ऑस्ट्रेलिया पढ़ाई करने जाने के लिए सरकारी सहायता मिलती है। वह अपने परिवार से अलग नहीं रहना चाहती। इसलिए पढ़ाई पूरी करने के बाद छत्तीस लाख के पैकेज की नौकरी छोड़कर भारत वापस लौट आती है। ऐसे समय में जब तमाम भारतीय युवाओं में विदेशों का आकर्षण बढ़ रहा है, उसका वापस लौटना परिवार और देश के प्रति उसके प्रेम और

जुड़ाव का परिचायक है। सिया और अन्य बहनों के समझाने पर वह यह नौकरी तो स्वीकार कर लेती है लेकिन उसका भारत और अपने परिवार से लगाव खत्म नहीं होता। एक कम्पनी की सीईओ बन जाने पर वह डी.पी. फाउंडेशन यानी 'दशरथ-भगवती फाउंडेशन' बनाती है और उस अनाथ आश्रम को तीस लाख का डोनेशन देती है, जहाँ से उसे रूपेश और उसके परिवार वालों ने गोद लिया था। विदेश जाकर भी अपनी मातृभूमि के प्रति उसका यह लगाव और सामाजिक प्रतिबद्धता अनुकरणीय है।

इस तरह यह उपन्यास भारतीय पुरुष प्रधान समाज में व्याप्त उन तमाम सामाजिक परम्पराओं और व्यवहारों का पर्दाफाश करता है, जिसके तहत परिवार से लेकर समाज के स्तर तक लड़कियों के बदले लड़कों को महत्त्व दिया जाता है। वंश बढ़ाने के नाम पर बेटा पाने की इच्छा और बेटी होने पर निराश होना, भारतीय समाज का सहज स्वभाव रहा है। उग्रसेन और दुर्गा का अपने परिवार में पुत्र-रत्न होने पर थाली पीट कर खुशी व्यक्त करना तथा दशरथ और भगवती का पोती होने पर निराश होना इसी ओर संकेत है। भारतीय समाज में थाली पीट कर या कुआँ पूजकर खुशी तभी मनाई जाती है, जब परिवार में बेटा पैदा होता है। यहाँ तक कि कई बार आधुनिक ढंग से बर्थडे भी लड़कों का ही मनाया जाता है, लड़कियों का नहीं। गोद लेने की बारी आती है तो भी सबसे पहले बेटा गोद लेने की इच्छा ही पूरी की जाती है। इस परम्परा और सामाजिक विडम्बना के विपरीत दशरथ और भगवती के परिवार में बेटियों के महत्त्व को स्थापित किया गया है। ये लड़कियाँ लड़कों की तरह लड़ती-झगड़ती नहीं बल्कि अपनी चहचहाहट से घर भर देती हैं। उपन्यासकार ने पुत्र पाने की परम्परागत लालसा के पीछे वंश-वृद्धि के साथ-साथ बुढ़ापे के सहारे के रूप में बेटों द्वारा देख-रेख किए जाने की अपेक्षा को भी स्वीकार किया है लेकिन यहीं उग्रसेन के परिवार की स्थितियों के माध्यम से इस सम्भावना के क्षीण होते जाने की ओर महीन इशारा किया गया है।

उपन्यासकार ने पुत्र-प्राप्ति के मोह में जकड़े वर्तमान समाज को यह संकेत दिया है कि पुत्रियों के बिना घर उस जंगल की तरह हो जाता है, जहाँ जगह-जगह पल्लव-विहीन ठूँठ उग आते हैं। वंश बढ़ाने की भूख हमारे समाज में बेटियों की दुर्गति का मूल कारण रही है लेकिन जिनके यहाँ सिर्फ बेटे ही होते हैं और यदि वे लायक नहीं हुए तो घर नरक बन जाता है। बुढ़ापे में सहारा पाने की अपेक्षा सभी की पूरी नहीं होती। कई बार यदि बेटा लायक नहीं हुआ या अपनी निजी महत्वाकांक्षाओं को पूरा करने के लिए उसे दूर जाना पड़ा तो बुढ़ापा उपेक्षा, अकेलापन और उदासी में बदल जाता है। इसके बदले दशरथ के घर की शकुंतिकाओं की तरह लड़कियाँ यह ध्यान रखती हैं कि उनके माँ-बाप को अकेलेपन का एहसास न हो। इस प्रकार यह उपन्यास बिना किसी स्त्रीवादी वैचारिकता का शोर मचाए समाज में स्त्री की अहमियत एवं उसकी सामाजिक स्वीकृति की महत्ता को सहज ढंग से प्रतिपादित करता है।

शकुंतिका : समाज और संस्कृति का नव-उन्मेष

प्रोफेसर (डॉ.) विजय कुमार भारती
संकायाध्यक्ष (कला संकाय), काजी नज़रुल विश्वविद्यालय, प. बंगाल

भगवानदास मोरवाल कृत 'शकुंतिका' (2020) उपन्यास का आरम्भ बड़े ही मौलिक ढंग से होता है—'पूस की रात' कहानी की ठंड को याद करते हुए। वैसे मौलिकता किसी भी विधा की आत्मा होती है। उपन्यासकार प्रेमचन्द की परम्परा को याद करते हुए उपन्यास की शुरुआत करना उपन्यास कला की मौलिकता है। कोई भी परम्परा अपने वर्तमान से जुड़कर समृद्ध होती है। अत: अपनी महान परम्परा का सम्मान करना हमारा दायित्व है और आधुनिक मनुष्य होने का प्रमाण भी। यह उपन्यास मध्यवर्ग को केन्द्र में रखकर परम्परागत परिवार व्यवस्था और विवाह व्यवस्था की वर्तमान चुनौतियों के उद्घाटन का प्रयास करता है। साथ ही आधुनिक स्त्री की बदलती हुई भूमिका को भी केन्द्रीय विषय बनाता है। इस उपन्यास से यह धारणा उभरती है कि परम्परा को अचानक बदला तो नहीं जा सकता पर उसे लचीला बनाकर बेहतर मानवीय मूल्यों के निकट लाया जा सकता है।

उपन्यास का शीर्षक 'शकुंतिका' अर्थात गौरेया के बिम्ब को उभारते हुए पूरी तरह पुत्रियों का प्रतिनिधित्व करता है। ऐसी पुत्रियाँ जो घर की चहारदीवारी से बाहर निकलती हैं और अपनी पहचान स्थापित करती हैं। शकुंतिका नामकरण की सार्थकता यह है कि युवतियाँ इतिहास रच रही हैं, समाज बदल रही हैं और समाज को नींद से जगा रही हैं। गौरेया के साथ मनुष्य की आत्मीयता बड़ी पुरानी और गहरी रही है। गौरेया की ख़ासियत है—सामूहिक भाव से रहना। पुत्रियाँ इस सामूहिकता को बचाने की कोशिश करती हैं। उग्रसेन दशरथ से कहता है—"ऐसा लगता है जैसे तुम्हारे घर में लड़कियाँ नहीं चिड़ियों का छोटा-सा झुंड वास करता है। जब देखो इधर से उधर फुदकती रहती हैं।" इस प्रतीकात्मक शीर्षक में मोरवाल जी का पितृ स्नेह मौजूद है। चाहे जो भी हो, पर हर पिता के मन में बेटियों के लिए एक अतिरिक्त कोमल भाव बचा रहता है। इसलिए उपन्यास की लगभग घटनाओं में गौरेया किसी न किसी रूप में शामिल है। भगवती कहती है—"कहीं ऐसा न हो कि मेरी इन चिरैयाओं के

लिए इस घर की देहरी भी पराई हो जाए।" उग्रसेन पुत्र गोद लेने की बात पर कहते हैं—"कहीं ऐसा न हो कि मेरी इन चिरैयाओं के लिए इस घर की देहरी भी पराई हो जाए।" इस शीर्षक से यह ध्वनित होता है ये गौरैया जितनी मासूम हैं, सहज हैं, उतनी ही कर्मठ और साहसी हैं। वे घोंसले की सीमाओं का अतिक्रमण करती हुई स्वच्छंद उड़ान भरती हैं। उपन्यास के अन्त में लेखक कहता है—"जब स्वर्गीय दशरथ भगवती के घर की मुखिया और रोशनदान उनकी इन चिड़ियों के नाम से कई दिनों तक गूँजते रहते हैं। इनके निश्छल नाद में दशरथ भगवती के आशियाने को वीरानी में तब्दील होने से बचा लिया।"

इस उपन्यास के आरम्भ में ही मोरवाल जी लैंगिक विषमता पर प्रहार करते हैं। यद्यपि इस सोच की जड़ें अत्यन्त गहरी हैं कि पुरुषों के साथ-साथ स्त्रियाँ भी इसकी गिरफ़्त में हैं। यही वजह है कि पुत्र प्राप्ति होने पर पुरुष एवं स्त्री को जितनी प्रसन्नता होती है उतनी पुत्री के होने पर नहीं। यही वजह है कि समाज में पुत्र रत्न शब्द का ही प्रचलन है, पुत्री रत्न का नहीं। पुरुष सत्तात्मक समाज की यह सोच स्त्री के जीवन को अभिशप्त बनाती है। ध्यान दें तो स्त्री उत्पीड़न का एक बड़ा हिस्सा ऐसी ही मानसिकता का परिणाम है। भ्रूण हत्या, स्त्री को पुत्र जन्म देने के लिए गर्भ धारण के लिए बाध्य करना, पुत्री को जन्म देने के अपराध में घर से बाहर निकालना, पुत्र जन्म देनेवाली स्त्रियों को विशेष सम्मान देना और स्त्रियों में झूठे गर्व का बोध। लेखक कहता है—"जिस दिन से उग्रसेन के छोटे बेटे अभय को पुत्र रत्न की प्राप्ति हुई है उसी दिन से उग्रसेन और उसकी पत्नी दुर्गा की पूरी तरह से बॉडी लैंग्वेज बदल गई है।" उपन्यासकार ने सिर्फ 'बॉडी लैंग्वेज' शब्द के माध्यम से बहुत कुछ कह दिया है। यह लैंग्वेज बहुत बड़ी सामाजिक सच्चाई है। पुत्र जन्म के पीछे ग़ैर वैज्ञानिक और भाग्यवादी सोच कार्य करती है और इसकी कीमत कभी-कभी बच्चियों को बहुत बुरी तरह से चुकानी पड़ती है। प्रायः पुत्र रत्न का जितना ख्याल रखा जाता है उतना पुत्री का नहीं और यहीं से लिंग भेद और असमानता की एक गहरी खाई तैयार होने लगती है। असल में लैंगिक विषमता का प्रश्न अन्ततः असमान स्वतंत्रताओं का प्रश्न है।

'शकुंतिका' उपन्यास में लेखक ने धार्मिक प्रदर्शन और पाखंड का सन्दर्भ भी उठाया है। सत्संगों के प्रसंग में लेखक ने इसे पाखंडी नवजागरण कहा है। लेखक कहता है—"परिवार के किसी पुरुष को नशा से मुक्ति दिलानी है तो उस घर की एक महिला को किसी सत्संग में भेजना शुरू कर दो। देखते-देखते घर स्वर्ग बन जाएगा इस देश में ढेरों आध्यात्मिक गुरुओं के फलने-फूलने के बड़े कारणों में एक हमारे यह अनियंत्रित शराबी पुरुष भी हैं। इसलिए जिन परिवारों में स्त्रियों ने गुरु लिये हुए हैं उनके पति तो सुधर गए मगर घर का वातावरण ऐसा बन जाता है मानो यहीं सत्संग चल रहा है।" यहाँ बात सत्संग की नहीं है, दिखावे और प्रदर्शन की है, प्रचार की

है। यह धर्म की मूल चेतना नहीं है। इन दिनों धार्मिक पाखंड बड़ी तेजी से बढ़ा है। इसे बढ़ाने में टेलीविजन की भी बड़ी भूमिका है। जिसे आजकल 'बाबा पत्रकारिता' भी कहा जाता है। बाबाओं का बाजार समृद्ध हुआ है। इनके कारण स्त्री शोषण बढ़ा है और इसने स्त्री चेतना को कुन्द करने में एक बड़ी भूमिका अदा की है। समय-समय पर बाबाओं के चरित्र का पर्दाफ़ास भी हुआ है, जिससे हम सब परिचित हैं। सत्संग के व्यवसायीकरण से सीधी-साधी जनता प्रायः ठगी जा रही है और उनका आर्थिक दोहन हो रहा है। उपन्यास में भगवती दुर्गा से वंश बढ़ाने के लिए लड़के के महत्त्व की बात करती है और उसे किसी साधु संत को दिखा लेने के लिए कहती है। भगवती कहती है—"मुझे नहीं है ऐसे पाखंडी बाबाओं पर रत्ती भर भी भरोसा, रात दिन इनके कारनामे टीवी पर देख-देख कर मुझे तो इनसे बहुत डर लगता है।" इसमें प्रदर्शन ही सबकुछ है और आचरण गौण। लेखक धर्म भीरुता के मुद्दे को भी उपन्यास में उठाता है। धर्म हमारी कर्मठता को कैसे प्रभावित करता है। दशरथ की पोती गार्गी, मेडिकल की तैयारी करती है और शिवालय में जल चढ़ाने जाती है। इस पर दशरथ उसे धर्म और विज्ञान के बीच का फर्क समझाते हुए कहते हैं—"आदमी का धर्म भीरु होने का मतलब यह नहीं है कि उसकी तार्किकता और समझ ही कुन्द हो जाए। आख़िर डॉक्टरी और पुरोहिताई से मेरा मतलब है कर्मकांड और विज्ञान का कुछ तो फर्क होना चाहिए।" आजकल नई पीढ़ी इस द्वंद्व में प्रायः उलझी रहती है। ऐसा नहीं है कि नई पीढ़ी इस फ़र्क़ नहीं समझती। परन्तु कर्मकांड की जड़ें समाज में गहरी धँसी हुई हैं। वे आगे कहते हैं—"गलत सवालों को कोई देवता या कोई ईश्वर खुदा जल चढ़ाने पूजा करने या इबादत करने से तो सही नहीं कर देगा?" उपन्यास में लेखक, बिल्ली द्वारा गार्गी के रास्ता काटने के सन्दर्भ में शकुन-अपशकुन की धारणा प्रस्तुत करता है। गार्गी मेडिकल की परीक्षा पास करती है। इस प्रकार लेखक इसे झूठा साबित करता है। अन्ततः लेखक वैज्ञानिक सोच के महत्त्व को स्थापित करता है। ऐसी सोच ही मनुष्य को सच्चे अर्थों में आधुनिक बनाती है।

संगीत संस्कृति है, विकृति नहीं। संगीत मनोरंजन है, यातना नहीं। लेखक ने इस उपन्यास में संगीत के नाम पर शोर का सन्दर्भ उपस्थित किया है। इस 'डीजे' कल्चर के भुक्तभोगी प्रायः बूढ़े, रोगी औऱ विद्यार्थी रहे हैं। यह बात चोंगा के दौर में भी थी। दरअसल स्वयं के मनोरंजन के लिए दूसरों को कष्ट पहुँचाना, असभ्यता का परिचायक है। वास्तव में आजकल ध्वनि प्रदूषण की चिन्ता चिता पर डाल दी गई है। अतः लेखक का व्यंग्य डीजे संस्कृति पर बिलकुल सही है—"मगर सवाल यह है कि इस संस्कृति-पोषक उदारता से पंगा मोल ले कौन? समाज को सही रास्ता दिखाने का जोखिम अर्थात रिस्क ले कौन? क्योंकि अवसर मिलने पर हम सब चाहे शिक्षित हों या अशिक्षित, अमीर हो या गरीब इस संस्कृति पोषक उदारता का लाभ लेने से नहीं चूकते हैं।" लेखक ने यह व्यक्त किया है कि हम अपने दोहरे रवैये के

कारण किसी ग़लत संस्कृति का विरोध नहीं कर पाते और तमाशबीन बनकर रह जाते हैं। उपन्यास में दशरथ की पोती सिया साहसिक क़दम उठाती है और पुलिस से शिकायत कर डीजे बैंड बंद करवाती है।

उपन्यास में लिंगगत भेदभाव को विभिन्न सन्दर्भों में बड़ी बारीकी से उभारा गया है। यह भेदभाव बहुत-सी लड़कियों की ज़िन्दगी तबाह किए जा रहा है। दुर्गा कहती है—"इस वंश बढ़ाने की भूख और चाह ने ही हमारी बेटियों की दुर्गति की हुई है।" फिर भी आधुनिक समाज अब भी इन सड़ी गली मान्यताओं को ढो रहा है। शायद ही कोई लड़की होगी जो लड़की होने के ताने और मुहावरे से परिचित नहीं होगी। इस समाज में जब उसे लड़की होने की हद सिखाई जाती है तो वह विरोध करती हुई कहती है—"बार-बार लड़कियाँ-लड़कियाँ मत कहा करो।" उपन्यास में पुत्र और पुत्री के गोद लेने का मुद्दा बड़ा मौलिक है। यहाँ भी भेदभाववाली मानसिकता काम करती है। गोद लेने के मामले में पुत्रियाँ प्राय: उपेक्षित रहती हैं। भगवती अपने बेटे को पुत्री के गोद लेने का समर्थन करती है, "लड़का गोद लेने पर इस घर को भले ही वंश चलानेवाला मिल जाएगा पर इस घर की इन लड़कियों को भाई कभी नहीं मिलेगा...सगे भाई-भाभी तो आजकल घर की बहन बेटियों को पूछते नहीं हैं। एक गोद लिया जरूर पूछेगा।" रूपेश की पत्नी जयन्ती लड़की (पीहू)को गोद लेती है। दशरथ के परिवार में लड़की के लिए कुआँ पूजा जाता है जबकि यह परम्परा लड़के के लिए है। इसलिए यह खबर अखबार के लिए महत्त्वपूर्ण हो जाती है। इसके पीछे वजह यह है कि लड़कियाँ अपनी योग्यता से इतिहास रच रही हैं और रूढ़िवादी मान्यताओं को मिथ्या और खोखला साबित कर रही हैं। इस प्रकार लेखक पुरुष सत्तात्मक मान्यताओं पर इन स्त्री चरित्रों के ज़रिए प्रहार करता है और एक स्वस्थ नैतिक मूल्य स्थापित करता है।

उपन्यास में परिवार विभाजन का भी मुद्दा है। पुत्रों के दबाव में उग्रसेन सम्पत्ति के बँटवारे के लिए राजी हो जाते हैं पर दुर्गा इस विभाजन को स्वीकार नहीं करती। दुर्गा का यह सन्देह वर्तमान से उपजा है—"अपने जीते जी मैं इस मकान को किसी को हाथ भी नहीं लगाने दूँगी, फिर चाहे कोई हमारी सेवा करें ना करें, किसी का क्या भरोसा कि इसे भी वसीयत में लिखवाकर कल हमें दरबदर कर दे।" भूमंडलीकरण और बाज़ार ने व्यक्ति को सुविधाजीवी और अकेला बना दिया है। विश्वासों तथा मूल्यों का क्षय हुआ है। उग्रसेन यह सोचकर दुखी हो जाते हैं—"बेटों को माँ-बाप पर भरोसा नहीं है। उनके मरने के बाद आख़िर सब कुछ उनकी सन्तान का ही तो है। भला वे इस जमीन-जायदाद को कौन-सा सिर पर रखकर ले जाएँगे।" उग्रसेन अपनी वसीयत अपने बेटों के नाम करना चाहते हैं। परन्तु दुर्गा की जिद के कारण ऐसा नहीं कर पाते। क्योंकि दुर्गा को अपने बेटों पर भरोसा नहीं है। बल्कि इस मामले में दुर्गा ज़्यादा व्यावहारिक दिखाई देती है। परिवार संस्था सामन्तवादी मूल्य है। व्यवस्था में

एक शोषण तंत्र भी मौजूद है, विशेषत: स्त्री के सन्दर्भ में। यद्यपि पारिवारिक मूल्यों के टूटने के कई कारण हैं। परिवार विभाजन से बूढ़े और बच्चे दोनों ही बुरी तरह प्रभावित हो रहे हैं। बच्चे और बूढ़े दोनों ही संयुक्त परिवार में रहना चाहते हैं पर दबाव में आकर इसे स्वीकार कर लेते हैं, वैसे हमारे समाज में बच्चों की राय गौण ही होती है, उपन्यास में उग्रसेन बेटे-बहू की उपेक्षा के कारण बीमार होते हैं और उनकी मृत्यु हो जाती है। उनकी मृत्यु के बाद दुर्गा अकेलेपन की यंत्रणा झेलती हुई बीमार पड़ जाती है, जिसे गार्गी बचा लेती है।

उपन्यास में प्रेम और विवाह का भी सन्दर्भ है। प्रेम का चित्रण तो नहीं है पर समर्थन है। विवाह संस्था के कई सवाल भी उभरकर आए हैं। लड़कियों पर विवाह का दबाव सबसे भयानक होता है। इस दबाव के कारण लगभग लड़कियों का कैरियर दाँव पर लग जाता है। पढ़ाई के दरम्यान ही वर ढूँढ़ने की तैयारी शुरू हो जाती है। भगवती, सिया से विवाह की चर्चा करती है। इधर सिया ज्यूडिशरी की परीक्षा देना चाहती है। इस मामले में दशरथ सिया का समर्थन करते हैं। जबकि भगवती समझाती है कि विवाह के बाद भी वह अपना कैरियर बना सकती है। परन्तु दशरथ कड़वी सच्चाई को उद्घाटित करते हैं—"बेटियाँ जो कुछ कर लेती हैं माँ-बाप के घर ही कर लेती हैं। शादी विवाह के बाद कुछ नहीं होता। मेरा तो यह मानना है इस देश में ज्यादातर बेटियों के सपने यह शादी विवाह ही कुचल देता है।"

सिया न्यायिक की परीक्षा पास नहीं कर पाती और वकालत शुरू कर देती है। पता चलता है कि सिया किसी और से प्रेम करती है। फिर सिया जातिवादी और पुरुषसत्तात्मक सवालों से घिरने लगती है। ऐसे सवालों से हमारे समाज की प्राय: स्त्रियाँ घिरती रहती हैं। फिर भी सिया अपने फैसले पर दृढ़ रहती है। सिया कहती है—"मुझे उसकी जात बिरादरी से क्या लेना-देना?" हमारे समाज की ज़्यादातर स्त्रियाँ जाति, धर्म आदि की कट्टरता के कारण मनचाहा जीवन साथी नहीं चुन पातीं। फलत: उनका जीवन नारकीय हो जाता है। अन्तत: विवाह एक मिथ्या समझौता बनकर रह जाता है। स्त्री का प्रेम समाज में झूठी प्रतिष्ठा का मुद्दा बन जाता है। भगवती कहती है—"इस लड़की ने हमें कहीं का नहीं छोड़ा नवीन को इतनी छूट देते न ये हाथ से निकलती, लोग सुनेंगे तो यही कहेंगे कि लेन-देन से बचने के लिए लड़कियों को खुला छोड़ दिया।" उपन्यास का यह कथन सिर्फ़ भगवती का कथन नहीं है। लगभग स्त्रियाँ पीढ़ी-दर-पीढ़ी ऐसे खोखले प्रवचनों से परिचित होती रहती हैं। यह वाक्य स्त्री दमन का कारगर हथियार है। इस अवसर पर सिया एक सवाल करती है—"जब पीहू को गोद लिया था तब यह पता किया था कि वह कौन है? उसकी जाति क्या है? अजीब ढकोसला है कि जब बेटा-बेटी का कहीं रिश्ता तय करो तभी यह जाति-बिरादरी याद आती है।" इस प्रश्न के माध्यम से लेखक यह कहता है कि हम अपनी सुविधानुसार जाति मानते हैं और नहीं भी। परन्तु विवाह के मामले

में अपनी प्रगतिशीलता और आधुनिकता भूलकर जातिवादी हो जाते हैं। इस प्रकार हम एक दुहरे चरित्र को जीते हैं। कैलिफ़ोर्निया विश्वविद्यालय के अमित आहूजा के अनुसार भारत में 5% लोग ही अन्तर्जातीय विवाह करते हैं। उग्रसेन दशरथ से सजातीय विवाह के बारे में एक शंका व्यक्त करता है—"बिरादरी वाले रिश्ते की क्या गारंटी है कि वहाँ सिया खुश और सुखी रहेगी। यह नए जमाने के बच्चे हैं, अगर इसने कोई फैसला किया है तो कुछ अच्छा-बुरा समझकर ही किया होगा।" वैसे तपन और सिया की शादी हो जाती है। यह शादी बिना दहेज के होती है। गार्गी भी एक पंजाबी लड़के को जीवन साथी के रूप में चुनती है और पुनः जाति बिरादरी का प्रश्न खड़ा होता है, सिया कहती है—"अम्मा आप बार-बार यह क्या बिरादरी-बिरादरी लेकर बैठ जाती हो। बच्चों पर छोड़ दो कि उन्हें अपनी ज़िन्दगी कैसे बितानी है।" अन्तर्जातीय विवाह दहेज की जड़ों को भी कमज़ोर करता है। मामला सिर्फ़ विवाह तक सीमित नहीं है। अपने जीवन के बारे में स्त्री के स्वतंत्र निर्णय का है। उपन्यास के ये स्त्री पात्र स्वतंत्र निर्णय लेते हैं। जिस विवाह से स्त्री स्वतंत्रता का दमन होता है, वह विवाह नहीं कारागार है।

लेखक ने प्रादेशिक कट्टरता यानी क्षेत्रीयतावाद का भी विरोध किया है। विवाह व्यवस्था में क्षेत्र और प्रदेश भी बाधक बनते हैं। लेखक ने इन रूढ़ियों का विरोध सिया और गार्गी के माध्यम से किया है। बुलबुल का विवाह बिरादरी में हुआ था लेकिन वह ससुराल वालों के उत्पीड़न का शिकार होती है। गार्गी कहती है—"लालची आदमी का न कोई धर्म होता है, न जाति बिरादरी, न कोई ईमान होता है, न कोई नियम।" बुलबुल समझौतावादी है परन्तु सिया संघर्ष और विरोध में यक़ीन करनेवाली है। वह कहती है—"यही डर हम औरतों का सबसे बड़ा दुश्मन है। कोर्ट में रात-दिन हमारा ऐसे ही मामलों से पल्ला पड़ता है। हमें पता है कि जिन लोगों में समाज का डर खत्म हो जाता है वह किसी भी हद तक जा सकते हैं। ऐसों का क्या इलाज होना चाहिए मैं अच्छी तरह जानती हूँ।" इस प्रकार उपन्यास में सिया स्त्री चेतना का प्रतिनिधित्व करती है। सिया बुलबुल के ससुरालवालों को नोटिस भेज देती है। और फिर उसका पति नरेन्द्र माफी माँगता है और बुलबुल को बाइज़्ज़त अपने घर ले जाता है। पीहू ऑस्ट्रेलिया पढ़ने जाती है और वहीं पर एक भारतीय से विवाह कर बस जाती है। इस प्रकार उपन्यास परम्परागत विवाह व्यवस्था की जकड़न को तोड़ता है।

'शकुंतिका' उपन्यास स्त्री स्वतंत्रता और सशक्तीकरण का प्रतिनिधित्व करता है। सिया, गार्गी और पीहू स्वतंत्र सोच वाली हैं। पुरानी जकड़बन्दियों को साहस के साथ तोड़ती हैं और मेहनत के बल पर अपनी पहचान बनाती हैं। स्त्री के प्रति होनेवाले अन्याय में भी उनकी सशक्त भागीदारी है। वैसे भूमंडलीकरण ने स्त्री को आत्मनिर्भर बनाने में एक महत्त्वपूर्ण भूमिका निभाई है। उपन्यास साम्प्रदायिक सद्भाव को भी महत्त्व देता है। 'अख्तरी' नामक चरित्र के ज़रिए यह व्यक्त हुआ है। अख्तरी सब्ज़ी

बेचने का काम करती है पर भगवती के साथ उसके आत्मीय सम्बन्ध हैं। उसके साथ लोग अपना दु:ख-दर्द बाँटते हैं। अख्तरी स्त्री जीवन का दर्द व्यक्त करती हुई कहती है—"बेटियाँ किसी को बुरी नहीं लगती हैं, दूसरे घर जाकर जब दुख पाती हैं तभी बेटियों के पैदा ना होने की हम लोग मिन्नतें माँगते हैं।" स्त्री जीवन की व्यथा हर समाज में व्याप्त है। उपन्यास में महत्त्वपूर्ण है, मनुष्य का सामाजिक योगदान। सबकुछ सरकार पर नहीं थोपा जा सकता। समाज का ऋण सभी ग्रहण करते हैं पर चुकाते कितने हैं? पीहू चुकाती है। यद्यपि स्त्री के सामाजिक योगदान पर हमारा ध्यान कम जाता है। पीहू दशरथ-भगवती के नाम पर अनाथालय को आर्थिक सहयोग देती है। यह उपन्यास का सर्वाधिक मार्मिक स्थल है। पीहू धाय माँ को नहीं भूलती। अनाथालय का सुपरिंटेंडेंट रोते हुए कहता है—"हर किसी की इच्छा बेटा लेने की होती है बेटियाँ तो बिचारी यह इन्तजार करती रह जाती हैं कि काश कोई फरिश्ता हमें भी इन दान में दिए गए काठ की बाजू से आजाद करा कर ले जाए।"

भाषा शिल्प—उपन्यास की भाषा परम्परागत समाज और आधुनिक समाज की है। पात्रों की योग्यता और मन:स्थिति का ध्यान रखा गया है। भाषा मार्मिकता की अभिव्यक्ति में सहायक है। भाषा के बिम्ब-मुहावरे बड़े ताज़े हैं। जैसे—'खबर कपास में लगी आग की तरह फैल गई' 'मोबाइल कूकना', 'सारा घर अबोले से द्वीप में बदलने लगा', 'बेटियों की आवाज से घर में रामचरित मानस की चौपाइयाँ घुल रही हैं और मस्जिद से आनेवाली अज़ान के बोल'। 'देह झुलसा देनेवाली धूप अचानक चाँदनी रात में बदल गई हो', 'मुंडेर से दूसरी गौरैया भी उड़ गई' कहीं-कहीं भाषा काव्यात्मक भी हो गई है—"स्मृतियों का भी अपना शास्त्र होता है जब-जब हमें लगता है कि वह धुँधली पड़ने लगी है तभी वह किसी-ने-किसी बहाने किसी रिचा या आयत की तरह चुपके से आकर हमारी स्मृतियों पर छाई धुंध को हटा फिर से ताजा हो जाती है।"

उपन्यास की सीमा है कि स्त्री जीवन के चित्र थोड़े धुँधले हैं। स्त्री चरित्रों को और भी सशक्त बनाया जा सकता था। उपन्यास में सिर्फ़ लड़कियों की योग्यता की बात है किसी भी लड़के की नहीं। यह धारणा भी एकांगी लगती है। उपन्यास में लड़कियों के ननिहाल का कोई ज़िक्र नहीं है। परिवार विभाजन के लिए सिर्फ़ बेटे ही ज़िम्मेदार नहीं होते, एक हद तक बहुएँ भी ज़िम्मेदार होती हैं। स्त्री पात्रों के अन्तर्द्वंद्व की कमी है, जिससे स्वाभाविकता में बाधा पहुँचती है। उग्रसेन बेटियों के महत्त्व को समझता है। उग्रसेन भगवती की पोतियों के बारे में—"घर तो बेटियों से ही घर जैसा रहता है।" क्या घर बहुओं की वजह से नहीं रहता? यह भी विडम्बना है कि बहुओं को बेटियों की तरह नहीं समझा जाता। उन्हें परायी नज़र से देखा जाता है। इस पक्ष को भी उभारने की आवश्यकता थी ताकि सरलीकरण से बचा जा सके। पुरानी पीढ़ी बनाम नई पीढ़ी की बहस को विस्तार दिया जा सकता था। उपन्यास

में कहीं न कहीं लेखक का पुत्री सम्मोहन दिखाई देता है। सन्तान का लायक़ होना असली चीज है। सन्तान का महत्त्व, उसके आचरण पर निर्भर करता है, पुत्र-पुत्री होने पर नहीं। पितृसत्तात्मक और पुरुषसत्तात्मक मूल्यों पर जितने प्रहार की ज़रूरत थी, उतना नहीं हो पाया है।

उपन्यास स्त्री सशक्तीकरण का मार्ग सुझाता है। महत्त्वपूर्ण है पुरानी पीढ़ी और नई पीढ़ी के बीच संवाद और तर्क के ज़रिए सामाजिक परिवर्तन की पहल, विशेषत: स्त्री के लिए। आचार्य हजारी प्रसाद द्विवेदी ने कहा है—"औचित्य उपन्यास की जान है।" उपन्यास पितृ सत्तात्मक मूल्यों से स्त्री को मुक्त करने की कोशिश करता है। पितृसत्तात्मक समाज को आधुनिक सोच से जोड़ता है। रूढ़िवादी मूल्यों की निरर्थकता सिद्ध करता है। बेहतर जीवन मूल्यों के चुनाव का संकेत देता है। उपन्यास स्त्री सशक्तीकरण का मार्ग पुरानी पीढ़ी और नई पीढ़ी के संवाद और तर्क के ज़रिए तैयार करता है। स्त्री विरोधी मानसिकता का अन्त किए बग़ैर सारा सामाजिक परिवर्तन व्यर्थ है। इस परिवर्तन की प्रक्रिया में सबकी भागीदारी अपेक्षित है। लोकतंत्र को बचाने के लिए स्त्री मुक्ति की पहल ज़रूरी है और यही इस उपन्यास का औचित्य है।

परम्परा और आधुनिकता की सहज गाथा : शकुंतिका

डॉ. अंशिता शुक्ला
बेतिया, बिहार

वरिष्ठ उपन्यासकार भगवान दास मोरवाल ने अपनी गहन विश्लेषण क्षमता के बल पर साहित्य में अलग पहचान बनाई है। उन्होंने अनेक अछूते विषयों की तरफ पाठकों का ध्यान आकर्षित किया है। ऐसा ही उनका हाल में ही प्रकाशित उपन्यास 'शकुंतिका' है जिसके माध्यम से लेखक ने वर्तमान समय की ज्वलन्त समस्याओं को उठाया है। अपने इस उपन्यास के अन्तर्गत लेखक ने भ्रूण हत्या, पुत्र के महत्त्व, संयुक्त परिवार के विघटन, अन्तर्जातीय विवाह, दहेज प्रथा एवं बुजुर्गों की समस्याओं को बहुत सहज ढंग से पाठकों के समक्ष प्रस्तुत किया है। भूमंडलीकरण के दौर में जहाँ एक ओर हम लगातार विकसित देशों से प्रतिस्पर्धा कर रहे हैं व नई-नई तकनीकों से रूबरू हो रहे हैं वहीं दूसरी ओर आज भी अनेक सामाजिक मुद्दों पर हमारी मानसिकता संकुचित है। इस उपन्यास का कथानक सम्पूर्ण भारतीय समाज की बेटियों के प्रति तुच्छ मानसिकता के सच को सामने लाता है। उपन्यास का प्रारम्भ उग्रसेन और दुर्गा के घर पुत्र जन्म से होता है। हमारे भारतीय समाज और खासकर हिन्दू समाज में पुत्र रत्न की प्राप्ति अत्यन्त गर्व की बात होती है। चार-चार पोतों के दादा दादी बनने से उग्रसेन एवं दुर्गा अत्यन्त उत्साहित हैं। जैसा कि—

"जिस दिन से उग्रसेन के छोटे बेटे अभय को पुत्र रत्न की प्राप्ति हुई है, उसी दिन से उग्रसेन और उनकी पत्नी दुर्गा की बाडी लैंग्वेज ही बदल गई है। भला क्यों नहीं बदले, आख़िर दोनों बेटों, नागदत्त और अभय के इस पुत्र को मिलाकर, वे चार पोतों के दादा-दादी जो हो गए हैं।"

प्रश्न यह है कि क्या पुत्र का जन्म ही महत्त्वपूर्ण है या उसका लायक और संस्कारी होना भी मायने रखता है? जहाँ पुत्र रत्न की प्राप्ति से परिवार में जश्न का माहौल रहता है वहीं पुत्री का जन्म परिवार वालों के लिए चिन्ता एवं शोक का कारण होता है। दशरथ एवं भगवती तीसरी पोती की आशंका से अत्यन्त उद्विग्न हैं। भगवती अपनी इस व्यथा को दुर्गा के सामने उजागर करती हुई कहती है कि—

"अगर इस बार भी नहीं हुआ न, हम तो जीते-जी मर जाएँगे। पहले से दो-दो लड़कियों को देखकर मेरे तो हाथ-पाँव फूले जाते हैं।" लगातार पुत्री के जन्म के फलस्वरूप भगवती अपनी बड़ी बहू के गर्भ में पल रहे बच्चे का लिंग परीक्षण भी कराना चाहती है किन्तु डॉक्टर ऐसा करने से मना कर देते हैं। यह हमारे समाज की विडम्बना है कि लगातार पुत्र के जन्म पर हम खुशियाँ मनाते हैं किन्तु यही स्थिति जब पुत्रियों के सम्बन्ध में होती है तो हम लिंग परीक्षण एवं भ्रूण हत्या का सहारा लेते हैं। अन्ततः जब भ्रूण हत्या का प्रयास असफल हो जाता है और बेटी का जन्म होता है तो उसका स्वागत थाली बजाकर नहीं बल्कि भगवती के शब्दों में "मुझे क्या पता था कि ये सारे पत्थर हमारे ही भाग में लिखी हुए हैं", कहकर किया जाता है। किन्तु यही बेटियाँ जब आगे चलकर परिवार का नाम रोशन करती हैं तो उग्रसेन और दुर्गा को भी अपनी बेटियों के प्रति सोच बदलनी पड़ती है। उग्रसेन स्वयं दशरथ से यह कहता है—"बेटियों का सुख क्या होता है उसके बारे में उन निरभागों से पूछिए जिनके कान अपने घर-आँगन में इन चिड़ियों की चहचहाट सुनने के लिए तरसते रहते हैं।"

हमारी इसी मानसिकता को बदलने एवं विषम लिंगानुपात को कम करने के लिए सरकार ने 2015 में 'बेटी बचाओ बेटी पढ़ाओ' योजना की शुरुआत की। किन्तु प्रश्न यह है कि क्या इन योजनाओं के लागू होने मात्र से लोगों की मानसिकता बदली जा सकती है? स्थिति यह है कि आज भी हमारे देश में चोरी-छिपे भ्रूण हत्या लगातार जारी है।

उपन्यासकार ने इन रत्नों के गुणों का बखान भी कथा के अन्तर्गत किया है। ये वे रत्न हैं जो अपनी कॉलोनी की लड़कियों को राह चलते छेड़ते हैं और आए दिन किसी न किसी से मारपीट करते हैं। उग्रसेन अपने पोतों की इन हरकतों से अत्यन्त व्यथित होते हैं, तब जाकर उन्हें यह अहसास होता है कि वह जिन पोतों के जन्म होने पर खुशियाँ मना रहे थे और उन्हें रत्न की उपाधि दे रहे थे, वही रत्न आज नालायक निकल गए। उग्रसेन दशरथ की पोतियों की सफलता एवं अपने पोतों की असफलता देखकर दशरथ से यह कहता है कि—"तुम बड़े नसीबवाले हो जो घर में दो-दो पोतियाँ हैं। मेरी तो ऊपर वाले से यही दुआ है कि इस बार भी तुम्हारे घर में पोती ही हो।"

दुर्गा एवं उग्रसेन के चारों पोते पढ़ाई में कुछ खास नहीं कर पाते हैं। इस कारण तंग आकर नागदत्त एवं अभय अपने पुत्रों को पारिवारिक व्यवसाय में लगा देते हैं। जबकि इसके विपरीत भगवती और दशरथ की चारों पोतियाँ सिया, गार्गी, बुलबुल एवं पीहू पढ़ाई में अत्यन्त कुशल एवं संस्कारी हैं। ये चारों अपनी मेहनत के बल पर अलग-अलग क्षेत्रों में सफलता हासिल करती हैं। भगवती एवं दशरथ की चारों पोतियाँ न केवल आर्थिक रूप से सक्षम हैं बल्कि वे अपने जीवन से जुड़े हुए निर्णयों को खुद

लेने में समर्थ हैं। यहाँ तक कि दशरथ एवं भगवती के छोटे पुत्र रूपेश की गोद ली हुई पुत्री पीहू कथानक के अन्त में अपने दादा-दादी के नाम पर एक ट्रस्ट बनाती है और अनाथालय को तीस लाख का दान भी करती है। इसके साथ पीहू के अतिरिक्त सिया एवं गार्गी अपने लिए वर का चुनाव भी स्वयं करती हैं और उन्हीं से विवाह करती हैं। उपन्यासकार ने सिया एवं गार्गी का प्रेम विवाह कराकर न केवल अन्तर्जातीय विवाह का समर्थन किया है बल्कि यह भी बताने का प्रयास किया है कि माता-पिता की इच्छा से बुलबुल की शादी करने के बावजूद वह अपने ससुराल पक्ष के द्वारा प्रताड़ित की जाती है। उनका यह मानना है कि अन्तर्जातीय विवाह के माध्यम से दहेज प्रथा को सुलझाया जा सकता है जो कि भारतीय समाज के लिए एक अभिशाप है।

प्राय: भारतीय समाज में यह देखने को मिलता है कि जितने भी प्रकार के व्रत एवं त्योहार हैं वह या तो पुत्र के लिए किया जाता है या पतियों के लिए। इसी प्रकार हमारे समाज में कुछ ऐसी प्रथाएँ भी हैं जो सिर्फ पुत्र के जन्म पर की जाती हैं। उनमें से एक है 'कुआँ पूजन की प्रथा'। पुत्र के जन्म होने पर इस प्रथा का प्रचलन है किन्तु मोरवाल जी ने इन रूढ़ियों का विरोध करते हुए बुलबुल एवं पीहू के जन्मदिन पर रूपेश की पत्नी जयन्ती द्वारा कुआँ पूजन कराते हैं। इस प्रकार यहाँ लेखक, बेटी एवं बेटे के बीच के फर्क को तोड़ने का प्रयास करते हैं, साथ ही प्राचीन काल से चली आ रही इन प्रथाओं पर सवाल भी उठाते हैं।

आधुनिक काल में सामाजिक मूल्य एवं आदर्श बदल रहे हैं जिसके फलस्वरूप संयुक्त परिवार प्रणाली धीरे-धीरे समाप्त होती जा रही है। जैसे-जैसे संयुक्त परिवार का विघटन होता जा रहा है, वृद्ध माता-पिता के प्रति बच्चों की उदासीनता बढ़ती जा रही है। वृद्धों एवं वृद्धावस्था पर चिन्तन की परम्परा हिन्दी साहित्य में बहुत पहले से विद्यमान रही है। हिन्दी साहित्य के अन्तर्गत अनेक कहानियाँ एवं उपन्यास वृद्धों के जीवन एवं संयुक्त परिवार के विघटन को आधार बनाकर लिखे गए हैं। इन रचनाओं में प्रेमचन्द की 'अलग्योझा', 'बूढ़ी काकी', भीष्म साहनी की 'चीफ की दावत' एवं 'खून का रिश्ता', यशपाल की 'कौन जाने' एवं 'समय', भगवतीचरण वर्मा की 'वसीयत', मोहन राकेश की 'परमात्मा का कुत्ता', ज्ञानरंजन की 'पिता', मंजुल भगत की 'दादी का बटुआ', संजीव दत्त शर्मा की 'नानी', डॉ. शिबन कृष्ण की 'बाबूजी', अमृतलाल नागर की 'बूँद और समुद्र', 'अमृत और विष', 'सात घूँघट वाला मुखड़ा' आदि विशेष रूप से उल्लेखनीय हैं। यहाँ तक कि हिन्दी में 'वागर्थ' पत्रिका ने दिसम्बर 1999 में 'वृद्धावस्था' पर एक विशेषांक निकालकर वृद्ध विमर्श की शुरुआत की। मोरवाल जी ने अपने इस उपन्यास के अन्तर्गत संयुक्त परिवार के विघटन एवं बुजुर्ग माता-पिता की उपेक्षापूर्ण स्थिति का मार्मिक चित्रण किया है। उपन्यासकार ने इस उपन्यास में यह दर्शाया है कि माता-पिता जिन बेटों एवं पोतों को अपने बुढ़ापे का सहारा समझते हैं वहीं पुत्र आगे चलकर उन्हें अकेला छोड़कर

कहती है सारी की सारी कौरवों की फौज मेरे ही घर में पैदा हो गई। भगवती के भाग्य को सराहते हुए वह खुलकर कहती भी है—"एक बात कहूँ भगवती, तू है बड़ी नसीब वाली जो ऐसी हीरे जैसी पोतियाँ मिली हैं। ज़रूर तू ने पिछले जनम में मोती दान किये हैं।"

कॉलोनी से दुर्गा के दोनों बेटों के परिवार के अन्यत्र चले जाने से सारी कॉलोनीवालों में खुशी की लहर दौड़ जाती है। लोगों ने राहत की साँस ली कम-से-कम दु:शासनों से मोहल्ले को तो मुक्ति मिल गई। लेकिन गार्गी पढ़ने के लिए दूर चली जाती है तो दशरथ और भगवती की आँखों में अपने सामने चहकते गौरेयों के झुंड से एक गौरेया के बिछुड़ने का संताप साफ नजर आता है।

नि:सन्तान रूपेश और जयन्ती के लिए बच्चे गोद लेने की बात उठी तो दुर्गा के विचार कितने सुचिन्तित हैं। उसने अपनी ज़िन्दगी से यह पाठ सीख लिया कि लड़की तो घर के लिए लायक है। उसने भगवती को हिदायत दी की कभी भी रिश्तेदारों के बच्चे को गोद लेना ठीक नहीं है। दुर्गा ने सचेत करते हुए कहा कि यदि नौबत आ भी जाए तो किसी अनाथाश्रम से गोद ले लेना। कम-से-कम किसी अनाथ और बेसहारे को एक नई ज़िन्दगी तो मिल जाएगी। यहाँ दुर्गा का विवेक उभरकर आता है। उपन्यास में गोद लेने के सन्दर्भ में एक डॉक्टर ने भी यह जताया कि पढ़े-लिखे और प्रोग्रेसिव कहे जानेवालों की भी ऐसे फैसले लेने की हिम्मत नहीं होती है, जैसी हिम्मत भगवती ने दिखाई है। सचमुच इन सारी बातों को करने की हिम्मत दुर्गा ने भगवती को दी। बच्ची को गोद लिया गया तो कितने धूम-धाम से उस घर पर उसका स्वागत-सत्कार हुआ। लड़कों के जन्म के अवसर पर कुआँ-पूजन का जो रिवाज़ होता है, उस रिवाज़ को धूम-धाम से उस लड़की के आगमन पर मनाया गया। समाचार पत्रों में भी यह खबर आ गई कि लड़की को गोद लेकर कुआँ-पूजन का संस्कार भी किया गया। यहाँ कहने का तात्पर्य यह है कि जिन घर में लड़कियों के प्रति जो हीन मनोग्रंथि थी वह भी दूर हो जाती है। घर में नई बच्ची जो आ गई उसको पीहू नामकरण सिया ने ही किया। बच्ची को देखकर दुर्गा का दिल दुखता है कि पता नहीं फूल-सी नन्हीं जान को ऐसे कहीं भी फेंकते हुए लोगों का ज़रा भी दिल नहीं पसीजा है। वह कैसी माँ होगी जो अपने जिगर के टुकड़े को फेंक कर चली गई। बेटियों की खूबी को अच्छी तरह पहचानकर एक सजग नारी-व्यक्तित्व दुर्गा बन गई। अपनी इसी पहचान से उपन्यास का सशक्त पात्र बनने में कामयाब होती है। कई मायनों में दुर्गा लड़कियों का स्नेह, उसकी ईमानदारी, सेवाभाव, क्षमता, घर के प्रति दायित्व, बुजुर्गों के प्रति आदर आदि को पहचानती है। गोद ली गई पीहू अन्य लड़कियों से ज़्यादा समझदार और घर की स्मृतियाँ लेकर चलती-सी दिखाई देती है, चाहे वह जहाँ भी हो। जिस प्रकार रवीन्द्रनाथ टैगोर के सन्दर्भ में कहा गया कि सच्चा भारतीय भारतीयता का अतिक्रमण करता है। यहाँ

पीहू सभी दृष्टियों से स्वीकारने लायक चरित्र है। दादा-दादी जब तक ज़िन्दा थे तब तक वे लड़कियाँ उनकी सेवा के लिए तैनात थीं। बाद में उनके माँ-बाप भी उनके स्नेह की छत्र-छाया में सुख की अनुभूति करते हैं। अर्थात् स्त्री जीवन की सच्चरित्रता का उद्घाटन इस उपन्यास में देखा जा सकता है। मादम मिस्लेल का कथन चरित्रार्थ होता है।

घर की परिकल्पना

शकुंतिका उपन्यास में एक आदर्श परिवार की सृष्टि की गई है, उपन्यास में उल्लिखित दो घरों की तुलना करते हुए। भगवती-दशरथ के घर को आदर्श दिखाया गया जहाँ बुजुर्गों का आदर है, उनके शब्दों का स्थान है। दोनों घर स्नेह से बँधे हुए हैं। जो अपनी-अपनी विशेषताओं को साथ लिए हुए है। लेकिन अन्त में वे समन्वय एवं प्रगतिशील विचारों को अपनाते हैं। लड़कों से घर महान घर बनता है, यह दकियानूसी धारणा ध्वस्त होती नजर आती है। लड़कियों वाले घर की तुष्टि और तृप्ति अन्यत्र दुर्लभ है। घर को घर बनाने के लिए स्मृतियाँ होनी चाहिए। प्रत्येक की स्मृतियाँ ताज़ी होती हैं तो सहजीवन सम्भव हो जाता है। अर्थात् प्रत्येक चैतन्य की स्वीकृति होती है। भगवती और दशरथ के घर में स्मृतियाँ हैं, कितने दूर चले जाने पर भी वे स्मृतियाँ परस्पर बाँध देती हैं। पीहू जब ऑस्ट्रेलिया चली जाती है तो पहले अपने दादा की मृत्यु और फिर दादी की मृत्यु में याद करते-करते दुःखी हो जाती हैं। घरवालों के साथ रहने और उनकी सेवा करने की इच्छा से बड़े पैकेज की नौकरी को भी छोड़ने को तैयार हो जाती है। अपने घरवालों के दबाव से जबरदस्ती नौकरी स्वीकार करती है। लेकिन "भगवती दशरथ" फाउंडेशन बनाकर उनकी स्मृति में अनाथालयों को बड़ी राशि दान देती है। बुलबुल के ससुराल में उस के प्रति हो रहे अत्याचार को वकील द्वारा नोटिस देकर राह पर ले आती है।

उग्रसेन और दुर्गा को इतना बड़ा घर जैसे काटने को दौड़ रहा है। वृद्धावस्था में अकेलापन क्या होता है, उसका एहसास इन दोनों को अब होने लगा है। जिस घर का जो आँगन कभी अलग-अलग तरह के पदचापों से थिरकता रहता था, अब एकदम उदास रहने लगा है। नागदत्त और अभय का चक्कर महीनों में बदल जाता है। इस प्रकार देखते-देखते भरा-पूरा घर वीरान हो गया। सिर पर टोकरी ढो-ढोकर यह मकान बनाया तो इसलिए था कि आख़िरी टैम सुख-चैन से कटेगा। यह घर उग्रसेन और दुर्गा के लिए केवल एक घर नहीं है बल्कि पुराने संघर्षों का ऐसा घोंसला है, जिसके तिनके-तिनके पर आँधी-तूफान और झंझावातों की इबारतें दर्ज हैं। एक ऐसा घोंसला जिसकी भीतरी दीवारों पर उनकी मेहनत और संघर्ष की छोटी-छोटी लोककथाएँ लिखी हुई हैं।

सिया के लिए वर ढूँढ़ने गया तो वर के परिवार के बारे में जो कहा गया वह

आज के अनुसार आदर्श परिवार है। एक ऐसा आदर्श परिवार जिसके बारे में यह धारणा बन चुकी है कि इस देश की लड़कियाँ ऐसे परिवारों में शादी के बाद कहीं ज़्यादा सुख पाती हैं। "न ननद का झंझट। न देवरानी-जेठानी की टेंशन। न ज़मीन-जायदाद के बँटवारे की किचकिच। न किसी के रौबदाब का टंटा। कहने का तात्पर्य यह है कि वह अपने माँ-बाप की इकलौती सन्तान है।" आज हम समझते हैं कि यह नसीबवालों को ही ऐसा घर प्राप्त होता है। यदि घर में परस्पर सहयोग और स्नेह हो तो अकेलापन खटकता नहीं हैं। संयुक्त परिवार का समर्थन करते हुए दुर्गा कहती है—"हम भी तो ऐसे ही भरे-पूरे परिवारों में ब्याह कर आए हैं। एकाध ननद या देवरानी-जेठानी हो, तो कम-से-कम एक-दूसरे अपना दुःख-दर्द तो बाँट सकती हैं।"

यहाँ सबसे उल्लेखनीय बात है कि संकुचित स्वार्थ से परे होकर व्यापक विशाल मानसिकता भी घर की जीत एवं सफलता का कारण बनती है। भारतीयता से दूर ज़रा भी हट जाने को पीहू तैयार नहीं है। वह एक भारतीय से शादी करती है लेकिन विदेशी मित्रता को वह मानती है। उस घरवालों के प्रगतिशील सोच का उदाहरण है अनाथालय से बच्चा गोद लेना, वह भी एक लड़की को। उसके आगमन के सन्दर्भ में कुआँ पूजने का सांस्कृतिक कार्य किया जाता है जो बच्चों के जन्म पर होता है।

बूढ़ों की उपस्थिति में उनकी कहानियाँ सुनकर, उनकी अच्छी और बुरी बातें सुनकर बड़े होनेवाले बच्चों में आत्मविश्वास होगा, न्याय के लिए लड़ने की हिम्मत होगी। अच्छे-बुरे को समझने की शक्ति होगी। यहाँ भगवती-दशरथ के घर की स्थिति है। दशरथ पोती गार्गी से कहता है कि मन्दिर में मूर्ति पर जल चढ़ाने से परीक्षा में सफलता नहीं मिलती, इसके लिए परिश्रम करना चाहिए। यात्रा के लिए निकलते समय बिल्ली के रास्ता काटने के अपशकुन का भी दशरथ वैज्ञानिक ढंग से विरोध करता है।

भाषा का सरल प्रवाह शकुंतिका उपन्यास को पठनीय बना देता है। मुहावरों का प्रयोग उपन्यास को रोचक बना देता है। देश काल का सुन्दर समन्वय परिलक्षित होता है। उपन्यास में सबसे बुजुर्ग पीढ़ी या पहली पीढ़ी और तीसरी पीढ़ी के पात्रों का गठन सशक्त हुआ। दुर्गा-उग्रसेन के घर की दूसरी पीढ़ी के पात्र आज की उपभोगता वादी संस्कृति वाले कहे जा सकते हैं। दोनों घर की पहली पीढ़ी सशक्त है। नई पीढ़ी की लड़कियों के द्वंद्व को देखा जा सकता है। आत्म स्वावलम्बी होना चाहिए। यही उपन्यास में सबसे ज्वलन्त समस्या है, जो आज की माँग भी है। अपने पैरों पर खड़े होकर स्वतंत्रता और आत्मविश्वास से जीनेवाली स्त्रियाँ ही आज समाज में प्रगति और क्रान्तिकारी परिवर्तन ला रही हैं। वर्तमान समय के सरोकार को पहचानते हुए जीवन मूल्यों के प्रति सजग रहनेवाली स्त्रियाँ ही जीवन में आगे बढ़ती हैं। वही

जीवन को सुन्दर बना सकती हैं। प्रसाद ने नारी के श्रद्धा रूप को उद्घाटित करते हुए ठीक ही कहा है—

"नारी! तुम केवल श्रद्धा हो।
विश्वास रजत नग पग तल में;
पीयूष स्रोत सी बहा करो
जीवन के सुन्दर समतल में।"

सीमोण द बुअर ने भी ठीक ही कहा है—"One is not born, but rather becomes a woman"

शृंखला की बेड़ियाँ तोड़ता उपन्यास : शकुंतिका

प्रोफेसर (डॉ.) संजय नवले

प्रोफेसर हिन्दी विभाग, डॉ. बाबासाहेब आंबेडकर मराठवाडा विश्वविद्यालय, औरंगाबाद (महाराष्ट्र)

अध्ययनाओं ने अनेक प्रमाणों से सिद्ध किया है कि आदिमकाल में स्त्री-पुरुष समानता थी। आगे अत्यन्त धूर्तता से पुरुषी-सत्ता ने स्त्री के अधिकार मर्यादित रखने की शुरुआत की। उसे मात्र मनोरंजन, मशीन, वस्तु, भोग के रूप में स्वीकार किया है। उसकी मर्यादा निश्चित करने के लिए कभी धर्मसत्ता का तो कभी संस्कारों का भय दिखाकर लक्ष्मण-रेखा खींच रखी? अर्थात यहाँ स्त्री को स्वतंत्र व्यक्ति के रूप में दूसरे शब्दों में कहना होगा तो मनुष्य के रूप में स्वीकारने का अभाव है। इन सभी के पीछे चाणक्य बुद्धि यह थी कि वह आत्मनिर्भर बनेगी तो अधिकार की बात करेगी। सम्पत्ति में हिस्सा माँगेगी। पुरुषों के दृष्टि से स्त्री का मर्यादा में रहना इस कारण आवश्यक था कि जब चाहे जी भर उसका उपयोग और उपभोग लेते रहें। इसके लिए धर्मशास्त्र का निर्माण किया गया। नियम बनाए गए। काम-काज का बँटवारा किया गया। यहाँ स्त्री के श्रद्धा और विश्वास का फायदा लिया गया। शारीरिक पवित्रता पर अधिक जोर दिया गया। यानि पक्षपात पूर्ण मूल्यव्यवस्था बनाई गई। पुरुषों के बनाए मूल्यों को ही सर्वश्रेष्ठ माना गया। उसे ज्ञान के क्षेत्र से दूर रखा गया। आज्ञा का पालन करना यही आदर्श परम्परा है। यह बिम्बित किया गया। अब भारतीय स्त्री की स्थिति इशारों पर जीने जैसे हुई थी। उसका अपना स्वतंत्र अस्तित्व न के बराबर रहा। दूसरी ओर उसकी मानसिकता भी वैसे ही बनी जैसे परम्परा ने उस पर संस्कार स्थापित किए थे। 'पतिव्रत्ता' ही जीवन का अन्तिम उद्देश्य है। पति सेवा ही धर्म है। यही उसकी नियति बन चुकी थी अर्थात उसके जीवन का उद्देश्य भी यही रहा। अब वह अपनी पहचान भूल गई थी। अत्यधिक सेवा धर्म यही उसकी 'पहचान' थी। आगे विश्वभर के चिन्तकों ने, समाज सुधारकों ने इस विषय पर समय-समय पर आन्दोलन किए और स्त्रियों में जागृति लाने का प्रयास किया। धूर्त लोगों ने परिवार और समाज की रचना ही इस तरह की बनाई थी कि उसे तोड़ने के

लिए कई वर्षों तक संघर्ष करना पड़ा। इन आन्दोलन की एकमात्र माँग थी कि स्त्री की पहचान स्वतंत्र, मनुष्य के रूप में हो। वह भी पढ़-लिख सकती है। ज्ञानी है। उसके अपने विचार हैं। वह अपने निर्णय ले सकती है। नेतृत्व कर सकती है। इस मान्यता के लिए काफी जूझना पड़ा। लड़का ही कुल दीपक है। इस मिथ को अब उसने तोड़ा था। इसी विषय पर हिन्दी के प्रसिद्ध कथाकार भगवानदास मोरवाल का नवीनतम उपन्यास 'शकुंतिका' इन दिनों चर्चा में है।

2

कम से कम अपने देश में तो यह प्रतिष्ठा का विषय रहा है शादी के बाद लड़कों ने ही जन्म लेना चाहिए। अब विज्ञान की कृपा से पेट में लड़का है या लड़की इसका ठीक-ठीक अनुमान लगाया जाता है। लड़की है तो उसे जन्म से पहले ही रोका जाता है। इस दुनिया में उसे आने ही नहीं दिया जाता। पढ़े-लिखे और अनपढ़ दोनों समाज में यही मान्यता विकसित हुई है। लड़के का जन्म पुण्य और गौरव माना जाता है। अगर किसी घर में दो-दो, तीन-तीन लड़कियाँ जन्म लेती हैं तो समाज को व्यंग्यबाण सहने पड़ते हैं। इसके पीछे और कुछ भी नहीं है, मात्र पारम्परिक मानसिकता है। उपन्यास केन्द्रित परिवार के बारे में भी यही है। उन्हें यह सब सहना पड़ता है। जन्म के भेद-भाव के जड़ मानसिकता तक उपन्यासकार को पहुँचकर समाज को कुछ नसीहत देना है। उपन्यासकार अवैज्ञानिक अँधेरे रास्ते पर वैज्ञानिक सोच का मुट्ठीभर प्रकाश पाठकों के हाथों पर रखना चाहता है। लड़का और लड़की में अन्तर नहीं है। अन्तर हमारे सोच ने किया है। लड़कियाँ भी हर क्षेत्र में अपनी प्रतिभा के बल पर आगे जा सकती हैं। यह उपन्यास के कथानक में ठूँस-ठूँस भरा है। पुरुषार्थ शब्द के पारम्परिक अर्थ और अर्थ के लिहाज के बारे में सोचना चाहिए। पुरुष में पौरुषता होता है ऐसा नहीं। स्त्री में भी होता है। महाराष्ट्र की स्त्री विषय प्रखर आन्दोलनकर्मी और चिन्तक विद्या वाक लिखती हैं कि हर स्त्री में पौरुषता भरा हुआ होता है। दुर्भाग्य से सामाजिक चौखटों के कारण स्त्री को अपना हुनर दिखाने का अवसर नहीं मिलता। अर्थात हमारी समाज व्यवस्था ने लड़कियों के जन्म को ही नकारा है। उपन्यासकार भगवानदास मोरवाल की चिन्ता यही है। लड़कियों के जन्म को ही रोकना है तो कल समाज कैसे विस्तारित होगा। और तो और दुनिया के किसी भी प्राणी और पंक्षी में इस पद्धति की अवैज्ञानिक सोच नहीं। मात्र मनुष्य को छोड़कर। एक लोककथा का उदाहरण मैं यहाँ देना चाहता हूँ। "एक राजा था, उसने अपने सरदारों से राज्य के बारे में पूछा। धन-धान्य किसानी के बारे में पूछा। उत्तर दिया गया कि पिछले साल किसानों से अर्थात खेती से अच्छा उत्पाद नहीं मिला। कारण पूछने के बाद कहा गया कि जब बुआई हुई तब पंक्षियों ने बीज खा लिए। इस कारण धान अत्यल्प ही

आया। राजा ने आदेश दिया कि इस साल अपने राज्य में एक भी पंछी रहना नहीं चाहिए। राजा का आदेश था। सिपाहियों ने सारे पंक्षियों को राज्य के बाहर भगा दिया। बुआई हुई। साल के अन्तिम दिनों राजा ने खेत-खलिहान के बारे में पूछताछ की। उत्तर मिला कि धान अंकुरित ही नहीं हुआ। राजा को आश्चर्य लगा। उसने कहा कि पंछी बीज खाते थे, उन्हें भगाने के बाद अब क्या हुआ। वहाँ एक बुजुर्ग, अनुभवी व्यक्ति थे—उन्होंने कहा कि आपके आदेश के अनुसार पंछी दूसरे राज्य निकल गए। बीज की बुआई हुई। पंछी अधिकतर बीज नहीं खाते थे बल्कि बीज खानेवाले कीड़े-मकोड़ों को खाते थे। अब पंछी नहीं हैं तो कीड़े-मकोड़ों ने पूरे बीज खा लिये। इस कारण धान अंकुरित नहीं हुए।'' मस्जिद से आने वाली अज़ान के बोल कानों पर पड़ रहे हैं। मुझे लगता है कि लड़कियों के लिए इतने सुन्दर विशेषणों का उपयोग शायद ही किसी कथाकार ने किया हो। इसके पीछे कथाकार की यह भावना है कि लड़कियों की आवश्यकता उनका व्यवहार उनकी वैचारिकता का परिचय होना है? हमारी पुरानपंथी मान्यताएँ तोड़ने के लिए कथाकार हमें समझा रहे हैं?

3

यहाँ और दो-तीन सन्दर्भों की चर्चा होना अत्यन्त महत्त्वपूर्ण है। एक तो यह कि परिवार लड़कियों को पढ़ने देता है। उन्हें निर्णय लेने की स्वतंत्रता देता है। तब उस परिवार की लड़कियाँ पढ़कर अच्छा मुकाम हासिल करती हैं। लड़कियाँ हैं इस कारण कहीं पीछे हैं, ऐसा नहीं, प्रत्येक क्षेत्र में अपने हुनर के अनुसार अग्रसर रहती हैं। दूसरी महत्त्वपूर्ण बात यह है कि अन्तरजातीय, अन्तरधर्मीय शादी करने का निर्णय यहाँ महत्त्वपूर्ण लगता है। पुरानपंथी, जातिवादी कटघरे को तोड़कर इन लड़कियों ने तो अपना साथी चुनने का जो फैसला किया वह देखने लायक है। इससे समाज को कुछ सीखना चाहिए। मूलत: अपने यहाँ शादियाँ भिन्न लिंगी शरीर से होती हैं। वह कभी विचार से हुईं ही नहीं। जिस दिन शादियाँ विचारों से विचार के साथ होगी। तब झगड़े, परिवार का टूटना बन्द हो जाएगा। इस उपन्यास की यह बड़ी खूबसूरती है। किसी विधा के रचना का उद्‌देश्य तो यही होता है कि उससे कुछ नया मिले। विषम समाज रचना को तोड़ने का साहस यह लड़कियाँ करती हैं। लड़की गोद लेना यह निर्णय तो बहुत बड़ी वैचारिकता का परिचय है। लड़कियों में वही शक्ति है, हुनर है, काबिलीयत है, जो लड़कों में होती है। यह अब स्वीकारना होगा। यही कथाकार की इच्छा है। इन्हें जन्म से पहले और जन्म के बाद न रोकें, उन्हें प्राकृतिक पद्धति से अग्रसर होने दें। जो सामने दिखाई देगा वह बहुत खूबसूरत होगा। यह हम मानते नहीं और प्रत्यक्ष करते नहीं, इस कारण सुमन राजे ने 'आधा इतिहास' लिखा। इस देश में लड़कियों का, महिलाओं के कर्तव्य का इतिहास ही सामने आने नहीं दिया। दूसरे

शब्दों में कहना होगा तो यह कि इन्हें अपना परिचय, कार्य, अपना हुनर दिखाने का अवसर ही नहीं दिया गया। पहले तो इन्हें शिक्षा के क्षेत्र से जान-बूझकर दूर रखा। पुरुषों को मालूम था कि वह अगर पढ़-लिखकर आगे आएँगी तो हमसे भी आगे निकल जाएँगी। आज तक इस क्षेत्र के साथ बहुत बड़ा पक्षपातपूर्ण व्यवहार हुआ है। यहाँ हमें सावित्रीबाई फुले के अभार व्यक्त करना चाहिए। जिस लोकशिक्षिका ने महिलाओं के शिक्षा के लिए दिगन्त कार्य किया है। हम उनके प्रति नतमस्तक हैं। उपन्यास केन्द्रित कथानक में जो लड़कियाँ चित्रित हुई हैं। उनकी एक बहुत महत्त्वपूर्ण खूबी यह है कि वह इतनी पढ़-लिखकर भी अपने संस्कार कभी भूलती नहीं हैं। अपनी जमीन को छोड़ती नहीं हैं। अपने माँ-बाप को भूलती नहीं हैं। भले ही वह परदेश (आस्ट्रेलिया) जाकर भी। यह भारतीय मिट्टी के संस्कार का परिणाम है। कथाकार की अपेक्षा यह है कि देश की पूरी आबादी का आधा हिस्सा लिंग के आधार पर दूर रखा है। उन्हें अगर स्वाभाविकता से आगे आने दिया जाए तो देश प्रगति पथ पर अग्रसर होगा। पूरा उपन्यास पढ़ने के बाद यही लगता है कि कथाकार भगवानदास मोरवाल ने 'दूसरी दुनिया का सच' सामने लाया है।

4

उपन्यास की भाषा निश्चित ही प्रवाहमयी है। छोटे-छोटे वाक्य अर्थगर्भित तो हैं ही साथ ही साथ यह वाक्य बहुत स्पष्ट रूप से लेखक की वैचारिकता स्पष्ट करते हैं। वातावरण के सभी रूप उपन्यास के कथानक में रंग भर देते हैं। लेखक की खूबी यह है कि वे घटनाक्रम का वर्णन ऐसे करते हैं मानो प्रत्यक्ष अनुभव कर रहे हों। उनका प्रत्येक पात्र अपना रोल (भूमिका) बहुत ही ईमानदारी से निभाता है। इस कारण उनके चरित्र में सजीवता अथवा जीवन्तता दिखाई देती है। कथानक में बहुत जगह 'संयोग' शब्द का प्रयोग हुआ है। शायद कथानक को जोड़ने के लिए उसकी आवश्यकता होगी। परन्तु कहीं भी यह संयोग खटकता नहीं। बल्कि वह कथानक में जान डाल देता है। आगे क्या कहूँ। याद आती है कवि मुक्तिबोध की कविता 'बिटियों के प्रति...'

शकुंतिका का सामाजिक और सांस्कृतिक परिदृश्य

डॉ. रूपा सिंह
एसोसिएट प्रोफेसर हिन्दी, बाबू शोभाराम राजकीय कला, महाविद्यालय, अलवर

भगवान दास मोरवाल द्वारा रचित प्रसिद्ध उपन्यास 'शकुंतिका' एक साथ पृथ्वी, पर्यावरण, अध्यात्म और स्त्री के गूढ़ अन्त:सम्बन्धों का दिग्दर्शन कराती है। यह उपन्यास हिन्दी का पहला ऐसा उपन्यास है जो पर्यावरण और साहित्य के सम्बन्धों को वैज्ञानिक नजरिए से परखने की चेष्टा करता है। यह वैज्ञानिक नजरिया यहाँ ऐसा समाजशास्त्रीय इंजीनियरिंग का है जिसमें पितृसत्तात्मक कब्जे का प्रतिरोध है और स्त्री तथा प्रकृति के गहरे साहचर्य का विश्वस्त निरूपण है। धर्म और संस्कृति, आस्था और आध्यात्मिकता ही इसके अन्तर अनुशासनात्मक पहलू हैं।

हम जानते हैं कि प्रगति और विकास दोनों की भावचेतना में पर्याप्त अन्तर है। इनमें एक नैसर्गिक परिवर्तन है तो दूसरा राजनीतिक। आडम्बरपूर्ण आधुनिकता की आक्रामकता से मनुष्य जीवन ऐसा यांत्रिक बन चुका कि उसका जैविक संस्कार नष्टप्राय हो चुका है। इसी के कारण जीवन-मूल्यों में भी जबर्दस्त बदलाव आए हैं और इस बदलाव को स्वीकृत किए बिना समाज एकांगी, रूक्ष और सृष्टि-गति से वंचित हुआ है। प्रस्तुत उपन्यास में प्रकृति के साथ हुए खिलवाड़ पितृसत्तात्मक समाज में पुरुषों को अब तक मिली प्रधानता और स्त्रियों के दोयम दर्जे की कथित कोटि को लेकर जो सामाजिक मान्यताएँ प्रचलित थीं उनका खंड-खंड टूटकर बिखर जाना इस 'शकुंतिका' उपन्यास का मुख्य ध्येय है। यह उपन्यास न केवल पुरुष के प्रधानत्व पर और स्त्रियों की दोयमता पर सवाल उठाता है बल्कि स्त्री-शक्ति को हर प्रकार से पुरुष से बीस ही ठहराता है। शारीरिक, आध्यात्मिक, सामाजिक, सांस्कृतिक और अब आर्थिक रूप से भी स्त्री कहाँ से कहाँ पहुँच गई है—न केवल यह इसका निरूपण करता है बल्कि उसमें दो अन्तर्निहित शक्तियों की भरपूर व्याख्या करता है। एक तो यह कि स्त्री में प्रकृति का इतना तेज है कि वह पुनर्जन्म (recreation) कर सकती है। दूसरे, शरीर की बनावट से वह अधिक संतुलित, मोहक, नर्म, प्रज्ञावान और शान्त प्रकृति की होती है। आपराधिक मानसिकता से वह कोसों दूर होती है।

जबकि पुरुष स्वभावत: बाह्य परिवेश की ओर उन्मुख वाचाल प्रवृत्ति का तो होता ही है, समाज द्वारा प्रदत्त अधिक प्रधानता उसे न केवल रूक्ष, कठोर, दम्भी बनाती है बल्कि मनोवैज्ञानिक 'एडलर' के अनुसार अन्य को जन्म दे सकने की कुंठित विवशता उसे आपराधिक मनोवृत्ति की ओर भी धकेलती है। वह अपनी जननी और भगिनी स्त्री के प्रति ही हिंसक हो उठता है और मनुष्य से देवता बनने के बजाय एक जीवित राक्षस में तब्दील हो जाता है।

पूरे उपन्यास में मुख्य कहानी दो परिवारों की है जो किसी नई बनती कॉलोनी में कहीं बाहर से आकर बस जाने की जद्दोजहद में है। गलियों, कूचों में बसे इन परिवारों में आमने-सामने उग्रसेन और दुर्गा देवी का परिवार बसा है तो दूसरी ओर, उनके सामने दशरथ और भगवती देवी का परिवार बसा है। उपन्यास की कहानी को समझने के लिए इसे हम तीन फेज (अवस्थाओं) में बाँट सकते हैं।

पहले फेज (अवस्था) के अन्तर्गत उग्रसेन और भगवती के दो पुत्र हैं। उनकी बहुओं में से एक रेवती को लगतार तीन बेटियाँ होती हैं जबकि दूसरी बहू जयन्ती गर्भवती ही नहीं होती। भगवती की बड़ी लालसा है कि सामने के परिवार उग्रसेन और दुर्गा की बहुओं के लगातार बेटा ब्याने पर बजती थालियाँ और बँटती मिठाइयाँ जैसा सुअवसर कभी उनके घर भी आए। कभी तो घर में छोरा (बेटा) पैदा हो। बड़ी उम्मीदों से भरी भगवती नाउम्मीद होती है जब एक के बाद एक तीन पोतियाँ—गार्गी, सिया और बुलबुल उसके यहाँ पैदा होती हैं। ये तीनों बेटियाँ चूँकि बेटों की लालसा में पैदा हुई हैं, इनके आगमन का कोई सत्कार नहीं होता है।

"तुम्हारे घर में लड़कियाँ नहीं, चिड़ियों का छोटा-सा झुंड वास करता है। जब देखो इधर से उधर फुदकती रहती हैं। जिस घर की दरों दीवार लड़कियों की कूक से गूँजती रहती है, उस घर को दुनिया का खुशनसीब परिवार कहा जाता है।"

बेटों वाले इस घर में लड़के सम्भवत: रूक्ष हैं, दम्भी हैं और अपने पुरुषत्व का मिथ्या अभिमान पाले शिक्षा के क्षेत्र में भी गँवार हैं। बिना कुछ किए, बिना कुछ बने जब उन्हें अपने पुरुष होने का सम्मान प्राप्त है। उचित समय आने पर सजी-सजाई दुल्हन दहेज के साथ अपने आप मिल जाने की परम्परा का उन्हें ज्ञान है—इसके लिए मेहनत करने की भला क्या आवश्यकता है? इस दम्भ में वे अधिक उग्र होते जाते हैं और आवरा भी। सारा मोहल्ला उनसे परेशान रहता है और मोहल्ले की स्त्रियाँ हमेशा असुरक्षित और अपमानित।

उपन्यास की कहानी के विकास के तीसरे फेज (अवस्था) के क्रम में हम देखते हैं कि दशरथ और भगवती की तीनों पोतियाँ पढ़-लिखकर वकील, डॉक्टर और उच्च शिक्षित हो जाती हैं जबकि उग्रसेन और दुर्गा के पुत्र और पौत्र घर से अलग जाकर रहने लगते हैं। जायदाद के वितरण के समय सब जमा होते हैं और वृद्ध होते माता-पिता के अकेले छूट जाने की चिन्ता से ग्रस्त होने की बजाय कलह अर्थात्

कायँ-कायँ की कर्कश ध्वनि है। चूँकि घर के काम पुरुषों के न करने की परम्परा में नन्हे पुरुष पौधे विकसित हो रहे हैं तो किसी के आने पर दरवाजा खोलना या किसी अन्य गूढ़ कार्य को हाथ लगाने में वे अपनी हेठी समझते हैं।

उपन्यास की कहानी के दूसरे फेज के अन्तर्गत दोनों परिवार के बच्चों की किशोरावस्था का रूप देखने में आता है और साथ ही दिखती है दोनों के स्वभावगत, शरीरगत, सामाजिक और संस्कारित भूमिकाओं का अन्तर। अब बच्चे स्कूल, कॉलेज जाने लायक अवस्था में हैं। दोनों घरों की मुखिया स्त्रियाँ हैं—दुर्गा और भगवती। जिनके संवाद, संलाप से उपन्यास में गति आती है और भुक्तभोगी के यथार्थ का प्रत्येक आवरण खुलकर सामने आता है। बेटियों वाले घर की गार्गी, सिया और बुलबुल शान्त, सुशील, गृहकार्य में दक्ष तो हैं ही शिक्षा के क्षेत्र में भी मेहनती और प्रखर हैं। शिक्षा न केवल प्रज्ञा देती है, वह सामाजिक व्यवहार का संस्कार भी देती है, जिसका अभाव सामने वाले बेटों के घर में है। तीनों बच्चियाँ जिस मधुरता से घर गुंजायमान किए रहती हैं, उसे देखकर पोतों की दादी दुर्गा में हुलास जगता है अब कि काश उसके घर भी पोतियाँ हुई होतीं। वह कहती है—"क्या बताऊँ, हर काम के लिए दस बार कहना पड़ता है। मैं तो जब देखो तुम्हारे घर में तुम्हारी पोतियों को बस यही कहते हुए सुनती हूँ—आई दादा जी। आई अम्मा।"

उधर सामने परिवार है—उग्रसेन और दुर्गा का। दुर्गा के तीन बेटों में से सभी एक से एक उजड्ड प्रकृति के हैं। साधारण-से दूध व्यापार के द्वारा इन्होंने अपना बड़ा व्यवसाय खड़ा कर लिया है। अब इन बेटों से भी आए दिन बेटे पैदा होने की खबरें मोहल्ले में गूँजती रहती है, घर से कभी थाली बजने का संगीत बाहर आता है तो कभी डीजे का कानफोड़ू संगीत। यह उपन्यास का प्राथमिक फेज है जहाँ दोनों परिवार आर्थिक रूप से सबल हो रहे हैं और एक दूसरे के घर बच्चों की पैदाइश बढ़ रही है। इनमें एक घर बेटियों वाला और एक बेटों वाला बनता दिख रहा है। बेटी और बेटे का स्वागत भी तदनुरूप सामाजिक मान्यता के अनुसार नैराश्य भाव से और दूसरे का ढोल-मंजीरों के साथ होता है। यह फेज वहाँ खत्म होता दीखता है जहाँ बच्चे स्कूल, कॉलेज जाने से पहले घर के संस्कार सीखते हैं और हम देखते हैं कि बेटियों वाला घर गौरेयों/चिड़ियों की भाँति सदा चहचहाता रहता है। बेटियों की मधुर शान्त बोलियाँ, मानो कोयल की कूक, मानो मन्दिर की घंटियों-सी सुमधुर मालूम पड़ती है। छोटे-छोटे काम वे जिस उत्साह से करती हैं और पारस्परिक प्रेम, सुख, सख्य भाव से रहती हैं, ठीक उसके विपरीत सामनेवाले घर की स्थिति है। इधर हमेशा उनके रहने के एकमात्र घर पर भी कब्जा जमा लेने की कुचेष्टा करते हैं। दुर्गा को यह बात इतनी कचोटती है कि वह कह उठती है—"सारी की सारी कौरवों की फौज इसी घर में पैदा हो गई। मैं तो ऊपर वाले से प्रार्थना करती रहती हूँ कि एक पोती हमारे घर भी दे।" हृदय का यह रुदन उसे यथार्थ का सामना करने

में भावुक की अपेक्षा अधिक दिलेर बन जाता है और इसी भावावस्था में खसरा होने और सही इलाज न करवाने पर वह दुर्गा की खरी-खरी खबर ही नहीं लेती बल्कि जयन्ती के लिए जब बालक गोद लेने की बात उठती है तो वह इसरार करती है कि बेटा गोद मत लो, बेटी ही लो। वह स्पष्ट कहती है कि कोई बेटा बनकर आ गया तो इन बहनों का जीना ही हराम न करेगा, तुम्हारी वसीयत से तुम्हें ही च्युत कर कहीं फेंक आएगा। और तब दुर्गा उसे चेताती है कि, ऐसा नहीं होता यदि तुमलोगों ने शुरू से ही 'बेटा-बेटा' कहकर उन्हें सिर न चढ़ाया होता। शिक्षा ग्रहण करने के लिए सख्ती अपनाई होती। उन्हें जिम्मेदारियों का पाठ पढ़ाते और घर के कामों से लेकर जीविकोपार्जन तक के संस्कार उन्हें देते। स्त्रियों को सम्मान देना सिखाते। यह हम माता-पिताओं का भी दोष है कि हम लड़कियों को ऐसा न करो, वैसा न करो, अधिकाधिक गुण सीखो की शिक्षा देते हैं लेकिन पुत्रों को सिर चढ़ाए रखते हैं। इसीलिए हमारी आधी आबादी आज समाप्ति की दिशा में खत्म होती जा रही है। अभी भी वक्त है। प्रकृति भेद (sex) भले न बदले, सामाजिक भेद (Gender) बदलना चाहिए। भगवती की बात को निर्णायात्मक माना जाता है और वही होता है कि दुर्गा की दूसरी बहू जयन्ती अनाथालय की पीहू को गोद लेती है। यही 'पीहू' बाद में पढ़-लिखकर विदेश में सम्मानजनक नौकरी पाती है। केवल इतना ही नहीं, वह सदियों की उस सोच को कि वंश-परम्परा पुरुष द्वारा ही आगे बढ़ती है या खानदान का नाम रोशन करनेवाले पुत्र ही होते हैं—को दरकिनार करती अपने स्वर्गीय दादा और दादी की याद में 'दशरथ-भगवती फाउंडेशन' बनाकर लाखों का दान देती है। ताकि अनाथ आश्रम के अन्य बच्चे अच्छी शिक्षा पाकर 'पीहू' से भी आगे निकल सकें। परिवार, देश, समाज के सर्वश्रेष्ठ नागरिक बन सकें। यहीं वह मान्यता भी खारिज हो जाती है कि बेटियों के जन्म से इसलिए दुख होता है कि आगे जाकर दूसरे परिवार में जाने उसे क्या कुछ सहना पड़े। बुलबुल के ससुराल वाले और पति जब बुलबुल के साथ नाइंसाफी करते हैं तो घर की पढ़ी-लिखी लड़कियाँ, वकील बनी लड़कियाँ कोर्ट की नोटिस का ऐसा भय दिखाती हैं कि उसके ससुराल वाले और पति का दम्भ भड़भड़ाकर गिर जाता है। वह तुरन्त माफी माँगने उनके समक्ष हाजिर होता है। इस प्रकार यह छोटा-सा उपन्यास अपने में कई गहन सन्देश छुपाए हुए है जो क्रमवार ढंग से हमारे सामने प्रगट होते हैं। जैसाकि मैंने आरम्भ में ही इंगित किया है कि बदलाव को स्वीकार करना आवश्यक होता है। यह उपन्यास आनेवाले समय में स्त्री-पुरुषों के बीच समानता, स्वतंत्रता और बन्धुत्व का सन्देश प्रसारित करने में अहम् है।

इस उपन्यास में कुछ और छुपे गहन सन्देशों को विश्लेषित किया जाए तो हम देखते हैं कि इस उपन्यास में जिस प्रकार दोनों घरों की स्त्रियाँ मुखिया की भूमिका में हैं वह केरल और आसाम की खासी जनजाति वाले गाँव की 'मातृवंश' को प्रधानता

देनेवाली मालूम पड़ती है, जहाँ अपेक्षाकृत हिंसा कम और सहिष्णुता अधिक होती है। दूसरे यह कि उपन्यास में आई स्त्रियों के अधिकतर नाम जिस वैदिक और शास्त्रीय परम्परा के तेजस्वी स्त्रियों के नामों पर आधारित हैं वह पृथ्वी, पर्यावरण और आध्यात्मिकता के साथ स्त्रियों की स्थायी मेधा की एक नई वैश्विक विमर्श 'इको फेमिनिज़्म' की ओर संकेत करते हैं। यह इको फेमिनिज़्म यह बताता है कि समस्त स्त्रियाँ स्वप्रेरणा द्वारा पृथ्वी और पर्यावरण के बचाव और संरक्षण में मन-प्राण से आ जुटती हैं। इस उपन्यास में स्त्रियों ने अपने प्रयास से न केवल अपने जीवन को सँवारा है बल्कि पूरे परिवार, समाज और देश को नई रंगत से रंग दिया है। नई मिसाल कायम की है। सफलता के झंडे गाड़ दिए हैं। 1942 में कही गई महादेवी वर्मा की बात यहाँ सच सिद्ध हो गई है कि "स्त्रियों की समस्या का समाधान स्वयं स्त्री ही निकाल सकेगी। (शृंखला की कड़ियाँ निबन्ध-संग्रह)"

इस उपन्यास का शकुंतिका नाम भी बहुत सार्थक और सोद्देश्य है। 'शकुंतिका' उन गौरेया या घरेलू चिड़िया को कहते हैं जो पहले हमारे घरों में मिल जाया करती थीं, लेकिन अब उनकी संख्या नगण्य होती जा रही है। शकुंतिका यहाँ प्रतीकात्मक है, जिसके कई स्तर हैं। सर्वप्रथम तो वह स्त्रीलिंग है और स्त्री का प्रतीक है। स्त्रियाँ भी कम होती जा रही हैं, दहेज हत्या से लेकर कन्या-भ्रूण हत्या तक के हिंसक अपराध ऐसे हैं जिसके कारण स्त्रियों की संख्या 1000/800 प्रतिशत रह गई है। कुछ प्रदेशों में तो विवाह करने के लिए भी स्त्रियाँ नहीं बची हैं। दूसरे प्रदेशों से ऊँचे दामों में खरीद कर लाई जा रही हैं। क्योंकि यह सब जानते हैं कि विवाह या प्रजनन प्रकृति-चक्र को गतिशील रखने के लिए यह कितना आवश्यक है, शायद उतना ही आवश्यक है पृथ्वी और पर्यावरण में सन्तुलन रखना।

गौरेयों, वृक्षों, पर्यावरण, पृथ्वी और पृथ्वी की सामनधर्म, स्त्री ने अब खुद को, पृथ्वी की और अन्य शोषित जातियों, नस्लों को बचाने के लिए खुद पहल शुरू कर दी है और अब पुरुष सत्ता के आधिपत्य को चुनौती देती सामने आ खड़ी हुई है। पुरुष भी उनके साथ हैं। उनकी संवेदना ही है जो रचनाकार होते हुए भी वे स्त्री-संरक्षण के बारे में न केवल सोच रहे, उनके बारे में लिख भी रहे हैं। इससे उन्हें भी बेहतर मनुष्यता की ओर बढ़ने में सहायता मिलती है। उपन्यास की भाषा बहुत सरल, स्वाभाविक, प्रवाहमयी है। इसमें कहीं-कहीं लोक-शब्दों की जादू भी हैं, जिनसे हिन्दी समृद्ध हुई है।

महान रचनाएँ महान सन्देशों की वाहिका होती हैं और इस दृष्टि से शकुंतिका महत्त्वपूर्ण उपन्यास है जो नए मूल्यबोध का सन्देश प्रेषित करने में पर्याप्त समर्थ है।

शकुंतिका : परम्परा और आधुनिकता का द्वंद्व

डॉ. योजना कालिया
विवेकानन्द महाविद्यालय, दिल्ली विश्वविद्यालय, हिन्दी विभाग

उपन्यास आधुनिक युग की सर्वाधिक लोकप्रिय विधा है। उपन्यास का आरम्भ ही सामाजिक यथार्थ को कलात्मक रूप में अभिव्यक्त करने के उद्‌देश्य से हुआ। रूप की दृष्टि से इसे अपेक्षाकृत एक लचीली विधा माना जाता है, जिसमें गद्य के तमाम रूपों के साथ-साथ काव्य और नाटक की विशिष्टताएँ भी देखी जा सकती हैं। यद्यपि उपन्यास को किसी ऐसी परिभाषा में बाँधना मुश्किल है जो इसके रूप और अन्तर्वस्तु की व्याख्या कर सके फिर भी समय-समय पर इसे परिभाषित करने के कितने ही प्रयास किए गए हैं। श्याम सुन्दर दास उपन्यास को मानव के वास्तविक जीवन की काल्पनिक कथा मानते थे। प्रेमचन्द के अनुसार, "मैं उपन्यास को मानव जीवन का चित्र समझता हूँ। मानव चरित्र पर प्रकाश डालना और उसके रहस्यों को खोलना ही उपन्यास का मुख्य स्वर है।" गुलाब राय उपन्यास को जीवन का प्रतिबिम्ब नहीं बल्कि चित्र मानते हैं। भगवानदास मोरवाल स्वयं हजारीप्रसाद द्विवेदी को उद्धृत करते हैं, "आधुनिक उपन्यास केवल कथा मात्र नहीं है और न पुरानी कथाओं एवं आख्यायिकाओं की भाँति कथा सूत्र का बहाना लेकर उपमाओं, रूपकों, प्रतीकों और श्लेषों की छटा और सरस पदों में गुंफित पदावली की छटा दिखाने का कौशल ही है। यह आधुनिक वैश्विक दृष्टिकोण का परिणाम है।" उपन्यास मानव जीवन का वह आख्यान है जो उसके जीवन जगत की मर्मस्पर्शी, संघर्ष भरे और सुख-दुख की घटनाओं को निश्चित तारतम्य के साथ चित्रित करता है।

आरम्भ में समाज के समग्र यथार्थ पर अत्यधिक जोर दिए जाने के कारण इसे गद्य में लिखित महाकाव्य तक कहा गया। उपन्यास में विषय की प्रमुखता होती है और उपन्यासकार उपन्यास रचते हुए मौलिक प्रयोग भी करता है। इसी आधार पर उसे मनोवैज्ञानिक, सामाजिक, यथार्थवादी आंचलिक, ऐतिहासिक आदि वर्गों में बाँटा जाता है। उपन्यास चाहे जिस विषय को लेकर रचा गया हो उसके ढाँचे में कुछ तत्त्व

सामान्य रूप से पाए जाते हैं। यह हैं—कथानक, पात्र, चरित्र, देशकाल, वातावरण, कथोपकथन, उदेश्य और शैली।

शकुंतिका के रचनाकार भगवानदास मोरवाल ने भी उपन्यास लेखन पर अपने विचार प्रकट किए हैं, "एक उपन्यासकार के नाते मेरी दृष्टि में उपन्यास लेखन की सबसे पहली और प्रमुख शर्त है उसकी विश्वसनीयता तथा पठनीयता। सवाल है कि एक लेखक कैसे यह शर्त पूरी करे? इसी उपन्यास को प्रमाणित बनाने के लिए लेखक जिन औजारों का इस्तेमाल करता है, वह है उसकी स्मृतियाँ, उसका इतिहास बोध और समाज के प्रति उसका नजरिया, अर्थात उसके सामाजिक सरोकार उपन्यास को विश्वसनीय बनाने के लिए कथ्यानुरूप लोकभाषा, परिवेश और उसके पात्रों तथा प्रभावशाली संवादों का चयन अपेक्षित है। लेखक को अपनी कल्पना, अपनी शैली और रचनात्मक कौशल का सहारा लेते हुए उपन्यास को पठनीय बनाने पर पूरा ध्यान रखना होता है। दरअसल पाठक को जितना यथार्थ उपन्यास में नजर आता है उतना होता नहीं है। वह तो उसकी कल्पना होती है जिसे उपन्यासकार अपने कौशल से प्रमाणित और विश्वसनीय बनाता है। किसी भी उपन्यास की प्रभावशाली शुरुआत और उसका अन्त लेखक का रचनात्मक कौशल ही होता है। उपन्यास लेखन की एक और शर्त है। शुरुआत किसी भी उपन्यास का प्रवेश द्वार है जिसमें प्रवेश कर पाठक उसके बीहड़ में उतरता है, जबकि अन्त पाठक को अनेक सवालों से बेचैन करनेवाला होता है। बदलती भौतिक जरूरतों, सैद्धांतिक अनुशासनों और नैतिक मूल्यों ने अनेक विमर्शों को जन्म दिया है, जिसके कारण उपन्यास ने इधर-उधर अपने आपको बदला है। भारतीय उपमहाद्वीप में उपन्यास का उदय ही दमन, शोषण और सामन्तवाद के खिलाफ हुआ था। इसका विस्तार आगे जाकर साम्प्रदायिकता, जातिवाद, लिंगभेद जैसे सामाजिक व्याधियों के खिलाफ लड़नेवाले एक हथियार के रूप में हुआ। कहते हैं कि उपन्यास ही अकेली ऐसी विधा है जिससे किसी लेखक के असली धैर्य, संयम, उसके रचनात्मक कौशल, उसकी वैचारिक प्रतिबद्धता और मानव मूल्यों के प्रति उसके आग्रहों की परीक्षा होती है...मेरी नजर में एक सन्तुलित उपन्यास के लिए उसके लेखक का अपने 'लोक' के प्रति जागरूक होना तथा उसका जीवन संघर्ष यानी उसका जीवन संसार काफी मायने रखता है।

शकुंतिका एक समीक्षा

शकुंतिका भगवानदास मोरवाल रचित लघु उपन्यास है जिसकी कहानी शहर की एक कॉलोनी के दो पड़ोसी परिवारों के इर्द-गिर्द घूमती है। एक परिवार में अग्रसेन और उसकी पत्नी दुर्गा सहित उनके दो पुत्र नागदत्त और अभय अपनी पत्नियों के साथ रहते हैं। जबकि दूसरे परिवार में दशरथ और भगवती अपने दो पुत्रों बलवन्त और रूपेश के साथ रहते हैं। कथा के प्रारम्भ में दुर्गा के घर चौथे पोते के जन्म की

खुशी अर्धरात्रि में थाली बजाकर पड़ोसियों को सांकेतिक सूचना के रूप में दी जाती है, उस समय तक भगवती के परिवार में भी दो पुत्रियों का जन्म हो चुका है और तीसरी बार बहू गर्भवती है। छोटी बहू और पुत्र अभी तक नि:सन्तान हैं। पड़ोस में बजी थाली से भगवती और दशरथ दुर्गा के घर एक और पोते के जन्म का अन्दाजा लगाते हुए एक दूसरे से यूँ बतियाते हैं, "ऊपर वाला भी उसे ही देता है जिसके पहले से एक नहीं कई-कई हैं। पता नहीं यह हमारी कब सुनेगा?" पत्नी को समझाने के उद्देश्य से दशरथ का यह कहना कि, "सब नसीब के खेल हैं। इसके आगे किसी की नहीं चलती।" उनकी इस वार्तालाप से अन्दाजा लगाया जा सकता है कि यह दोनों भी अपने परिवार में पोतों के आगमन की इच्छा लेकर जी रहे हैं। बड़े बेटे के घर लगातार दो बेटियों के जन्म ने इन्हें निराश कर दिया है, इसलिए तीसरे शिशु के जन्म से पूर्व दोनों ही जैसे डरे हुए हैं कि कहीं तीसरी बार भी पोती ही ना आ जाए। भगवती का यह भय अगली सुबह दुर्गा के सामने यूँ व्यक्त होता है, "अगर इस बार भी नहीं हुआ ना हम तो जीते जी मर जाएँगे। पहले से दो-दो लड़कियों को देखकर मेरे तो हाथ-पाँव फूल जाते हैं।"

भगवती की यह मनोदशा भारतीय समाज की किसी भी वृद्ध स्त्री की स्थिति का प्रतिनिधित्व करती है। पुरुष प्रधान समाज में स्वयं स्त्री भी पुत्र और पौत्रों के जन्म को ही सौभाग्य से जोड़कर देखने को विवश है। पुत्र रत्न धन प्राप्ति का संकेत है जबकि कन्या अपने जन्म के साथ ही परिवार के लिए परायेपन अथवा पराये धन का अनुभव लेकर आती है जिसको परिवार पहले दिन से ही बोझ की तरह उठाता है। इसके विपरीत पुत्र और पुत्रों के जन्म से परिवार स्वयं को समाज में अतिरिक्त गौरवान्वित अनुभव करता है। समाज के लोग भी उनका अतिरिक्त आदर करते हैं।

दशरथ के पड़ोसी उग्रसेन के परिवार में अभय और नागदत्त दोनों के पुत्रों की संख्या चार है। अर्थात नागदत्त के 3 पुत्र हैं और अभय के यहाँ भी अब पहला पुत्र ही जन्मा है। इसलिए दुर्गा और उग्रसेन अपने आप को बहुत भाग्यशाली मानते हैं, अपने इस खुशी पर वह मोहल्ले में दावत देकर सभी पड़ोसियों को भी अपनी खुशी में शामिल करते हैं। इसी बीच लेखक सिया के माध्यम से यह सूचना भी पाठक तक पहुँचा देते हैं कि भगवती की बहू रेवती के घर तीसरी कन्या का जन्म भी हो चुका है। सिया, गार्गी और फिर बुलबुल। दुर्गा के परिवार में जहाँ आए दिन पोतों के जन्मदिन के उत्सव मनाए जाते हैं, भगवती के परिवार में पोतियों को उनके जन्मदिन पर कभी कोई बधाई तक नहीं देता, यह बात बड़ी पोती बहुत गहराई से अनुभव करती है।

दुर्गा के परिवार में पोतों के जन्म की खुशियाँ बहुत धूमधाम से मनाई गईं, परन्तु यह खुशियाँ स्थायी रूप से टिक नहीं सकीं क्योंकि बड़े होते हुए इन लड़कों की छेड़खानी की शिकायतें आए दिन आने लगीं, जिससे उग्रसेन द्वारा मेहनत से कमाई इज्जत भी धीरे-धीरे कम होने लगी। अभय और नागदत्त में भी संयुक्त पारिवारिक

व्यवसाय में से अधिक से अधिक धन अपनी तरफ खींचने की इच्छा के कारण दोनों में मतभेद पैदा हो गए, जिस कारण अभय बहुत जल्द ही अपने परिवार को लेकर अलग हो गया। यह पहला झटका था जो दुर्गा और उग्रसेन को लगा। दूसरा झटका तब लगा जब सिया बारहवीं में अच्छे नम्बर लेकर पास हुई, जबकि दुर्गा के पोते असफल रहे। न चाहते हुए भी दुर्गा जब भगवती के घर बधाई देने गई और सिया के एलएलबी करने की इच्छा का पता चला तो वह व्यंग्य करने से नहीं चूकी और कह बैठी, "अच्छा तो तुम इसे अब जज बनाओगी?" अपने पोतों रोहन और अमित की असफलता का दुख इस व्यंग्य के रूप में दुर्गा के मुँह से निकला।

अपने पोते विभोर के दसवीं में फेल होने और गार्गी के सिया से भी अधिक नम्बर लाने से निराश दुर्गा यहाँ तक कह जाती है कि "ऐसे निकम्मे पोतों से तो ऊपर वाला दशरथ-भगवती जैसा एक पोती ही दे देता। सत्यनाशियों में से एक भी तो काम का नहीं निकला।

चार-चार पोतों वाला उग्रसेन का घर धीरे-धीरे जंगल की तरह वीरान हो गया, जबकि दशरथ और भगवती के घर में पोतियों की चहचहाहट से हमेशा रौनक लगी रही। न केवल अपने दादा-दादी से बल्कि पड़ोस के दादा-दादी दुर्गा और उग्रसेन से भी इन लड़कियों का गहरा नाता है यही कारण है कि आवाज से ही अन्दाजा लगा लेती है कि दरवाजे पर तीनों में से कौन है। पोते विभोर के पूछने पर कि उसे कॉल बेल की आवाज से ही कैसे पता चल जाता है कि कौन है, दुर्गा का कहना होता है कि "बेटियों के हाथों की ऐसी ही छुअन होती है," यह वाक्यांश दुर्गा और पड़ोस की इन पोतियों के बीच गहरे लगाव को दर्शाता है। गार्गी के बीमार होने पर भगवती से उसका यह कहना, "भगवती, उनसे जाकर पूछो जिनके लड़कियाँ नहीं हैं। अब हमारे यहीं देख लो, सारी की सारी कौरवों की फौज पैदा हो गई है। मैं तो ऊपर वाले से रात दिन की विनती करती रहती हूँ कि बस हमें एक पोती दे दे।" दुर्गा का इस तरह कहने का एक कारण है कि उसके पोतों में से कोई भी ना तो सभ्य है और न ही पढ़ाई-लिखाई में रुचि रखनेवाला, बल्कि उन सबका काम तो हर वक्त गुंडागर्दी करना ही है इसीलिए सिया के साथ पढ़नेवाले अपने दोनों पोतों को उन्हें जल्द ही पढ़ाई छुड़ाकर जमीन-जायदाद के धन्धे में ही लगाना पड़ा। गार्गी के साथ पढ़नेवाले पोतों में से एक तो फेल हो गया जबकि दूसरा बहुत मुश्किल से ही पास हो पाया। यह परिवार जो कुछ वर्ष पूर्व पुत्रों के जन्म पर फूला नहीं समा रहा था आज उन्हीं का अन्धकारमय भविष्य देखकर चिन्तित है, जबकि उनके पड़ोस की सिया वकालत कर रही है और गार्गी डॉक्टर बनने के लिए योग्यता प्राप्त करके हॉस्टल जा चुकी है।

दुर्गा का छोटा बेटा अभय पहले ही घर छोड़ चुका है, लगभग 2 वर्ष के अन्तराल में दूसरा भी माँ-बाप को छोड़कर दूसरी कॉलोनी में जा बसा। इन दोनों के जाने का आसपास के लोगों को कोई दुख नहीं हुआ बल्कि पड़ोसियों ने तो इस समाचार से

राहत की साँस ली। भगवती ने भी इस तरह प्रतिक्रिया दी, "चलो अच्छा हुआ कम-से-कम दु:शासनों से मोहल्ले को मुक्ति मिल जाएगी।" दशरथ के ऐसी प्रतिक्रिया पूछने पर वह स्पष्ट करती है कि सिया भी इन पोतों से परेशान रहती है, इस बात की शिकायत भी उसने कई बार दादी से की है।

अपने पुत्रों और पौत्रों की प्रकृति से अवगत उग्रसेन उनके घर छोड़ने से कुछ ही समय बाद वसीयत करके बँटवारे की बात सोचने लगता है। वह इस विचार की सूचना देने के लिए दोनों बेटों को सपरिवार अपने घर बुलाता है। ऊपर से आनाकानी करते हुए बेटे-बहुएँ सारी जायदाद के बँटवारे को ध्यान देकर सुनते हैं। अन्त में छोटी बहू प्रश्न उठाती है कि जिस घर में दुर्गा और उग्रसेन रहते हैं वह किसे दिया जाएगा? उग्रसेन के इतना कहते कि जो हमारी सेवा करेगा, वही इस मकान का अधिकारी है, दोनों ही पिता से वसीयत में स्पष्ट लिखवाना चाहते हैं कि उनके बाद दोनों को ही इस मकान का बराबर-बराबर हक मिले। उग्रसेन को अपने परिवार के ऐसे व्यवहार से बहुत दुख होता है और वह यह सोचने को विवश हो जाता है कि, "बेटों को अपने माँ-बाप पर भरोसा नहीं है। उनके मरने के बाद आख़िर सब कुछ उनकी सन्तान का ही तो है।" अपने बेटे-बहुओं के इसी व्यवहार के अनुभव के कारण ही शायद दुर्गा भगवती को छोटे बेटे के लिए बच्चा गोद लेने का सुझाव देती है और साथ ही बेटी गोद लेने का आग्रह भी करती है, क्योंकि वह इस बात को समझती है कि लड़के माँ-बाप की भी परवाह नहीं करते तो बहनों की कैसे करते? यही बात वो भगवती को भी समझाती है कि, "इस वंश बढ़ाने की भूख से हमारी बेटियों की दुर्गति हुई है।" इसी सुझाव के परिणामस्वरूप ही भगवती अपने छोटे बेटे रितेश को बेटी गोद लेने के लिए तैयार करती है। केवल यहीं बात नहीं समाप्त होती बल्कि सभी खुशी-खुशी गोद ली गई बच्ची का स्वागत भी धूमधाम से करते हैं। एक वर्ष बाद उसका जन्मदिन भी मनाया जाता है, उसी अवसर पर कुआँ भी पूजा जाता है, गोद लिये जाने के बाद भी इसकी अनुमति सब बुजुर्ग मिलकर दे देते हैं, यही उनकी दृष्टि में परिवर्तन का संकेत है। जिस घर में पहले कभी पोतियों का जन्मदिन तक नहीं मनाया जाता था, उसी परिवार में इतना बड़ा परिवर्तन उनकी बदली हुई मानसिकता का ही परिणाम है। वस्तुत: इस मानसिकता के बदलने के पीछे दुर्गा के वैयक्तिक जीवन के अनुभव हैं जो उसे अपने पुत्रों और बहुओं से प्राप्त हुए हैं।

कुआँ पूजने वाली घटना को स्थानीय समाचार-पत्र में छापा गया, जिसमें इस बच्ची के गोद लिए जाने की सूचना भी छाप दी गई, इससे सभी बुजुर्गों को बुरा लगता है। भगवती अपने प्रत्येक बड़े निर्णय में दुर्गा की सलाह शामिल करती है। अपने पुत्रों के जाने के बाद दुर्गा और उग्रसेन भी अपने पड़ोस में हो रहे बेटियों के इस कलरव से ही अपना दिल बहला लेते हैं। परन्तु अपनी सन्तान के अविश्वास और निरन्तर बढ़ती दूरियों से उग्रसेन भीतर-ही-भीतर अकेलेपन का रोग लगा लेते हैं। इसी रोग

के बढ़ने से अन्ततः जीवन का संघर्ष हारकर मृत्यु को गले लगा लेते हैं। उग्रसेन की मृत्यु के बाद पुत्र माँ को साथ चलने की जिद करते हैं परन्तु दुर्गा अपने कटु अनुभवों के कारण अकेले ही जीवनयापन करने का फैसला करती है। परन्तु अकेलेपन और पति के दुख से वो भी ज्यादा दिन जीवित नहीं रह पाई।

इससे पूर्व इधर भगवती की बड़ी दोनों पोतियाँ सिया जो वकालत कर रही है और गार्गी जो डॉक्टर बन चुकी है, अपनी इच्छा से अन्तरजातीय विवाह करती हैं, जिसका प्रारम्भ में तो भगवती बहुत विरोध करती है परन्तु दुर्गा और उग्रसेन के समझाने पर मान जाती है। दोनों पोतियों के अन्तरजातीय विवाह को मन से स्वीकार करनेवाली भगवती अपनी तीसरी पोती का विवाह अपनी इच्छा से, अपनी जाति के अनुसार करवाती है परन्तु दुर्भाग्यवश वही पोती बुलबुल अपने ससुराल में प्रताड़ना की शिकार होती है, जिस समस्या को आगे चलकर सिया ही अपने वकील होने का भय दिखाकर और अदालती कार्यवाही का डर दिखाकर निराकरण करती है। भगवती की चौथी पोती की कहानी भी बहुत रोचक है, विदेश में पढ़ाई करने के लिए सरकारी अनुदान प्राप्त कर पीहू पाँच साल के लिए ऑस्ट्रेलिया जाती है, इसी काल में पहले उसके दादा और फिर दादी का स्वर्गवास हो जाता है, जिससे पीहू बहुत आहत होती है और सब कुछ छोड़कर अपने माँ-बाप की सेवा करना चाहती है। परन्तु अपनी बहनों के समझाने पर ऑस्ट्रेलिया में प्राप्त नौकरी करने के लिए राजी होती है। आदर्श तो वह तब स्थापित करती है जब कुछ वर्षों पश्चात् लौटकर वह उसी अनाथाश्रम में जाकर अपने दादा-दादी के नाम से एक ट्रस्ट बनाती है, जिस आश्रम से उसे लाया गया था। अपने मूल को न भूलकर वह अपने जैसे कितने ही अनाथों का पालन करनेवाले आश्रम के लिए एक निश्चित धन दान में देती है।

वास्तव में इस कहानी में दो परिवारों के संस्कारों का अन्तर दिखाई देता है। दूध में पानी मिलाकर बेचनेवाला उग्रसेन ज़िन्दगी-भर धन एकत्र करता है। अपने पुत्रों और पौत्रों को 'पुत्र रत्न' बताकर गौरवान्वित अनुभव होता है, परन्तु उनके संस्कारों की ओर ध्यान नहीं दे पाता। परिणागतः दोनों पुत्र एक ही व्यवसाय को करते हुए एक दूसरे के साथ ईमानदारी नहीं निभा पाते और स्वार्थ बस एक दूसरे से मिलकर नहीं रह पाते। उनके पुत्र भी संस्कारहीन ही रहते हैं। जिन्हें चरित्रहीन होने के कारण मोहल्ले में भी कोई पसन्द नहीं करता। इसके विपरीत भगवती और दशरथ के पुत्र माता-पिता के आज्ञाकारी और चरित्रवान हैं। ये अपनी बेटियों का पालन-पोषण भी आदर्श रीति से करते हैं। इसीलिए सभी लड़कियाँ केवल अपने दादी-दादा को प्रिय हैं बल्कि पड़ोसियों में भी उनके लिए प्रेम का भाव है। दुर्गा की तो जैसे जान ही उनमें बसती है।

इस उपन्यास में हमें एक साथ कितने ही विमर्श उठते हुए दिखाई देते हैं। मूल रूप में तो भारतीय समाज में व्याप्त लिंग-भेद की समस्या को उठाया गया है। यहाँ

हर परिवार पुत्र-प्राप्ति की ही कामना मन में रखकर चलता है। घर के बड़े भी अपने छोटों को पुत्र-प्राप्ति का ही आशीर्वाद देते हैं। 'दूधो नहाओ और पूतो फलो' जैसे आशीष वचन इसी बात का उदाहरण है। पुत्र को ही रत्न माननेवाले लोग कन्या के जन्म की खुशी मनाना तो दूर उसे बोझ मानने की प्रकृति से युक्त होते हैं। जबकि यह सत्य है कि बेटियाँ बेटों से अधिक संवेदनशील और समझदार होती हैं, जो रिश्तों के महत्त्व को और उनकी गहराई को समझती हैं। दुर्गा और उग्रसेन के पोतों और भगवती तथा दशरथ की पोतियों के व्यवहार के अन्तर का वर्णन कर रचनाकार यही संकेत करना चाहता है। समय के बदलाव एवं आधुनिकता को समाज को हर स्तर पर अपनाना चाहिए। उपन्यास में बेटियों को स्थान-स्थान पर चिड़िया, गौरेया के साथ जोड़ा गया है। वर्तमान व्यावहारिक युग में जैसे हमने प्रकृति को नजरअन्दाज किया है, जिस कारण पर्यावरण में चिड़ियों की चहचहाहट सुनने के लिए हमारे कान तरस जाते हैं। उसी प्रकार केवल पुत्र की चाह रखनेवाला यह समाज नैतिक अथवा अनैतिक किसी भी तरह से गर्भ की जाँच करवाकर केवल पुत्र प्राप्ति की निश्चित सूचना होने पर ही शिशु को जन्म देने का आदी होता जा रहा है। जिसका परिणाम यह होता है कि किसी-किसी परिवार में कई-कई पीढ़ियों तक पुत्री नहीं होती। समाज में ऐसे परिवारों की एक अलग ही प्रतिष्ठा बन जाती है। परन्तु यह सुख स्वप्न जल्दी टूट जाता है क्योंकि वही परिवार जो पुत्र के जन्म-मात्र को ही गौरव मानते हैं, वह अपने पुत्रों का पालन-पोषण अनुशासित ढंग से नहीं कर पाते। इसलिए यह बच्चे संस्कारहीन, स्वार्थी प्रकृति वाले और दंभी होते हैं। जबकि पुत्रियों को जन्म से ही कठोर अनुशासन में रखा जाता है। जिस कारण वह मर्यादित जीवन का पालन करते हुए अपनी संवेदनशीलता से परिवार का संस्कार निभाती हैं।

लिंग-भेद के साथ-साथ जो दूसरी समस्या यहाँ मुख्य रूप से उठाई गई है, वह है वृद्धों की परिवार में स्थिति। भगवती और दशरथ के परिवार में तो पोतियों सहित उनके पुत्र और बहुएँ भी आज्ञाकारी हैं, जो हर कदम पर माँ-बाप की सेवा से ही कार्य करते हैं। हर बड़ा निर्णय घर के बुजुर्गों के द्वारा ही लिया जाता है और उस पर कोई प्रश्न नहीं उठाता। यद्यपि भगवती और दशरथ भी बहुत ही समझदारी से परिवार को लेकर बड़े निर्णय करते हैं और सभी सदस्यों के लिए एक ही नजर से सोचते हैं। प्रारम्भ में उन्हें अपने घर में पोतों का अभाव खलता जरूर है परन्तु दुर्गा के परिवार की स्थिति को देखकर वह स्वयं ही सबक ले लेते हैं। पूरा परिवार एक सूत्र में बँधा दिखाई देता है, जिसके प्रमुख दो छोर दादा और दादी हैं। परन्तु इसके विपरीत दुर्गा के पुत्र बहुत जल्द ही अपने-अपने परिवारों को लेकर अलग रहने लगते हैं और माता-पिता को वृद्धावस्था में एकाकी जीवन जीने के लिए छोड़ देते हैं। औपचारिकतावश कभी-कभी आते भी हैं तो केवल जायदाद के लालच में। इसीलिए तो उग्रसेन द्वारा वसीयत की चर्चा करने पर बहुएँ उस घर को लेकर

विवाद खड़ा कर देती हैं जिसमें माता-पिता अपना बुढ़ापा अकेले काट रहे हैं। उस घर पर भी उन्हें वसीयत में स्पष्ट अधिकार की चाह है। पिता की मृत्यु के समय भी कोई पुत्र समय पर घर नहीं पहुँचता। दशरथ के पुत्र उसे अस्पताल ले जाते हैं, जहाँ रास्ते में ही उसका देहान्त हो जाता है। उग्रसेन को वास्तव में किसी बीमारी ने नहीं मारा, उसे तो पुत्रों के वियोग ने और अकेलेपन ने मारा है। यह स्थिति केवल दुर्गा और उग्रसेन की नहीं है, वर्तमान परिवेश में कमोबेश सभी परिवारों की है कि युवा वर्ग अपने बुजुर्गों के लिए न तो समय ही निकाल पा रही है और न ही उनके प्रति सेवा भाव ही रख पा रही है। परिणामस्वरूप एकल परिवारों की पौध निरन्तर पल्लवित हो रही है।

अन्तरजातीय विवाह को भी भारतीय समाज में सामान्य रूप से पसन्द नहीं किया जाता, इस विषय पर भी उपन्यास में चर्चा की गई है। सिया और गार्गी अपने साथ काम करनेवाले साथियों में से ही अपने जीवन-साथी का चुनाव करना चाहती हैं परन्तु भगवती इस तरह के विवाह के पक्ष में नहीं है और इसमें अपने परिवार के नाक कटने की बात करती है और कह उठती हैं, "हे राऽऽम! इस लड़की ने हमें कहीं का नहीं छोड़ा।" उग्रसेन जब इसे एक सामान्य बात की तरह लेता है तो भगवती कहती है, "आप भी कैसी बात कर रहे हैं भाई साहब। न किसी की जात का पता, न बिरादरी का, न परिवार का पता, न खानदान का। ऐसे कैसे होगा?" उसकी इच्छा तो अपनी पोतियों के लिए ऐसे परिवारों की तलाश की है जो उनकी जाति-बिरादरी का तो हो ही, साथ ही इकलौता पुत्र भी हो। जहाँ न तो कोई बड़े परिवार का झंझट हो न भाई-बहनों का विवाद।

वास्तव में वर्तमान परिस्थितियों में अधिकांश बेटियों के माता-पिता अथवा परिवार वाले अपनी पुत्री के लिए इसी प्रकार के एकल परिवारों की ही तलाश करते हैं। यह भी एक नए तरह का विमर्श आज तक के वातावरण में चर्चा में है। दुविधा तब होती है जब पुत्री के लिए तो हम छोटे परिवार की चाह रखते हैं जिनका अकेला लड़का हो परन्तु जब हम बहू खोजते हैं तब ऐसी लड़की चाहते हैं जो बड़े परिवार में घुल-मिलकर रहे और सभी को आदर और सम्मान दे सके। यह दोनों ही परस्पर विरोधी विचार हैं। एक ही समय पर दो तरह की विचारधाराएँ रखना इस समाज का स्वार्थपूर्ण रवैया दर्शाता है। भगवती भी ऐसे ही आदर्श परिवार की चाह अपनी पोतियों के लिए रखती है, इसीलिए सिया के लिए रिश्ता मिल जाने पर वह दुर्गा के सामने उस रिश्ते की तारीफ इन शब्दों में करती है, "सबसे बड़ी बात इस परिवार की यह है कि एकदम छोटा-सा परिवार है। आजकल के हिसाब से एकदम आदर्श परिवार... दुर्गा ऐसा घर-बार नसीब वालों को मिलता है। दुर्गा भगवती को इस तरह की सोच से बाहर लाने का प्रयास करती है और संकेत रूप से अपनी असहमति भी प्रकट करती है, "भगवती तेरी सारी बात सही है। अच्छा घर-वार है। लड़का पढ़ा-लिखा

है पर एक बात से मैं सहमत नहीं हूँ।" वह आगे बताती है "यही कि लड़का अपने माँ-बाप की अकेली औलाद है। न कोई भाई न बहन। अरे, परिवार भी परिवार जैसा होना चाहिए। कल जब सिया के बाल-बच्चे होंगे तब वह किसे तो चाचा कहेंगे, किसे ताऊ? किसे बुआ कहेंगे...एक बात कहूँ, ऐसे ही झूठे सुख ने एक-एक करके सारे रिश्ते-नाते खत्म कर दिए। अकेला सुख और खुशी भी किस काम की?

दुर्गा के माध्यम से लेखक ने समाज में व्याप्त सोच और फैशन के सामने प्रश्न उठाए हैं कि वास्तव में नई पीढ़ी में रिश्तों की जो समझ धीरे-धीरे कम हो रही है, उसका कारण यही है कि जन्म से लेकर केवल अपने माता-पिता को ही अपने आस-पास पाते हैं, उनके इतर और कोई सम्बन्ध उनके साथ नहीं रहता। कभी-कभार कोई रिश्तेदार आता भी है तो मेहमान की औपचारिकता ही निभाई जाती है, अपनेपन का भाव तो वहाँ गायब ही रहता है। ऐसे बच्चे जब शादी करके दूसरे घर जाते हैं या उनके पुत्र रूप दूसरी लड़की उनके घर आती है, तब भी वह निर्वाह करने में अधिकांशत: असफल ही रहते हैं।

स्त्री-विमर्श का एक और रूप इस उपन्यास में हमें दिखाई पड़ता है। रेवती जिसकी पहले से दो पुत्रियाँ हैं तीसरे गर्भ के समय में भयभीत है कि यदि तीसरी भी बेटी होगी तो क्या होगा? जयन्ती, जिसके घर सन्तान नहीं हो पाई, उसे अलग तरह का भय सताता रहता है। सिया, जो सबसे बड़ी पोती है, वह पड़ोस में लड़कों के जन्म पर मनाई जानेवाली दावतों को बहुत गहराई से मन में महसूस करती है। उसे हमेशा अपने घर में इस प्रकार की खुशी का अभाव अनुभव होता रहता है।

चरित्र-चित्रण की दृष्टि से देखें तो दोनों परिवारों के बुजुर्ग दम्पति पात्र दुर्गा और उग्रसेन तथा भगवती और दशरथ उपन्यास के प्रमुख पात्र हैं। भगवती के पुत्र बलवन्त और रूपेश तथा उनकी पत्नियाँ रेवती तथा जयन्ती तथा दुर्गा के पुत्र नागदत्त एवं अभय और उनकी पत्नियाँ कौशल्या और कुसुम गौण पात्र हैं। जिनकी चारित्रिक विशेषताएँ सांकेतिक रूप से अभिव्यक्त की गई हैं। भगवती के पुत्र आज्ञाकारी और माता-पिता को सम्मान देनेवाले हैं, जबकि दुर्गा के पुत्र स्वार्थी प्रकृति के दिखाए गए हैं। उसी प्रकार उनकी सन्तानें भी अपने-अपने माता-पिता के स्वभाव का ही अनुकरण करती हैं। भगवती की पोतियों में शिया और गार्गी व बुलबुल तथा पीहू सभी को दादा-दादी को प्रेम करनेवाली बताया गया है। पर ऐसा नहीं है कि वह गलत को गलत कहने की सामर्थ्य नहीं रखतीं। सिया ने एल.एल.बी. कर वकालत को चुना है तो गार्गी ने डॉक्टरी को। दोनों ही संवेदनशील होने के साथ ही बहादुर भी हैं। सिया की बहादुरी का पहला दृश्य तो तभी दिखाई दे जाता है जब उपन्यास के प्रारम्भ में ही दुर्गा के चौथे पोते की पार्टी में बजनेवाले डी.जे. को वह निश्चित समय के बाद सौ नम्बर पर फोन करके बंद करवाती है। बड़े-बड़े लोग परेशान होकर भी कुछ नहीं करने के लिए स्वयं को विवश पाते हैं, पर सिया निर्भीक होकर शिकायत करती है। दूसरे,

जब अपने विवाह की बात चलने पर वह अपने जीवन साथी के चुने होने की बात करती है और जाति-बिरादरी को लेकर प्रश्न करती है तो वह तर्कशील ढंग से उनसे प्रश्न करती है कि, "जब पीहू को गोद लिया गया था, तब कौन-सी जाति देखी गई थी?" गार्गी भी अपनी इच्छा से जीवन-साथी का चुनाव करती है, इसके पीछे उनका आर्थिक रूप से स्वतंत्र होना भी एक महत्त्वपूर्ण कारण है। सभी पोतियाँ एक-दूसरे का भी संबल हैं। बुलबुल के ससुराल में परेशानी होने पर सब एक होकर, प्रोग्राम बनाकर उसका हल निकालती हैं। पीहू का चरित्र भी प्रभावशाली है। अनाथआश्रम से लाई गई यह लड़की विदेश में जाकर अध्ययन तो करती ही है, परन्तु लौटकर माँ-बाप की सेवा करने का लक्ष्य भी नहीं भूलती। सभी बहनें उसे बाहर जाकर नौकरी करने को तैयार करती हैं और माँ-बाप की सेवा का दायित्व स्वयं निभाने का निर्णय ले लेती हैं। वहीं पीहू अपने जन्म-स्थान अनाथआश्रम में लौटकर आती है और दादा-दादी के नाम से दान देती है। इन सभी चरित्रों के बीच सब्जी बेचनेवाली अख्तरी का चरित्र भी है जो अपनी बेटियों की चर्चा करती है और मानो इस परिवार को बेटियों का महत्त्व समझाती हो। प्रमुख पात्रों में भगवती का चरित्र सबसे अधिक विस्तार से चित्रित है।

भारतीय समाज की एक सामान्य-सी वृद्धा का प्रतिनिधित्व करने वाली भगवती अपनी दो पोतियों के जन्म के पश्चात पोतों की चाह में बेचैन हो उठती है। वंश को चलानेवाले के रूप में वह पोता चाहती है। इसी कारण बुलबुल, जो कि तीसरी पोती है, उसके जन्म पर उसकी प्रतिक्रिया देखिए : "हम तो जीते जी मर गए। दो ही कम थी जो एक और आ गई।" या फिर उसका यह कथन, "मुझे क्या पता था कि सारे पत्थर हमारे भाग में लिखे हुए हैं।" इस तरह बेटियों को पत्थर अथवा बोझ माननेवाली भगवती का चरित्र उपन्यास में गतिमान है। भगवती आगे चलकर अपने छोटे बेटे को अनाथआश्रम से बच्चा गोद लेने की सलाह देती है और वह भी लड़की। उस परिवर्तन के पीछे दुर्गा का हाथ प्रमुख रूप से है।

भगवती जाति-बिरादरी को भी शादी जैसे बन्धन के लिए आवश्यक मानती है और जाति के बाहर शादी को बदनामी का कारण मानती है, परन्तु आगे चलकर उसे समझ आता है कि जिन पोतियों ने अपनी इच्छा से विवाह किया था वह तो फिर भी अपने घरों में खुश थीं जबकि बुलबुल का विवाह भगवती ने अपनी इच्छानुसार किया तो उसके ससुराल वालों ने उसे प्रताड़ित करना प्रारम्भ कर दिया। इस बड़ी समस्या से सिया ने ही परिवार को बचाया।

भगवती के विपरीत दुर्गा का चरित्र अधिक सुलझा हुआ प्रतीत होता है। उपन्यास में भगवती के हर फैसले के पीछे दुर्गा की सलाह दिखाई देती है। यद्यपि एक सामान्य वृद्धा वाले हाव-भाव उसकी भी हैं। सिया के एल.एल.बी. करने की इच्छा सुनकर वह कह उठती है, "अच्छाऽऽऽ अब इसे जज बनाओगी" या फिर अपने पोतों को

रत्न मानने की प्रवृत्ति। परन्तु धीरे-धीरे जीवन के कटु अनुभव उसे बदल देते हैं और अपने व्यक्तित्व के बदलाव से भगवती को भी प्रभावित करती है। अपने पुत्रों और बहुओं के सामने वह एक निस्सहाय माँ की तरह व्यवहार नहीं करती बल्कि अपने पति से अधिक मजबूत व्यक्तित्व उसका है। बँटवारे के समय में जब उस घर को लेकर विवाद होता है, जिसमें वह रह रहे हैं तो वह अस्पष्ट करती है, "अपने जीते जी मैं इस मकान के किसी को हाथ भी नहीं लगाने दूँगी। फिर चाहे कोई हमारी सेवा करे या न करे। किसी का क्या भरोसा कि इसे भी वसीयत में लिखवाकर कल हमें दर-ब-दर कर दे। एक यही तो आसरा बचा है। इसे भी तुम्हारे हवाले कर दें।" अपने जीवन के इन्हीं अनुभवों को वह भगवती के साथ बाँटती है, जिस कारण धीरे-धीरे भगवती के चरित्र में भी बदलाव दिखाई देता है।

दशरथ भगवती की तुलना में प्रारम्भ से ही स्वतंत्र विचारधारा रखता है। यद्यपि शुरू में उसके भीतर भी पोते की चाह का अंश दिखाई देता है परन्तु अपनी पोतियों से वह बहुत स्नेह करता है, पत्नी की नाराजगी के बाद भी उनका सहयोग करता है। पोतियों का अपनी पसन्द से शादी करने का निर्णय हो अथवा बहू को कुआँ-पूजने की इच्छा, वह हर स्थान पर सहमति देकर पत्नी को भी मानसिक रूप से इन तथाकथित परम्पराओं से आजाद करता है।

दशरथ नास्ति क नहीं है परन्तु किसी स्वार्थ के लिए की गई प्रार्थना के पक्ष में भी नहीं है। इसलिए जब गार्गी को अपने रिजल्ट आने से पहले जल चढ़ाने जाते देखता है तो उसे समझाता है, "देख बेटी धार्मिक होने में कोई बुराई नहीं। अगर तू यह जल केवल परीक्षा में पास होने के लिए चढ़ाने जाती है, तो इसका मतलब यह हुआ कि तुझे अपने ऊपर और अपनी काबिलियत पर भरोसा नहीं है।" वह अपनी पोतियों का दादा तो है ही साथ ही साथ वह उनका सबसे अच्छा दोस्त भी है जो अवसरानुकूल उन्हें उचित सलाह तो देता ही है साथ ही जरूरत पड़ने पर उनके समर्थन में हमेशा अपना मत प्रकट करता है और अपनी पत्नी को भी उनके समर्थन के लिए मानसिक रूप से तैयार करता है।

उग्रसेन का चरित्र भी परिवर्तनशील रहा है। प्रारंभ में जहाँ चौथे पुत्र के जन्म पर उसकी बॉडी-लैंग्वेज बदलने की बात लेखक करता है, वहीं धीरे-धीरे अपने पुत्र और पौत्रों के व्यवहार के कारण वह भी भीतर-ही-भीतर टूटता जाता है। दशरथ को अपने पोतों के बारे में वह समय-समय पर बताता रहता है। उग्रसेन की पीड़ा का जिक्र दशरथ इन शब्दों में भगवती के सामने करते हैं, "एक बार तो उग्रसेन की आँखें भर आईं। बोला, दशरथ क्या बताऊँ हर काम के लिए दस बार कहना पड़ता है। मैं तो जब देखो तुम्हारे घर में तुम्हारी पोतियों को बस यही कहते हुए सुनता हूँ—आई दादा जी...आई अम्माँ। ऐसा लगता है जैसे तुम्हारे घर में लड़कियाँ नहीं चिड़ियों का छोटा-सा झुंड वास करता है। जब देखो इधर से उधर कुदकती ही रहती हैं। सिया

के विवाह के अवसर पर भगवती के विरोध करने पर उग्रसेन स्पष्ट समझाता है, "अगर बुरा न मानो तो एक बात कहूँ, तुमसे ज्यादा समझदार तो तुम्हारी सिया है। कम-से-कम उसने तुम लोगों की परेशानी दूर कर दी। यह नए जमाने के बच्चे हैं। अगर इसने कोई फैसला किया है तो अच्छा-बुरा समझकर ही किया होगा।

पड़ोस में लड़कियों की चहचहाहट उग्रसेन को बहुत लुभावनी लगती है। दशरथ के घर होनेवाले कलरव को सुन कभी-कभी वह और भी अधिक उदास हो जाता है। इसीलिए वह दुर्गा से कहता है, "कई बार तो सामने की चिल्ल-पों सुनकर ऐसा लगता है जैसे पेड़ की टहनियों पर बैठीं गौरेया चहक रही हैं। जब देखो, दोनों पोतियाँ उनके आगे-पीछे अटकती-भटकती रहती हैं। इधर अपने सपूत पोते हैं एक गिलास पानी के लिए कई-कई बार चिलाना पड़ता है।" उग्रसेन के मन की व्यथा इस वाक्यांश में दृष्टव्य है, वह कहता है—"तू तो भगवती की पोतियों में मन बहला आती है, मैं कहाँ जाऊँ?"

उपन्यास का शीर्षक 'शकुंतिका' पूरे उपन्यास की आत्मा है। पूरी रचना में उपन्यासकार का लक्ष्य यही है कि वह समाज को बेटियों का महत्त्व बता सके। समाज की दृष्टि बदल सके। एक पुरुष लेखक द्वारा इस पौरुषवादी सोच का निराकरण करने का प्रयास किया गया है। पूरे उपन्यास में स्थान-स्थान पर बेटियों को चिरैया, शकुंतिका अथवा गौरेया कहकर सम्बोधित किया गया है। उग्रसेन का यह कथन, "अब पता चल रहा है कि जिस घर की दरो-दीवार लड़कियों की कूक से गूँजती रहती है, उस घर को दुनिया का खुशनसीब परिवार क्यों कहा जाता है।" कईं बार दुर्गा मन में सोचती है, "कि एक-एक करके जब भगवती के आँगन से यह चहकती चिड़ियाँ उड़ जाएँगी तब उसका घर कैसे एक बियाबान में बदल जाएगा।" दुर्गा का यह भय तब सही सिद्ध हुआ जब गार्गी का नम्बर घर से सैकड़ों मील दूर मेडिकल कॉलेज में आया, तब दशरथ और भगवती की आँखों में अपने सामने चहकते-फुदकते गौरेया के झुंड में से अचानक एक गौरेया के बिछुड़ने का सन्ताप साफ दिखाई देता है।

उग्रसेन दुर्गा के मुँह से जयन्ती की गोद ली गई पुत्री के विषय में बातें सुनते हुए कह उठता है, "सही कह रही है। घर तो बेटियों से ही घर जैसा रहता है। यह तो बर्फ की उन शिलाओं सी होती हैं कि जब यह शिलाओं की शक्ल में होती हैं तो देह झुलसाती हवाओं को ठंडे झोंकों में बदल देती हैं। जब यह पिघलती हैं तो पानी बन सूखी रेत में मुरझाए पेड़ों से माँ-बाप के जिस्म में जान डाल देती हैं।" सिया की शादी के बाद स्वयं उपन्यासकार का वक्तव्य देखिए : "इस तरह दशरथ और भगवती के घर की मुँडेर पर बैठे झुंड से देखते-देखते एक परिन्दा उड़ गया।" गार्गी की विदाई पर भी कुछ यूँ ही कहा गया, "उनकी मुँडेर से दूसरी गौरेया भी उड़ गई। घर के आँगन से उठता नाद अब धीरे-धीरे एक चुप्पी में बदलने लगा।"

इस प्रकार इन उद्धरणों से यह स्पष्ट है कि उपन्यासकार इन बेटियों को ही चिरैया, गौरेया, शकुंतिका के रूप में देख रहा है, जिनकी चहचहाहट ही परिवार को परिवार बनाती है। पर फिर भी उनके जन्म को अभी तक थाली बजाकर घोषित करने का साहस माँ-बाप नहीं कर पाते। पूरा उपन्यास उस बजती हुई थाली के नाद के भीतर छिपी ध्वनियों को प्रकट करता है।

निष्कर्षत: शकुंतिका आकार में लघु होते हुए भी वर्तमान सामाजिक यथार्थ का प्रतिबिम्ब विस्तारपूर्वक पाठक के समक्ष रखता है। आधुनिकता के आवरण के भीतर भी समाज जिस मध्यकालीन बोध से ग्रस्त है, उस आवरण को उधेड़ कर रखने का कार्य इस उपन्यास की कथा कहती है। अत: इसे एक सफल सामाजिक और विविध विमर्शों वाला उपन्यास कहा जा सकता है।

खंड-4

पितृसत्ता, स्त्री और मुक्ति के प्रश्न

स्त्री की मुक्ति गाथा : शकुंतिका

डॉ. श्रीलता विष्णु
प्रोफेसर, हिन्दी विभाग, श्रीशंकराचार्य संस्कृत विश्वविद्यालय,
पन्मना कॉपस, कोल्लम-691583 (केरल)

अतीत और वर्तमान के कुछ ऐसे मुद्दे हैं जो हमें कभी दहलाते हैं, भविष्य के लिए आगाह करते हैं और भावी पीढ़ियों को सचेत रखने के लिए उकसाते हैं। अन्तर्दृष्टि सम्पन्न साहित्यकार परम्परा को आधुनिकता की कसौटी पर कसते हैं और निकलनेवाले निष्कर्ष को रचनात्मक रुख में तब्दील करते हैं। किसी भी समय का साहित्य अपने समकालीन सामाजिक सरोकारों को नजरअन्दाज नहीं कर सकता। इसमें दो मत नहीं कि किसी विचारधारा के या किसी उद्देश्य के साथ लिखा गया साहित्य समाज के लिए प्रभावी भूमिका निभा सकता है। अपने समय की समस्याओं को समझकर समय के महत्त्वपूर्ण नुक्तों के साथ जब रचनाकार जुड़ा रहेगा तो हम उनकी रचना को रोबदार मानेंगे। रचना की आवाज़ को जाग्रत रखने के दायित्व से भी वे पाठक को अवगत कराते हैं। विचारात्मक दृष्टिकोणों से सम्पन्न रचना ही समकालीन समाज को सही मायने में दिशा निर्देशित कर सकती है। ये सारे तथ्य वरिष्ठ रचनाकार भगवानदास मोरवाल की रचनाओं के लिए सौ फीसदी सत्य है। सामाजिक ढाँचे में गठित मोरवाल जी की अधिकांश रचनाएँ किसी एक वर्ग या समुदाय की हिमायती नहीं बल्कि, धर्म, जाति आदि तमाम बातों को लाँघकर दुनिया भर की कुप्रथाओं को तोड़ने का ऐलान है।

उपन्यास : प्रसादनम यानी प्रसन्नता प्रदायक कृति को उपन्यास कहते हैं जिनका एक सुनिश्चित आकार, प्रकार और उद्देश्य होता है। 'शकुंतिका' कथा साहित्य के जाने-माने चेहरे भगवान दास मोरवाल जी का अपेक्षाकृत लघु आकार का उपन्यास है जो दो पीढ़ियों की पारिवारिक कहानी की दास्तान है। अपनी चाह एवं अपनी अस्मिता को कायम रखकर स्वतंत्र आकाश में उड़ान भरना ही उपन्यास की शकुन्तिकाओं का लक्ष्य है। ऐसी भरी-पूरी दुनिया की निर्मिति में पुरुष किरदारों की भूमिका भी कम नहीं है। महज सैद्धान्तिकीय दृष्टि

रखना मोरवाल जी का ध्येय नहीं लगता, बल्कि एक सार्वभौम बदलाव के तहत उन्होंने कथानक का उपयोग किया है। खुद को सही साबित करने की ललक भी रचनाकार को नहीं है।

'जाते हुए दिसम्बर की बर्फ-सी पिघलती रात'—इस मनमोहक कुतूहलवर्द्धक रवैये से उपन्यास की शुरुआत होती है। अन्त में लड़कियों के प्रति समाज की सोच की कड़वाहट भी बर्फ-सी पिघलती हुई विलुप्त हो जाती है। शहर के एक पुनर्वासित कॉलोनी के दो परिवारों से जुड़कर कथानक आगे बढ़ता है। भगवती-दशरथ एवं दुर्गा-रत्नसेन दम्पति पारिवारिक यथार्थ के काँटों से लहूलुहान होकर भी अपने कर्तव्य पथ पर अग्रसर हैं। प्रेमचन्द के अनुसार मानव चरित्र पर प्रकाश डालना और उसके रहस्यों को खोलना ही उपन्यास का मूल तत्त्व है। मोरवाल जी ने इस उपन्यास को एक सरस कथासूत्र में गूँथकर भिन्न-भिन्न घटनाओं के माध्यम से पात्रों के चरित्र परतों को खोलकर प्रस्तुत किया है। सामाजिक परिवेश के अनुरूप पारंपरिक सोच से परिचालित भगवती, दुर्गा और रत्नसेन के घर में पुत्ररत्न की प्राप्ति से खुश तो थी लेकिन अपने घर की लड़कियों से कुछ चिन्तित भी थी। हर घर में बच्ची के पैदा होने पर ऐसी उत्कंठा स्वाभाविक प्रक्रिया बन रही थी। ठंडी सास लेती हुई भगवती कहती है, "अगर इस बार भी लड़का नहीं हुआ न, हम जीते जी मर जाएँगे। पहले से दो-दो लड़कियों को देखकर मेरे तो हाथ-पाँव फूल जाते हैं।" कथा के विकास के साथ यह विश्वास निरर्थक प्रमाणित हो जाता है। लड़कों को रत्न और लड़कियों को कंकड़ मानने की प्रथा वर्तमान समाज में भी बरकरार है। इस उपन्यास में दिन-प्रतिदिन बढ़ती स्त्री भ्रूण हत्या का जिक्र करके उसकी निन्दनीयता पर भी इशारा किया गया है।

पुरुष, जो सर्वनियंता है और स्त्री, जो सर्वहारा है ऐसी सोचवाले लोग यही मान बैठते हैं कि स्त्री का सम्मान तभी तक सुरक्षित है जब तक वह किसी समर्थ पुरुष की छाया बनी हुई है। असल में नारी पुरुष की जागीर नहीं उसके साथ कन्धे से कन्धा मिलाकर चलने में सक्षम है। घर और बाहर की हर परिधि में अपनी शिनाख्त बनाए रखने के लिए अपने परिवार से, पुरुष प्रजाओं से वह सहानुभूति नहीं सहकार की अपेक्षा रखती है। भगवती-दशरथ दम्पतियों की चारों पोतियाँ अपनी शिक्षा के तहत अपने पैरों पर खड़ी हो जाती हैं। उन्हें कंकड़-पत्थर माननेवाले भी उनकी सफलता से आँखें मूँद नहीं सके। "सब किस्मत के लेखे हैं, पता नहीं दशरथ-भगवती के बेटे-बहू ने पिछले जन्म में कौन-से मोती दान किए हैं, जो लिच्छमी जैसी लायक बेटियाँ पाई हैं।"

बड़ी लड़की सिया बारहवीं कक्षा में बानबे प्रतिशत अंक पाती है तो मझली लड़की गार्गी दसवीं कक्षा में चौरानबे प्रतिशत अंक पाकर रॉकजेता बन जाती है। दुर्गा-रत्नसेन के पोते, जिन्हें उन्होंने रत्न माना किसी से मुँह दिखाने के लिए भी

नहीं छोड़ा। पड़ोसिन दुर्गा को यह कहना ही पड़ा कि "ऐसे निकम्मे पोतों से ऊपर वाला दशरथ-भगवती जैसी एक पोती ही दे देता। सत्यानाशियों में से एक भी तो काम का नहीं निकला।" स्वतंत्र, स्वच्छन्द और उन्मुक्त जीवन जीने की लालसा रखनेवाली युवा पीढ़ी की लड़कियों की संवेदनाओं को उभारने का सार्थक उपक्रम है—प्रस्तुत उपन्यास। अपने भीतर की भावनाओं को निर्भीक और बेझिझक स्वर में वाणी दे पानेवाली सिया ने अखिल भारतीय विधि प्रवेश परीक्षा में अव्वल रॉक प्राप्त करके वकील की पढ़ाई शुरू की। बाद में न्याय व्यवस्था की पारखी जज भी बन गई। माँ-बाप और दादी-दादा को समझाकर अपने पसन्दीदा लड़के से शादी की गाँठ भी भर ली। उसने एक वकील की हैसियत से परिवार वालों को समझा दिया कि जाति, धर्म या बिरादरी से हमें कुछ लेना-देना नहीं है। वह पूछती है, "जब पीहू को गोद लिया था, तब यह पता किया था कि वह कौन है? उसकी जाति क्या है? अजीब ढकोसला है कि जब बेटा-बेटी का कहीं रिश्ता तय करो तभी यह जाति-बिरादरी याद आती है।"

गार्गी भी पढ़-लिखकर काबिल डॉक्टर बन जाती है। बेटा ही घर को सुरक्षित रखेगा, वंशपूर्ति करेगा, माँ-बाप की देखभाल करेगा जैसे दकियानूसी मिथ्या संकल्पनाओं के विरुद्ध उपन्यासकार ने नई चिन्तन भूमि तैयार की है। ये लड़कियाँ अपने पैरों पर स्वयं खड़ी ही नहीं घर की देखभाल भी इन्होंने सफल ढंग से निभाईं।

वहाँ दुर्गा-रत्नसेन का घर तो रत्नों का भण्डार नहीं डंठलों से भरे जंगल में बदल गया। उन्हें लगने लगा घर में पुरुष नहीं जगह-जगह पल्लवविहीन सूखे ठूँठ उग आए हैं। अपने बेटों और पोतों पर दम्भ करती दुर्गा की आशाएँ हताशा में तब्दील होने में देर न लगी। अपने घर का बँटवारा न्याय स्वरूप करने पर भी दशरथ के बेटे वसीयतनामा पर प्रसन्न नहीं थे। उन्हें अपने माँ-बाप पर भरोसा ही नहीं रहा। दोनों बेटों ने सपरिवार अपना-अपना अणु परिवार बना ही लिया। जिस घर में माँ-बाप रहते हैं उस मकान को भी वसूल करने की जिद बेटे कर रहे थे। दूधिया का काम करके बहुत मुश्किल से रत्नसेन ने अपने परिवार को पाला-पोसा था। वह चार-चार बेटे-पोतों वाला घर वीरान में बदल गया। किसी निर्जन तपते रेगिस्तान की तरह दूर-दूर तक दो बूढ़े दरख्तों के सिवाय जैसे कुछ नजर नहीं आया। घर से औलाद क्या गई, मानो उन दिनों की भूख और प्यास को भी वे साथ ले गई। अब तो बस इसका इन्तजार रहता कि दोनों बेटे और चार-चार पोतों में से कौन कब आएगा।" बच्चों के प्रति बुजुर्गों की व्यथा और अन्तर्मन की अकुलाहट हम इन दम्पतियों के वास्ते महसूस कर सकते हैं।

पीढ़ी-दर-पीढ़ी खानदान का चित्रण करने की रिवायत तो पुरानी है हालाँकि मौजूदा युग में लड़कियाँ परिवार के लिए क्या हैं? इस मर्म तक पहुँचने से रचनाकार

के संवेदनात्मक उद्देश्यों की पहचान हमारे सम्मुख खुलेगी। भारत के 'बेटी पढ़ाओ, बेटी बचाओ' नारा भी यहाँ सार्थक बनता है। लगता है गार्गी जैसे पात्रों के नामकरण में ही रचनाकार ने ध्यान दिया है। प्राचीन काल में स्त्री और पुरुष को विद्या प्राप्ति का समान अधिकार प्राप्त था। लोपामुद्रा, घोषा, गार्गी, सिकता आदि विदुषियों द्वारा वैदिक ऋचाओं का प्रणयन भी हुआ था। आधुनिक भारतीय परिप्रेक्ष्य में भी शैक्षिक और सांस्कृतिक बदलाव में योगदान देनेवाले स्त्री रत्न भी काफी मिलते हैं। स्त्रियों का जागरण सामाजिक-सांस्कृतिक-वैचारिक परिवर्तनों का जरिया है।

निरन्तर बदलते मूल्यों और सन्दर्भों के साथ आभायुक्त स्थितियों का भी वर्णन करते हुए हिन्दी कथा साहित्य को समृद्ध करने में मोरवाल जी का योगदान उल्लेखनीय है। अपने उपन्यास में अनावश्यक विस्तार और अनियोजित सन्दर्भों के भटकाव से बचते हुए सूक्ष्म मनोवैज्ञानिक पकड़ और रचनात्मक क्षमता का परिचय उन्होंने दे रखा है। गार्गी बिटिया के नीट-परीक्षा का परिणाम घोषित होने पर पूरे परिवार का इकट्ठे होकर उस पर चर्चा करना, उसे मेडिकल कॉलेज में बाप और चाचा द्वारा भर्ती करवाना, उसमें धीरज बाँधना आदि सहज ही इस बात की पुष्टि देती है कि लड़कियाँ समाज की नींव हैं। स्त्री-चेतना की विभिन्न स्थितियों को रचनात्मक आँखों से देखा गया है। घर से मिली स्नेहिल-ऊष्मा के तहत ये लड़कियाँ महानगरीय सभ्यता में बह नहीं पाती हैं बल्कि अपने परिवार के प्रति जो ममता है उसे अपने जीवन में निभाती हुई अपना मार्ग प्रशस्त भी करती हैं।

भगवती और दशरथ ने बहुओं और पोतियों की भावनाओं को, स्वप्नों को गम्भीरता से लिया, सोचा, समझा और अन्त में उनके अनुकूल सही निर्णय भी लिया। यदि सभी पुत्रियों के माता-पिता, दादा-दादी आदि अपनी बच्चियों के विचारों की इसी तरह कद्र करें तो पुरुष केन्द्रित समाज में आमूल परिवर्तन देखने में देर न लगेंगे। पुराने ख्यालात वाली भगवती और दुर्गा के स्त्री पक्षीय चिन्तन में भी वांछनीय परिवर्तनों की समझ है एवं खूब पहचान है। यह कहानी को नई अर्थदीप्ति प्रदान करती है। काश! भारत का समाज इनसे कुछ सीख ले पाता तो स्त्री-पीड़ा के केन्द्र बनने से करोड़ों परिवार बच जाते और कई बहुएँ मारपीट, हत्या और अग्निकांड से बच पातीं।

स्वजाति से विवाहित होने पर भी बुलबुल को ससुराल में पीड़ा सहनी पड़ती थी। बड़ी बहन सिया इसके लिए आवश्यक कानूनी कार्यवाही करने में न हिचकती है। "सिया ने ससुराल वालों को नोटिस भिजवा दिया। इधर जैसे ही वकील का नोटिस मिला बुलबुल के ससुराल में हड़कंप मच गया। बुलबुल के पति के ही नहीं उसके सास-ससुर के भी हाथ-पाँव फूल गए।" लड़कियाँ घर में पीड़ा सहन करने के लिए अभिशप्त हैं, इस धारणा को जड़ से हिलाते हुए समय पर दखल देने से बुलबुल की जिन्दगी आराम से आगे चलती गई। समाज को पुरुषों की तरह स्त्री के हक को भी मानना ही होगा तभी मानव जीवन सदा सतत् प्रवाहमान रहेगा। स्त्री को कभी

भी अपने हौसलों में विराम नहीं देना चाहिए। अपनी संघर्ष क्षमता एवं ऊर्जा में ही उसकी अपनी पहचान है। कैदखाने का घुटन बर्दाश्त करने के लिए वह तैयार नहीं है। हालातों से मुकाबला उसे अपने मुकाम पर पहुँचाती है। स्त्रियों के प्रति आधुनिक समाज की निर्मम सोच को बदल डालने की दिशा में उपन्यासकार की कलम ने अकूत शक्ति दे दी है।

स्त्री-पुरुष सम्बन्ध और स्त्री जीवन की अनेक संभावित स्थितियों और स्त्री विकास से जुड़ी कई समस्याओं को चित्रित करके इसके द्वारा यथार्थ जीवन की छवियाँ भी रचनाकार ने उकेरी हैं। नि:सन्तान रूपेश और जयन्ती के बच्चे गोद लेने के प्रसंग में परिवार एक साथ मिलकर यह निर्णय लेता है कि घर में तीन-तीन बच्चियाँ होने पर भी वे एक लड़की को ही गोद लेंगे। बच्ची पीहू को घर ले आना और उसका जन्मदिन मनाना आदि रिश्तों की ताजगी एवं गर्माहट भरे खूबसूरत अहसासों को खूबसूरत लहजे में इसमें पिरोया गया है। सिया, गार्गी, बुलबुल, पीहू की जीवन-कथा तक उपन्यास सीमित न रहकर पूर्णत: यह रचना स्त्री सशक्तीकरण की गाथा बन जाती है? पाठक के भीतर बेटियों के प्रति प्यार एवं रगों में उल्लास तीव्रगति से दौड़ने लगता है। पंख फड़फड़ाते खुले आसमान में विहरित ये लड़कियाँ अपने माता-पिता की वृद्धावस्था का सहारा भी बन जाती हैं। बलवन्त, रेवती, रूपेश, जयन्ती को बच्चों ने कभी यह अहसास होने ही नहीं दिया कि वे अकेले हैं। यही नहीं, भगवती-दशरथ दम्पति के नाम पर ट्रस्ट का चयन करके अनाथाश्रम में जहाँ से पिहु को गोद लिया गया है, हर वर्ष आर्थिक सहायता भी पहुँचाती है।

कथा को प्रगतिशील अन्दाज के साथ प्रस्तुत करके यह भी स्थापित किया गया है कि पीढ़ी-अन्तराल के होते हुए भी नई पीढ़ी संवेदनशून्य नहीं है। बुजुर्ग पीढ़ी को भी उन्हें समझने का प्रयास करना बेहद जरूरी है। समीक्ष्य उपन्यास स्त्री-जीवन के संघर्ष को जीवन्तता के साथ उद्‌घाटित करके स्वस्थ समाज निर्माण की चेतना के प्रति गहरी आस्था और विश्वास को ठोस आधार प्रदान करता है।

रचना छोटी हो या बड़ी उसकी प्रभावोत्पादकता ही उसे पठनीय एवं संग्रहणीय बनाती है। समीक्ष्य रचना अपने आसपास की तेजी से कटते और दूर होते रिश्तों को जोड़ती है और दो पीढ़ियों को समेटती है। अपनी रचना में रचनाकार ने धर्म, आस्था, मर्यादा तथा संस्कृति से संबद्ध कई बुनियादी प्रश्नों को भी उठाया है। हत्या, बलात्कार, छल-छद्‌म, शराबखोरी जैसे अधम, अनैतिक दुष्प्रवृत्तियों के चित्रों के बिना एक महान नैतिक बात को सहज, सरल ढंग से उकेरा गया है। अच्छे-बुरे सभी पात्र उपन्यास में वर्णित घटनाओं से परस्पर सम्बद्ध ही नहीं कथासूत्र की रोचकता को अग्रसर करने में सहायता भी पहुँचाते हैं।

शकुंतिका मोरवाल जी के महज खानदानी पीढ़ियों की दास्तान नहीं बल्कि यह बदलते आधुनिक स्त्री चिंतन का आख्यान है। प्रस्तुत उपन्यास स्त्री के प्रति तथाकथित

झूठी नारेबाजी नहीं, पुरुषों के प्रति आक्रोश नहीं वरन् साधारण स्त्री की बुनियादी जरूरतों की चर्चा है। ये गौरेया या शकुंतिकाएँ हमारे घर आँगन में चहचहाती, उल्लसित हो घर को देदीप्यमान रखेंगी। मोरवाल जी की सकारात्मक सोच अँधेरे के कुहासे से ओझल दृष्टिपथ पर प्रकाश की किरणें बिखेरती हैं।

शकुंतिका : कथा संरचना एवं उद्देश्य

डॉ. अशोक हे. फर्डे
उपकुलसचिव, मुम्बई विद्यापीठ, मुम्बई

शकुंतिका, भगवानदास मोरवाल जी के द्वारा लिखा गया, और वर्ष 2020 में प्रकाशित उनका आठवाँ उपन्यास है। इस उपन्यास में उन्होंने दो परिवारों के माध्यम से एक सामाजिक सन्देश देने का प्रयास किया है। भारतीय समाज में लड़कियों को लेकर एक दोहरी सोच पिछली कई शताब्दियों से चली आ रही है। उसको मुख्य आधार बनाकर उपन्यासकार ने कई अन्य सामाजिक सरोकारों से जुड़े प्रश्नों को भी सम्मिलित कर, इस उपन्यास की रचना की है।

उपन्यास में दो परिवार हैं। दशरथ और भगवती एक परिवार के मुखिया हैं, जबकि दूसरा परिवार है जिसके मुखिया उग्रसेन और दुर्गा हैं। दोनों परिवारों के तीसरी पीढ़ी के बच्चे भी हैं। उग्रसेन और दुर्गा के परिवार में बेटे ही बेटे हैं, जबकि दशरथ और भगवती का परिवार ऐसा परिवार है, जिसमें बेटियाँ हैं। बेटे की चाहत उन्हें भी है, पर वह विवश हैं। भगवती और दशरथ के दो बेटे बलवन्त और रूपेश हैं। बलवन्त तीन बेटियों का पिता है—सिया, गार्गी और बुलबुल, जबकि रूपेश नि:सन्तान है। विवाह के कई वर्ष हो जाने के उपरान्त भी, रूपेश पिता और जयन्ती माँ ना बन सके थे। जैसा कि उपन्यास में दिखाया गया है कि बेटियाँ इनके लिए कोई बोझ नहीं है पर फिर भी एक चाहत होती है और समाज की परम्परा भी है कि पुत्र से ही वंश आगे बढ़ता है और उसके चलते कहीं-न-कहीं इस पूरे परिवार को यह मलाल बना रहता है कि काश! एक बेटा भी होता। दूसरी तरफ उग्रसेन और दुर्गा के बेटे नागदत्त और अभय को दो-दो पुत्र हैं। पुराने विचारों के अनुसार उग्रसेन और दुर्गा दोनों अपने चार पोतों को लेकर बड़े खुश रहते हैं। पर सच्ची खुशी बेटा या बेटी के हो जाने से ही नहीं आ जाती। सच्ची खुशी परिवार में तब आती है, जब वे अपनी जिम्मेदारियों अपने कार्यों का निर्वहन इस ढंग से करते हैं कि परिवार गौरवान्वित महसूस करे। और ऐसा करने में उग्रसेन और दुर्गा के पोते बिलकुल विफल रहे। रोहन, विभोर, अमित और विजय—यह चारों ही पढ़ने में ठीक नहीं थे। इनका पढ़ने में मन नहीं

लगता था बल्कि इससे भी आगे बढ़कर रोहन और अमित में कई बुरी आदतें थीं। मोहल्ले और मोहल्ले के बाहर मारपीट करना, किशोरावस्था में ही सिगरेट इत्यादि पीना, लड़कियाँ छेड़ना जैसी आदतें इनके भीतर थीं। इस सब से परेशान होकर दुर्गा अपने पोतों के लिए कहती है, "हे राम! ये सारे कौरव इसी घर में पैदा हो गए? एक भी तो काम का नहीं निकला।" और अपने जिन पोतों को लेकर उग्रसेन इतना अभिमान करता था, उनका चाल-चलन ठीक ना रहने पर वह भी पछताते हुए दशरथ से कहता है कि, "दशरथ अब पता चल रहा है कि जिस घर की दरो दीवार लड़कियों की कूक से गूँजती रहती है, उस घर को दुनिया का खुशनसीब परिवार क्यों कहा जाता है।" मोहल्ले के लोग इन्हें सही नजरों से नहीं देखते थे। उग्रसेन और दुर्गा का परिवार जो सदा अपने पड़ोस से मिल-जुल कर चला आया, उसके सम्मान के लिए यह ठीक बात नहीं थी। दूसरी तरफ भगवती और दशरथ के परिवार में सिया, गार्गी, बुलबुल—तीनों ही बेटियाँ बड़ी संस्कारी थीं। रूपेश और जयन्ती भगवती की सलाह के अनुसार एक बेटी गोद ले लेते हैं, जिसका नाम वे पीहू रखते हैं। अपनी बाकी तीन बहनों के साथ-साथ पीहू भी बहुत संस्कारी थी और यह चारों ही लड़कियाँ पढ़ने-लिखने में भी बड़ी अच्छी थीं। आगे चलकर सिया ने एलएलबी पाठ्यक्रम में दाखिला लिया और वकालत की पढ़ाई पूरी की। गार्गी ने डॉक्टर बनने का फैसला किया, परीक्षाएँ पास कीं और अपनी डॉक्टरी की पढ़ाई पूरी की। इससे छोटी बहन बुलबुल यद्यपि पढ़ने में कुछ विशेष ना कर सकी पर रूपेश और जयन्ती की गोद ली हुई बेटी पीहू, अपनी बाकी बहनों से भी पढ़ाई में बहुत आगे निकली। उसे विदेश में पढ़ने का अवसर मिला। वह ऑस्ट्रेलिया गई। वहाँ उसने अपनी औपचारिक शिक्षा पूरी की। इसके बाद वहीं बहुराष्ट्रीय कम्पनी द्वारा उसे अच्छी नौकरी का ऑफर मिला। जिसे वह पहले स्वीकार नहीं करती क्योंकि वह अपने परिवार के पास भारत लौटना चाहती है। पर बाद में सिया, गार्गी आदि के दबाव के फलस्वरूप वह उस नौकरी को स्वीकार कर लेती है। इस तरह से हम देखते हैं कि भगवती और दशरथ की चारों ही बेटियाँ अच्छे संस्कारों में पलीं, सद्गुणों का विकास हुआ और उन्होंने भी अपने-अपने स्तर पर ऐसा काम किया जिससे पूरे परिवार का सर ऊँचा हुआ। इसीलिए उग्रसेन कहता है, "भई मानना पड़ेगा! पोतियाँ हों तो दशरथ और भगवती जैसी। क्या किस्मत पाई है।" बेटियाँ होते हुए भी भगवती और दशरथ को कभी उन्होंने यह कमी महसूस नहीं होने दी कि वे किसी बेटे से कम हैं, बल्कि परिवार पर कई बार संकट आने पर उन्होंने बेटों से कहीं ज्यादा आगे बढ़कर मदद की और एक-दूसरे को संकटों से मुक्त रखा। इस तरह उपन्यासकार भगवानदास मोरवाल जी ने इस कथानक के द्वारा यह दिखाने की चेष्टा की है कि, बेटियाँ और बेटे—इनका होना ही अभिमान का प्रश्न नहीं है। यह हमारे द्वारा किस तरह से निर्मित किए जाते हैं और यह स्वयं भविष्य में कैसी राह अपनाते हैं, उससे यह तय होता है कि वे हमारे

मान-सम्मान के लिए क्या कर पाए और कितने महत्त्वपूर्ण हैं।

इस उपन्यास में भगवानदास मोरवाल जी ने हमारे सामाजिक जीवन से जुड़ी और भी कई भली-बुरी बातों का वर्णन किया है। एक अच्छा पड़ोस मिलना बड़े नसीब की बात होती है। परिवारों में इतना अन्तर होने के बावजूद भगवती और दुर्गा सगी बहनों से कम ना थीं। एक-दूसरे के सुख-दुख में हिस्सा लेना और जरूरत पड़ने पर एक-दूसरे को सही सलाह देना, सही राह पर ले जाना, यह वे हमेशा करती रहती थीं। इस तरह के कई अवसर इस उपन्यास में चित्रित किए गए हैं, जब दुर्गा के परामर्श को मानकर भगवती और उसके परिवार का बड़ा हित हुआ, दोनों ही परिवार आपस में किसी तरह के वैमनस्य से पीड़ित नहीं थे। दोनों की आर्थिक स्थितियाँ और अन्य बातें अपनी जगह थीं। और भी सामाजिक प्रश्न अपनी जगह थे, पर वे अपने पड़ोसी धर्म का निर्वहन भली प्रकार से करते रहे। यह दुर्गा का ही परामर्श था, कि रूपेश और जयन्ती को यदि सन्तान गोद लेनी ही है तो उन्हें अनाथ-आश्रम से लेना चाहिए और वह भी बेटी ही। अपने रिश्तेदारों में या अपनी भतीजियों को गोद लेना ठीक नहीं होगा। इससे आपस में बुरा भाव आ सकता है। या बेटे के प्रश्न पर भी दुर्गा भगवती से कहती है कि, किसी और का बेटा ले लेना भी ठीक नहीं होगा, क्या पता कल वह अपनी इन बहनों को स्वीकार करेगा भी या नहीं और यह बेचारी अपने ही घर में पराई हो जाएँगी। ऐसे परामर्श कोई अपना ही दे सकता है। दुर्गा भले ही सगे-सम्बन्ध के अन्तर्गत नहीं थी, पर पड़ोस किसी सगे-सम्बन्ध से कम नहीं होता। ऐसा ही हमेशा दुर्गा के लिए भगवती का बर्ताव भी रहता था।

इस तरह उपन्यासकार ने अपने इस उपन्यास में समाज की बहुत-सी सकारात्मक बातों को दिखाया है। धर्म के महत्त्व और सन्तुलन पर भी कई विचार उपन्यासकार के द्वारा व्यक्त किए गए हैं। इसी तरह समाज की कई रूढ़िवादी मान्यताओं और विश्वासों की भी उपन्यास में चर्चा मिलती है। जैसे कुआँ पूजने की एक परम्परा है जो बेटे के जन्म के बाद निभाई जाती है। जब रूपेश और जयन्ती अनाथ-आश्रम से पीहू को लेकर घर आते हैं, तो उसके प्रथम जन्मदिवस के मौके पर वे कुआँ पूजन की परम्परा निभाने की बात करते हैं। सारे लोग आश्चर्यचकित रह जाते हैं पर रूपेश और जयन्ती अपने फैसले पर अडिग हैं तथा गाजे-बाजे के साथ वे इस प्रथा का पालन करते हैं। जो उस मोहल्ले और उस पूरे शहर के लिए बड़े आश्चर्य की बात थी कि एक बेटी के लिए कुआँ पूजन की परम्परा निभाई जा रही है। यह पूरे शहर के लिए एक नई बात थी। हालाँकि ऐसा हो गया तो पूरे शहर ने इस घटना को और इस परिवार को बड़े ही सम्मान से देखा और इस घटना की चर्चा अखबारों में भी की गई। कानून और व्यवस्था को लेकर भी उपन्यासकार ने बड़े ही संजीदा तरीके से कुछ घटनाएँ हमारे सामने रखी हैं। जैसे हमारे यहाँ जब कोई कार्यक्रम या उत्सव होता है तो डीजे इत्यादि की व्यवस्था एक बड़ी आम बात है। पर हम कभी

यह नहीं सोचते हैं कि आबादी के बीच में रात के सन्नाटे में ऐसे जोर-जोर से गीत-संगीत बजाना, जाने कितने लोगों को परेशानी में डाल सकता होगा। बूढ़े-बच्चे रात में ठीक से सो नहीं पाते होंगे। पर उत्सव मनानेवाले लोगों को इस बात का ख्याल नहीं रहता। परन्तु जब पीहू का पहला जन्मदिन मनाया जाता है, तब भगवती और दशरथ तथा पूरा परिवार एक कार्यक्रम का आयोजन करते हैं, जिसमें वे ऐसी कोई व्यवस्था नहीं करते जिससे उनके पड़ोसियों को कोई दिक्कत हो, कोई परेशानी हो। इस चीज के लिए उनकी बड़ी सराहना भी की जाती है। दरअसल यह हमारा नैतिक दायित्व है कि, खुशियाँ मनाने के चक्कर में हम इतने मशगूल ना हो जाएँ कि हम अपने पास-पड़ोस के लोगों को भी भुला दें। आख़िर वे भी हमारे अपने हैं। और हमें उनकी भावनाओं का भी ख्याल रखना चाहिए। उपन्यास में ऐसा भी दिखाया गया है कि बेटियाँ, बेटों की अपेक्षा कहीं ज्यादा आज्ञाकारी और नैतिक होती हैं। सामाजिक परम्पराओं और रीति-रिवाजों और विश्वासों को वह ज्यादा आस्था के साथ निभाती हैं। और यह बिलकुल यथार्थ सत्य है कि सचमुच लड़कों की अपेक्षा लड़कियाँ दायित्व-बोध और नैतिकता-बोध से कहीं ज्यादा अनुप्राणित होती हैं।

लड़कियों के विवाह आदि में जातिवादी दुराग्रहों को लेकर भी भगवानदास मोरवाल जी ने इस उपन्यास में एक सन्देश देने की कोशिश की है। सिया और गार्गी के पढ़ने-लिखने के बाद जब विवाह का प्रश्न उपस्थित होता है, तो वे अपने सहपाठियों के साथ विवाह का निश्चय करती हैं। थोड़ी पारिवारिक उथल-पुथल मचती है और नाराज होते हुए भगवती, दशरथ से कहती है "कैसे चुप रहूँ? यह सब आपका किया धरा है। न इनको इतनी छूट देते, न यह हाथ से निकलतीं। मुझे तो अब उस डॉक्टरनी का भी डर लग रहा है कि कहीं उसने भी अपना जुगाड़ ना कर लिया हो। लोग सुनेंगे तो यही कहेंगे कि लेन-देन से बचने के लिए लड़कियों को खुला छोड़ दिया।" उनकी ऐसी सोच पर सिया उनसे प्रश्न करते हुए कहती है, "जब पीहू को गोद लिया था, तब यह पता किया था कि वह कौन है? उसकी जाति क्या है? अजीब ढकोसला है कि जब बेटा-बेटी का रिश्ता कहीं तय करो, तभी यह जात-बिरादरी याद आती है।" यह उनकी प्रौढ़ समझ का ही परिणाम है कि, परिवार की अनुमति के बाद ही वे अन्तरजातीय विवाह करती हैं। दूसरी तरफ, तीसरी बहन बुलबुल का विवाह सजातीय और परिवार वालों की इच्छा के अनुरूप किया जाता है। बुलबुल का पति अपने माता-पिता की इकलौती सन्तान है। इसके बावजूद बुलबुल की ससुराल में उसे उत्पीड़ित किया जाता है। इस तरह यह जरूरी नहीं है कि, सजातीय विवाह ही हमेशा अच्छे परिणाम लाता है। सिया और गार्गी ने अपना जीवनसाथी बहुत समझ-बूझकर ही चुना। एक लम्बे समय तक पढ़ाई-लिखाई के दौरान उन्होंने एक-दूसरे की रुचियों और स्वभाव को जाना-समझा और फिर उपयुक्त समझकर यह निर्णय लिया। आगे चलकर यह देखने को मिलता है कि वह

अपने समझदारी भरे फैसले के कारण सुखी जीवन व्यतीत करती हैं। ऐसा दिखाने के पीछे उपन्यासकार की मंशा यह है कि, जाति-वर्ण सम्बन्धी दुराग्रहों को छोड़कर विशुद्ध मानवीयता को जीवन का आधार बनाया जाना चाहिए।

प्रत्येक रचना किसी न किसी उद्देश्य को ध्यान में रखकर रची जाती है। उपन्यास, कहानी, कविता या साहित्य की किसी भी विधा में जब रचना की जाती है, तो वह अपने भीतर कोई ना कोई मर्म छिपाए रहती है। भगवानदास मोरवाल जी ने इस उपन्यास की रचना भी कुछ उद्देश्यों को ध्यान में रखकर की है। यदि समाज को दीर्घजीवी बनाना है तो समाज में कुछ मूल्यों को बनाए रखना एक अनिवार्य शर्त है। और यह शर्त समाज के अपने जीवन के लिए बड़ी जरूरी है। इस उपन्यास में उन्होंने एक स्वस्थ और सकारात्मक सामाजिक जीवन का चित्रण किया है। जिसके द्वारा वे हमें बहुत कुछ सन्देश देने की कोशिश करते हैं। लैंगिक भेदभाव का प्रश्न तो सबसे महत्त्वपूर्ण है ही, जिसके लिए वे सिया, गार्गी, बुलबुल, पीहू आदि के चित्रण के द्वारा हमें यह बताने की कोशिश करते हैं, कि यदि लड़कियों को उपयुक्त वातावरण दिया जाए, तो वे भी समाज और परिवार के हित में बहुत कुछ कर सकती हैं। उपन्यास में हम देखते हैं कि सिया वकालत की शिक्षा का प्रयोग करके ही अपनी बहन बुलबुल के जीवन को बचा पाती है। वहीं दूसरी तरफ गार्गी जो कि एक डॉक्टर है, उसकी मदद से ही दुर्गा चाची की जान बच पाती है। अर्थात यह ठीक है कि परिवार और समाज में लड़कियों और स्त्रियों का मान-सम्मान है। परन्तु आगे बढ़ने के अवसर देना भी उतना ही आवश्यक है। और इस उपन्यास में सिया, गार्गी और पीहू को आगे बढ़ते और परिवार की ताकत बनते देखना अत्यन्त सुखद है। लेखक ने इन वर्णनों के द्वारा पाठक-समूह में एक मानसिकता का विकास करने की कोशिश की है, जिससे लैंगिक भेदभाव के प्रति एक वातावरण का निर्माण किया जा सके।

भगवानदास मोरवाल ने इस उपन्यास में जिस सामाजिक जीवन का चित्रण किया है, वह अब धीरे-धीरे क्षरण की तरफ है, और नष्ट होता जा रहा है। भारतीय समाज में चाहे गाँव हो या नगर, अपने पास-पड़ोस के प्रति सद्भावना और सदाशयता का पाठ हम अपने बुजुर्गों से सीखते चले आए हैं। यह परम्परा एक पीढ़ी से दूसरी पीढ़ी तक सफलता से हस्तान्तरित होती चली आई है। पर इधर आधुनिकता के झोंके में हमारा यह सामाजिक जीवन अब नष्ट हो रहा है। लोग एकाकी होना ज्यादा ठीक समझ रहे हैं। कुछ तो समाज में मूल्यों का जो अवमूल्यन हुआ है, वह इस परिस्थिति के लिए जिम्मेदार है, और कुछ अपराधियों ने भी इस स्थिति को पैदा किया है। भारतीय समाज की अपनी आन्तरिक विशेषता के लिए यह एक बड़ा खतरा है। इस उपन्यास में जिस तरीके से दशरथ-भगवती एवं उग्रसेन-दुर्गा का परिवार दिखाया गया है, उससे हम समझ सकते हैं कि एक अच्छा पड़ोस हमारे जीवन में क्या महत्त्व रखता है। समय-समय पर दुर्गा के द्वारा दी जानेवाली सलाहें भगवती के कितना काम आईं और

उन सलाहों ने भगवती और दशरथ के परिवार को कितना बदला, यह हम सब देख आए हैं। वहीं दूसरी तरफ सिया और गार्गी ने भी दुर्गा चाची के लिए जो किया वह तो कई बार अपने भी नहीं कर पाते। इस तरह भगवानदास मोरवाल जी ने सामाजिक सम्बन्धों के महत्त्व को पाठकों को समझाने की कोशिश की है। महानगरीय जीवन के प्रभाव में जो एकाकीपन धीरे-धीरे कस्बों में भी पहुँच गया है, हमें उसकी सीमाएँ समझने की जरूरत है। और अपनी परम्परा को पुनः विकसित करने की भी जरूरत है। यह सन्देश भी हमें इस उपन्यास से मिलता है।

शकुंतिका एक सामाजिक उपन्यास है। उपन्यास पढ़ने से यह आभास मिलता है कि उन्होंने किशोर वर्ग के छात्रों और युवाओं के लिए इस उपन्यास की रचना की है। जिससे कि वे अपने समाज के प्रति एक सकारात्मक नजरिया बना सकें। आज इस बात की सबसे ज्यादा जरूरत युवा वर्ग को है, कि वह अपने सामाजिक जीवन के महत्त्व को जाने और अनुशासन के महत्त्व को भी समझे। सामाजिक जीवन में अनुशासन हमेशा सकारात्मक परिणाम लाता है। लैंगिकता आदि को लेकर उनमें एक स्वस्थ दृष्टिकोण का विकास हो और जीवन के अन्य मार्गों पर बढ़ने से पहले वे परिवार, समाज जैसी संस्थाओं के महत्त्व को समझ सकें। यदि इस रूप में देखें तो भगवानदास मोरवाल जी ने एक उत्कृष्ट रचना रची है। यह उपन्यास अपने इस उद्देश्य में निश्चित रूप से बेहद सफल रहा है। अपनी भाषा और शिल्प में भी इस उपन्यास की सरलता और सहजता ऐसी है कि यह किसी भी वर्ग के पाठक को भली-भाँति समझ में आ जाएगा। उपन्यास की भाषा अभिधात्मक है, और आम जनजीवन के बीच से ली गई है। यह इस उपन्यास की एक अन्य महत्त्वपूर्ण विशेषता है।

सन्दर्भ

1. 'शकुंतिका'—भगवानदास मोरवाल, राजकमल प्रकाशन, नई दिल्ली।

शकुंतिका : पितृसत्तात्मक समाज के बदलते सन्दर्भ

डॉ. अनीता
दिल्ली

उपन्यास समकालीन परिवेश में व्याप्त सामाजिक, राजनीतिक, सांस्कृतिक विडम्बनाओं के चित्रण का सबसे सशक्त और जीवन्त माध्यम होता है। यह अपने समय के अन्तर्विरोधों और संघर्षों के साथ विकसित होता हुआ नवीन मापदंड का सृजन करता है। इसमें किसी चरित्र के सम्पूर्ण जीवन को उसकी समस्त जटिलताओं के साथ व्यापक रूप से अभिव्यक्त करने की क्षमता होती है। भगवानदास मोरवाल के लगभग सभी उपन्यासों में समाज, राजनीति से जुड़े बदलाव और विमर्शों का सृजनात्मक रूप उभरकर आया है। शकुंतिका उपन्यास जेंडर संवेदनशीलता की दृष्टि से स्त्री के प्रति समान अधिकार और समान अवसरों के महत्त्व को रेखांकित करता है। यह वक्त पुरानी रूढ़ियों, वर्जनाओं के व्यूह से बाहर निकलने का है। परिवार के स्तर पर भी स्त्री को सशक्त बनाने की कोशिश और सजगता नजर आने लगी है। शकुंतिका उपन्यास में लेखक अपनी सकारात्मक सोच के साथ, कई महत्त्वपूर्ण मुद्दों पर पाठकों को सोचने के लिए मजबूर करता है। इसका केन्द्रीय बिन्दु है—हमारी बेटियाँ; जो शकुंतिका यानी गौरेया की तरह हैं। जिस घर की मुँड़ेर पर बैठती हैं उसे अपने कलरव से गुँजा देती हैं। बेटियों की उपस्थिति गर्मियों में ठंडी हवाओं सा सुकून देती है तो ठंडक में आत्मीय ताप से पीड़ा को हर लेती है। बेटियों को बस प्यार और अवसर देने की जरूरत होती है, वे उसके भरोसे आकाश की ऊँचाइयों को छूने की भी क्षमता रखती हैं। दूसरे घर जा कर भी बेटियाँ अपने मायके को नहीं भूलतीं। वे शकुंतिका यानी गौरैया-सी उस जगह लौट कर आती हैं जहाँ उन्हें दाना-पानी मिला था। ताउम्र मायके के मोह से बँधी रहती हैं। इस उपन्यास का शीर्षक शकुंतिका (गौरेया) पितृसत्तात्मक समाज में बेटियों के सपनों, उनकी आशा आकांक्षाओं के उन्मुक्त आकाश का सृजन करता है। इस के साथ ही लुप्त होते रिश्तों के रेशों को भी मजबूत करता नजर आता है।

गौरतलब है कि भारतीय पितृसत्तात्मक समाज में जन्म से मृत्यु तक के संस्कार

बेटों द्वारा ही सम्पन्न किए जाते हैं। बेटे के जन्म पर आश्वस्ति और बेटी के जन्म पर आशंका बढ़ जाती है। लड़की मतलब मातम, माता-पिता की छाती पर बोझ, पिता की गर्दन झुकानेवाली और बेचारी माँ के लिए अपराध बोध। यानी जन्म के साथ ही लड़कियों का संघर्ष शुरू हो जाता है। चूँकि उनसे वंशवृद्धि नहीं होती बल्कि यौन असुरक्षा और देहज जैसी विकट समस्या से जूझना पड़ता है। इन से बचने के लिए गर्भ में ही कन्या-भ्रूण को खत्म कर दिया जाता है। यह विडम्बना ही तो है कि हम एक तरफ तो कन्या-पूजन करते हैं दूसरी तरफ दुनिया में आने से पहले ही उसे मार दिया जाता है। इस प्रक्रिया से बच भी जाए तब भी उसे ताउम्र अमानवीय व्यवहार झेलना पड़ता है। लड़कियों को बड़ा करने से लेकर विदा करने तक माता-पिता चिन्ताग्रस्त ही रहते हैं। बेटा बुढ़ापे का सहारा बनेगा इस सोच के कारण बेटे को विकास के तमाम साधन उपलब्ध कराते हैं पर सच यही है कि बेटे के पास माता-पिता के लिए वक्त ही नहीं। बुढ़ापे में उन्हें अकेला छोड़कर अपनी दुनिया में व्यस्त हो जाते हैं। उपभोक्तावाद ने संयुक्त परिवार को एकल परिवार में क्या बदला घर से दादा-दादी का कमरा ही लुप्त हो गया। बुजुर्गों और नई पीढ़ी के बीच सम्बन्ध ना के बराबर ही रह गए हैं। घर में बेटियों से भेद भाव, बुजुर्गों की उपेक्षा, बाहर की दुनिया में प्रतिस्पर्धा और पास-पड़ोस से दूरी ऐसी स्वार्थी संस्कृति की अमानवीयता के कारण खत्म होते रिश्तों के बरक्स यह उपन्यास मानवीय सम्बन्धों का सहज विकसित संसार निर्मित करता है।

भगवती-दशरथ के मध्यमवर्गीय परिवार में दो बेटे और दो बहुएँ हैं। बड़े बेटे बलवन्त के दो लड़कियाँ हैं और तीसरी सन्तान भी आनेवाली है। छोटा बेटा रूपेश अभी नि:सन्तान है। उनके पड़ोसी दुर्गा-उग्रसेन के घर चौथे पोते के जन्म पर थाली बजाकर खुशी मनाई गई और भव्य भोज का आयोजन भी किया जाता है। भगवती और दशरथ के मन में भी पौत्र की लालसा है लेकिन उनके घर तीसरी सन्तान भी लड़की ही होती है। हमारे समाज में बेटियाँ अधिकारों से ही नहीं आवश्यकताओं से भी वंचित हैं, पर भगवती के परिवार की बेटियाँ सिया एवं गार्गी बहुत समझदार और कुशाग्रबुद्धि हैं। उन्हें आगे बढ़ने का मौका मिला तो वे इसी के बूते वकील (सिया) और डाक्टर (गार्गी) बन जाती हैं। पड़ोसी दुर्गा के पोते पढ़ने में नालायक और आवारा हैं। दुर्गा के बेटे सम्पत्ति बढ़ जाने पर अपने-अपने परिवार को लेकर अलग फ्लैट में रहने चले जाते हैं। दुर्गा और उग्रसेन अकेले रह जाते हैं। बेटे-पोतों की बेरुखी, बुढ़ापे में अकेले रहने की पीड़ा और सम्पत्ति को लेकर बेटों का स्वार्थी रवैया उन दोनों को व्यथित कर देता है। भगवती के घर की रौनक, उसकी पोतियों का अपने दादा-दादी के प्रति आत्मीय व्यवहार और बुढ़ापे में अकेलेपन की निर्मम यातना से उपजा यथार्थ बोध; उन्हें लड़कियों के प्रति संवेदनशील बना देता है। भगवती की पोतियों से दुर्गा को गहरा लगाव है। वह सोचती है कि काश उसके भी पोती होती तो

उसका घर भी चिड़ियों-सा चहकता रहता। कष्ट सह कर बेटों को पाला, पोतों के जन्म पर फूली नहीं समा रही थी। वे सब निर्मोही, उन्हें एकान्त निर्वासन भुगतने के लिए छोड़ गए। अपने कटु अनुभव और भगवती के घर का कलरव, उसकी पोतियों की आत्मीयता, परिवार के सदस्यों का आपसी तालमेल, दुर्गा के विचारों को बदल देता है। यही वह बिन्दु है जो तेल की बूँद की भाँति दकियानूसी सोच पर फैल कर, बदलाव की भूमिका तैयार करता है। जमीनी हकीकत पितृसत्तात्मक समाज की बरगदी जड़ों में स्पेस बना, नव अंकुर डाल देती है। सम्भावना के बीजों का छिड़काव नई पीढ़ी के लिए वो ज़मीन तैयार करता है जिसमें वो आत्मनिर्भर, मजबूत और स्वस्थ समाज बना सके। दरअसल परिवर्तन आन्तरिक स्तर पर घटित होनेवाली प्रक्रिया है जो इच्छा और जरूरत के संयोग से ही सक्रिय होता है। दुर्गा की बदली मानसिकता और उस के हालात का सीधा प्रभाव भगवती पर दिखाई देता है।

स्त्री में बदलने की अपार क्षमता होती है। यह क्षमता ही उसकी बहुत बड़ी ताकत है। दुर्गा-भगवती की नई सोच अनेक सम्भावनाओं को जन्म देती है। इन दोनों का बहनापा और आपसी समझ उपन्यास की वह उर्वर भूमि है जो उपन्यास के उद्देश्य की दिशा तय करने में सहायक होती है। यद्यपि भगवती-दशरथ अपने परिवार के सुख-दुःख, आशा-आकांक्षा और सपनों को लेकर सचेत एवं संवेदनशील है। जब भी कोई दुविधा आती है तो दुर्गा और उग्रसेन की व्यावहारिक सलाह उन्हें उभार लेती है। बदली सोच का सीधा सम्बन्ध भगवती के छोटे बेटे के लिए अनाथ आश्रम से लड़की गोद लेने की सलाह में दिखाई देता है। दुर्गा वंश बढ़ाने के लिए लड़का गोद लेने के लिए साफ मना करते हुए, इसके व्यावहारिक पहलू समझाती है। अनाथ आश्रम से लड़की गोद ले कर भगवती दशरथ का परिवार मिसाल कायम करता है। बेटियों के अन्तर्जातीय विवाह कर के भगवती का परिवार प्रगतिशीलता का परिचय देता है। इस परिवार की बेटियाँ अपनी लगन और मेहनत से ना केवल कामयाब होती हैं बल्कि मायके के सुख-दुःख में भी भागीदारी निभाती हैं। बलवन्त की तीसरी बेटी बुलबुल के ससुराल वाले उसे परेशान कर रहे थे तो उसकी बड़ी बहन सिया वकील का नोटिस भिजवा कर उसके पति को उसकी गलती का एहसास कराती है। शिक्षित बेटियों में आत्मविश्वास और आत्मनिर्णय की क्षमता आ जाती है, वे अन्याय का विरोध करने में भी सक्षम होती हैं। अनाथ आश्रम से गोद ली बेटी विदेश में उच्च शिक्षा ग्रहण कर, एम.एन.सी. में नौकरी करती है। वह अपने दादा-दादी की मृत्यु के बाद, उन के नाम से, उसी अनाथ आश्रम में डी.बी. फाउंडेशन बनाती है, जहाँ से उसे गोद लिया गया था। पितृसत्तात्मक समाज में गढ़ी गई स्त्री छवि से अलग बनती नई स्त्री है जो सम्बन्धों की गरिमा के बीच आत्मविश्वास से परिपूर्ण बेहतर समाज के निर्माण की ओर अग्रसर है।

उपन्यास का अन्त पितृसत्तात्मक समाज में आगे बढ़ती बेटियों और उन में निहित

ममत्व को रेखांकित करता है। बेटियाँ वो सब करने में सक्षम हैं जिसकी उम्मीद बेटों से की जाती है। बेटियाँ अपने ऊपर किए गए भरोसे, लाड़ दुलार और विश्वास को दुगना कर लौटाती हैं। पुरानी पीढ़ी की दुर्गा और भगवती दकियानूसी दायरों से बाहर निकल, स्त्री-पक्ष का नया आख्यान गढ़ती है। इस उपन्यास की सहज भाषा में परिवेश की सशक्त अभिव्यक्ति की हुई है। साधारण भाषा में असाधारण भाव बोध पाठकों के लिए सम्प्रेषित होने में समर्थ है। परिवार की महत्ता, परिवारिक मूल्यों का सम्मान, निर्णय में लोकतांत्रिक रवैया—स्त्री पुरुष सब के विचारों का बराबर महत्त्व, पड़ोसी के साथ आत्मीय सम्बन्ध और लैंगिक समानता की खूबसूरत प्रस्तुति, इस उपन्यास को ख़ास बनाते हैं।

पुरुष-सत्तात्मक समाज में स्त्री संवेदना की मनोभूमि

डॉ. मीना सुनील सुतवणी
एस.जी. व जी.पी. कॉलेज, शिवले, महाराष्ट्र

'शकुंतिका' समकालीन सामाजिक स्थितियों को खोलते हुए एक आदर्श की स्थापना हेतु लिखा हुआ भगवानदास मोरवाल का लघु उपन्यास है। इसे हम लम्बी कहानी भी कहें तो अनुचित नहीं होगा। मोरवाल अपनी हर रचना के लिए नितान्त नया विषय चुनते हैं। "मात्र संवेदनात्मक ज्ञान के आधार पर औपन्यासिक शिल्प की रचना नहीं करते हैं बल्कि समाज का शोधपरक ज्ञानात्मक अंकन करते हैं।" प्रस्तुत उपन्यास भी इस बात की पुष्टि करता है। बेटा-बेटी भेद के ज्वलन्त सामाजिक विषय को उन्होंने इस उपन्यास के लिए चुना है। 'बेटी बचाव बेटी पढ़ाव' का केवल सन्देश देकर वे मुक्त नहीं होते, तो पुरुष-वर्चस्ववादी व्यवस्था के प्रतिरोध के लिए स्वतंत्र विचारोंवाली सक्षम बेटियों को आक्रामकता से प्रस्तुत करते हैं। अपने विषय में वे स्वयं निर्णय करती हैं। उनकी प्रत्येक क्रिया ठोस आत्मविश्वास से परिपूर्ण है। आज समाज में लड़का और लड़की के प्रमाण में सन्तुलन का अभाव है। यह असन्तुलन यकायक नहीं हुआ है। यह एक दीर्घकालिक प्रक्रिया है, जिससे आज एक नया संकट खड़ा हुआ है। इन स्थितियों के लिए दकियानूस, पुरुषसत्ता का समर्थक एक बहुत बड़ा वर्ग जिम्मेदार रहा है। सामाजिक और धार्मिक रूढ़ि के अनुसार यहाँ की मान्यता है कि पुत्र वंश का दीपक होता है। वह पितरों का उद्धार करता है। दूसरा वर पक्ष का वर्चस्व और दहेज प्रथा का दाहक रूप इसके प्रमुख कारण हैं। अत: बेटे के जन्म पर थाली-नाद होता है, कुआँ पुजता है, बेटी के जन्म पर नहीं। बुलबुल के सन्दर्भ में अख्तरी का कथन इस स्थिति की ओर संकेत करता है। वह कहती है—"एक बात कहू, बेटियाँ किसी को बुरी नहीं लगती हैं। दूसरे घर जाकर जब दुख पाती हैं, तभी बेटियों के पैदा ना होने की हम लोग मिन्नतें माँगते हैं। जिस बेटी की आँखों में माँ-बाप आँसू का एक कतरा भी नहीं देख पाते हैं, वह जब दुख पाती है, तो उनके दिल पर क्या गुजरती है, इसे वे ही जानते हैं।" उपन्यास की सिया घरेलू हिंसा के प्रतिरोध

के लिए कानूनी सहायता को राम-बाण मानती है। उसका उपयोग कर चुटकी में समस्या का समाधान कर देती है। जहाँ लड़का पैदा होने पर ही कुआँ पुजता है वहाँ जयन्ती अपनी गोद ली हुई लड़की का कुआँ पूजकर एक मिसाल कायम करती है। उसका ससुर दशरथ स्वयं उसके पक्ष में खड़ा हो जाता है। वह अपनी पत्नी भगवती को समझाता है—"बात रीत की नहीं, बात आदमी की खुशी की है। वैसे ये रीति-रिवाज कोई आसमान से तो उतरकर आए नहीं हैं। इनसान ने अपनी खुशी के लिए बनाए हैं।" उपन्यास इस गलतफहमी के विरोध में स्थितियों को खड़ा करता है कि लड़का बुढ़ापे का सहारा होता है और घर को वीरान होने से बचाता है। दो पड़ोसी परिवारों को तुलनात्मकता का आधार बनाकर बेटों की तुलना में बेटियों के बेहतरीन प्रदर्शन को बड़े ही रोचक ढंग से प्रस्तुत करता है। सद्य:-स्थितियों में यह एक विश्वसनीय अनुभव है।

उपन्यास के प्रारम्भ में जान-बूझकर स्थितियों का निर्माण, संवादों की कृत्रिमता और दोहरावट कुछ अखरनेवाली बातें हैं, पर उत्तरार्द्ध में उत्तरोत्तर बढ़ती स्वाभाविकता और गतिशीलता पाठक को बाँधे रखती है। यह एक सुगठित उपन्यास है। इसमें प्रासंगिक कथाएँ न के बराबर हैं। उग्रसेन और दुर्गा के घर की कथा भी उतनी ही ली गई है, जितनी आवश्यक है। कथा के केन्द्र में भगवती और दशरथ का परिवार ही है। अलग-अलग जगहों से विस्थापित होकर पुनर्वसितों की कॉलोनी में बसे, सुख-दुख में एक-दूसरे के काम आनेवाले इन दो परिवारों में कुछ अलग ही तरह का रिश्ता है। दोनों एक-दूसरे को विशेष दर्जा देते हैं। ऐसा होते हुए भी पड़ोसी से बेहतर स्थिति में होने का भाव और गर्वीलापन दुर्गा के आचरण से झलकता है। उग्रसेन और दुर्गा की अकड़ का प्रमुख कारण है—उनके घर में एक भी बेटी का पैदा न होना। उनका बड़ा बेटा नागदत्त और बहू कौशल्या के दो बेटे हैं—रोहन और विभोर। छोटा बेटा अभय और बहू कुसुम के भी दो बेटे हैं—बड़ा बेटा अमित और हाल ही में पैदा हुआ शिशु विजय। इसके विपरीत दशरथ और भगवती का बड़ा बेटा बलवन्त और बहू रेवती की दो बेटियाँ हैं—सिया और गार्गी। रेवती तीसरी बार गर्भवती है। भगवती का मानना है कि अगर अबकी बार भी रेवती के बेटी ही होती है तो हम जीते-जी मर जाएँगे। उसे खून की कमी से जूझ रही रेवती की सेहत की उतनी चिन्ता नहीं जितनी बेटा होने की। वह उसकी गर्भजल चिकित्सा भी करने की सोचती है, पर इस काम के लिए कोई डाक्टर तैयार नहीं होता, अत: उस विचार को छोड़ देती है। उनका दूसरा बेटा रूपेश और बहू जयन्ती नि:सन्तान दम्पति है। विजय के जन्म के कारण दुर्गा और उग्रसेन के पाँव जमी पर नहीं पड़ रहे हैं। उधर भगवती और दशरथ एक भी पोता न होने से दुखी हैं। पर समयान्तर में इन पात्रों में आमूल-चूल परिवर्तन आता है, इसका सर्वप्रथम श्रेय जाता है सिया को। वह बुद्धिमान है, बुजदिल नहीं है। भगवती के इस विचार

का वह नम्रता से विरोध करती है कि, 'लड़कियों को हदों में रहना चाहिए।'

पूरे उपन्यास में कंट्रास्ट स्थितियों को रखकर लेखक अपने गन्तव्य की ओर बढ़ता है। इन्हीं के मध्य से रचना का केन्द्रिय स्वर उभरता है—'जिस घर की दरो दीवार लड़कियों की कूक से गूँजती रहती हैं, उस घर को दुनिया का खुशनसीब परिवार क्यों न कहा जाए! बिना बेटियोंवाला घर, घर नहीं सफेदे का पेड़ होता है, जिस पर तो परिन्दे भी आकर नहीं बैठते हैं।' इस स्वर को उभारनेवाला पात्र है उग्रसेन। स्थितियाँ कुछ ऐसी बन जाती हैं कि पूरी कॉलोनी में रौब-दाब रखनेवाला उग्रसेन डेरीवाले से दूधिया बन जाता है। आए दिन उसके दोनों बड़े पोतों की लड़कियों से छेड़खानी की शिकायतें आने लगती हैं। महँगी प्राइवेट स्कूली शिक्षा के बावजूद बारहवीं में दोनों जैसे-तैसे पास होते हैं। इस रिजल्ट से नाराज नागदत्त और अभय इन आवारा गुंडों को प्रॉपर्टी के धंधे में लगा लेने का निश्चय कर लेते हैं, जबकि सरकारी स्कूल में पढ़ते हुए भी सिया के बारहवीं में बानबे प्रतिशत अंक आते हैं। दुर्गा और उग्रसेन अपने रत्नों की असफलता पर इतने दुखी नहीं है जितने सिया की सफलता पर। लेखक यहाँ भारतीय समाज की धमनियों में गाढ़े रक्त की तरह समायी हुई ईर्ष्या की कटु आलोचना करता है। दसवीं में पढ़नेवाले दोनों पोतों में से एक विभोर फेल हो जाता है, विजय जैसे-तैसे पास हो जाता है। गार्गी के दसवीं में चौरानबे प्रतिशत अंक आते हैं। अब दुर्गा को लगने लगता है कि इन निकम्मे सत्यानाशियों से तो ऊपरवाला दशरथ-भगवती की पोतियों जैसी एक पोती ही दे देता।

घर में पहले से तीन-तीन बेटियाँ मौजूद हैं, उसमें भगवती का यह निर्णय कि चौथी भी बेटी ही आएगी, एक इतिहास रचता है। परिवार के निर्णय के बाद रूपेश डॉक्टर की सलाह के अनुसार कारा (सेंट्रल एडॅप्शन रिसोर्स अथॉरिटी) या किसी एडॉप्शन कोऑर्डिनेटिंग एजेंसी से ही बच्ची को गोद लेने का विचार पक्का करता है और भागदौड़ करके गोद लेने की लम्बी, उबाऊ और जटिल कानूनी प्रक्रिया को पूरा करता है। उग्रसेन और दुर्गा समेत रूपेश, जयन्ती, भगवती और रेवती बच्ची को लेकर घर पहुँचते हैं तो सिया एकदम अनोखे तरीके से नवागत का स्वागत करवाती है। उसकी योजना के अनुसार गार्गी से थाली लेकर भगवती शिशु की आरती उतारती है। महावर धुले पानी की परात में बच्ची के तलुवे डुबोकर रूपेश मुख्य द्वार से अपने कमरे तक छोटे-छोटे सुर्ख निशान बनाता है। बर्फी बाँटी जाती है। सिया बालिका नाम रख देती है—पीहू।

सिया की तरह ही गार्गी भी धीरे-धीरे प्रगल्भ और गम्भीर व्यक्तित्व को अपने में विकसित कर लेती है तो दशरथ के घर में लड़की स्नेही माहौल को और अधिक बल मिलता है। सिया की लॉ की पढ़ाई पूरी होने के बाद भगवती और दशरथ को उसके विवाह की चिन्ता होने लगती है। पर दशरथ जब इस बात को जानता है कि वह ज्यूडिसिरी के एक्जाम की तैयारी करना चाहती है, तो वह उसके पक्ष में खड़ा

होकर भगवती को समझाता है कि "बेटियाँ जो कुछ कर लेती हैं, माँ-बाप के घर ही कर लेती हैं। शादी-विवाह के बाद कुछ नहीं होता। मेरा तो यह मानना है कि इस देश में ज्यादातर बेटियों के सपने यह शादी-विवाह ही कुचल देता है। अगर इसका मन करता है तो इसे करने दे।" सिया विवाह जैसे सम्बन्धों में जाति-बिरादरी को एक ढकोसला मानती है। इसकी संकीर्णताओं से ऊपर उठकर वह अपने बंगाली बैचमेट तपन दत्ता जो कि जज है, से शादी करना चाहती है तो दशरथ और भगवती उग्रसेन से प्रेरणा पाकर उसे अनुमति देते हैं। डाक्टर बनी गार्गी को उसके साथ पढ़नेवाले पंजाबी लड़के से शादी करने की इजाजत देते हैं। अपनी पोतियों को केवल इस प्रकार की शादियों के लिए अनुमति ही नहीं देते, बल्कि अपने हाथों बड़ी धूमधाम से इनकी शादियाँ कर देते हैं। उसके विचार में जाति-बिरादरी से अधिक बच्चों का एक-दूसरे के लिए योग्य होना तथा उनके मनों का मिलना जरूरी है। इन प्रगतिशील पात्रों के माध्यम से लेखक बुजुर्गों के सम्मुख एक आदर्श प्रस्तुत करता है। उनको परिवर्तन की प्रेरणा देता है। हर नई चीज बुरी नहीं होती, पूर्वाग्रहों को थोड़ा त्यागकर वे अगर इर्द-गिर्द खुली आँख और मस्तिष्क से देखेंगे तो उनका जीवन आनन्दमय हो सकता है। पीढ़ियों का फासला मिट सकता है।

उग्रसेन का असामयिक निधन, बेटों की लापरवाही से उसे समय पर इलाज का न मिलना, उधर भगवती की बीमारी की खबर पाकर उसकी पोतियों का तुरन्त उसके पास पहुँचना, गार्गी के प्रयासों से भगवती का ठीक होना, उसी का अकेली रह रही दुर्गा को भी बेहोशी की अवस्था में तत्काल प्राथमिक इलाज के बाद अस्पताल पहुँचाने की सिफारिश करना आदि घटनाओं का चित्रण कर लेखक ने बेटियों में स्थित सूझ-बूझ, अकलमंदी और संवेदनशीलता को फिर से अधोरेखित किया है। परिवर्तन सृष्टि का नियम है। समय के चलते दुर्गा और उग्रसेन का घर उजड़ जाता है। भगवती और दशरथ का घर भी हमेशा चहचहानेवाला नहीं रहता। समय के साथ वहाँ भी करुणा और उदासी की स्थिति आती ही है। मजबूरीवश अपने बेटे के पास रहने चली गई दुर्गा का जब निधन हो जाता है तो इस दम्पति में भी मृत्युबोध गहराता है। उनकी पोतियों ने उन्हें भरपूर यश और सन्तोष दिया हो, पर उनसे बिछोह का दुख उन्हें सहना पड़ता है। शादी करके घर की तीन गौरेयाँ एक-एक कर उड़ जाती हैं। चौथी पीहू को विदेश अध्ययन योजना के अन्तर्गत सरकार की तरफ से ऑस्ट्रेलिया के मलबर्न शहर में पढ़ने का अवसर मिलता है। पीहू के चले जाने के बाद उसे विदा करने आई सिया, गार्गी और बुलबुल भी चली जाती है, तो घर में सन्नाटा छा जाता है। हार्ट-अटैक से दशरथ की मृत्यु हो जाती है। साल भर के अन्दर ही भगवती के प्राण पखेरू भी उड़ जाते हैं। इस प्रकार परिवार के दो पुराने दरख्त हमेशा के लिए उखड़ जाते हैं। पोतियों का बिछोह और जीवन की संध्या का आभास भगवती और दशरथ के लिए दुखदायी रहा हो, पर दुर्गा और उग्रसेन के लिए प्राप्त परिस्थितियों

की तुलना में ये स्थितियाँ सुसह्य हैं। लड़कियाँ भले चिड़ियों की तरह उड़ गई हों, समय...पर आकर उन्होंने उस वीराने में हर्षोल्लास का माहौल जरूर पैदा किया है। लड़के जो आनन्द दुर्गा और उग्रसेन को नहीं देते, लड़कियाँ अपने माँ-बाप और दादा-दादी को भी देती हैं। वैसे चिर-स्थायी तो कुछ भी नहीं है, पर अन्त समय में तृप्ति और शान्ति की कामना तो हर कोई करता है। बेटियाँ इसके लिए सतर्क रहती हैं, बाद में भी वंश का नाम उज्ज्वल करती हैं, पुरखों को कई पीढ़ियों तक याद रखने का प्रबन्ध करती हैं।

पीहू के माध्यम से लेखक इस बात की पुष्टि करता है। कैम्पस प्लेसमेंट के अन्तर्गत पीहू को ऑस्ट्रेलिया की एक कम्पनी का प्रतिमाह तीन लाख रुपये का अच्छा-खासा ऑफर मिलता है। सिया, गार्गी और रूपेश के आग्रह पर वह उसे स्वीकारती है। इस प्रसंग में लेखक नें अच्छे पढ़े-लिखे युवकों के भारत में प्राइवेट कम्पनियों द्वारा हो रहे शोषण की ओर इशारा किया है। ऑस्ट्रेलिया की एक कम्पनी की सीईओ पीहू वहाँ के सहयोगियों के साथ मिलकर अपने दादा-दादी के नाम डीबी (दशरथ-भगवती) फाउंडेशन की स्थापना करती है। क्रिसमस की छुट्टियों में अपने तीन सहयोंगियों के साथ भारत आती है। बिना पूर्वाभास के अपने परिवार को साथ लेकर उसी अनाथाश्रम में पहुँचती है, जहाँ से उसे गोद लिया गया था। पीहू के इस प्रकार के आचरण पर सबको आश्चर्य होता है। भाव-विवश पीहू सुपरिंटेंडेंट के पास पहुँचकर फाउंडेशन की तरफ से आश्रम को हर साल डोनेशन देने की मंशा व्यक्त करती है, और तीन लाख रुपये का ड्राफ्ट उन्हें सौंपती है। उसे असली पहचान और जन्म देनेवाले माता-पिता जयन्ती और रूपेश के प्रति वह कृतज्ञ है, इससे भी ज्यादा जिन दादा-दादी ने उसे ही नहीं उसकी अन्य तीन बहनों को भी गर्व से सिर उठाकर चलने के काबिल बनाया, घर में तीन-तीन बेटियाँ पहले से मौजूद होने के बावजूद उसे गोद लेने की प्रेरणा दी उनके प्रति वह ज्यादा आदरभाव रखती है। रेवती और जयन्ती को पीहू के साथ घर लौटते समय लगता है जैसे कोई तीरथ करके लौट रही हैं। ऑस्ट्रेलिया पहुँचकर पीहू एक भारतीय युवक से शादी कर लेती है। वहाँ की नागरिकता हासिल कर लेती है। कई कम्पनियाँ बदलती है। पर हर साल अपने जन्म-दिन पर अपने दादा-दादी के नाम स्थापित फाउंडेशन की ओर से आश्रम को डोनेशन देना नहीं भूलती है। शकुंतिका ने उड़ान जरूर भरी है, पर अपनी जमीन को नहीं छोड़ा है। उस समाज के प्रति उसके अपने दायित्व को नहीं भुलाया है जिसने उसे स्वाभिमान की ज़िन्दगी दी है।

सिया, गार्गी और बुलबुल ने अपने माता-पिता और चाचा-चाची को यह एहसास नहीं होने दिया है कि उनका बुढ़ापे का कोई सहारा नहीं है। हर साल महीने-डेढ़ महीने के लिए पीहू भी भारत आ जाती है। साल में कुछ दिन तो अब भी ऐसे आते हैं जब स्वर्गीय दशरथ और भगवती के घर की मोखिया और रोशनदान उनकी इन

चिड़ियों के नाद से गूँजते हैं। जहाँ बेटोंवाला घर वीरान होकर नष्ट हो गया है, वहाँ बेटियोंवाला घर गुलशन है। यही सच्चा स्त्री-विमर्श है। ओछे कपड़े पहनने, बात-बात में पुरुषों से लड़ने और उन्हें अपना दुश्मन माननेवाले स्त्री-विमर्श के विपरीत।

उपन्यास की भाषा सहज, सरल व पात्रानुकूल है। मुहावरें, कहावतें, लक्षणा, व्यंजना का प्रयोग आदि शैली के बाह्य उपकरण हैं, जिनका सार्थक प्रयोग लेखक ने किया है; यथा—हवाइयाँ उड़ना, कलेजा मुँह को आना, मूल से अधिक ब्याज प्यारा होना आदि। पुत्रजन्म पर थाली-नाद करके हर्ष व्यक्त करना, कुआँ पुजवाना जैसे मेवाती लोकाचारों का स्वाभाविक वर्णन है। 'पुण्य किये होंगे' के लिए 'मोती दान किये होंगे' का प्रयोग स्थानीय स्पर्श लिये हुए है। शैली के अन्तरंग पक्ष भावात्मकता या रसात्मकता के कई स्थल उपन्यास में हैं; जीवन की संध्या में मनुष्य के मन की अवस्था का मार्मिक चित्रण दुर्गा-उग्रसेन और भगवती-दशरथ के माध्यम से हुआ है। एडप्शन के समय जयन्ती की अवस्था के चित्रण में मातृहृदय की भावपूर्ण व्यंजना हुई है। गार्गी और पीहू के शिक्षा हेतु प्रस्थान के प्रसंग में परिवार और माता-पिता से दूर जानेवाले बच्चों की प्रारम्भिक अवस्था का हबहू चित्रण है। नीट जैसी परीक्षाओं के परिणामों का निश्चित समय पर न आना और बच्चों का बढ़नेवाला टेंशन एक सर्वविदित तथ्य है।

अभय का छोटा बेटा विजय के जन्म पर दावत के समय डीजे से भगवती के घर में सिया और गार्गी की पढ़ाई में खलल पड़ने की बात का जिक्र है। आगे चलकर गार्गी और विजय के दसवीं के परीक्षा परिणामों के एक-साथ आने का वर्णन है, अत: औचित्य का भंग है। भगवती के मुँह में 'कंट्रोल' शब्द कुछ खटकता है; यथा—"यह बात वे सही कह रहे हैं। घर में लड़की होने से इन मर्दों की जुबान पर कंट्रोल तो रहता है।" ऐसा होते हुए भी लेखक अपने मूल उद्देश्य में पूर्णत: सफल है।

सन्दर्भ

1. 'शकुंतिका'—भगवानदास मोरवाल, राजकमल प्रकाशन।

पुरुषवादी वर्चस्व को नकारता उपन्यास : शकुंतिका

डॉ. कार्तिक चौधरी
एम.एस. कॉलेज, पश्चिम बंगाल

किसी भी साहित्यिक विधा में पाठक की भूमिका महत्त्वपूर्ण होती है, वैसे में पाठक के लिए रचना भी। महत्त्वपूर्णता से आशय किसी रचना को अच्छा या बुरा बतलाने में नहीं बल्कि अपनी जिम्मेदारी के साथ रचना के प्रति न्याय करने से हैं। पाठक के लिए कौन-सी रचना महत्त्वपूर्ण है? मुझे लगता है कि पाठक रचनाओं में अपने जीवन के संवेदना, परिवेश और वैचारिक दृष्टि को ढूँढ़ता है। जैसे ही किसी निजी या अपने जीवन के विविध अनुभवों का जुड़ाव उसे रचना में मिलता है। वह रचना उसके लिए उतना ही ज्यादा महत्त्वपूर्ण बन जाती है। भगवानदास मोरवाल की 'शकुंतिका' उपन्यास भी पाठक के परिवेश, स्थिति, अनुभव, जीवन संवेदना को ही आधार बनाती है।

भगवानदास मोरवाल हिन्दी साहित्य में एक शुद्ध रचनाकार हैं। जो किसी विवादों में न पड़कर निरन्तर अपने रचनात्मक कार्य में संलग्न रहते हैं। यही कारण है कि शंकुतिका उनका ग्यारहवाँ उपन्यास है। भगवानदास मोरवाल मास्टर ऑफ नावेल कथाकर हैं, क्योंकि उन्होंने अपने कथा-साहित्य में जिन पात्रों का चयन किया है वह समाज के सामान्य पात्र होते हुए भी एक उद्देश्य को पूरा करते हैं। यह सामान्य पात्र संवेदना और भावना से बने जीवन्त पात्र हैं। यही कारण है कि उनके कथासाहित्य के लिए एक बड़ा पाठक वर्ग हमेशा तैयार खड़ा रहता है।

किसी भी रचना में रचनाकार की भूमिका महत्त्वपूर्ण होती है। भगवानदास मोरवाल अपने नैतिक जिम्मेदारी से बचते नहीं बल्कि टिके रहते हैं। क्या रचनाकार के पास आक्रोश नहीं होता है? मेरा मानना है होता है। मानव स्वभाव में विकृतियों का आना प्राकृतिक गुण है। रचनाकार अपने आक्रोश से आत्मविश्वास चुनता है और उस आत्मविश्वास के माध्यम से रिएक्ट न कर रिस्पांड करते हुए सामाजिक परिवर्तन

पर जोर देता है। यही कारण है कि रचनाकार के पात्र सामान्य जीवन को जीते हुए भी पाठक के मन पर प्रभाव डालते हैं। भगवान दास मोरवाल स्वयं रचना के सन्दर्भ में लिखते हैं कि "असल रचना उबले हुए दूध की तरह नहीं बल्कि अनुभवों की लम्बी रचना प्रक्रिया की धीमी आँच पर औटने के बाद तैयार होती है।" 'शकुंतिका' उपन्यास इसी का परिणाम है।

शकुंतिका का अर्थ है 'एक छोटी चिड़िया'। व्याकरण के दृष्टि से यह शब्द स्त्रीलिंग हैं। स्त्रीलिंग शब्द लैंगिक भेद का प्रारूप है। जो प्रकृति प्रदत्त है। लेकिन भारतीय सामाजिक ढाँचा में लैंगिक समानता की जगह वर्चस्व को महत्ता दिया गया। यह वर्चस्व मुख्यत: पुरुषसत्तात्मक है। पुरुषसत्तात्मक समाज के अनुरूप ही शब्दों के निर्माण की प्रक्रिया भी चली। इन शब्दों के माध्यम से ही पुरुषसत्तात्मक मानसिकता का विस्तार आज भी फल-फूल रहा है। उदाहरण के लिए 'मर्द' शब्द को ही हम लें, यह शब्द अनेक रूप में अहंकार से भरा हुआ है, शायद इस शब्द ने अपने मानसिकता से कितना ज्यादा शोषण किया होगा आप कल्पना भी नहीं कर सकते। जिसने अपने विभिन्न अवैज्ञानिक अवधारणा के अनुरूप शब्दों का निर्माण विपरीत लिंग के प्रति कमज़ोर करने में गढ़ दिया। लेकिन परिवर्तन प्रकृति का नियम है। समय के होड़ में कुछ समय के लिए हम भले ही किसी को दबा सकते हैं, लेकिन वर्षों तक नहीं। यही कारण हैं लोकतंत्र के आने से अस्मिता का प्रश्न महत्त्वपूर्ण हो गया। अत: जिससे साहित्य भी अछूता कैसे रह सकता है। शकुंतिका उपन्यास अस्मिता के तलाश को संघर्ष के अनुरूप विश्लेषित करता है। यह संघर्ष वर्षों के टैगिंग का संघर्ष है। वैसे टैगिंग चलयंत्र की दुनिया में सकारात्मक दृष्टि भले ही रखता हो लेकिन लैंगिक भेद की दुनिया में हमेशा नकारत्मक दृष्टि से भरा पड़ा है।

यथा "तो एक रात में तुम दोनों कौन-सी जज बन जाओगी!"

सामान्यत: कमोवेश भारतीय समाज में यही अवधारणा आज भी बनी हुई है, इसमें दो राय नहीं। आप या आपके परिवार के लोग भले ही प्रगतिशील हों लेकिन दृष्टि अभी बदली नहीं है। वैसे अगर आप थोड़ा दो चार घरों में सामाजिक सर्वेक्षण करें तो इसे और नजदीक से जान सकेंगे। लड़का है तो अंग्रेजी मीडियम में पढ़ेगा और लड़की है तो सरकारी स्कूल में। लड़की है तो उसके नियम कायदे अलग और लड़का है तो उसके नियम कायदे अलग। महत्त्वपूर्ण है कि स्वतंत्रता किसको ज्यादा मिली। सम्भवत: लड़के को। जबकि बराबरी का अधिकार सबको है। यह बराबरी का अधिकार संविधान प्रदत्त होने के बावजूद फिर लड़के की चाह क्यों—

यथा-दुर्गा : "मेरा पक्का यकीन है भगवती कि इस बार तुम्हारे घर में लड़के की ही किलकारियाँ गूँजेगी।"

भगवती : "अगर इस बार भी नहीं हुआ न, हम तो जीते-जी मर जाएँगे। पहले

से दो दो लड़कियाँ को देखकर मेरे तो हाथ पाँव फूले जाते हैं।"

उपन्यासकार भगवानदास मोरवाल ने सामाजिक अध्ययन के तहत ही इस बात का जिक्र दुर्गा और भगवती के मुख से कहलवाया है। क्योंकि स्त्री चेतना की अलख हमारे समाज में राजाराम मोहन रॉय के समय से ही चली आ रही है। महिला आयोग का गठन स्त्री समस्याओं के समाधान के लिए भी हुआ है। लाखों साहित्य स्त्री के सशक्तीकरण पर आ चुके हैं। उसके बावजूद क्या समाज में लड़का और लड़की का भेद कम हुआ। क्या जो साहित्य स्त्री सशक्तीकरण को ध्यान में रखकर लिखे गए वह साहित्य उन सामान्य स्त्रियों तक पहुँच पाई, प्रश्न अनेक हैं। यथा—"सिया : दुर्गा अम्मा के यहाँ अक्सर क्यों इतनी धूमधाम से जन्मदिन मनाया जाता है? जबकि उसने अपने घर में न कभी गार्गी का जन्मदिन मनाते देखा, न कभी बुलबुल का।"

इस सन्दर्भ में सिमोन दी बुआ की उक्ति महत्त्वपूर्ण जान पड़ती है कि 'स्त्री होती नहीं बनाई जाती है।' क्या सचमुच में यह सही है बिलकुल सौ प्रतिशत। स्त्री समस्या का समाधान किसी पुरुष से लड़ाई-झगड़ा नहीं बल्कि उसकी मानसिकता से है। मानसिकता का निर्माण पुरुषवादी समाज में लड़के का भी होता है तो लड़की का भी, यही कारण है कि स्त्री होकर लैंगिक स्तर पर पुत्र का मोह लगभग प्रत्येक परिवार में बना रहता है। वही परिवार में लड़के का महत्त्व ज्यादा और लड़की का महत्त्व कम हो जाता हैं। जबकि दोनों को बराबरी से हक मिलना चाहिए। इस उपन्यास में मोरवालजी का झुकाव भारतीय आदर्शवादी यथार्थ की तरफ है। भले ही स्त्री विमर्शकारों के माध्यम यह खारिज हो जाए लेकिन परिवार जीवन की अभिन्न इकाई है। उसका बिखरना एक तरह से मानसिक अवसाद से भी गुजरना भी है। जो सच्चाई है बड़े शहरों में एकल व्यवस्था ही है। आधुनिकता ने इसमें भरपूर मदद भी की है। लेकिन परिवार का संयुक्त स्वरूप दुखांत में भी आशा का संचार करता है। यह मूलतः मनोविज्ञान का स्वरूप है जिसे जानना भी जरूरी है तभी एक लम्बे जीवन को आसानी से जिया जा सकता है।

धार्मिक कूपमंडूकता और अन्धविश्वास के काले चश्मे ने स्त्री जीवन को प्रत्यक्ष और अप्रत्यक्ष रूप से प्रभावित किया है। जिसे उपन्यासकार मोरवालजी ने नजरअन्दाज न करते हुए सचेत ही किया है यही कारण है कि वह उपन्यास में अपनी बात को रखते हैं, भगवान दास मोरवाल कहते है कि "आधुनिक समाज के इस पाखंडी नवजागरण की सबसे बड़ी भूमिका यह है कि परिवार के किसी पुरुष को नशा से मुक्ति दिलानी है तो उस घर की एक महिला को सत्संग में भेजना शुरू कर दो। देखते-देखते पूरा घर स्वर्ग बन जाएगा। इस में डेरों और आध्यात्मिक गुरुओं के फलने-फूलने के बड़े कारणों में एक हमारे ये अनियंत्रित शराबी पुरुष भी हैं।" ठीक वैसे ही उपन्यास में

पात्रों को सावधान भी करते हैं "वैसे, एक बार किसी साधु संत या पीर फकीर को दिखा लेती दुर्गा—ना दुर्गा यह काम मैं नहीं करनेवाली। मुझे नहीं है ऐसे पाखंडी बाबाओं पर रत्तीभर भी भरोसा। रात दिन इनके कारनामे टी.वी. पर देख-देखकर मुझे तो इनसे बहुत डर लगता है।" मोरवाल जी वैज्ञानिकता के पक्षधर हैं तभी तो उपन्यास के पात्र बच्चा गोद लेने के लिए एडॉप्शन कोऑर्डिनेटिंग एजेंसी के पास जाते हैं जो पूरी तरह विधि प्रदत्त हैं।

'शकुंतिका' उपन्यास स्त्री सशक्तीकरण के समर्थन में लिखा गया है। लेकिन वर्तमान समय में स्त्रीविमर्श इन सामान्य स्थितियों से भी निकल बहुत आगे बढ़ चुका है। वैसे में शकुंतिका उपन्यास की एक महत्त्वपूर्ण विशेषता है कि उपन्यास में स्त्री सौन्दर्य का जिक्र कहीं भी नहीं है। जबकि समाज का एक बड़ा ढाँचा स्त्री सौन्दर्य को आज भी महत्त्वपूर्ण बनाए हुए है। यहाँ तक कि बड़े शिक्षित घराने में भी जहाँ स्त्रियों को पूरी स्वतंत्रता दी गई है। रूप रंग की जगह प्रतिभा में विश्वास कर सिया, गार्गी, बुलबुल जैसे पात्र को खड़ा करना उपन्यास की बड़ी सफलता है। वैसे सौन्दर्य मनुष्य के दृष्टि में होता है। यही कारण है कि उपन्यासकार मोरवालजी अपने दृष्टि में प्रतिभा और संघर्ष को सौन्दर्य मानते हैं।

भारतीय समाज में प्रेम के बलिदान की अनेक कहानियाँ मौजूद होने के बावजूद आज भी प्रेम को वह स्वतंत्र मान्यता नहीं मिली है जो मिलना चाहिए था। जबकि स्त्री विमर्श का एक पहलू प्रेम विवाह भी है। वह भी भागकर प्रेम विवाह नहीं बल्कि समाज में डटकर। सूत्रण भारतीय सामाजिक सर्वश्रेष्ठता आज भी धर्म, जाति को महत्त्व देती है। जो कहीं-न-कहीं स्त्री स्वन्तत्रता का एक बाधक तत्व भी है। लेकिन मोरवाल जी ने जाति व्यवस्था से ऊपर उठते हुए प्रेमविवाह के सफल स्वरूप को दिखाया है। वैसे प्रेम तो साहस का स्वरूप है और संवैधानिक भी। अत: स्त्री को मर्द नहीं बल्कि समानता का अधिकार से चलनेवाला साथी चाहिए।

जिस प्रकार जीवन जीने के लिए खाना खाना जरूरी है, पानी पीना जरूरी है ठीक उसी प्रकार शिक्षा भी जरूरी नीड्स है। ऐसे में आंबेडकर का शिक्षा सम्बन्धी मत महत्त्वपूर्ण बन जाता है कि "शिक्षा वह शेरनी का दूध है जो पियेगा वही दहाड़ेगा," दहाड़ने से आशय जीवन को आत्मसम्मान से जीना। वर्षों से स्त्रियों को जिस प्रकार लैंगिक भेद होने पर प्रताड़ना मिली तो दूसरी शिक्षित नहीं होने पर। शिक्षा संविधान प्रदत्त सबका मौलिक आधार है। शकुंतिका उपन्यास में मोरवाल जी ने शिक्षा के प्रति सजगता पर जोर दिया है। जो आनेवाली नई युवा पीढ़ी के लिए जरूरी है वह भी उच्च शिक्षा। यही कारण है कि उपन्यास के सभी युवा स्त्री पात्र उच्च शिक्षा के माध्यम से अच्छी नौकरियों में भी हैं। वैसे शिक्षा का सामाजिक दायित्व भी है। जिसका निर्वाह

वह भली भाँति करते दिखाई पड़ते हैं। पीहू : "लीजिए सर, यह डिमांड ड्राफ्ट।" "मैडम, आप इस तीस लाख डोनेशन को कम कह रही हैं। इस आश्रम के इतिहास में आज तक किसी ने इतना बड़ा डोनेशन दिया ही नहीं है।"

निष्कर्षत: हम कह सकते हैं कि बदलते समय ने परिवारिक रिश्तों को भी अपने चपेट में ले लिया है। जहाँ रिश्ते अधिक बिखरे रहे हैं वही उपन्यासकार भगवान दास मोरवाल रिश्तों के अहसास को शंकुतिका उपन्यास में संजोने का काम करते हैं। अत: इस उपन्यास के माध्यम से आप रिश्तों को फिर से जी सकते हैं। जीने का मतलब परिवार का महत्त्व, परिवार की आशा और उसकी संवेदना। यह उपन्यास इसलिए भी महत्त्वपूर्ण है कि लेखक मोरवालजी परिवार से ही लोकतंत्र के महत्ता को दिखाने का प्रयास करते हैं। जो परिवार के प्रत्येक व्यक्ति को संगठित रखने में सफल भूमिका अदा करता है।

पुरुषवादी वर्चस्व को पूरी तरह से नकारते हुए स्त्री और पुरुष के सामंजस्य की महत्ता को दिखाने में यह उपन्यास निर्णायक भूमिका अदा करता है। उपन्यास की समाजशास्त्रीय दृष्टि से भी अगर पड़ताल करें तो भी इसकी कथावस्तु पूरी तरह महत्त्वपूर्ण बन जाती है। यह उपन्यास की सफलता ही माना जाएगा कि समाज में जिस तरह से बेटियाँ आगे बढ़ रही हैं। वह अपने पढ़ाई में सफल भी हो रही हैं। जिसको अब समाज पूरी तरह से स्वीकार करने लगा है। उपन्यास में भी परिवार में बेटियों को महत्त्व ही नहीं दिया जाता बल्कि उसे पूरी स्वतंत्रता दी जाती है, उसके अपने जीवन जीने की।

यह उपन्यास उन नए विद्यार्थियों के लिए भी जरूरी है जो इस उपन्यास के माध्यम से जान सकें कि वे अपने जीवन में क्या बनें और उसमें कैसे सफल हों। वही आज के समय में जातिविहीन समाज का निर्माण कैसे हो उसका सफल परीक्षण इस उपन्यास में अन्तरजातीय विवाह को महत्त्व देकर उपन्यासकार मोरवाल जी देते हैं। वह युवा पीढ़ी के सफलता और असफलता, आशा और निराशा, तर्क-वितर्क के फलसफा का शानदार निरीक्षण प्रस्तुत करते हैं।

कुल मिलाकर कहें तो यह उपन्यास आदर्शवादी यथार्थबोध को हमारे समक्ष रखते हुए हमारी संवेदना को फिर से झकझोरता है कि परिवार बहुत जरूरी है।

पितृसत्तात्मक समाज में स्त्री-मुक्ति के प्रश्न

डॉ. विद्या शशिशेखर शिंदे
अध्यक्ष, हिन्दी विभाग, आई.सी.एस. कॉलेज, खेड़, महाराष्ट्र

एक मानवीय इकाई के रूप में सभ्यता एवं संस्कृति के सर्वांगीण विकास में स्त्रियों की भागीदारी हमेशा से महत्त्वपूर्ण रही है। परिवार और समाज में सहभागिता के अतिरिक्त वह निर्विवाद रूप से पुरुषों के आकर्षण का केन्द्र भी रही हैं—भावनात्मक और शारीरिक रूप से भी। ज्यों ज्यों सभ्यता का विकास होता है स्थितियाँ क्रमशः बदलती हैं। जाहिर है बदलते हालात में स्त्री-पुरुष के बीच का परस्पर सम्बन्ध स्वाभाविक रूप से बदला है और बिगड़ा भी है। स्त्री का परिवार में महत्त्वपूर्ण जिम्मेदारी निभाने के बावजूद उसकी स्थिति महत्त्वपूर्ण नहीं मानी जाती। मानवीय इकाई के रूप में स्त्री और पुरुष का समान महत्त्व है, यह सैद्धान्तिक रूप से सच होते हुए भी व्यावहारिक रूप से झूठ लगता है। स्त्री अस्मिता को लेकर बाहरी और भीतरी मोर्चे का अन्त:संघर्ष लम्बे अरसे तक चला और सामाजिक साहित्यिक विमर्श का एक स्वाभाविक एवं खास हिस्सा बन गया। यही कारण है कि समकालीन हिन्दी साहित्य की केन्द्रिय संवेदना के रूप में स्त्री चेतना एवं संघर्ष के कई रूप में स्त्री लगभग आधी आबादी है इसलिए उसका कोई सपना और संघर्ष एकांगी और निरर्थक नहीं हो सकता। संघर्षधर्मी चेतना से बनते बिगड़े मूल्य और हाशिए से मुख्य धारा में आने का संघर्ष समकालीन उपन्यासों में से 'शंकुतिका' इस भगवानदास मोरवालजी के उपन्यास में स्पष्ट रूप में प्रतिबिम्बित हुआ है। स्त्रियों के भीतर चेतावनी जगाकर उन्हें नये युग में किस तरह आगे बढ़ना है उसकी प्रेरणा देता है। वैसे ही स्त्री ही स्त्री की दुश्मन बनी हुई है। क्योंकि आजतक समाज में सास-बहू के झगड़े भेद दृष्टि के कारण ही होते हैं। भारतीय समाज में लड़कियों को लड़कों की तरह सुविधा नहीं मिलती है, न घूमने-फिरने की आजादी। उसकी तरफ उपेक्षा की दृष्टि से देखा जाता है। इस उपन्यास में स्त्री की इस मानसिकता में परिवर्तन लाकर समाज के सामने एक नया आदर्श रखा गया है। लड़की को जन्म से पराया धन कहकर उसे अभागन कहनेवाली सबसे पहले उसकी माँ ही होती है। अगर माँ की इस भेद दृष्टि में परिवर्तन आ जाए

तो शायद एक स्त्री दूसरे स्त्री का सम्मान करने लगेगी। हमारे समाज में जो अनेक परम्पराएँ बनाई गई हैं जो स्त्री को हमेशा उपेक्षित रखती हैं, ऐसी परम्पराओं को छेद देकर नई सम्भावनाओं को उजागर करने का साहस इस उपन्यास के माध्यम से किया गया है।

आधुनिक काल में साहित्य के माध्यम से सिर्फ स्त्री के ऊपर होनेवाले अत्याचार दिखाकर उसे और उपेक्षित करने के बजाय स्त्री अपने भीतर परिवर्तन कैसे कर सकती है इसका वास्तविक चित्रण इस उपन्यास के माध्यम से किया गया है। उपन्यास के आरम्भ में स्त्री का परम्परागत रूप चित्रित करके अनुभव के आधार पर धीरे-धीरे लड़कियों के बारे में पुराने दकियानूसी विचार हटकर नए मूल्यों का आरम्भ परिवार के भीतर से होता हुआ दिखाई देता हैं। नए विचार एकदम नहीं आ सकते उसके लिए समय देना होगा। दुर्गा जैसी सकारात्मक सोच रखनेवाली एकाद स्त्री भी अपने अनुभव के आधार पर अपने आसपास के लोगों के मन के भीतर लड़कियों के प्रति सम्मान की भावना निर्माण कर सकती है। समय की नजाकत को समझकर हमें आगे बढ़ना होगा।

1. भारतीय संस्कृति पुरुषप्रधान संस्कृति होने के कारण परिवार में स्त्री को हीन माना जाता है, इस परम्परा में परिवर्तन लाने का प्रयास उपन्यास में किस तरह से किया है यह दर्शाना है।
2. स्त्री-पुरुष भेदाभेद को मन से दूर करने के लिए सामाजिक परिवर्तन की जरूरत दिखाकर उसमें समय की नजाकत को पहचानना, इस संकेत को उपन्यास के माध्यम से परिचित करना है।
3. स्त्री शिक्षा के माध्यम से स्त्री सबलता का संकेत देकर जागरूकता लाने का संकेत इस उपन्यास के माध्यम से किस तरह से किया है वह दिखाकर समाज में संवेदना जागृत करना है।

'शंकुतिका' उपन्यास का अनुशीलन

एक मानवीय इकाई के रूप में सभ्यता एवं संस्कृति के सर्वांगीण विकास में स्त्रियों की भागीदारी हमेशा से महत्त्वपूर्ण रही है। परिवार और समाज में सहभागिता के अतिरिक्त वह निर्विवाद रूप से पुरुषों के आकर्षण का केन्द्र भी रही है—भावनात्मक और शारीरिक रूप से भी। जाहिर है, बदलते हालात में स्त्री पुरुष के बीच का पारस्परिक सम्बध स्वाभाविक रूप से बदला है और बिगड़ा भी है। स्त्री परिवार में महत्त्वपूर्ण जिम्मेदारी निभाने के बावजूद उसकी स्थिति महत्त्वपूर्ण नहीं मानी जाती। पितृसत्ताक व्यवस्था के अधीन वह दोहरे किस्म की नागरिक बनी रही। मानवीय इकाई के रूप में स्त्री और पुरुष का समान महत्त्व है, यह सैद्धान्तिक रूप से सच होते हुए भी व्यावहारिक रूप से झूठ लगता है। स्त्री अस्मिता को लेकर बाहरी और भीतरी मोर्चे

का अन्त:संघर्ष लम्बे अरसे तक चला और सामाजिक, साहित्यिक विमर्श का एक स्वाभाविक एवं खास हिस्सा बन गया। यही कारण है कि समकालीन हिन्दी साहित्य की केन्द्रीय संवेदना के रूप में स्त्री-चेतना एवं संघर्ष के कई रूप और ढंग दिखते हैं। एक मानवीय इकाई के रूप में स्त्री की लगभग आधी आबादी है इसलिए उसका कोई सपना और संघर्ष एकांगी और निरर्थक नहीं हो सकता। संघर्षधर्मी चेतना से बनते बिगड़ते मूल्य और हाशिए से मुख्यधारा में आने का संघर्ष समकालीन उपन्यासों में से 'शकुंतिका' इस भगवानदास मोरवालजी के उपन्यास में स्पष्ट रूप में व्यक्त होता है। यह उपन्यास समाजवादी यथार्थवाद को व्यक्त जरूर करता है मगर उससें निकलनेवाली समस्याओं का समाधान ढूँढ़कर पाठकों के सामने रखता है। समाजवादी यथार्थवाद मनुष्य के उदात्त जीवन मूल्यों के प्रति आस्था रखता है। वह जीवन में जो कुछ श्रेष्ठ और सुन्दर है, उसे मानवता का प्रतीक समझता है। मनुष्य उन जीवन मूल्यों को प्राप्त करने का श्रम करें, इस हेतु प्रोत्साहित करता है।

'शंकुतिका' उपन्यास आधुनिक काल की शहरी सभ्यता में विचरण करनेवाले दो पड़ोसियों के बीच का वातावरण व्यक्त करता है। आज सुशिक्षित, सुसंस्कृत, सभ्य कहनेवाले शहरी लोग भी परम्परागत दृष्टिकोण को अपनाते हैं। जिनके घरों में लड़के पैदा होते हैं वहाँ जश्न मनाया जाता है और लड़कियाँ पैदा होने पर मातम मनाया जाता है। इतना ही नहीं तो कई माताएँ लड़की का जन्म होते ही उसे लावारिस की तरह फेंक देती हैं। कोई मानवतावादी उसे उठाकर अनाथाश्रम में पहुँचा देते हैं। विज्ञान की गर्भजल परीक्षा का उपयोग लिंग पहचाने जाने के लिए किया जा रहा है। तीन मास का गर्भ होने से पहले गर्भ लड़की का है यह पता चलने पर उसे गर्भ में मार देना शहरी संस्कृति की परम्परा बनने लगी। उसी का वर्णन इस उपन्यास में किया गया है। साथ-साथ गर्भजल परीक्षा पर लाई गई बंदी का भी वर्णन किया है। कन्या भ्रूण हत्या कानूनन जुर्म होने के बाद भी धन के लालच में कुछ लोग यह घिनौना कृत्य आज भी कर रहे हैं, इसकी ओर लेखक ने संकेत किया है। परिवार के सुशिक्षित लोगों की यह जिम्मेदारी है कि समय पर अपने लोगों को समझाकर उन्हें सही मार्ग पर लाना है। शहरी सभ्यता में पला हुआ यह परिवार पढ़ा-लिखा होकर भी परम्परागत संस्कारों को आगे बढ़ाते हुए दिखाकर उससे बाहर लाने के लिए ऐसे चरित्रों का निर्माण किया जो अपने और आसपास का अनुभव पाकर परम्पराओं में परिवर्तन लाने का प्रयास मन से करते हैं। लेखक कहते हैं कि हमें परिवर्तन की चाहत मन में उतरकर करनी होगी जो सदा के लिए रहेगी और उसे आगे बढ़ाएगी।

इस उपन्यास का देशकाल तथा वातावरण शहरी सभ्यता से जुड़ा है। उपन्यास के आरम्भ में ही लेखक कहते हैं कि, "देश के दूसरे शहरों की तरह यह कॉलोनी भी विविधता में एकता की मिसाल लिए, छोटा-सा एक ऐसा टापू है, जहाँ सब एक दूसरे के सुख-दु:ख में बराबर के भागीदार होते हैं।" शहर में रहनेवाले लोग अलग-

अलग जगहों से विस्थापित होकर आए हैं। उसमें विभिन्न धर्म जाति के लोग रहते हैं। लेखक को हिन्दी साहित्य की श्रेष्ठ कहानी 'पूस की रात' की याद आती है, जिसमें उसका नायक हल्कू ठंड के कारण काँप रहा है और करवटें बदल रहा है। शहरी सभ्यता में रहनवाले लोग इसलिए करवटें बदलते हैं क्योंकि पड़ोस में लड़का होने की खुशी में देर रात डी.जे. का कर्णकर्कश भोंपू बज रहा है। जिसके कारण पड़ोसियों की नींद उचट गई है। दशरथ और भगवती का पूरा परिवार इस आवाज के कारण करवटें बदल रहा है। यह कानूनन अपराध होते हुए भी डर और सभ्यता के कारण वह पड़ोसियों को कुछ कह नहीं पाते। अन्याय को चुपचाप सहने के वह अधीन हो जाते हैं। एक नागरिक के अधिकार को जानना बहुत जरूरी होता है मगर धनपतियों के डर के कारण और अपनी सभ्यता को बनाए रखने के कारण नागरिक के अधिकारों का यह सही उपयोग नहीं कर पाते। साथ-साथ पड़ोसियों का दिल दुखाना उन्हें पसन्द नहीं है। लेकिन आज के पढ़े-लिखे लोगों को किस तरह आचरण करना है यह संकेत भी लेखक हमें देते हैं। पुरानी गलत परम्पराओं को हटाकर नई परम्पराओं को लाकर आज की पीढ़ी को चेतावनी दी गई है।

'शकुंतिका' का कथाशिल्प

उपन्यास की कथा मार्मिक तथा कारुणिक स्थितियों को दर्शाती है। समूची कथा भावुकता के तानो बानों से निर्मित है। जिसमें एक प्रवाह है। भावनाओं का यह कथा प्रवाह बड़ा ही रोचक बना है, जो पाठकों को भी अपने साथ बहाकर ले जाता है। कहीं भी कथा में शिथिलता दिखाई नहीं देती। वस्तुत: जहाँ भावावेग की प्रबलता होती है, वहाँ कथा का सौन्दर्य निखर उठता है। 'शकुंतिका' उपन्यास का कथाशिल्प मात्र प्रयोग की दृष्टि से न करके उसके साथ लेखक की गहरी अनुभूतियाँ जुड़ी हुई स्पष्ट दिखाई देती हैं। यही कारण है कि उसमें सहजता और स्वाभाविकता पर्याप्त मात्रा में दिखाई देती है। समकालीन शहरी हो या ग्रामीण संस्कृति, लड़की के जन्म को आज भी नकारा जा रहा है। यह हमारी मानसिक दुर्बलता का द्योतक है। कन्या भ्रूण हत्या सभ्य समाज का वह हथियार है जो इन्हें सबके सामने कलंकित होने से बचाता है। मगर इसके दुष्परिणाम जब दिखाई देने लगे तब इसे कानूनन अपराध घोषित करना पड़ा। फिर भी यह घिनौने कृत्य आज भी जारी हैं। इसके ऊपर कानूनन उपाय जारी किये गए हैं। मगर यह सच है कि, कानून इस समस्या का समाधान कभी नहीं ढूँढ़ सकता। केवल इसका इलाज जनजागरूकता है। स्त्री के प्रति समाज के भीतर संवेदनाओं को जगाना है। जिसमें समाज में फैला हुआ अज्ञान और अन्धविश्वास का अँधेरा हट सकता है। भगवानदास मोरवाल जी ने इस उपन्यास में इन्हीं बातों पर अधिक बल दिया है। चिकनी-चुपड़ी बातें करके और महिला दिवस मनाकर स्त्री को सम्मान नहीं मिल सकता। उसके लिए जो स्त्री ही स्त्री की दुश्मन बनी है उसे

अपनी मानसिकता में परिवर्तन करना होगा। जो पुरुष स्त्री का सम्मान करना चाहते हैं वह आगे आकर समाज और परिवार में स्त्री को आदर दिलाने की कोशिश करें जो इस उपन्यास में दिखाया है। आज स्त्री ही स्त्री की असली दुश्मन बनी हुई है, उसमें परिवर्तन लाना जरूरी है। लेकिन उसके लिए लेखक ने उपन्यास के माध्यम से ऐसे दो पुरुष पात्र चित्रित किये हैं, जिनकी भूमिका महत्त्वपूर्ण है। स्त्री का सम्मान तभी बढ़ता है, जब परिवार के पुरुष उनका हौसला बढ़ाकर उन्हें प्रेरणा देते हैं। इस उपन्यास में परम्परागत स्त्री के रूप में भगवती का पात्र वही बात सोचता है, जो अक्सर भारतीय स्त्री सोचती है। भगवती की बहू तीसरी बार गर्भवती है, पहली दो लड़कियाँ और ऊपर से वह तीसरी बार लड़की नहीं चाहती है। तब पड़ोसन दुर्गा उसे मेडिकल जाँच करके लड़की हो तो गर्भ हटाने की सलाह देती हैं, जो उसे सही लगता है मगर अब यह नहीं हो सकता, यह समझने के पश्चात् जब बहू को तीसरी बार लड़की होती है तब वह उस बेटी का मन-ही-मन में तिरस्कार करती है। ऐसे अवसर पर इस घर के प्रमुख पात्र दशरथ पड़ोसवाले उग्रसेन के घर में उनके तीन पोते कैसी गलत हरकतें करके उन्हें परेशान कर रहे हैं वह बताकर अपने पत्नी के मन में पोतियों के प्रति संवेदना को जागृत करने में सफल होते हैं यह दिखाया है। धीरे-धीरे भगवती की सोच में परिवर्तन होने लगता है। अपने घर के पोतों के गलत व्यवहार देखकर शर्म महसूस करनेवाली दुर्गा जब पड़ोसन भगवती की पोतियों की सफलता और सभ्य व्यवहार को देखती थी तब सोचने लगी कि लड़कियों के प्रति अपनी सोच कितनी गलत थी इसका एहसास उसे होने लगता है और वह भगवती के भाग्य की प्रशंसा करती है। तब अनायास भगवती की सोच में भी परिवर्तन होने लगता है। कन्याओं के प्रति सकारात्मक सोच और आत्मिक सहजता को जगाना यह उपन्यास का उद्देश्य सफल होता हुआ दिखाई देता है।

स्त्री अस्मिता की पहचान

स्त्री अस्मिता की पहचान उसकी आत्मनिर्भरता पर निर्भर होती है। इस उपन्यास में आधुनिक काल की लड़कियाँ अपने ज्ञान के माध्यम से अपना अस्तित्व निर्माण करने में कामयाब होती हैं। घर की लड़कियों का सरकारी स्कूल में जाकर भी सिया का वकील बनना, गार्गी का डॉक्टर बनना, पीहू का परदेश जाना, यह उनकी अपनी गुणवत्ता का परिणाम है। यह स्त्री की अस्मिता की पहचान है। जब स्त्री आर्थिक तथा शैक्षणिक रूप में सबल हो जाती है तब वह अपने जीवन के निर्णय लेने में सफल हो जाती है। परम्परा से स्त्रियाँ आर्थिक दृष्टि से पुरुषों पर निर्भर रहती थीं और उन्हें हर बात उनकी माननी पड़ती थी। इस उपन्यास में भगवती की पोतियाँ उच्चशिक्षा विभूषित होने के कारण वह अपना जीवन साथी चुनने का फैसला लेने में समर्थ दिखाई देती हैं। अनमेल विवाह यह आज भी एक बड़ी समस्या है। इसके उपाय बताते हुए

लेखक उग्रसेन के माध्यम से दशरथ को समझाते हुए कहते है—"दशरथ, तू भी कैसी बच्ची जैसे बातें कर रहा है। अरे, यह सब कहने की बात है। बिरादरीवाले रिश्ते की क्या गारंटी है कि वहाँ सिया खुश और सुखी रहेगी? ये नये जमाने के बच्चे हैं, अगर इसने कोई फैसला लिया है तो कुछ अच्छा बुरा समझकर लिया होगा।" इस वाक्य से लेखक समाज के मन से धर्मभेद, जातिभेद हटाकर मानवतावादी भाव प्रेरित करना चाहते हैं। दोनों लड़कियों की शादी बिरादरी के बाहर हो जाना, यह आधुनिकतावाद सहज अपनाना समाज के लिए प्रेरणादायी है। भाव अपनाया गया है लेकिन भगवती के परम्परावादी विचार आसानी से छूटते नहीं हैं। वह अपनी तीसरी पोती बुलबुल की शादी बिरादरी में करने का फैसला लेती है। लेकिन यही बिरादरीवाले लोग दहेज के लालच में जब उसे परेशान करते हैं तब भगवती के परम्परागत विचारों में छेद हो जाता है। सिया अपनी वकीली के अधिकार से जब उन्हें नोटिस भेजती है तब उनका दिमाग ठिकाने आ जाता हैं। आज इन विचारों की जरूरत महसूस हो रही है। आजकल के लड़के धन के बल पर आवारा बनते जा रहे हैं। उन्हें अपने माँ-पिताजी के प्रति स्नेह नहीं हैं, मगर उनकी जायदाद पर अधिकार की बात जरूर करते हैं। उग्रसेन को दो बच्चे और चार पोते होने के बावजूद बुढ़ापे की अवस्था में अकेलेपन को अपनाने पर मजबूर हो जाते हैं। पड़ोसवाली लड़कियाँ स्नेह से उनकी देखभाल करती हैं। लेखक हमें संकेत देना चाहते हैं कि, हमें लड़का-लड़की का भेद न करते हुए सबको समान मानकर व्यवहार करना सीखना होगा।

उपन्यास की कथा मार्मिक तथा कारुणिक स्थितियों को दर्शाता है। समूची कथा भावुकता के तानो बानों से निर्मित है। जिसमें एक प्रवाह है। भावनाओं का यह प्रवाह कथा को आकर्षक तो बनाता ही है, पाठकों को भी अपने साथ बहाकर ले जाता है। वस्तुत: जहाँ भावावेग की प्रबलता होती है वहाँ कथा का सौन्दर्य भी निखर उठता हैं। 'शकुंतिका' उपन्यास का कथाशिल्प मात्र प्रयोग की दृष्टि से न करके उसके साथ लेखक की गहरी अनुभूतियाँ जुड़ी हुई दिखाई देती हैं।

नई पीढ़ी का आत्मसंघर्ष और शकुंतिका

प्रा. रीना सिंह
आर.के. तलरेजा कॉलेज, उल्हासनगर, महाराष्ट्र

'शकुंतिका' उपन्यास को पढ़कर बहुत दिनों बाद एक मानसिक तृप्ति का आभास हुआ। भगवानदास मोरवाल द्वारा लिखित यह उपन्यास अपने लघु कलेवर में अनेक सामाजिक सरोकारों को समेटे हुए है। इस लघु उपन्यास में स्त्री जाति की क्षमताओं को यथार्थ रूप में प्रस्तुत किया गया है। भगवानदास मोरवाल ने अपने इस उपन्यास में स्त्री जाति से जुड़े कई महत्त्वपूर्ण पहलुओं पर एक नई सोच, एक नया दृष्टिकोण स्थापित किया है। अत्यन्त ही सरल, सुबोध एवं सुगम्य भाषा में लिखा गया यह उपन्यास पाठकों पर एक अलग छाप छोड़ता है। अपनी सहजता के साथ यह कई मुद्दों पर पाठकों को विचार करने के लिए विवश कर देता है।

'शकुंतिका ' उपन्यास की कथावस्तु दो पड़ोसियों के इर्द-गिर्द घूमती है। दशरथ और भगवती का तथा उग्रसेन और दुर्गा का परिवार। दशरथ और भगवती के दो बेटों बलवन्त और रूपेश की क्रमश: रेवती और जयन्ती पत्नियाँ हैं। बलवन्त की तीन लड़कियाँ हैं—सिया, गार्गी और बुलबुल तथा जयन्ती और रूपेश की एक लड़की है, जिसे गोद लिया गया है। दशरथ और भगवती का परिवार साधारण मध्यमवर्गीय परिवार है जबकि उग्रसेन और दुर्गा का परिवार धनी परिवार है। दोनों परिवार एक अच्छे पड़ोसी की भाँति एक-दूसरे के सुख-दुख में हमेशा काम आते हैं।

उग्रसेन और दुर्गा को अपने जिन चार-चार रत्नों पर बड़ा अभिमान था वे एकदम आवारा और निकम्मे निकल गए। पढ़ने-लिखने में उनका मन न लगता देखकर उन्हें घर वालों ने अपने बिजनेस में लगा दिया। दुर्गा के बेटे एक-एक करके पुराने मकान से निकलकर नई सोसाइटी में चले गए। उग्रसेन ने अपने दोनों बेटों के बीच जायदाद का बँटवारा कर अपनी जिम्मेदारियों से मुक्ति पाई। वह घर जिसमें वे रहा करते थे सिर्फ उसे ही अपने नाम पर रहने दिया। अब तो दोनों बेटे कभी-कभार ही माँ-बाप से मिलने आते थे। दुर्गा जो कभी चार-चार पोतों के दम पर इतराती थी, वह आज भगवती के घर की रौनक देखकर सोचती है कि काश उसके घर भी बेटी

होती। वृद्धावस्था और अकेलेपन की घुटन से उग्रसेन और दुर्गा एक-एक कर इस दुनिया को छोड़ जाते हैं। वंश चलानेवाले दीपक आख़िरी समय में उनका साथ नहीं देते। अपने दादा-दादी अर्थात् दशरथ और भगवती के गुजरने के बाद चारों बेटियाँ आपस में मिलकर कुछ इस तरह से तालमेल बिठाती हैं कि कोई ना कोई घर पहुँची ही रहती है, ताकि उन्हें कभी बेटों की कमी ना खले। इस प्रकार बेटियों ने अपनी चहचहाहट से अपने घर को गुलजार बनाए रखा।

इस उपन्यास के माध्यम से लेखक ने बेटियों को उच्चतम दर्जा दिया है। जिसके घर में पहले से तीन लड़कियाँ हों वह बच्चा गोद लेते समय लड़की को ही गोद ले यह अपने आप में बड़ा ही हिम्मत वाला फैसला है। हमारे समाज में लड़कों को वंश बढ़ानेवाला माना जाता है। अनाथ आश्रमों में भी लड़कों की माँग अधिक रहती है। ऐसे में चौथी भी लड़की को गोद लेने का भगवती और दशरथ का फैसला दिखाकर लेखक ने एक बहुत बड़े परिवर्तन का संकेत अपनी लेखनी के माध्यम से दिया है। भगवती और दशरथ के बड़े बेटे बलवन्त और बहू रेवती को तीन लड़कियाँ थीं जबकि दूसरे बेटे रूपेश और बहू जयन्ती को कई वर्षों बाद भी कोई सन्तान नहीं हुई। अत: बच्चा गोद लेने की योजना बनाई जाती है। पहले किसी रिश्तेदार का बच्चा लेने की बात चलती है लेकिन भगवती को यह डर है कि कहीं कोई बाद में अपने पले-पलाए बच्चे को माँग न बैठे। पड़ोसी दुर्गा जो पहले तो चार-चार पोता होने से फूली नहीं समाती थी अब उनके रवैए से दुखी हो चली थी। वह भगवती को सलाह देती है कि गोद लेना है ही है तो किसी लड़की को ही गोद लें। वह कहती है, "और किसी लड़के-वड़के के चक्कर में मत पड़ना। लड़कों का सुख मैं कितना भोग रही हूँ, मैं ही जानती हूँ। अपनी पोतियों को देख रही है न। जहाँ तीन हैं वहाँ चौथी भी सही। मेरा बस चले न भगवती तो मैं अपने घर में आज ही एक लड़की ले आऊँ।"

लेखक यहाँ स्पष्ट करना चाहता है कि इस वंश बढ़ाने की भूख से ही बेटियों की दुर्गत हुई है। बेटों की चाह में न जाने कितनी कन्याओं की हत्या गर्भ में ही कर दी जाती है। उस नन्ही सी जान को जिसने बाहर की दुनिया में आँखें भी नहीं खोलीं उसे गर्भ के भीतर ही खत्म कर दिया जाता है। जब तक बेटियों की कीमत हम नहीं समझेंगे, उन्हें सम्मान नहीं देंगे तब तक वे अपने अधिकारों से वंचित रहेंगी।

भगवानदास मोरवाल ने इस उपन्यास के माध्यम से अन्तर्जातीय विवाह को प्राथमिकता दी है। हमारे देश में जाति प्रथा सदियों से विद्यमान है। जाति प्रथा की दासता ने ही लड़कियों का पक्ष कमजोर किया है। अपनी जाति में विवाह करने पर वर पक्ष मनमाने तौर पर दहेज की माँग रखते हैं। हमारे समाज में आज भी लड़कियों को अपने पसन्द का वर चुनने का अधिकार नहीं है। उस पर एक प्रकार से विवाह को थोपा जाता। यदि लड़की ने घरवालों का विरोध करके किसी गैरजातीय लड़के से विवाह कर लिया तो उससे सारे रिश्ते तोड़ लिए जाते हैं। लेखक ने इस उपन्यास

में समाज की इस विचारधारा को बदलने का प्रयास किया है।

दुर्गा को तो पहले वाला आदर्श रिश्ता भी मंजूर नहीं था उसे सिया की पसन्द एकदम सही लगती है। वह भगवती को समझाते हुए कहती है, "देख बहन मेरा तो मानना है कि बच्चे खुश रहने चाहिए। उनकी खुशी में माँ-बाप की खुशी होनी चाहिए। कई बार बच्चों पर अपनी मर्जी थोपना भी ठीक नहीं रहता।" उग्रसेन और भगवती की बात से सभी सहमत हो जाते हैं और सिया का विवाह उसके योग्य एक बंगाली पेशे से जज लड़के तपन के साथ धूमधाम से हो जाता है। सिया के बाद गार्गी का विवाह भी उसके पसन्द के लड़के के साथ करा दिया जाता है। वह भी गैरजातीय अर्थात पंजाबी और पेशे से डॉक्टर था। दोनों के विवाह में वर पक्ष की ओर से किसी भी प्रकार की कोई माँग नहीं की गई थी। वहीं दूसरी ओर बुलबुल का विवाह अपनी ही जाति के लड़के से होता है। परन्तु दुर्भाग्यवश उसके परिवार वाले सही नहीं निकलते। सिया को जब इस बात की जानकारी होती है तब वह लीगल कार्यवाही की धमकी देकर उसके पति और उसके परिवार को कानून का डर दिखाती है। बुलबुल का पति उसके परिवार वालों से क्षमा माँगता है और भविष्य में बुलबुल को कभी तंग ना करने का आश्वासन देता है। अतः कहा जा सकता है कि लेखक ने इस उपन्यास में अन्तर्जातीय विवाह की सफलता की धारणा को मजबूती प्रदान की है।

भगवानदास मोरवाल ने अपने उपन्यास में ऐसे समाज की परिकल्पना की है जहाँ लड़के और लड़कियों में कोई भेदभाव ना हो। हमारे समाज में कई सारे व्रत, मनौतियाँ सिर्फ लड़कों के लिए ही किए जाते हैं। वास्तविकता तो यह है कि जन्म के साथ ही लड़कियों के साथ अन्याय होता आ रहा है। जितनी खुशी लड़कों के जन्म पर मनाई जाती है उतना लड़कियों के जन्म पर नहीं। उग्रसेन और दुर्गा के घर पोते का जन्म होने पर पूरे मोहल्ले को दावत दी जाती है। सभी का जन्मदिन बड़ी धूम-धाम से मनाया जाता है। जबकि दशरथ और भगवती को कोई पोता नहीं था। तीनों पोतियाँ ही थीं। लड़की होने के नाते उनका जन्मदिन धूमधाम से कभी नहीं मनाया गया। बड़ी होने के बाद यही पोतियाँ जब दशरथ और भगवती का नाम रोशन करती हैं तो बुलबुल और पीहू का भी जन्मदिन मनाया जाता है। यहाँ तक कि जो परम्परा सिर्फ लड़कों के जन्म होने पर चली आ रही थी उसे जयन्ती ने पीहू को गोद लेने के बाद सम्पन्न किया। दरअसल लड़के के जन्म की खुशी में माँ द्वारा कुआँ पूजन की परम्परा का प्रचलन था, यह सौभाग्य सिर्फ लड़का होने पर ही प्राप्त होता था। लेकिन दशरथ के परिवार में एक गोद ली हुई लड़की के लिए इस परम्परा को निभाया जाता है जो वाकई में काबिले तारीफ थी। यह खबर अखबार में भी छाई हुई थी। इस विषय में दशरथ कहते हैं, "हो सकता है वह लोगों को यह बताना चाहते हों कि देखो जहाँ सिर्फ लड़का पैदा होने पर कुआँ पूजा जाता हो वहाँ ऐसे लोग भी

हैं जिन्होंने केवल लड़की की खुशी में कुआँ पुजवाया है, बल्कि ऐसी लड़की की खुशी में पुजवाया जो उनकी अपनी सगी नहीं है।" लेखक ने इस प्रसंग के माध्यम से पाठकों के समक्ष एक मिसाल कायम करने का प्रयास किया है।

भगवानदास मोरवाल के अनुसार वर्तमान युग में लड़कियों का आत्मनिर्भर होना अतिआवश्यक है। आत्मनिर्भर होने के लिए उनका शिक्षित होना जरूरी है। 'शकुंतिका' उपन्यास के माध्यम से लेखक ने स्पष्ट किया है कि लड़कियों को पढ़ाने से वह अपने अधिकारों के विषय में जागरूक होती हैं। अपने जीवन से जुड़े हुए फैसलों को लेने में सक्षम होती हैं। किसी भी प्रकार के अन्याय का सामना करने में समर्थ होती हैं।

इस प्रकार लेखक ने यहाँ दर्शाया है कि बेटियों को यदि अवसर दिया जाए तो वह पूरे परिवार का नाम रोशन करती हैं। दशरथ और भगवती के घर चारों बेटियाँ ही थी एक भी बेटा नहीं था। लेकिन वृद्ध होते अपने माँ-बाप को उनकी बेटियों ने कभी एहसास नहीं होने दिया कि वह अकेले हैं। इसके विपरीत दुर्गा और उग्रसेन के घर चार-चार पोते होने के बावजूद उनकी मृत्यु अकेलेपन के अवसाद के कारण होती है। जहाँ दशरथ और भगवती की पोतियाँ अपने आचरण से उनका सिर समाज में उठाए रखा, वहीं दुर्गा और उग्रसेन के पोतों ने शर्म से उनका सिर झुका दिया। जो दुर्गा भगवती के घर में जन्मी बेटियों को देखकर नाक-भौं सिकोड़ती वही अब सोचती है कि काश! उसके घर भी बेटियों की चहचहाहट गूँजती।

भगवानदास मोरवाल द्वारा लिखित यह 'शकुंतिका' उपन्यास समाज की बेटियों के लिए किसी सौगात से कम नहीं है। यह उपन्यास बेटियों की पैरवी करता हुआ उन्हें अपने मुकाम तक पहुँचाने के उद्‌देश्य में पूर्णत: सफल हुआ है। भगवानदास मोरवाल द्वारा लिखित 'शकुंतिका' उपन्यास पूरी तरह से बेटियों को समर्पित है। बेटियों से ही घर की शान होती है। दशरथ और भगवती अपनी पोतियों से ही तिरते हैं। अत: बेटियों को न्याय दिलाते हुए इस उपन्यास का शीर्षक 'शकुंतिका' सटीक एवं सार्थक कहा जा सकता है।

सन्दर्भ

1. 'शकुंतिका'—भगवानदास मोरवाल, राजकमल प्रकाशन, नई दिल्ली।

भगवानदास मोरवाल

अपने गहरे कथात्मक अन्वेषण, अनुसन्धान और अछूते विषयों को केंद्र में रख कर हिंदी कथा-साहित्य में अपनी अलग और देशज छवि बनाए व बचाए रखने वाले कथाकार का नाम है भगवानदास मोरवाल। अपने लेखन के माध्यम से लोक-मानस की अनुकृतियों को उकेरने वाले कथाकार भगवानदास मोरवाल की समकालीन हिंदी-कथा साहित्य में एक विशिष्ट पहचान है। प्रचलित विमर्शों के बरअक्स मौजूदा सामाजिक-राजनीतिक परिवर्तनों, सर्वसत्ता व लोकविरोधी तत्त्वों तथा आम आदमी की प्रबल अदम्यता और जिजीविषा की पड़ताल करनेवाले इस कथाकार के मेवात की पृष्ठभूमि पर आधारित *काला पहाड़, बाबल तेरा देस में, रेत, नरक मसीहा, हलाला, सुर बंजारन, वंचना* और *शकुंतिका* जैसे उपन्यास इसके उदाहरण हैं। राजस्थान और उत्तर प्रदेश के ब्रज से लगे दक्षिण हरियाणा के काला पानी कहे जानेवाले मेवात में जन्मे इस कथाकार के लेखन की बड़ी विशेषता है गहरी तरल संलग्नता, सूक्ष्म संवेदनात्मक रचना-कौशल तथा ग़ज़ब की क़िस्सागोई। सांस्कृतिक वर्चस्व के ख़िलाफ़ हाशिये की खुली चुनौती और प्रतिरोध दर्ज करने वाले, तथा कथा-साहित्य में अपनी एक विश्वसनीय जगह बना चुके इस कथाकार के बिना आज समकालीन कथा-साहित्य पर बात करना नामुमकिन है।

जन्म : 23 जनवरी, 1960 जिला मेवात हरियाणा के छोटे-से क़स्बे नगीना के मजदूर परिवार में।

शिक्षा : एम.ए. (हिंदी) एवं पत्रकारिता में डिप्लोमा।

लगभग सात (1981 से 1987) वर्षों तक स्वतंत्र पत्रकारिता।

कृतियाँ—

उपन्यास

1. काला पहाड़ (1999), राधाकृष्ण प्रकाशन, नई दिल्ली-110002
2. बाबल तेरा देस में (2004), राजकमल प्रकाशन, नई दिल्ली-110002

3. रेत (2008 तथा 2010 में उर्दू अनुवाद), राजकमल प्रकाशन, नई दिल्ली-110002
4. नरक मसीहा (2014), राजकमल प्रकाशन, नई दिल्ली-110002
5. हलाला (2015) एवं 2017 में उर्दू में अनुवाद, वाणी प्रकाशन, नई दिल्ली-110002
6. सुर बंजारन (2017), वाणी प्रकाशन, नई दिल्ली--110002
7. वंचना (2019), राजकमल प्रकाशन, नई दिल्ली-110002
8. शकुंतिका (2020), राजकमल प्रकाशन, नई दिल्ली-110002

कहानी संग्रह

- सिला हुआ आदमी (1986), दिनमान प्रकाशन, दिल्ली-110006
- सूर्यास्त से पहले (1990), लोक प्रकाशन, दिल्ली-110006
- अस्सी मॉडल उर्फ़ सूबेदार (1994), प्रवीण प्रकाशन, नई दिल्ली-110030
- सीढ़ियाँ, माँ और उसका देवता (2008), राजकमल प्रकाशन, नई दिल्ली-110002
- लक्ष्मण-रेखा (2010), सनफ्लावर बुक्स, नई दिल्ली-110002
- दस प्रतिनिधि कहानियाँ (2014), किताबघर प्रकाशन, नई दिल्ली-110002

स्मृति-कथा

- पकी जेठ का गुलमोहर (बेनाम और गुमनाम पात्रों की अनकही कथा) वाणी प्रकाशन, नई दिल्ली-110002

कविता संग्रह

- दोपहरी चुप है (1990), अयन प्रकाशन, नई दिल्ली-110030

अन्य

- बच्चों के लिए कलयुगी पंचायत (1997), प्रवीण प्रकाशन, नई दिल्ली-110030

संपादन

- हिंदी की श्रेष्ठ व्यंग्य रचनाएँ (1987), प्रेम प्रकाशन मंदिर, दिल्ली-110002
- इक्कीस श्रेष्ठ कहानियाँ (1988), दिनमान प्रकाशन, दिल्ली-110002

सम्मान/पुरस्कार

- 'मुंशी प्रेमचंद स्मारक सारस्वत सम्मान' (2020-21), दिल्ली विधानसभा
- 'वनमाली कथा पुरस्कार' (2019)
- 'स्पंदन कृति सम्मान' (2017) उपन्यास 'सुर बंजारन' के लिए

- ‘श्रवण सहाय एवार्ड’ (2012)
- ‘जनकवि मेहरसिंह सम्मान’ (2010) हरियाणा साहित्य अकादमी
- ‘अंतर्राष्ट्रीय इंदु शर्मा कथा सम्मान’ (2009) कथा (यूके) लन्दन, उपन्यास ‘रेत’ के लिए
- ‘शब्द साधक ज्यूरी सम्मान’ (2009) उपन्यास ‘रेत’ के लिए
- ‘कथाक्रम सम्मान’, लखनऊ (2006)
- ‘साहित्यकार सम्मान’ (2004) हिंदी अकादमी, दिल्ली सरकार
- ‘साहित्यिक कृति सम्मान’ (1994) हिंदी अकादमी, कथा संग्रह ‘अस्सी मॉडल उर्फ़ सूबेदार’ के लिए
- ‘साहित्यिक कृति सम्मान’ (1999) हिंदी अकादमी, उपन्यास ‘काला पहाड़’ के लिए
- पूर्व राष्ट्रपति श्री आर.वेंकटरमण द्वारा मद्रास का ‘राजाजी सम्मान’ (1995), कहानी ‘रंग अबीर’ के लिए
- ‘डा. अम्बेडकर सम्मान’ (1985) भारतीय दलित साहित्य अकादमी
- पत्रकारिता के लिए ‘प्रभादत्त मेमोरियल एवार्ड’ (1985) तथा ‘शोभना एवार्ड’ (1984)।
- जनवरी 2008 में ट्यूरिन (इटली) में आयोजित भारतीय लेखक सम्मेलन में शिरकत।
- पूर्व सदस्य, हिंदी अकादमी, दिल्ली सरकार एवं हरियाणा साहित्य अकादमी।

ई-मेल : bdmorwal@gmail.com